高等学校会计、财务管理专业应用型本科系列教材

审计学

SHENJI XUE

主　编　舒利庆　于静霞　马春静
副主编　刘淑芬　吴　艳　杜　晶

高等教育出版社·北京
HIGHER EDUCATION PRESS　BEIJING

内容简介

《审计学》分为审计理论与审计实务两部分。理论部分以审计过程为主线，主要包括注册会计师执行准则，职业道德与法律、审计目标与审计计划、重要性和审计风险、审计证据和审计工作底稿、风险评估与风险应对、审计抽样。实务部分按照业务循环为主线，整体框架充分体现风险导向审计模式，主要包括销售与收款循环审计、购货与付款循环审计、生产与存货循环审计、筹资与投资循环审计、货币资金审计、特殊项目审计、终结审计与审计报告和财务报表审计以外的鉴证业务。

本教材可供财经类院校会计学、审计学和其他经济管理类专业本科生教学使用，也可作为广大实际工作者阅读参考资料。

图书在版编目(CIP)数据

审计学/舒利庆，于静霞，马春静主编．—北京：高等教育出版社，2011.11（2017.5 重印）
ISBN 978 - 7 - 04 - 033758 - 7

Ⅰ.①审…　Ⅱ.①舒…②于…③马…　Ⅲ.①审计学 - 高等学校 - 教材　Ⅳ.①F239.0

中国版本图书馆 CIP 数据核字(2011)第 207090 号

策划编辑　倪冠军　　责任编辑　庄　晶　　封面设计　张　楠　　版式设计　马敬茹
责任校对　刘春萍　　责任印制　尤　静

出版发行　高等教育出版社
社　　址　北京市西城区德外大街 4 号
邮政编码　100120
印　　刷　北京机工印刷厂
开　　本　787mm × 1092mm　1/16
印　　张　23.5
字　　数　570 千字
购书热线　010 - 58581118
咨询电话　400 - 810 - 0598
网　　址　http://www.hep.edu.cn
　　　　　http://www.hep.com.cn
网上订购　http://www.landraco.com
　　　　　http://www.landraco.com.cn
版　　次　2011 年 11 月第 1 版
印　　次　2017 年 5 月第 4 次印刷
定　　价　36.60 元

物 料 号　33758 - 00

前　言

本教材以财政部最新的《中国注册会计师执业准则》为依据编制，在编写过程中，充分借鉴了近年来国内外审计学教材的优点，吸收了审计理论与实践的最新成果，具有以下几个方面的特点。

（1）删繁就简，突出实用。本教材从教学对象和教学目标出发，针对审计综合性、实践性、多维性的特点，注重把握知识理论够用的尺度，注重教学效果的追求，在兼顾必要的理论体系的前提下，立足审计实践，化繁为简，力求使教材具有通俗性。

（2）体系合理，符合认知规律。在教材结构上，根据初学者的认知规律来安排，分为审计理论与审计实务两部分：审计理论部分以审计过程（审计计划阶段、审计实施阶段、审计完成阶段）为主线，介绍审计的基本理论和方法；审计实务部分按照业务循环编写，思路清晰，便于掌握。

（3）注重实务，强化实训。本教材在实务部分克服了传统教材只注重审计程序，缺少实例，看起来难以理解，理论与实践难以结合的不足，增加了大量的案例分析，注重可操作性。

本教材由舒利庆、于静霞、马春静担任主编，刘淑芬、吴艳、杜晶担任副主编。第一章、第二章、第三章、第四章、第五章由于静霞执笔；第六章由吴艳执笔；第九章、第十章、第十一章、第十二章由刘淑芬、于静霞执笔；第七章、第八章、第十三章、第十四章、第十五章、第十六章由舒利庆、马春静执笔；郭华、郭华敏、田俊卿、杜晶参加了编写。由舒利庆负责对全书进行总纂。

在写作过程中，我们得到了审计行业一些著名理论与实践专家的指导，在此深表感谢！由于我们水平有限，加之时间较短，错漏之处，希望各位读者不吝赐教！

编　者

2011 年 7 月

目　录

第一章　审计概论

第一节　审计的产生与发展

一、审计产生与发展的客观基础

社会经济环境决定着审计的产生与发展。当社会经济发展到一定程度，经济组织规模扩大了，经济活动过程复杂了，管理层次增多了，财产所有者无法亲自掌管全部资产的运营，只好委托他人代为经营，财产所有权与经营管理权发生分离，形成了受托责任关系。为了监督经营管理者的经济行为和受托责任的履行情况，财产所有者就授权或委托专职机构与人员（独立的第三者）代替自己进行监督检查，于是就产生了审计。

在审计实施过程中，财产所有者是审计的授权人或委托人，财产的经营管理者是被审计者，专职机构与人员是审计行为的执行者，即审计者。在这三者之间形成了最初的审计关系。在这种审计关系中，审计者是第一关系人，被审计者是第二关系人，审计授权人或委托人是第三关系人。这三个方面的关系人形成的审计关系如图 1-1 所示。

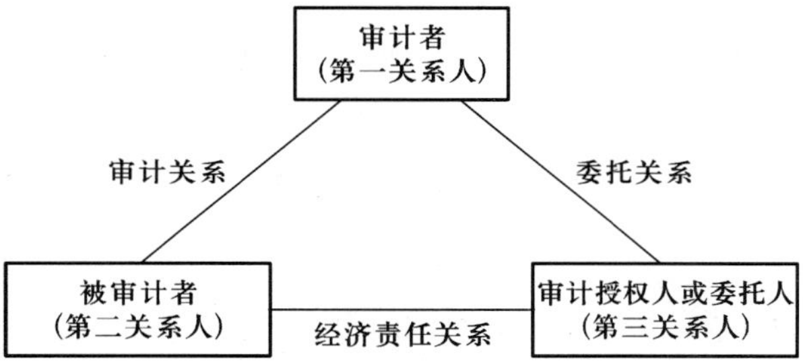

图 1-1　审计关系图

可见，审计是社会经济发展到一定阶段的产物，是在财产所有权与经营权相分离而形成的受托责任关系下，基于监督的客观需要而产生的，也就是说，受托责任关系是审计产生与发展的基础。

二、政府审计的产生与发展

（一）西方政府审计的产生与发展

在西方国家，随着生产力的发展和经济关系的变革，审计也经历了一个漫长的发展过程，政府审计的产生早于民间审计和内部审计的产生。

据考证,早在奴隶制度下的古罗马、古埃及和古希腊时期,就已有官厅审计机构。审计人员以"听证"(audit)方式,对掌管国家财物和赋税的官吏进行审查和考核,成为具有审计性质的经济监督工作。在历代封建王朝中,也设有审计机构和人员,对国家的财政收支进行监督。但当时的审计,不论从组织机构上还是方法上,都还处于很不完善的阶段。

在资本主义时期,随着经济的发展和资产阶级国家政权组织形式的完善,政府审计也有了进一步的发展。在现代资本主义国家中,大多实行立法、行政、司法三权分立,议会为国家的最高立法机关,并对政府行使包括财政监督在内的监督权。美国于 1921 年成立的总审计局,就是隶属于国会的一个独立经济监督机构,它担负着为国会行使立法权和监督权提供审计信息和建议的重要职责,总审计长由国会提名,经参议院同意,由总统任命。加拿大的审计公署、西班牙的审计法院等,也都是隶属于国家立法部门的独立机构,其审计结果要向议会报告,享有独立的审计监督权限。各国政府审计机关都是根据自己的国情来设置的,除立法系统的政府审计机关外,还有一些国家的审计机关隶属于政府领导,称为行政系统政府审计机关,如罗马尼亚由总统直接领导的高级监察院等;一些国家的审计机关由政府的财政部领导,称为次行政系统政府审计机关,如瑞典的政府审计局等。不管采取哪种类型,都应保证政府审计机关拥有独立性和权威性,以不受干扰,能客观、公正地行使审计监督权。

(二)我国政府审计的产生与发展

我国政府审计经历了一个漫长的发展过程,大体上可分为六个阶段:西周时期初步形成阶段;秦汉时期最终确立阶段;隋唐至宋日臻健全阶段;元明清停滞不前阶段;中华民国不断演进阶段;新中国振兴阶段。

我国西周国家财计机构分为两个系统:一是地官大司徒系统,掌管财政收入;二是天官冢宰系统,掌管财政支出。天官之下设小宰官职,其所属宰夫一职,负有"考其入,以定刑赏"的职权。《周礼》云:"宰夫岁终,则令群吏正岁会。月终,则令正月要。旬终,则令正日成。而考其治,治以不时举者,以告而诛之。"即年终、月终、旬终的财计报告先由宰夫命令督促各部门官吏整理上报,宰夫就地稽核,发现违法乱纪者,可越级向天官冢宰或周王报告,加以处罚。总之,履行具有审计性质的财政经济监督工作的"宰夫"一职的出现,标志着我国政府审计的产生。

秦汉时期是我国审计的确立阶段,主要表现在以下三个方面:一是初步形成了统一的审计模式。在秦朝,中央设"三公"、"九卿"辅佐政务。御史大夫为"三公"之一,执掌弹劾、纠察之权,专司监察全国的民政、财政以及财物审计事项,并协助丞相处理政事。汉承秦制,西汉初中央仍设"三公"、"九卿",仍由御史大夫领掌监督审计大权。二是"上计"制度日趋完善。所谓"上计",就是皇帝亲自参加听取和审核各级地方官吏的财政会计报告,以决定赏罚的制度。这种制度始于周朝,至秦汉时期日趋完善。三是审计地位提高,职权扩大。御史制度是秦汉时代审计建制的重要组成部分。

隋唐至宋代是我国封建社会的鼎盛时期,隋开创一代新制,设置比部,隶属于都官或刑部,掌管国家财计监督,行使审计职权。唐改设三省六部,比部仍隶属于刑部,比部审计之权通达国家财经各领域,而且一直下伸到州、县。由此可见,唐代的比部审查范围极广、项目众多,而且具有很强的独立性和较高的权威性。宋代审计一度并无发展,北宋时审计司(院)的建立,是我国"审计”的正式命名,从此,“审计”一词便成为财政监督的专用名词。

元明清各朝,君主专制日益强化,审计虽有发展,但总体上停滞不前。元代取消比部,户部兼管会计报告的审核,独立的审计机构即告消亡。明初设比部,不久即取消,改设都察院。清承明制,设置都察院,由于取消了比部这样的独立审计组织,其财计监督和政府审计职能严重削弱,与唐代行使司法审计监督职能的比部相比,后退了一大步。

辛亥革命结束了清王朝的封建统治,成立了中华民国。1912 年在国务院下设审计处,1914 年北洋政府改为审计院,同年颁布了《审计法》。国民党政府在监察院下设审计部,各省(市)设审计处,这一时期,我国审计日益演进、有所发展,但由于政治不稳定,经济发展缓慢,审计工作一直没有取得长足的进展。

中华人民共和国成立至 20 世纪 80 年代初,国家没有设置独立的审计机构,对企业的财税监督和货币管理是通过不定期的会计检查进行的。党的十一届三中全会以来,党和政府把工作重点转移到经济建设上来,并采取了一系列的方针政策。我国已把建立政府审计机构、实行审计监督,载入我国 1982 年修改的《中华人民共和国宪法》,并于 1983 年 9 月成立了我国政府审计的最高机关——审计署,同时在县以上各级人民政府设置相应级别的审计机关。1985 年发布了《国务院关于审计工作的暂行规定》;1988 年颁发了《中华人民共和国审计条例》;1994 年发布了《中华人民共和国审计法》,并于 2006 年作了较大修订,从法律上进一步确立了国家审计的地位,国家审计逐步走上了法制化、规范化、制度化的轨道。

三、内部审计的产生与发展

(一)西方内部审计的产生与发展

西方内部审计的产生和发展经历了一个漫长的历史过程,主要经历了古代内部审计、近代内部审计和现代内部审计三个阶段。

1. 古代内部审计

在古罗马,人们采用“听证账目”的方式来检查负责财务的官员是否有欺诈和舞弊的行为,即检查人听取不同人员对同一事项记录的口头汇报,财务官员负责对地方官员的账目进行审查。审计(audit)一词就来源于拉丁文“听账人(audtus)”。

2. 近代内部审计

18 世纪 60 年代至 19 世纪的三四十年代的英国内部审计有所发展;19 世纪后半叶,美国铁路公司为保证正确处理各种收入,检查现金收支业务记录的正确性,最早实施了广泛的内部审计程序。

3. 现代内部审计

1941 年是美国内部审计发展史上最为灿烂的一年。维克多·E. 勃灵克在哥伦比亚大学教授劳埃·B. 凯斯特的指导下,完成了包括内部审计性质和范围在内的博士研究课题,为该领域第一本著作《内部审计原理和实务》的问世奠定了基础。同年,北美公司的内部审计部门主任约翰·B. 瑟斯顿(John B. Thurston)撰写了一本名为《内部审计的原理和技术》的专著,这标志着内部审计的系统理论在 20 世纪 40 年代就已开始形成。同年,在约翰·B. 瑟斯顿的倡议下,根据纽约州的社团法,成立了内部审计师协会(Institute of Internal Auditors, IIA)。它是目前世界上唯一致力于推动内部审计和内部审计人员向前发展的国际性组织,通常被称为国际内部审计师协会,现有 150 多个国家和地区加入该组织,拥有 10 万多会员。

(二)我国内部审计的产生与发展

我国内部审计的产生与发展主要经历了古代内部审计和现代内部审计两个阶段。

1. 古代内部审计

我国内部审计的产生可以追溯到奴隶社会。在西周时期,朝廷设有天、地、春、夏、秋、冬六卿管理朝政,六卿下面分设若干官职。天官之下设司会官职,其职责主要是负责稽核全国财务,同时还负责对上报的财产和业绩资料进行审查。西周时期的司会是我国内部审计的最初萌芽。

在漫长的封建社会,审计活动均体现为国家审计。内部审计在这个历史时期内几乎无所发展和提高。

19 世纪下半叶,随着民族资本主义工商业的产生和发展,我国出现了一些按照西方企业管理模式建立的银行、造船厂、矿山和兵工厂等较大型的企业,它们纷纷在企业内部设立"稽核"职务和部门,实行内部审计制度。

2. 现代内部审计

1987 年 4 月,中国内部审计学会成立,同年加入国际内部审计师协会,成为 IIA 的国家分会。2002 年 5 月 23 日,中国内部审计学会正式更名为中国内部审计协会,协会依据《中华人民共和国审计法》、《中国内部审计协会章程》履行职责,开展工作。中国内部审计协会的职能是管理、服务、宣传、交流,即对内部审计实行行业自律管理,为内部审计机构和内部审计人员提供业务服务和开展各种交流活动,通过杂志和网站宣传内部审计,维护内部审计的独立性、权威性和内审人员的权益,促进内部审计人员素质和工作水平的提高。2003 年以来,中国内部审计协会制定了《内部审计基本准则》、《内部审计人员职业道德规范》和具体准则,标志着我国内部审计走上了制度化、规范化、正规化的行业管理道路。

四、注册会计师审计的产生与发展

(一)西方注册会计师审计的产生与发展

注册会计师审计起源于企业所有权和经营权的分离,是市场经济发展到一定阶段的产物。从注册会计师审计的发展历程看,其最早起源于意大利的合伙企业制度,形成于英国的股份企业制度,发展和完善于美国发达的资本市场。

1. 注册会计师审计的起源

注册会计师审计起源于 16 世纪的意大利。当时地中海沿岸国家的商品贸易得到了发展,出现了为筹集大量资金进行贸易活动的合伙经营方式,即由许多人合伙筹资,委托给某些人去经营贸易。这样,财产的所有权和经营权分离了,对经营管理者进行监督成为必要,所有者便聘请会计工作者来承担这项工作。17 世纪初中期,英国的苏格兰也出现了一批类似的会计工作者。这是早期的、处于萌芽状态的民间审计。

2. 注册会计师审计的形成

现代意义上的注册会计师审计是伴随 18 世纪初期到 19 世纪中叶产业革命的完成而开始的。产业革命的完成推动了资本主义商品经济的发展,股份有限公司的兴起,使公司的所有权与经营权进一步分离,不参与经营管理的股东非常关心公司的经营成果,债权人及潜在的投资人也重视公司的经营情况,客观上需要由独立会计师对公司财务报表进行审计,以保证报表的真实可靠。注册会计师审计产生的"催产剂"是1721年英国的"南海公司"事件。当时的"南海公司"以虚假的会计信息诱骗投资者上当，其股票价格一时扶摇直上，但好景不长，公司最终破产倒闭，使其债权人和股东损失惨重。英国议会聘请了精通会计实务的查尔斯·斯耐尔对"南海公司"进行审计。查尔斯以"会计师"名义出具了"报告书"，从而宣告注册会计师的诞生。

1844年英国政府为了保护广大股票持有者的利益，颁布了《公司法》，规定股份公司必须设监察人，负责审查公司账目。1853年在苏格兰的爱丁堡成立了"爱丁堡会计师协会"，这是世界上第一个职业会计师的专业团体；随后，英国有数家会计师协会相继成立，民间审计队伍迅速扩大。但此时的英国民间审计，并没有成套的方法和理论依据，只是根据查错揭弊的目的，对大量的账簿记录进行逐笔审查，即详细审计。由于详细审计产生于英国，且在英国盛行，故也称为英国式审计。

3. 注册会计师审计的发展

19世纪末到20世纪初，全球经济发展的重心逐步由欧洲转向美国，美国的注册会计师审计得到了迅速发展。

美国南北战争结束后，英国巨额资本流入美国，起到了促进其经济发展的积极作用。为了保护广大投资者和债权人的利益，英国的执业会计师远涉重洋到美国开展民间审计业务；同时美国本土也很快形成了自己的民间审计队伍。1887年，美国公共会计师协会成立，1916年该协会改组为美国会计师协会，后来发展为美国注册公共会计师协会（American Institute of Certified Public Accountants，AICPA），成为世界上最大的民间审计专业团体。初期的美国民间审计，多采用英国式的详细审计。20世纪初期，美国的短期信用发达，企业多从银行举债。银行为了维护自身利益，要求对申请贷款企业的资产负债表进行审查、分析，判断企业的偿债能力，以决定是否给予贷款。因此，以证明企业偿债能力为主要目的的资产负债表审计，即信用审计，在美国风行一时。由于资产负债表审计是首先在美国实施的，故又称美国式审计。20世纪20年代以后，随着资本市场的发育成熟，证券交易的业务量和规模都有了较大的发展。资产负债表审计已无法满足需要，为顺应证券市场发展和社会各方面的要求，美国率先进入财务报表审计时代。美国颁布的《1933年证券法》规定，在证券交易所上市有价证券的所有企业的财务报表，都必须进行强制性的审计，其财务报表都须经注册会计师出具报告。由于美国以立法的形式推行企业会计公开制度，要求所公开的各种财务报表必须按一定的标准编制，客观上要求与之相适应的审计鉴证工作也必须步入规范化、标准化的轨道。为此，西方会计学家、审计学家加速了对会计准则、审计准则的研究。许多国家的会计职业团体制定和实施了会计准则和审计准则。

第二次世界大战以后，各经济发达国家通过各种渠道推动本国的企业向海外拓展，跨国公司得到空前发展。国际资本的流动带动了注册会计师职业的跨国界发展，形成了一批国际会计师事务所，出现了当时的"八大"国际会计师事务所，后合并为"六大"、"五大"。2001年，随着美国安然公司等一批美国公司财务丑闻的揭露及安达信国际会计公司的崩塌，目前尚有"四大"国际会计师事务所，即普华永道、德勤、安永、毕马威。

（二）我国注册会计师审计的产生与发展

我国民间审计始于辛亥革命后，当时一批爱国的会计学者鉴于外国注册会计师包揽我国注册会计师业务的现实，为了维护民族利益和尊严，积极倡导创建中国的注册会计师事业。1918年9月，北洋政府农商部颁布了我国第一部注册会计师法规——《会计师暂行章程》，并于同年批准著名会计学家谢霖先生为中国的第一位注册会计师，谢霖先生创办的中国第一家会计师事务所——正则会计师事务所也获批准成立。此后，又逐步批准了一批注册会计师，建立了一批会计师事务所。1925 年上海成立了“全国会计师公会”，1930 年国民政府颁布了《会计师条例》，确立了会计师的法律地位。1933 年，又成立了“全国会计师协会”。至 1947 年，全国已拥有注册会计师 2 619 人，并建立了一批会计师事务所。

中华人民共和国成立初期，国家没有设置独立的审计机构。20 世纪 80 年代，为适应改革开放和经济建设的需要，我国全面开展审计工作，1980 年恢复重建注册会计师制度，1981 年“上海会计师事务所”成立。1986 年《注册会计师条例》的发布，成为我国注册会计师制度步入法制化道路的重要标志；1988 年中国注册会计师协会成立；1993 年我国发布了《注册会计师法》。自 1994 年，中国注册会计师协会相继发布了一批注册会计师审计准则，至 2006 年已发布、修订了 48 项执业准则及指南，注册会计师审计蓬勃发展。

至此，我国形成了国家审计、注册会计师审计和内部审计三位一体的审计监督体系，三者各自独立、各司其职，泾渭分明地在不同的领域实施审计，审计工作进入了振兴时期。审计监督体系的构建和完善对我国市场经济体制的有序运行乃至整个社会的良性发展都起到了积极的促进作用。

从审计的产生与发展历程中我们可以看到，审计的产生与发展与经济环境密切相关，经济越发展，审计越重要。

第二节 审计的含义与分类

一、审计的含义和特征

审计是一项具有独立性的经济监督活动，它是由独立的专职机构或人员接受委托或授权，对被审计单位特定时期的财务报表及其他有关资料以及经济活动的真实性、合法性、合规性、公允性和效益性进行审查、监督、评价和鉴证的活动，其目的在于确定或解除被审计单位的受托经济责任。

（一）独立性

独立性是审计的灵魂。审计的独立性体现在审计关系（见图 1-1）之中。审计者作为独立的第三者，接受财产所有者的委托或授权来对财产经营管理者执行审计。审计者的审计监督权是审计授权人或委托人（财产所有者）所赋予的，同时，审计者不参与被审计者（财产经营管理者）的经营管理活动，与被审计者没有任何联系。因此，审计者相对于被审计者而言，始终处于独立的地位。在民间审计中，审计者不仅独立于被审计者，还独立于审计委托人。审计的独立性是保证审计结论客观、公正的前提和基础。

（二）权威性

审计组织的权威性是审计监督正常发挥作用的重要保证。审计组织的独立性，决定了它的权威性。审计组织或人员以独立于企业所有者和经营者的“第三者”身份进行工作，他们对企业财务报表的经济鉴证，恪守独立、客观、公正的原则，按照有关法律、法规，根据一定的准则、原则、程序进行。审计人员的审计报告具有一定的社会权威性，并使经济利益不同的各方乐于接受。各国为了保障审计的这种权威性，分别通过《公司法》、《证券交易法》、《破产法》等，从法律上赋予审计在整个市场经济中的经济监督、经济评价和经济鉴证的职能。

二、审计的职能

审计职能是指审计本身所固有的内在功能。审计具有经济监督、经济评价和经济鉴证的职能。

（一）经济监督

监督是指监察和督促。经济监督是指监察和督促被审计单位的全部经济活动或其某一特定方面是否在规定的标准内正常进行。综观审计产生和发展的历史，审计无不表现为经济监督的活动，履行着经济监督的职能。古代封建王朝的官厅审计，为维护王朝的统治和利益，代理皇家专司财经监督的职责，对侵犯皇室利益者予以惩处。民间审计组织，也是代理审计委托者（如股东等）通过对被审计单位财务收支的公允性和合法性的审查来实施经济监督。内部审计同样要对本部门、本单位的经济活动进行检查，依照法规依据或标准加以评价和衡量，明辨是非，揭发违法违纪和不良经济行为，追究受托经济责任，这些都是其执行经济监督职能的具体体现。通过审计监督，可以严肃财经纪律、维护国家和人民的利益，可以加强宏观调控和管理，可以促进企事业单位经济效益的提高。可见，经济监督仍然是审计的基本职能。

（二）经济评价

经济评价就是通过审核检查，评定被审计单位的计划、预算、决策、方案是否先进可行，经济活动是否按照既定的决策和目标进行，经济效益的高低优劣以及内部控制制度是否健全、有效等，从而有针对性地提出意见和建议，以促使其改善经营管理，提高经济效益。

审核检查被审计单位的经济资料及其经济活动，是进行经济评价的前提。只有查明了被审计单位的客观事实，才能按照一定的标准，进行对比分析，形成各种经济评价意见。这样，经济评价才能建立在真实情况的基础之上，评价的结论才能客观、公正，才能被社会各界所接受。经济评价的过程，同时也是肯定成绩、发现问题的过程。

（三）经济鉴证

鉴证是指鉴定和证明。经济鉴证是指通过对被审计单位的财务报表及有关经济资料所反映的财务收支和有关经济活动的公允性、合法性的审核检查，确定其可信赖的程度，并作出书面报告，以取得审计委托人或其他有关方面的信任。

经济鉴证职能是随着现代审计的发展而出现的一项职能，它不断受到人们的重视而日益强化，并显示其重要作用。不少国家的法律明文规定，企业的财务报表必须经过审计人员审查鉴证之后，才能获得社会上的承认。我国各类企业财务报表必须经注册会计师鉴证后，才具有法律效力。因此，审计的经济鉴证职能将越来越重要。

应该说，不同的审计组织形式在审计职能的体现上侧重点有所不同，政府审计和内部审计侧重于经济监督和经济评价，民间注册会计师审计则侧重于经济鉴证。

三、审计对象

审计对象是指审计客体,即被审计单位的经济活动。具体来说,这一概念包含以下三层含义:

(1) 从审计对象的空间范围来看,国家审计的对象主要是各级政府机关、国有企业和事业单位;内部审计的对象为本组织;注册会计师审计的对象主要是委托人指定的单位。

(2) 从审计对象涉及的具体内容来看,审计对象主要指被审计单位的财政收支、公共资金的收支、财务收支及其相关的经济活动。

(3) 从审计对象的载体来看,审计对象是指被审计单位的会计资料及其相关资料。

四、审计的分类

(一) 审计的基本分类

1. 按审计主体分类

审计主体是指执行审计的一方,审计按其主体分类,可分为政府审计、民间审计和内部审计。

(1) 政府审计。政府审计亦称国家审计(我国古代也叫官厅审计),是指由政府审计机关执行的审计。政府审计机关包括按我国宪法规定由国务院设置的审计署,由各省、自治区、直辖市、市、县等地方各级政府设置的审计厅、局和政府在地方或中央各部委设置的派出审计机关。政府审计机关主要是依法对国务院各部门和地方各级人民政府及其各部门、国有金融机构、国有企业事业单位以及其他有国有资产的单位的财政、财务收支及其经济效益进行审计监督。

(2) 民间审计。民间审计亦称社会审计、注册会计师审计,是指由经财政部门审核批准成立的民间审计组织所实施的审计。民间审计的特点是受托审计,接受政府审计机关、国家行政机关、企事业单位和个人的委托,依法对被审计单位的财务收支及其经济效益承办审计鉴证、审阅及其他服务业务。

(3) 内部审计。内部审计是指由本部门和本单位内部专职的审计机构或人员所实施的审计,包括部门内部审计和单位内部审计两大类。内部审计的主要目的是纠错防弊、改善经济管理、提高经济效益。

2. 按审计内容和目的分类

我国审计按其内容和目的分类,可分为财政财务审计、财经法纪审计、经济效益审计和经济责任审计。

(1) 财政财务审计。财政财务审计是指审计机构对被审计单位的财务报表及其有关资料的公允性及其所反映的财政收支、财务收支的合法性和合规性所进行的审计。财政财务审计也称传统审计或常规审计。就其内容看,财政财务审计是对国务院各部门和地方各级政府及其各部门、国有金融机构、企事业单位的财政财务收支进行的审计监督。财政财务审计目的是明确被审计单位的受托经济责任。

(2) 财经法纪审计。财经法纪审计,是指审计机构对被审计单位和个人严重侵占国家资财、严重损失浪费以及其他严重损害国家经济利益等违反财经纪律行为所进行的专案审计。财经法纪审计的目的是保护国家财产安全、维护党和国家的路线、方针和政策及法律规章得以贯彻执行,主要特点是根据群众揭发和会计资料所反映出来的问题,对有关单位或当事人在经济活动中的不法行为立案审查，以查清事实并确定问题的性质。其主要内容包括审查严重侵占国家资财、严重损失浪费、在经济交易中行贿受贿、贪污以及其他严重损害国家和企业利益的重大经济案件等。

（3）经济效益审计。经济效益审计是指审计机构对被审计单位的财政财务收支及经营管理活动的经济性和效益性所实施的审计。经济效益审计的目的是促使被审计单位改善经营管理，提高经济效益和工作效率。我国的经济效益审计类似于国外的绩效审计或"三E"审计（"三E"审计是指经济性审计、效率性审计和效果性审计），包括了经营审计和管理审计等内容。

（4）经济责任审计。经济责任审计一般指任期经济责任审计或者离任审计，是针对国家机关和国有企业事业单位领导人经营管理责任而进行的审计。经济责任审计的主要目的是分清经济责任人任职期间在本部门、本单位经济活动中应当负有的责任，为组织人事部门和纪检监察机关和其他有关部门考核使用干部或者兑现承包合同等提供参考依据。

（二）审计的其他分类

1. 按审计范围分类

审计按其范围分类，可以分为全部审计、局部审计和专项审计。

（1）全部审计。全部审计又称全面审计，是指对被审计单位一定期间的财政财务收支及有关经济活动的各个方面及其资料进行全面的审计。这种审计的业务范围较广泛，涉及被审计单位的会计资料及其经济资料所反映的采购、生产、销售、各项财产物资、债权债务和资金以及企业利润、税款等经济业务活动，优点是审查详细彻底，缺点是工作量太大、花费时间太多。全部审计一般适用规模较小、业务较简单、会计资料较少的行政机关和企事业单位，或适用于内部控制薄弱及会计核算工作质量非常差等情况的单位。

（2）局部审计。局部审计又称部分审计，是指对被审计单位一定期间的财务收支或经营管理活动的某些方面及其资料进行部分的、有目的、有重点的审计。如对企业进行的现金审计、银行存款审计、存货审计等，都属于局部审计。另外，为了查清贪污盗窃案件，对部分经济业务进行的审查，也属于局部审计范围。这种审计时间较短，耗费较少，能及时发现和纠正问题，达到预定的审计目的和要求，但容易遗漏问题，所以具有一定的局限性。

（3）专项审计。专项审计又称专题审计，是指对某一特定项目所进行的审计。这种审计的范围是特定业务，针对性较强，如灾后重建资金审计、青藏铁路建设资金审计、三峡工程专项资金审计等。专项审计有利于及时围绕当前的工作中心和重点开展审计工作，有利于提出有针对性的意见和建议，为宏观经济调控和决策提供真实、可靠的信息。

2. 按审计实施时间分类

按照实施审计的时间进行分类，可以分为事前审计、事中审计和事后审计。

（1）事前审计。事前审计是指在被审计单位经济业务发生以前所进行的审计。一般对预算或计划的编制和对经济事项的预测及决策进行的审计，均属于事前审计。事前审计的主要目的是加强预算、计划、预测和决策的准确性、合理性和可行性。事前审计的审计内容包括对财政预算、信贷计划、企业生产经营的计划和决策（如投资方案可行性、固定资产更新改造决策、产品生产或个别部件加工方案的选择等）以及行政事业单位经费预算等。这种审计对于预防错弊，防患于未然，保证经济活动的合理性、有效性和会计资料的正确性，提出建设性意见，形成最佳决策方案，严格执行财经纪律，都具有积极的作用，故也称为预防性审计。

（2）事中审计。事中审计是指在被审计单位经济业务执行过程中进行的审计。通过对被审计单位的费用预算、费用开支标准、材料消耗定额等执行过程中的有关经济业务进行事中审计，便于及时发现并纠正偏差，保证经济活动的合法性、合理性和有效性。

（3）事后审计。事后审计是指在被审计单位经济业务完成以后所进行的审计。财务报表审计这类传统的审计均属事后审计。事后审计的适用范围十分广泛，主要是进行合法性、合规性和公允性审计，其主要目的是监督和评价被审计单位的财务收支及有关经济活动、会计资料和内部控制制度是否符合国家财经法规与财务会计制度的规定，是否符合会计准则和会计原理，从而确定或解除被审计单位的受托经济责任。政府审计、民间审计大多实施事后审计，内部审计也经常进行事后审计。领导任职期满进行的经济责任审计等多属于事后审计。

定期审计和不定期审计是按照审计是否定期实行来划分的。定期审计是按照预先规定的时间进行的审计，如民间注册会计师审计对各类企业的半年、年度财务报表审计。不定期审计根据需要而临时安排进行的审计，如政府审计对被审计单位存在的贪污、受贿案件而进行的财经法纪审计等。

3．按审计执行地点分类

审计按其执行地点分类，可以分为报送审计和就地审计。

（1）报送审计。报送审计，又称送达审计，是指审计机构按照审计法规的规定，对被审计单位按期报送来的计划、预算和财务报表及有关账证等资料进行的审计。报送审计主要适用于政府审计机关对规模较小的单位执行财务审计。这种方式的优点是节省人力、物力，缺点是不能实地观察、了解被审计单位的实际情况，不易从财务报告、报表资料中发现被审计单位的实际问题。

（2）就地审计。就地审计，也称实地审计，是指审计机构委派审计人员到被审计单位所在地所进行的审计。就地审计可以深入实际，调查研究，易于全面了解和掌握被审计单位的实际情况，是我国审计监督中使用最广泛的一种方式。按照就地审计的具体方式不同，又可分为驻在审计、专程审计和巡回审计三种。驻在审计是审计机构委派审计人员长期驻在被审计单位所进行的就地审计。专程审计是审计机构为查明有关问题而委派有关人员专程到被审计单位进行的就地审计。巡回审计是审计机构委派审计人员轮流对若干被审计单位所进行的就地审计。

4．按审计动机分类

审计按其动机分类，可以分为强制审计和任意审计。

（1）强制审计。强制审计是指审计机构根据法律、法规规定对被审计单位行使审计监督权而进行的审计。这种审计是按照审计机关的审计计划进行的，不管被审计单位是否愿意接受审查，都应依法进行。我国政府审计机关根据法律赋予的权力，对国务院各部门和地方各级政府及其各部门的财政收支、国有金融机构和企事业单位的财务收支实行强制审计。

（2）任意审计。任意审计是根据被审计单位自身的需要，要求审计组织对其进行的审计。任意审计是相对于强制审计而言的。

5．按审计是否通知被审计单位分类

审计按照它在实施前是否预先告知被审计单位进行分类，可以分为预告审计和突击审计。

（1）预告审计。预告审计是指在进行审计以前，把审计的目的、主要内容和日期预先通知被审计单位的审计方式。采用这种审计方式，可以使被审计单位有充分时间做好准备工作，以有利于审计工作的顺利进行。一般进行财务审计和经济效益审计时，多采用这种方式，事前向被审计单位下达审计通知书或签订审计业务约定书。

（2）突击审计。突击审计是指在对被审计单位实施审计之前，不预先把审计的目的、内容和日期通知被审计单位而进行的审计。这种审计方式目的在于使被审计单位或被审计者事前不知情的情况下接受审查，没有时间去弄虚作假、掩饰事实真相，以利于取得较好的审计效果。这种审计方式主要用于对贪污盗窃和违法乱纪行为进行的财经法纪审计。

6. 按审计使用的技术和方法分类

审计按照其所使用的技术和方法进行分类，可以分为账表导向审计、系统导向审计和风险导向审计。

（1）账表导向审计。这种审计技术和方法是围绕着会计账簿、财务报表的编制过程进行的，通过对账表上的数字进行详细核实来判断是否存在舞弊行为和技术性错误。账表导向审计技术和方法是审计技术和方法发展的第一阶段，在审计技术和方法史上占据着十分重要的地位。

（2）系统导向审计。这种审计技术和方法强调对内部控制系统的评价，当评价的结果证明内部控制系统可以信赖时，在实质性测试阶段只抽取少量样本就可以得出审计结论了；当评价结果认为内部控制系统不可靠时，则需扩大审查范围。系统导向审计是财务审计发展的高级阶段。但是，系统导向审计仍需运用账表导向审计的一些技术方法。

（3）风险导向审计。这种审计技术和方法要求审计人员从企业环境和企业经营可能面临的风险分析出发，使用审计风险模型，积极采用分析程序，以制定与企业状况相适应的多样化审计计划，以达到审计工作的效率性和效果性。风险导向审计是迎合高度风险社会的产物，是现代审计方法的最新发展。

五、审计与会计的关系

审计与会计有非常密切的关系。一方面，会计加工、生成财务信息，审计对这些财务信息进行审查，以验证财务信息的公允性，共同为财务信息使用者服务；另一方面，审计与会计又在性质、职能、程序等方面存在区别。

（一）审计与会计的联系

（1）工作对象基本相同。会计工作是以《企业会计准则》为依据，对有关经济活动进行反映，会计凭证、账簿、报表及附注构成会计的工作对象——会计资料。审计工作主要是对被审计单位的财政、财务收支及有关经济活动的真实性、合法性、效益性进行审查，而被审计单位的这些经济活动又主要是通过会计资料来反映的，因此，会计资料也是审计的主要工作对象。

（2）工作范围都要涉及被审计单位的内部控制。在日常会计核算过程中，一般都需要建立有效的内部控制，以保证会计核算工作的有效运行和会计信息的可靠性。而在审计过程中，为了提高审计效率，一般首先对被审计单位的内部控制进行评价，进而确定审计重点，保证审计效果。

（3）两者都具有监督职能。对经济业务进行监督，加强内部管理，提高经济效益，是会计的本质属性之一。而审计实质上是对会计监督的内容进行再监督，对会计认定的内容进行再认定。

（4）两者相互促进，相互影响。会计工作质量的高低，直接关系到审计工作的效果与效率，会计资料正确，会计工作搞好了，审计就容易进行，否则，就会给审计工作带来困难。而审计职能的充分发挥又会促进会计工作的改进，审计工作做好了，不仅可以减少审计风险，而且可以帮助会计提示差错和弊端，有助于提高会计工作的质量。两者在各自的发展进程中相互影响、相互制约。

（二）审计与会计的区别

（1）目的不同。会计的基本目的是为会计信息使用者提供信息，审计的目的是根据审计准则的要求，对被审计单位会计报表所反映的会计信息的真实性、合法性、效益性及会计处理的公允性表示意见，以合理保证会计报表使用者确定已审计会计报表的可靠程度。

（2）职能不同。会计的最基本职能是核算，核算的过程就是把经济活动中产生的各种财务数据转换为会计信息的过程。而审计的最基本职能是鉴证，通过审计鉴证，出具审计报告，证明会计报表所反映的会计信息的可靠性。

（3）工作程序不同。会计工作的程序是按照经济业务发生的时间先后顺序，先填制或取得原始凭证，然后登记账簿，最后编制会计报表。而审计工作的程序并不按照经济业务发生的时间顺序来进行，有时甚至采用与会计工作程序相反的顺序来展开工作。

（4）方法不同。会计的基本方法包括：设置会计科目、复式记账、填制和审核凭证、登记账簿、成本计算、财产清查、编制会计报表，这些方法是完成会计任务的必要手段。审计运用的方法与审计目的直接关联，要形成审计意见，就必须取得充分、适当的审计证据，因此获取审计证据的方法也就是审计的基本方法，这些方法包括：检查文件记录、检查有形资产、观察、询问、函证、重新计算、重新执行、分析程序等。

（5）工作时间不同。会计核算工作是一项经常性的工作，它必须连续不断地按照经济业务发生的先后顺序进行记录、登记和计算。而审计工作的时间则不然，民间注册会计师必须在接受委托的情况下才能进行审计，没有委托则不能开展审计工作，而且，在进行审计工作时，一般都是事后、定期进行，不像会计是一项经常性的工作。

（6）依据的标准不同。会计主要是根据会计法规和会计准则、会计制度等进行会计核算。而审计是根据审计准则的要求，依据会计法规和会计准则、有关的法律规范、规章制度、计划、定额等评价标准进行审计评价，即审计依据的标准范围远比会计依据的标准范围广泛。

（7）责任不同。会计责任主要包括三个方面：一是建立健全内部控制；二是保护资产的安全和完整；三是保证会计资料的真实、合法、完整。审计责任是指审计人员应对其出具的审计报告的真实性、合法性负责。

第三节　审计机构与审计人员

一、政府审计机关和政府审计人员

（一）政府审计机关

政府审计机关是代表政府依法行使审计监督权的行政机关，它具有宪法赋予的独立性和权威性，政府审计机关在国务院总理领导下，依照法律规定独立行使审计监督权，不受其他行政机关、社会团体和个人的干涉。

我国政府审计机关，分为以下两个层次：

(1) 最高审计机关——审计署。审计署隶属于国务院,负责组织领导全国的审计工作,对国务院各部门和地方各级政府的财政收支、国有金融机构和企事业单位的财务收支以及公共资金的收支进行审计监督。从2003年起,审计署开始向全国人民代表大会提交审计报告。

(2) 地方各级审计机关。县级以上各级人民政府设立相应的审计机关,负责领导本级审计机关职责范围内的审计事项,对上一级审计机关和本级人民政府负责并报告工作。地方审计机关受双重领导,即在业务上受上一级审计机关的领导,在其他方面受本级人民政府的领导。

(二) 政府审计人员

政府审计人员是指审计机关中接受政府委托,依法行使审计监督权,从事审计业务的人员。根据我国宪法和有关规定,国家审计署设审计长一人,副审计长若干人。审计长由国务院总理提名,全国人民代表大会决定,国家主席任命。副审计长由国务院任命。县级以上各级政府的审计厅长(省、自治区)、局长(直辖市)由本级人民代表大会决定任免,副审计厅长(省、自治区)、副局长(直辖市)由本级政府任免,地方各级厅、局长的任免应征得上级审计机关的同意。政府审计机关审计人员实行专业技术资格制度,审计专业技术资格分为初级(审计员、助理审计师)资格、中级(审计师)资格、高级(高级审计师)资格,通过参加全国统一考试,并达到合格标准才能获得。审计机关录用的审计人员,须经过专业培训,训练合格后才能独立承办审计业务。

二、内部审计机构和人员

(一) 中国内部审计协会

中国内部审计协会(China Institute of Internal Audit,CIIA),其前身为中国内部审计学会,成立于1984年。2002年经民政部批准,学会更名为协会,使其成为对企业、事业行政机关和其他事业组织的内审机构进行行业自律管理的全国性社会团体组织。中国内部审计协会依据《中华人民共和国审计法》、《审计署关于内部审计工作的规定》、《中国内部审计协会章程》开展工作,秉承服务、管理、宣传、交流的宗旨,为中国内部审计的规范化建设、理论探索和实践经验的创新、交流、内审人员岗位培训及后续教育、指导内审机构的业务建设、开展国际间的互动学习、提高内审工作的科学技术水平,提供全方位的服务。

(二) 企事业单位内部审计机构

内部审计机构是指本组织内部设立的从事审计业务的专门机构,是组织内部经营管理的组成部分。目前,内部审计机构的设置主要有以下几种形式:①受本组织总会计师或主管财务的副总经理领导;②受本组织总经理领导;③受本组织董事会领导或审计委员会领导。从审计的独立性和有效性看,隶属的领导层次越高,内部审计工作就会越有成效。

(三) 内部审计人员

内部审计人员是指部门、单位从事审计业务的人员。在我国,内部审计的从业人员要取得岗位资格证书。岗位资格证书的取得采取认证和考试两种办法。凡具备下列条件之一者,可通过认证发给资格证书:①具有审计、会计、经济及相关专业中级及以上专业技术资格的人员;②具有国际注册内部审计师证书的人员;③具有注册会计师、造价工程师、资产评估师等相关执业证书的人员;④审计、会计及相关专业本科以上学历工作满两年以上以及大专学历工作满4年以上的人员。不具备上述条件者,必须参加中国内部审计协会统一组织的资格考试,考试合格者发给资格证书。资格证书考试内容包括:内部审计原理与技术;有关法律法规与内部审计准则;计算机基础知识与应用。

国际内部审计师协会(IIA)于1972年开始实施注册内部审计师(Certified Internal Auditor, CIA)考试制度,考试的科目有:内部审计在公司治理、风险和控制中的作用;实施内部审计业务;经营分析和信息技术;经营管理技术。作为国际内部审计专家的标志,国际注册内部审计师(CIA)资格证书代表了内部审计领域的最高资质,获取CIA资格证书,即获取了内部审计职业在国际范围的认可,CIA证书持有者越来越受到大型企事业单位、机关团体等的重视。

三、民间审计组织和人员

(一)中国注册会计师协会

1988年11月15日成立并接受财政部监督、指导的中国注册会计师协会,1992年9月8日成立并接受审计署监督、指导的中国注册审计师协会,两者于1995年6月19日联合组成中国注册会计师全国组织。

注册会计师协会对全国注册会计师行业进行管理,依法接受财政部、审计署的监督、指导,依据《中国注册会计师法》和《中国注册会计师章程》行使职权。

(二)会计师事务所的组织形式

目前,我国的会计师事务所有以下四种形式:独资会计师事务所、普通合伙制会计师事务所、有限责任公司制会计师事务所和有限责任合伙制会计师事务所。

1. 独资会计师事务所

独资会计师事务所是由具有注册会计师执业资格的个人独立开业,承担无限责任。它的优点是,对执业人员的需求不多,容易设立,执业灵活,能够在代理记账、代理纳税等方面很好地满足小型企业对注册会计师服务的需求,虽承担无限责任,但实际发生风险的程度相对较低。它的缺点是,无力承担大型业务,缺乏发展后劲。

2. 普通合伙制会计师事务所

普通合伙制会计师事务所是由两位或两位以上注册会计师组成的合伙组织,合伙人以各自的财产对事务所的债务承担无限连带责任。它的优点是,在风险的牵制和共同利益的驱动下,促使事务所强化专业发展、扩大规模、提高规避风险的能力。它的缺点是,建立一个跨地区、跨国界的大型会计师事务所要经历一个漫长的过程,同时,任何一个合伙人执业中的错误与舞弊行为,都可能给整个会计师事务所带来灭顶之灾。

3. 有限责任公司制会计师事务所

有限责任公司制会计师事务所是由注册会计师认购会计师事务所股份,并以其所认购股份对会计师事务所承担有限责任,会计师事务所以其全部资产对其债务承担有限责任。它的优点是,可以通过公司制形式迅速聚集一批注册会计师,建立规模型大所,承办大型业务。它的缺点是,降低了风险责任对执业行为的高度制约,弱化了注册会计师的个人责任。

4. 有限责任合伙制会计师事务所

有限责任合伙制会计师事务所是事务所以全部资产对其债务承担有限责任,各合伙人对个人执业行为承担无限责任。它的最大特点在于,既融入了合伙制和有限责任公司制会计师事务所的优点,又摈弃了它们的不足,有限责任合伙制会计师事务所已成为当今注册会计师职业界组织形式发展的一大趋势。

（三）民间审计人员

民间审计人员主要是指注册会计师及从业人员。注册会计师是指取得注册会计师资格并在会计师事务所执业的人员。

要想取得注册会计师资格必须通过注册会计师全国统一考试。目前,我国注册会计师考试分为两个阶段:

第一阶段,即专业阶段,主要测试考生是否具备注册会计师执业所需的专业知识,是否掌握基本技能和职业道德要求。现设六个考试科目:会计、审计、财务成本管理、企业战略与风险管理、经济法、税法。

第二阶段,即综合阶段,主要测试考生是否具备在注册会计师执业环境中运用专业知识、保持职业价值观、职业态度与职业道德、有效解决实务问题的能力。现设一个考试科目:综合。

考生在通过第一阶段的全部考试科目后,才能参加第二阶段的考试。两个阶段的考试,每年各举行一次。第一阶段的单科合格成绩 5 年内有效,对在连续 5 年内取得第一阶段 6 个科目合格成绩的考生,发放专业阶段合格证。第二阶段考试科目应在取得专业阶段合格证后 5 年内完成,对取得第二阶段考试合格成绩的考生,发放全科合格证,并可申请加入注册会计师协会,成为注册会计师协会的非执业会员。注册会计师还必须具有两年以上在会计师事务所从事审计业务的经验、并具备相应的业务能力,才能申请注册成为中国注册会计师协会执业会员。注册会计师只有加入会计师事务所才能接受委托承办业务。

近年来,由于我国经济的迅速发展,民间注册会计师在社会中的审计应用和影响越来越大。鉴于此,本书在后面内容的介绍中,主要以民间注册会计师审计内容和体系为主。

本 章 小 结

审计产生的根本原因是财产所有权和经营管理权的分离和受托经济责任的产生。审计是由独立的专门机构或人员,接受委托或根据授权,对国家行政、事业单位、企业单位和其他组织的财务报表和相关资料,及其所反映的经济活动进行审查并发表意见。任何一项审计行为必然涉及审计者、被审计者和审计授权人或委托人三方。通常审计具有经济监督、经济鉴证和经济评价职能。由于审计的责任、范围、时间、地点不同,对审计工作的要求不同,从而形成不同类型的审计,其中最为常见的是按审计主体分类,可分为政府审计、内部审计和注册会计师审计。本章重点介绍了这三种审计形式的产生发展历史、相应的组织机构和人员概况。

本章思考题

1. 怎样理解受托经济责任关系是审计产生和发展的社会基础?
2. 简述审计关系的含义。
3. 我国政府审计经历了哪几个发展阶段?
4. 简述民间审计的起源和发展。

5. 审计是如何分类的？简述其内容。

6. 请简述审计组织的形式及相应审计人员的构成要求。

案例讨论题

“南海公司”神话

[案情介绍] 南海公司始创于1710年，主要从事海外贸易业务。公司成立10年一直业绩平平，是股份制的机遇使该公司有了“大显身手”的机会，公司获得了发行股票并上市交易的资格。该公司股票上市后不久，公司便以虚假会计信息披露预计可实现大量利润，同时公司还承诺按60%支付股利。在大量的虚假会计信息支持下，公司的股票价格从1719年的每股114英镑上升到1720年3月的每股300英镑，而后一路飙升至1720年9月的每股1 050英镑。股票热使得当时的政治家忘记了政治，商人放弃了买卖，医生丢弃了病人。公司老板布伦特和公司高层管理人员决定以高于面值数倍的价格发行新股，一场股票投资浪潮席卷了整个英国。股票在英国成为人们无时无刻不谈论的话题，在当时民众的脑海里，一夜致富已不再是梦想。事实上了解公司内情的人深知，公司自成立以来惨淡经营、业绩平平，在对外贸易中也没有像会计信息中披露的那样有大笔大笔的海外订单。公司总经理和有关会计人员合伙制造假账，大量侵吞公司财产，使公司出现严重资不抵债的状况，最后导致公司股票价格在短短的几个月内从每股1 050英镑狂跌到每股124英镑。1720年12月，“南海公司”不得不宣告破产倒闭，数以万计的债权人和股东蒙受巨额经济损失。股东里不乏贵族、社会名流乃至议会议员，他们敦促英国议会要严惩欺诈者。英国政府迫于议会的巨大压力，成立了一个由13人组成的特别委员会进行秘密调查。为了进一步核实“南海公司”的财务状况，特聘请了精通会计实务的查尔斯·斯耐尔对“南海公司”账目进行详细的审查。查尔斯于1721年提交了一份对“南海公司”会计账簿进行审查的意见报告书，指出南海公司存在舞弊行为和会计记录严重不实等情况。

[问题思考]

通过“南海公司”破产案，试分析其对现代民间审计产生的深远影响及股份公司发展对民间审计的客观需要？

第二章 注册会计师执业准则、职业道德与法律责任

任何职业都有自身的职业道德和执业规范，注册会计师行业也不例外。我国注册会计师执行业务时，必须严格遵守职业道德和执业规范，以保证审计质量，增强社会公众对其工作成果的信赖。否则，很可能形成职业风险，甚至需要承担法律责任。本章主要介绍注册会计师执业过程中必须遵守的执业准则和职业道德准则，以及与执业有关的法律责任问题。

第一节 注册会计师执业准则

一、注册会计师执业准则的定义和作用

注册会计师执业准则又称注册会计师执业标准，它是注册会计师职业规范体系的重要组成部分，是注册会计师在执行审计业务过程中应当遵循的行为准则，是衡量注册会计师审计工作质量的权威性标准。

1. 实施注册会计师执业准则，可以赢得社会公众的广泛信任

注册会计师在其出具的审计报告中，应当写明按照注册会计师执业准则计划和实施工作，以合理确信财务报表是否不存在重大错报。这就向审计报告使用人表明，注册会计师的审计工作已经达到了规定的质量标准，审计意见是可以信赖的，从而为注册会计师审计取信于社会公众提供了保证。

2. 实施注册会计师执业准则，可以提高注册会计师审计工作质量

注册会计师执业准则对注册会计师业务能力及其在工作中应保持的职业谨慎，审计工作的基本程序和方法，以及审计报告的基本内容、格式和类型都作了详细规定。这就要求注册会计师应依法执业，谨慎工作，充分考虑审计风险，以保证审计工作的质量。

3. 实施注册会计师执业准则，可以维护会计师事务所和注册会计师的合法权益

注册会计师审计准则规定了注册会计师的工作范围和规则，只要注册会计师按照准则的要求执业，就可最大限度地降低审计风险。当注册会计师受到不公正的指责和控告时，可以充分利用注册会计师执业准则保护其正当权益。

4. 实施注册会计师执业准则，可以促进审计经验的交流

注册会计师执业准则是注册会计师审计实践经验的总结和升华，已经成为审计理论的重要组成部分，它的实施有助于促进审计理论水平的提高。通过各国注册会计师执业准则的协调，也便于推动各国审计经验的交流，促进全球经济的共同繁荣和发展。

二、中国注册会计师执业准则体系

经过十几年的建设,2006 年 2 月 15 日财政部发布了由中国注册会计师协会拟定与修订的 48 项准则,并于 2007 年 1 月 1 日起在会计师事务所施行。至此,我国已建立起一套适应我国国情、与国际审计准则趋同的中国注册会计师执业准则体系,以满足注册会计师业务多元化发展的需要。

中国注册会计师执业准则体系受注册会计师职业道德守则(本章第二节介绍)统领,包括业务准则和质量控制准则,本节重点介绍业务准则和质量控制准则内容。注册会计师执业准则体系如图 2-1 所示。

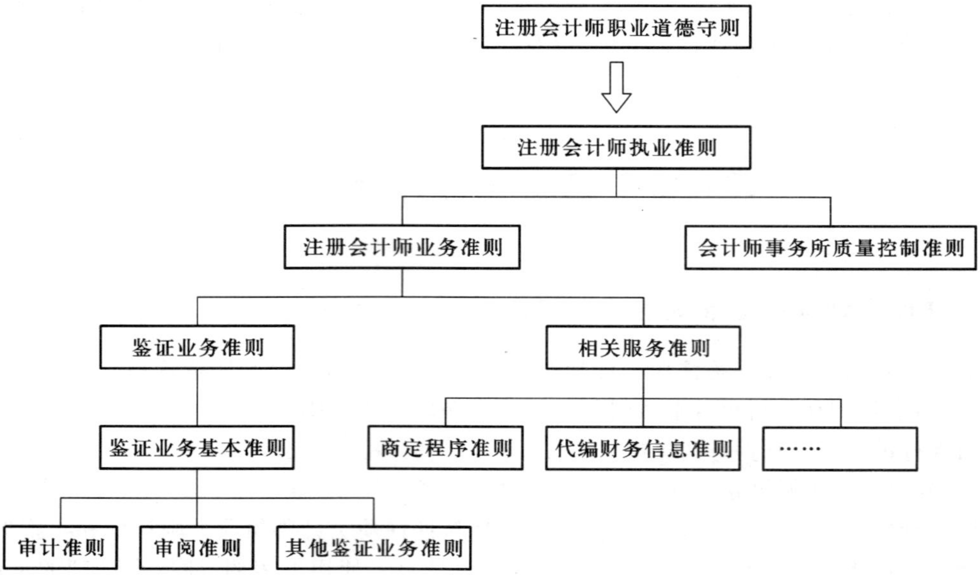

图 2-1　注册会计师执业准则体系

(一) 注册会计师业务准则

注册会计师业务准则是注册会计师执行各类业务所应遵循的行业标准。该准则由鉴证业务准则和相关服务准则构成。

1. 注册会计师鉴证业务准则

鉴证业务是指注册会计师对鉴证对象信息提出结论,以增强除责任方之外的预期使用者对鉴证对象信息信任程度的业务。鉴证业务旨在增进某一鉴证对象信息的可信性,比如,公司管理层(责任方)按照适用的企业会计准则(标准)对其财务状况、经营成果和现金流量(鉴证对象)进行确认、计量和列报而形成财务报表(鉴证对象信息),由具有独立性和专业性的注册会计师对该财务报表实施一定的方法进行查证(获取证据)后,得出结论,并出具一份书面报告(鉴证报告),以增强除管理层之外的报告使用者(预期使用者)对财务报表的信任程度。

注册会计师鉴证业务准则是整个执业准则体系中最主要的部分,分为以下两个层次:

第一层次是起统领作用的鉴证业务基本准则,是为了规范注册会计师执行鉴证业务,明确鉴证业务的目标和要素，确定审计准则、审阅准则和其他鉴证业务准则适用的鉴证业务类型的准则。

第二层次按照提供的保证程度和鉴证对象的不同，可分为审计业务、审阅业务、其他鉴证业务准则。

（1）审计业务。审计业务是指注册会计师综合使用审计方法，对所审计的历史财务信息是否不存在重大错报提供合理保证，并以积极方式提出结论。其中，所谓“合理保证”，是指注册会计师将鉴证业务风险降至该业务环境下可接受的低水平，并对鉴证后的信息提供高水平保证，需要注意的是，合理保证是低于百分之百的保证，并不是绝对保证。这是由于审计中存在的固有限制（如内部控制的固有局限性、大量的职业判断）影响了注册会计师发现重大错报的能力，注册会计师不能对财务报表整体不存在重大错报提供绝对保证。所谓“以积极方式提出结论”，是指从正面发表意见。例如，“我们认为，ABC 公司财务报表已经按照企业会计准则的规定编制，在所有重大方面公允反映了 ABC 公司 2008 年 12 月 31 日的财务状况以及 2008 年度的经营成果和现金流量。”审计业务范围包括审查企业财务报表，出具审计报告；验证企业资本，出具验资报告；办理企业合并、分立、清算事宜中的审计业务，出具相关报告；办理法律、行政法规规定的其他审计业务，出具相应的审计报告。

审计准则用来规范注册会计师执行历史财务信息（主要是财务报表）审计业务，是整个业务准则体系的核心，共 41 项，分为六大类。

第一类是一般原则与责任。

中国注册会计师审计准则第 1101 号——财务报表审计的目标和一般原则

中国注册会计师审计准则第 1111 号——审计业务约定书

中国注册会计师审计准则第 1121 号——历史财务信息审计质量控制

中国注册会计师审计准则第 1131 号——审计工作底稿

中国注册会计师审计准则第 1141 号——财务报表审计中对舞弊的考虑

中国注册会计师审计准则第 1142 号——财务报表审计中对法律法规的考虑

中国注册会计师审计准则第 1151 号——与治理层的沟通

中国注册会计师审计准则第 1152 号——前后任注册会计师的沟通

第二类是风险评估以及风险应对。

中国注册会计师审计准则第 1201 号——计划审计工作

中国注册会计师审计准则第 1211 号——了解被审计单位及其环境并评估重大错报风险

中国注册会计师审计准则第 1212 号——对被审计单位使用服务机构的考虑

中国注册会计师审计准则第 1221 号——重要性

中国注册会计师审计准则第 1231 号——针对评估的重大错报风险实施的程序

第三类是审计证据。

中国注册会计师审计准则第 1301 号——审计证据

中国注册会计师审计准则第 1311 号——存货监盘

中国注册会计师审计准则第 1312 号——函证

中国注册会计师审计准则第 1313 号——分析程序

中国注册会计师审计准则第 1314 号——审计抽样和其他选取测试项目的方法

中国注册会计师审计准则第 1321 号——会计估计的审计
中国注册会计师审计准则第 1322 号——公允价值计量和披露的审计
中国注册会计师审计准则第 1323 号——关联方
中国注册会计师审计准则第 1324 号——持续经营
中国注册会计师审计准则第 1331 号——首次接受委托时对期初余额的审计
中国注册会计师审计准则第 1332 号——期后事项
中国注册会计师审计准则第 1341 号——管理层声明

第四类是利用其他主体的工作。

中国注册会计师审计准则第 1401 号——利用其他注册会计师的工作
中国注册会计师审计准则第 1411 号——考虑内部审计工作
中国注册会计师审计准则第 1421 号——利用专家的工作

第五类是审计结论与报告。

中国注册会计师审计准则第 1501 号——审计报告
中国注册会计师审计准则第 1502 号——非标准审计报告
中国注册会计师审计准则第 1511 号——比较数据
中国注册会计师审计准则第 1521 号——含有已审计财务报表的文件中的其他信息

第六类是特殊领域审计。

中国注册会计师审计准则第 1601 号——对特殊目的审计业务出具审计报告
中国注册会计师审计准则第 1602 号——验资
中国注册会计师审计准则第 1611 号——商业银行财务报表审计
中国注册会计师审计准则第 1612 号——银行间函证程序
中国注册会计师审计准则第 1613 号——与银行监管机构的关系
中国注册会计师审计准则第 1621 号——对小型被审计单位审计的特殊考虑
中国注册会计师审计准则第 1631 号——财务报表审计中对环境事项的考虑
中国注册会计师审计准则第 1632 号——衍生金融工具的审计
中国注册会计师审计准则第 1633 号——电子商务对财务报表审计的影响

(2) 审阅业务。审阅业务是指注册会计师在实施审阅程序的基础上,说明是否注意到某些事项,使其相信财务报表没有按照适用的会计准则和相关会计制度的规定编制,未能在所有重大方面公允反映被审阅单位的财务状况、经营成果和现金流量。相对审计而言,审阅程序简单,保证程度有限,审阅成本也较低。

审阅准则用来规范注册会计师执行历史财务信息(主要是财务报表)审阅业务。目前,审阅准则只有一项,即中国注册会计师审阅准则第 2101 号——财务报表审阅。

(3) 其他鉴证业务。其他鉴证业务是指注册会计师执行的除了审计业务与审阅业务以外的鉴证业务,如内部控制鉴证、预测性财务信息的审核(预测性财务信息是指被审核单位依据对未来可能发生的事项或采取的行动的假设而编制的财务信息)等。这些鉴证业务可以增强使用者的信任程度。

其他鉴证业务准则目前包括两项,即中国注册会计师其他鉴证业务准则第 3101 号——历史财务信息审计或审阅以外的鉴证业务;中国注册会计师其他鉴证业务准则第 3111 号——预测性财务信息的审核。

2．相关服务准则

相关服务业务是指非鉴证业务，包括对财务信息执行商定程序、代编财务信息、税务服务、会计服务和管理咨询等。相关服务业务通常不像鉴证业务那样对注册会计师提出独立性要求。在提供相关服务时，注册会计师不能提供任何程度的保证，因为注册会计师不能给自己的行为作保证。

相关服务准则目前包括两项，即中国注册会计师相关服务准则第 4101 号——对财务信息执行商定程序；中国注册会计师相关服务准则第 4111 号——代编财务信息。

（二）会计师事务所质量控制准则

1．质量控制的定义和作用

会计师事务所质量控制准则是指规范会计师事务所执行历史财务信息审计和审阅业务、其他鉴证业务及相关服务业务时应当遵守的质量控制政策和程序，是明确会计师事务所及其人员的质量控制责任的准则。会计师事务所根据质量控制准则来制定质量控制制度，以约束会计师事务所与注册会计师在执业时遵守法律法规、职业道德规范及相应的业务准则，合理保证业务质量。会计师事务所质量控制准则有一项，即会计师事务所质量控制准则第 5101 号——业务质量控制。

质量控制有以下三方面的作用：

（1）质量控制是保证注册会计师审计准则得到遵守和落实的重要手段。没有质量控制，注册会计师审计准则的运用只能流于形式，无法达到预期的目的。

（2）质量控制是会计师事务所内部控制体系的重要组成部分，且在该体系中居于核心地位。会计师事务所面临激烈的同业竞争、广泛的社会监督和法律诉讼案件的威胁，因此，建立健全质量控制是完善内部控制体系的根本措施。

（3）质量控制是会计师事务所生存和发展的基本条件，是整个注册会计师职业赢得社会信任的重要措施。也就是说，质量控制的好坏不仅关系着会计师事务所的存亡，而且还直接关系到整个注册会计师职业的存亡。

2．质量控制准则的基本内容

会计师事务所的质量控制制度包括下列要素：

（1）对业务质量承担的领导责任；

（2）职业道德规范；

（3）客户关系和具体业务的接受与保持；

（4）人力资源；

（5）业务执行；

（6）业务工作底稿；

（7）监控。

【例 2-1】　北京市长城机电产业公司（以下简称长城公司）利用科研成果（节能电机），以签订“技术开发合同”的方式，以高息回报为诱饵非法集资。投资者络绎不绝，从 1992 年 6 月 2 日至 1993 年 2 月底，长城公司在全国范围内集资高达十多亿元。大量的集资款被长城公司挥霍和侵吞。1993 年广大投资者对公司的集资行为产生怀疑，这时长城公司找到中诚会计师事务所第二分所,要求出具资信证明。该二分所相关人员在接受吃请、收受红包后,按照长城公司的要求以中诚会计师事务所总所名义出具了验资报告。投资者因看到中诚会计师事务所的验资报告而不再要求退款。真相披露后,审计署、财政部针对中诚会计师事务所出具虚假验资报告的行为,责令解散中诚会计师事务所(包括所有13个分所),吊销相关当事人的注册会计师证书。法院对承办长城公司审计业务的两名注册会计师依法判处了有期徒刑。

【分析】 中诚会计师事务所各分所都独立承揽业务,且都拥有总所的印章,可以直接出具审计报告,各分所基本没有建立业务质量控制制度,而总所对分所又没有相应的监控。正是中诚会计师事务所缺乏质量控制制度,其注册会计师缺乏职业道德,才导致其全部13个分所的全军覆没。

【例2-2】 ABC会计师事务所正在制定业务质量控制制度,经过领导层集体研究,确立了下列重大质量控制制度:(1) 合伙人的晋升与考核以业务量为主要考核指标,同时考虑遵循质量控制制度和职业道德规范的情况;(2) 对员工介绍的客户,由员工所在部门经理根据收费的高低自行决定是否承接;(3) 所有审计工作底稿应当在业务完成后90日内整理归档;(4) 由于尚未取得上市公司审计资格,不予执行项目质量控制复核制度;(5) 无论审计项目组内部的分歧是否得到解决,审计项目组必须保证按时出具审计报告;(6) 以每3年为一个周期,选取已完成业务进行检查,检查对象为当年考核等级位列后3名的项目负责人。

要求:针对上述事项(1)~(6),分别指出ABC会计师事务所可能违反质量控制准则的情形,并简要说明理由。

【解答】 (1) 违反,表现在"合伙人的晋升与考核以业务量为主要考核指标"。

理由:会计师事务所在业绩评价过程中要贯彻以质量为导向,使员工充分了解提高业务质量和遵守职业道德规范是晋升的主要途径,而不是以业务量为主要考核指标。

(2) 违反,表现在"由员工所在部门经理根据收费的高低自行决定是否承接业务"。

理由:会计师事务所在决定承接业务时应当确保满足以下条件。①已考虑客户的诚信,没有信息表明客户缺乏诚信;②具有执行业务必要的素质、专业胜任能力、时间和资源;③能够遵守职业道德规范,而不应该由部门经理根据收费的高低自行决定。

(3) 违反,表现在"对所有的审计工作底稿应当在业务完成后90日内整理归档"。

理由:审计工作底稿的归档期限为审计报告日后或审计业务中止日后60天内。

(4) 违反,表现在"尚未取得上市公司审计资格,就不予执行项目质量控制复核制度"。

理由:会计师事务所除对上市公司财务报表审计业务必须实施项目质量控制复核外,还可以自行建立判断标准,确定对哪些涉及公众利益的范围较大、或已识别出存在重大异常情况或较高风险的特定业务,实施项目质量控制复核。

(5) 违反,表现在"无论审计项目组内部的分歧是否得到解决,审计项目组必须保证按时出具审计报告"。

理由:只有意见分歧问题得到解决,项目负责人才能出具报告。

(6) 违反,表现在"检查对象为当年考核等级位列后3名的项目负责人"。

理由:会计师事务所应当周期性地选取已完成的业务进行检查,周期最长不得超过三年。在每个周期内,应对每个项目负责人的业务至少选取一项进行检查。而不是仅对当年考核等级位列后3名的项目负责人进行检查。

第二节　职业道德准则

为了促使注册会计师更好地履行职责，保持应有的职业行为规范，保证执业质量，在公众中树立起良好的职业形象和职业信誉，赢得社会公众的尊重和信任，强调注册会计师的职业道德就显得尤为重要。所谓注册会计师的职业道德，是指对注册会计师的职业品德、执业纪律、业务能力、工作规则及所负的责任等思想方式和行为方式所作的基本规定和要求。

一、注册会计师职业道德基本原则

自2010年7月1日起施行的《中国注册会计师职业道德守则》要求中国注册会计师在执业时，应遵守下列职业道德基本原则：

（一）诚信

诚信，是指诚实、守信。该原则要求注册会计师执业时，应当保持正直和诚实，秉公处事、实事求是。例如，在财务报表审计中，当注册会计师认为被审计单位财务报表存在重大虚假或误导性陈述或遗漏重要信息时，就不应该为其出具无保留意见审计报告，即不能发表意见声称被审计单位的财务报表合法公允，否则就违反了诚信原则。

（二）独立性

独立，是指不受外来力量控制、支配，按照一定之规行事。独立原则通常是对注册会计师而不是对非执业会员提出的要求。在执行鉴证业务时，注册会计师必须保持独立性。鉴于独立原则的重要性，本节把独立性单独作为一个内容列在第二点中。

（三）客观和公正

客观，是指按照事物的本来面目去考察，不添加个人的偏见。公正，是指公平、正直、不偏袒。该原则要求注册会计师不应因偏见、利益冲突以及他人的不当影响而损害职业判断的客观性。例如，注册会计师面临客户解除业务约定的威胁，被迫同意客户不恰当的会计处理，从而违反了客观原则。独立于鉴证客户是遵循客观性基本原则的内在要求，注册会计师应当从实质上和形式上独立于鉴证客户。

（四）专业胜任能力和应有的关注

1．专业胜任能力

专业胜任能力是指注册会计师具有专业知识、技能和经验，能够经济、有效地完成客户委托的业务。

（1）注册会计师应当持续了解和掌握相关的专业知识、技能和业务的发展，以保持专业胜任能力，提供合格的专业服务。

（2）如果注册会计师缺乏专业胜任能力而提供专业服务，则构成欺诈。

2．应有的关注

应有的关注是指注册会计师执业时应遵守执业准则和技术规范，对其所提供的服务承担勤勉尽责的义务。

(1) 勤勉尽责要求注册会计师按照有关工作要求,认真、全面、及时地完成工作任务。

(2) 注册会计师在执业过程中应保持职业怀疑态度。所谓职业怀疑态度,是指注册会计师以质疑的思维方式评价所获取证据的有效性,并对相互矛盾的证据,以及对文件记录或被审计单位提供的信息的可靠性产生怀疑的证据保持警觉。例如,某人欲注册一家装潢公司,他找到一家会计师事务所验资,并提供了一张银行进账单的复印件,注册会计师并未索要进账单原件,就出具了验资报告。注册会计师不索要进账单原件,也未向银行函证,就没有保持应有的职业怀疑态度。

(五) 保密

注册会计师应当对执业中获知的客户信息予以保密。

(1) 未经客户授权或法律法规允许,注册会计师不得向第三方披露涉密信息。

(2) 注册会计师不得利用这些信息为自己或第三方谋取利益。

(3) 注册会计师应当警惕无意泄密的可能性,特别是警惕向直系亲属、近亲属以及关系密切的商业伙伴无意泄密的可能性。

(4) 这一保密责任是终身的,不因业务约定的终止而终止。

(5) 注册会计师在以下情况中可以披露客户的有关信息(保密例外情形):①法律法规允许披露,并且取得客户的授权;②法律法规要求披露,包括为法律诉讼出示文件或提供证据,以及向有关监管机构报告发现的违法行为;③接受或答复注册会计师协会、监管机构的质量检查或询问、调查;④在法律诉讼程序中维护自身的职业利益;⑤法律、法规、执业准则和职业道德规范规定的其他情况。

(六) 良好的职业行为

注册会计师应当遵守相关法律法规,避免发生任何注册会计师已知悉或应当知悉的有损职业声誉的行为。例如,在推介自身或工作时,注册会计师不应损害职业形象,应当诚实、实事求是,不应对其能够提供的服务、拥有的资质以及积累的经验进行夸大宣传,也不应对其他注册会计师的工作进行贬低或比较。

二、可能对职业道德基本原则产生不利影响的因素

可能对职业道德基本原则产生不利影响的因素包括自身利益、自我评价、过度推介、密切关系和外在压力。

1. 自身利益

自身利益导致不利影响的情形主要包括:

(1) 鉴证业务项目组成员在鉴证客户中拥有直接经济利益;

(2) 会计师事务所的收入过分依赖某一客户;

(3) 鉴证业务项目组成员与鉴证客户存在重要且密切的商业关系;

(4) 会计师事务所担心可能失去某一重要客户;

(5) 鉴证业务项目组成员正在与鉴证客户协商受雇于该客户;

(6) 会计师事务所与客户就鉴证业务达成或有收费的协议;

(7) 注册会计师在评价所在会计师事务所以往提供的专业服务时,发现了重大错误。

2. 自我评价

自我评价导致不利影响的情形主要包括：

（1）会计师事务所在对客户提供财务系统的设计或操作服务后，又对系统的运行有效性出具鉴证报告；

（2）会计师事务所为客户编制原始数据，这些数据构成鉴证业务的对象；

（3）鉴证业务项目组成员担任或最近曾经担任客户的董事或高级管理人员；

（4）鉴证业务项目组成员目前或最近曾受雇于客户，并且所处职位能够对鉴证对象施加重大影响；

（5）会计师事务所为鉴证客户提供直接影响鉴证对象信息的其他服务。

3．过度推介

过度推介导致的不利影响的情形主要包括：

（1）会计师事务所推介审计客户的股份；

（2）在鉴证客户与第三方发生诉讼或纠纷时，注册会计师担任该客户的辩护人。

4．密切关系

密切关系导致不利影响的情形主要包括：

（1）项目组成员的近亲属担任客户的董事或高级管理人员；

（2）项目组成员的近亲属是客户的员工，其所处职位能够对业务对象施加重大影响；

（3）客户的董事、高级管理人员或所处职位能够对业务对象施加重大影响的员工，最近曾担任会计师事务所的项目合伙人；

（4）注册会计师接受客户的礼品或款待；

（5）会计师事务所的合伙人或高级员工与鉴证客户存在长期业务关系。

这里的项目合伙人是指会计师事务所中负责某项业务及其执行，并代表会计师事务所在报告上签字的合伙人。如果项目合伙人以外的其他注册会计师在业务报告上签字，中国注册会计师职业道德守则对项目合伙人作出的规定也适用于该签字注册会计师。

5．外在压力

外在压力导致不利影响的情形主要包括：

（1）会计师事务所受到客户解除业务关系的不利影响；

（2）审计客户表示，如果会计师事务所不同意对某项交易的会计处理，则不再委托其承办拟议中的非鉴证业务；

（3）客户威胁将起诉会计师事务所；

（4）会计师事务所受到降低收费的影响而不恰当地缩小工作范围；

（5）由于客户员工对所讨论的事项更具有专长，注册会计师面临服从其判断的压力；

（6）会计师事务所合伙人告知注册会计师，除非同意审计客户不恰当的会计处理，否则将影响晋升。

三、应对不利影响的防范措施

在具体工作中，应对不利影响的防范措施包括会计师事务所层面的防范措施和具体业务层面的防范措施。

(一)会计师事务所层面的防范措施

(1)领导层强调遵循职业道德基本原则的重要性;

(2)领导层强调鉴证业务项目组成员应当维护公众利益;

(3)制定有关政策和程序,实施项目质量控制,监督业务质量;

(4)制定有关政策和程序,识别对职业道德基本原则的不利影响,评价不利影响的严重程度,采取防范措施消除不利影响或将其降低至可接受的水平;

(5)制定有关政策和程序,保证遵循职业道德基本原则;

(6)制定有关政策和程序,识别会计师事务所或项目组成员与客户之间的利益或关系;

(7)制定有关政策和程序,监控对某一客户收费的依赖程度;

(8)向鉴证客户提供非鉴证服务时,指派鉴证业务项目组以外的其他合伙人和项目组,并确保鉴证业务项目组和非鉴证业务项目组分别向各自的业务主管报告工作;

(9)制定有关政策和程序,防止项目组以外的人员对业务结果施加不当影响;

(10)及时向所有合伙人和专业人员传达会计师事务所的政策和程序及其变化情况,并就这些政策和程序进行适当的培训;

(11)指定高级管理人员负责监督质量控制系统是否有效运行;

(12)向合伙人和专业人员提供鉴证客户及其关联实体的名单,并要求合伙人和专业人员与之保持独立;

(13)制定有关政策和程序,鼓励员工就遵循职业道德基本原则方面的问题与领导层沟通;

(14)建立惩戒机制,保障相关政策和程序得到遵守。

(二)具体业务层面的防范措施

(1)对已执行的非鉴证业务,由未参与该业务的注册会计师进行复核,或在必要时提供建议;

(2)对已执行的鉴证业务,由鉴证业务项目组以外的注册会计师进行复核,或在必要时提供建议;

(3)向客户审计委员会、监管机构或注册会计师协会咨询;

(4)与客户治理层讨论有关的职业道德问题;

(5)向客户治理层说明提供服务的性质和收费的范围;

(6)由其他会计师事务所执行或重新执行部分业务;

(7)轮换鉴证业务项目组合伙人和高级员工。

四、审计、审阅和其他签证业务对独立性的要求

(一)独立性的含义

独立性对鉴证业务(审计、审阅和其他鉴证业务)非常重要。以下仅以审计业务为例讨论独立性。对客观原则的遵循要求注册会计师、会计师事务所与审计客户保持独立,包括实质上的独立和形式上的独立。

1. 实质上的独立性

实质上的独立性是一种内心状态,要求注册会计师在提出结论时不受有损于职业判断因素的影响,能够诚实公正行事,并保持客观和职业怀疑态度。比如,注册会计师王某拥有被审计单位某上市公司5%的股权,即注册会计师与审计客户有直接经济利益关系,这属于自身经济利益

威胁的情形。如果注册会计师受此影响，在发表审计意见时没有揭示被审计单位利润的重大错报，这就构成了实质上的不独立。又如，注册会计师李某的妻子是被审计单位的总经理，即注册会计师与审计客户的董事或高级管理人员存在直系亲属关系，这属于密切关系威胁的情形。如果注册会计师受此影响，同意被审计单位高估资产的重大错报，这也构成了实质上的不独立。

2. 形式上的独立性

形式上的独立性要求注册会计师避免出现这样重大的事实和情况，使得一个理性且掌握充分信息的第三方在权衡这些事实和情况后，很可能推定会计师事务所或项目组成员的诚信、客观或职业怀疑态度已经受到损害。前例注册会计师王某拥有被审计单位某上市公司5%的股权，即使注册会计师不受此影响，能够揭示被审计单位虚增利润的重大错报，客观公正地发表审计意见，但在第三方看来注册会计师的职业判断已受到损害，则依然构成了形式上的不独立。即在第三者看来注册会计师是不独立的。前例注册会计师李某的妻子是被审计单位的总经理，即使注册会计师不会受此影响，不同意被审计单位高估资产的重大错报，能够客观公正地发表审计意见，但在第三方看来注册会计师的职业判断已受到损害，则依然构成了形式上的不独立。

（二）威胁与防范措施

1. 经济利益

经济利益是指从某一实体的股票、债券及其他证券或贷款及其他债务工具中获取的利益，包括取得这种利益及与其直接相关的衍生工具的权利和义务。经济利益包括直接利益和间接利益。如果存在对投资工具的控制能力或影响投资决策的能力，则为直接经济利益，否则为间接经济利益。经济利益方面威胁独立性的主要情形及可能的防范措施如下。

（1）会计师事务所、审计项目组成员或其直系亲属在审计客户中拥有直接经济利益或重大间接经济利益。此种情形将产生重大的自身利益威胁，没有任何防范措施可以将这种威胁降至可接受水平。会计师事务所、审计项目组成员或其直系亲属均不应拥有此类经济利益。

（2）为审计客户提供非审计服务的其他合伙人、管理人员或其直系亲属在审计客户中拥有直接经济利益或重大间接经济利益。此种情况下，除非该合伙人或管理人员的参与程度极低，否则将产生重大的自身利益威胁，没有任何防范措施可以消除这种威胁或将其降至可接受水平。其他合伙人、管理人员或其直系亲属均不应拥有此类经济利益。

（3）审计项目组某一成员的近亲属在审计客户中拥有直接经济利益或重大间接经济利益。此种情形将产生自身利益威胁。必要时，注册会计师应当采取防范措施以消除威胁或将其降至可接受水平。防范措施主要包括：①由近亲属尽快处置全部经济利益，或处置足够数量的经济利益，以使剩余经济利益不再重大；②由项目组之外其他的注册会计师复核审计项目组成员所执行的工作；③将该人员调离审计项目组。

（4）会计师事务所、审计项目组成员或其直系亲属与审计客户同时在某一实体拥有经济利益。此种情形可能产生自身利益威胁。但如果该利益并不重大，并且审计客户不能对该实体产生重大影响，则可认为独立性未受到损害。如果该利益对任何一方都是重大的，并且审计客户可以对该实体产生重大影响，则没有任何防范措施可以将威胁降至可接受水平。

2. 贷款和担保

（1）从银行或类似机构等审计客户取得贷款，或由这些客户作为贷款担保人。如果会计师事务所、审计项目组成员或其直系亲属从银行或类似机构等审计客户取得贷款，或由这些客户作为贷款担保人，可能产生独立性威胁。具体体现在以下几个方面：①如果不按照正常的程序、条款和条件提供贷款或担保，将产生重大的自身利益威胁，没有任何防范措施可以消除这种威胁或将其降至可接受水平。②如果会计师事务所贷款程序、条款和条件正常，并且该贷款对审计客户或接受贷款的会计师事务所是重大的，采取防范措施有可能将所产生的自身利益威胁降至可接受水平，如由未参与审计业务且未接受该贷款的注册会计师复核所执行的工作等。③审计项目组成员或其直系亲属如果按照正常的程序、条款和条件取得这种贷款或担保，就不会对独立性产生威胁。比如房屋抵押贷款、银行透支、汽车贷款和信用卡透支等。

(2) 从非银行或类似机构等审计客户取得贷款或为其提供担保。如果会计师事务所、审计项目组成员或其直系亲属从非银行或类似机构等审计客户取得贷款(或为其提供担保)，除非该项贷款或担保对会计师事务所、审计项目组成员及其直系亲属以及客户均不重大，否则将产生重大的自身利益威胁。

(3) 向审计客户提供贷款或为其提供担保。如果会计师事务所、审计项目组成员或其直系亲属向审计客户提供贷款或为其提供担保，除非该贷款或担保对会计师事务所、审计项目组成员或其直系亲属以及客户均不重大，否则将产生重大的自身利益威胁，没有任何防范措施可以消除这种威胁或将其降至可接受水平。

(4) 在审计客户开立存款或交易账户。会计师事务所、审计项目组成员或其直系亲属在银行、经纪人或类似金融机构等审计客户开立存款或交易账户，只要账户是按照正常的商业条件开立的，就不会对独立性产生威胁。

3. 商业关系

会计师事务所、审计项目组成员或其直系亲属与审计客户或其管理层之间存在密切的商业关系，可能产生自身利益威胁和外在压力威胁。这些关系包括：

(1) 在与审计客户或其控股股东、董事、管理层或其他为该客户执行高级管理活动的其他人员合营的企业中拥有经济利益。

(2) 按照协议，将会计师事务所的一种或多种产品或服务与客户的一种或多种产品或服务捆绑销售，并以双方名义进行。

(3) 按照协议，会计师事务所销售或配送客户的产品或服务，或客户销售或配送会计师事务所的产品或服务。

防范措施通常有以下几方面。

(1) 对于会计师事务所而言，应当将商业关系降至不重要的程度或终止该商业关系，或者拒绝接受或终止审计业务。

(2) 对于审计项目组成员而言，应将该成员调离审计项目组。

4. 家庭和个人关系

如果审计项目组成员的直系亲属、近亲属、与之有亲密个人关系的其他人员，是审计客户的董事或高级管理人员，或是所处职位可以对客户会计记录或财务报表的编制施加重大影响的员工，或其曾在业务期间或财务报表所涵盖期间内处于上述职位，则有可能产生自身利益威胁、密切关系威胁或外在压力威胁。会计师事务所应当评价威胁的重要程度，并在必要时采取防范措施消除威胁或将其降至可接受水平。防范措施主要包括以下几方面。

(1) 将该人员调离审计项目组。

（2）合理安排审计项目组成员的职责，使成员不处理其直系亲属、近亲属、与其有密切关系的人员职责范围内的事项。

（3）如果不采取上述防范措施，会计师事务所应当解除审计业务约定。

5. 与审计客户发生雇佣关系

（1）审计项目组前任成员或前任合伙人担任审计客户重要职位且与会计师事务所保持着重要联系。如果审计项目组的前任成员或会计师事务所的前任合伙人加入了审计客户，担任董事或高级管理人员，或是所处职位可以对客户会计记录或财务报表的编制施加重大影响的员工，且与会计师事务所仍然保持着重要联系（如获取报酬、辞退福利等），一般视为独立性受到重大威胁，没有任何防范措施可以消除这种威胁或将其降至可接受水平。

（2）审计项目组前任成员或前任合伙人担任审计客户重要职位但未与会计师事务所保持着重要联系。如果审计项目组的前任成员或会计师事务所的前任合伙人加入了审计客户（或后来成为审计客户），担任董事或高级管理人员，或是所处职位可以对客户会计记录或财务报表的编制施加重大影响的员工，但该人员与其以前的会计师事务所已经没有重要联系，所产生的密切关系威胁或外在压力威胁存在与否及其重要程度主要取决于下列因素：①该人员在客户中所处的职位；②该人员与审计项目组的关联程度；③该人员离开会计师事务所的时间长短；④该人员以前在审计项目组或会计师事务所中的职位。会计师事务所应当评价威胁的重要程度，并在必要时采取防范措施消除威胁或将其降至可接受水平。

防范措施主要包括：①修改审计计划；②向审计项目组委派经验更丰富的人员；③由项目组之外其他的注册会计师复核前任审计项目组成员已执行的工作。

（3）审计项目组某成员拟加入审计客户。如果审计项目组某成员拟加入审计客户，而仍在参与审计业务，将产生自身利益威胁。会计师事务所应当评价威胁的重要程度，并采取以下防范措施消除威胁或将其降至可接受水平：①将该成员调离审计项目组；②复核该成员在审计项目组时所做的重大判断。

6. 高级职员与审计客户的长期关联

会计师事务所多年委派同一名高级职员（项目合伙人或高级经理）执行某一客户的审计业务可能产生密切关系威胁和自身利益威胁。威胁的重要程度主要取决于下列因素：

（1）该职员成为审计项目组成员的时间长短；

（2）该职员在审计项目组中的角色；

（3）会计师事务所的结构；

（4）审计业务的性质；

（5）客户的管理团队是否发生变动；

（6）客户的会计和报告事项的性质或复杂程度是否发生变化。

会计师事务所应当评价威胁的重要程度，并在必要时采取防范措施消除威胁或将其降至可接受水平。防范措施主要包括：

（1）将该高级职员轮换出审计项目组；

（2）由项目组之外其他的注册会计师复核该高级职员所执行的工作；

（3）定期对该业务进行内部或外部独立的质量复核。

7. 为审计客户提供非鉴证服务

会计师事务所如果接受委托向审计客户提供非鉴证服务，可能会产生自我评价威胁、自身利益威胁和过度推介威胁。

（1）编制会计记录与财务报表。会计师事务所向审计客户提供编制会计记录或财务报表等会计服务，随后又对财务报表进行审计，将产生自我评价威胁。

（2）评估服务。向审计客户提供评估服务可能产生自我评价威胁。

（3）税务服务。税务服务通常包括：编制纳税申报表；以财务报表中会计分录作为基础计算税额；税务筹划和其他税务咨询服务；帮助解决税务纠纷。提供某些税务服务将产生自我评价威胁和过度推介威胁。

（4）内部审计服务。内部审计服务包括协助审计客户开展内部审计活动。如果会计师事务所在随后的外部审计中利用内部审计的工作，则向审计客户提供内部审计服务将对独立性产生自我评价威胁。参与审计客户的重要内部审计活动可能增加会计师事务所人员承担管理层职责的可能性。没有防范措施可将承担管理层职责产生的威胁降至可接受水平。会计师事务所应当确保其人员在向审计客户提供内部审计服务时并不承担管理层职责。

（5）公司理财服务。公司理财服务可能包括下列活动：协助审计客户制定公司战略；为审计客户确定可能的并购目标；对资产处置等提供建议；协助融资；提供财务筹划的建议。提供公司理财服务可能产生自我评价威胁或过度推介威胁。

8. 收费

（1）收费结构。如果会计师事务所从某一审计客户收取的全部费用占其收费总额比重很大，或者占某一合伙人从所有客户收取的费用的总额比重很大，将产生自身利益威胁。

（2）逾期收费。如果审计客户长期未支付应付的审计费用，尤其是相当部分的审计费用在下一年度出具审计报告之前仍未支付，可能产生自身利益威胁。

（3）或有收费。或有收费是一种按照预先确定的计费基础收取费用的方式。如审计客户要求注册会计师出具标准审计报告，否则就不付费；审计客户按照审计后的净利润水平高低付费。在这种方式下，收费与否或多少取决于交易的结果或所执行工作的结果。如果会计师事务所对审计业务以直接或间接形式的或有收费方式收取费用，将产生重大的自身利益威胁和过度推介威胁。

9. 影响独立性的其他事项

（1）礼品和招待。接受审计客户礼品或招待可能产生自身利益威胁和密切关系威胁。如果会计师事务所或审计项目组成员接受礼品或招待，除非价值微小，否则产生的威胁将是重大的，没有防范措施可以将其降至可接受水平。在此种情况下，会计师事务所或审计项目组成员不应接受礼品或招待。

（2）诉讼或诉讼威胁。如果会计师事务所或审计项目组成员与审计客户间发生诉讼或可能发生诉讼，从而使双方处于对立地位，可能影响管理层提供所有信息的意愿，将产生自身利益威胁和外在压力威胁。会计师事务所应当评价威胁的重要程度，并在必要时采取防范措施消除威胁或将其降至可接受水平。

【例 2-3】　V 公司系 ABC 会计师事务所的常年审计客户。2010 年 11 月，ABC 会计师事务所与 V 公司续签了审计业务约定书，审计 V 公司 2010 年度会计报表。假定存在以下情形：

（1）V 公司由于财务困难，应付 ABC 会计师事务所 2009 年度审计费用 100 万元一直没有支付。经双方协商,ABC 会计师事务所同意 V 公司延期至 2011 年底支付。在此期间,V 公司按银行同期贷款利率支付资金占用费。

(2) V 公司由于财务人员短缺,2010 年向 ABC 会计师事务所借用一名注册会计师,由该注册会计师将经会计主管审核的记账凭证录入计算机信息系统。ABC 会计师事务所未将该注册会计师包括在 V 公司 2010 年度会计报表审计项目组。

(3) 甲注册会计师已连续 5 年担任 V 公司年度会计报表审计的签字注册会计师。根据有关规定,在审计 V 公司 2010 年度会计报表时,ABC 会计师事务所决定不再由甲注册会计师担任签字注册会计师。但在成立 V 公司 2010 年度会计报表审计项目组时,ABC 会计师事务所要求其继续担任外勤审计负责人。

(4) 由于 V 公司降低 2010 年度会计报表审计费用近 1/3,导致 ABC 会计师事务所审计收入不能弥补审计成本,ABC 会计师事务所决定不再对 V 公司下属的 2 个重要的销售分公司进行审计,并以审计范围受限为由出具了保留意见的审计报告。

(5) V 公司要求 ABC 会计师事务所在出具审计报告的同时,提供内部控制审核报告。为此,双方又签订了业务约定书。

要求:请根据中国注册会计师职业道德规范有关独立性的规定,分别判断上述五种情形是否对 ABC 会计师事务所的独立性造成损害,并简要说明理由。

【解答】 (1) 损害 ABC 会计师事务所的独立性,根据《中国注册会计师职业道德守则》,会计师事务所向被审计单位收取相应的资金利息系专业服务收费外存有其他直接经济利益,所以损害独立性。

(2) 不损害会计师事务所的独立性,根据《中国注册会计师职业道德守则》,如果损害鉴证小组成员个人独立性,应当将该鉴证小组成员调离鉴证小组。ABC 会计师事务所已经把受到损害的人员调离了审计小组,故不损害独立性。

(3) 损害独立性,根据《中国注册会计师职业道德守则》,会计师事务所应当定期轮换项目负责人及签字注册会计师。而 ABC 会计师事务所虽轮换已经连续 5 年任签字注册会计师的甲,但继续任命甲为 V 公司审计业务的项目负责人,损害会计师事务所的独立性。

(4) 损害独立性,根据《中国注册会计师职业道德守则》,ABC 会计师事务所因受到 V 公司降低审计收费的压力,决定不再对 V 公司下属的 2 个重要的销售分公司进行审计,属不恰当的缩小审计范围,不能确认为审计范围受限,故损害独立性。

(5) 不损害独立性,根据《中国注册会计师职业道德守则》,注册会计师不得兼任或兼营与其他鉴证业务不相容的其他业务或职务;执行内部控制审核和审计业务属相容业务。

【例 2-4】 ABC 会计师事务所负责审计甲公司 2010 年度财务报表,并委派 A 注册会计师担任审计项目组负责人。在审计过程中,审计项目组遇到下列与职业道德有关的事项:

(1) A 注册会计师与甲公司副总经理 H 同为京剧社票友,经 H 介绍,A 注册会计师从其他企业筹得款项,成功举办个人专场演出。

(2) 审计项目组成员 B 与甲公司基建处处长 I 是战友,I 将甲公司职工集资建房的指标转让给 B,B 按照甲公司职工的付款标准交付了集资款。

(3) 审计项目组成员 C 与甲公司财务经理 J 毕业于同一所财经院校。

(4) 审计项目组成员 D 的朋友于 2009 年 2 月购买了甲公司发行的公司债券 20 万元。

(5) ABC会计师事务所原行政部经理E于2007年10月离开事务所,担任甲公司办公室主任。

(6) 甲公司系乙上市公司的子公司。2010年末,审计项目组成员F的父亲拥有乙上市公司300股流通股股票,该股票每股市值为12元。

要求:针对上述事项(1)~(6),分别指出是否对审计项目组的独立性构成威胁,并简要说明理由。

【解答】 (1) 威胁独立性,因为审计项目组成员A注册会计师与被审计单位管理人员H具有亲密关系,而且发生了直接经济利益关系。

(2) 威胁独立性,因为审计项目组成员B注册会计师与被审计单位管理层人员具有密切关系,并购买了被审计单位的商品且交易金额较大,发生了重大的商业关系。

(3) 不威胁独立性,虽然审计项目组成员注册会计师C与甲公司财务经理J毕业于同一所财经院校,但是两者不具有亲密关系,也没有发生经济利益。

(4) 威胁独立性,审计项目组成员D的朋友在审计客户中该买了债券,属于与审计项目组成员有密切关系的人员在审计客户中拥有直接经济利益的情形,将产生自身利益威胁。

(5) 不威胁独立性,虽然事务所的行政部经理E已于2007年10月加入审计客户担任办公室主任,但是他与事务所没有重要联系,而且其现在所处的职务对财务报表不产生重大影响。

(6) 威胁独立性,审计项目组成员F的直系亲属在可以对审计客户甲公司施加控制的实体中拥有直接经济利益,并且审计客户对于该实体重要,因此产生了重大的自身利益威胁,没有任何防范措施可以消除这种威胁或将其降至可接受的低水平。

五、执业准则与职业道德准则的关系

执业准则与职业道德准则对注册会计师形成相应的规范与约束,两者既有联系也有区别。

(一) 执业准则与职业道德准则的联系

两者主要是内容上相互包含:

(1) 执业准则中包含了对职业道德的一般要求,目的是为了执业准则的完整性;

(2) 职业道德准则的内容中也重复了执业准则的要求,主要是为了强调注册会计师在执行业务时,必须遵守执业准则,确保执业准则得以实施。

(二) 执业准则与职业道德准则的区别

(1) 执业准则只是约束注册会计师执行业务时的行为规范,是衡量和判断审计工作质量的权威性标准;职业道德准则是统领注册会计师执业准则的,要求注册会计师提供各种服务都应达到应有的质量要求。

(2) 执业准则着眼于从技术的角度对注册会计师的行为提出要求;职业道德准则着眼于从职业道德的角度对职业人员的行为提出要求。

第三节　注册会计师法律责任

注册会计师在执行审计业务时，应当按照执业准则的要求审慎执业，保证执业质量，控制审计风险。否则，一旦出现审计失败，就有可能承担相应的责任。注册会计师的法律责任是指注册会计师或会计师事务所在执业过程中因损害法律上的义务关系所应承担的法律后果。

一、注册会计师承担法律责任的依据

法律责任的出现，通常是因为注册会计师在执业时没有保持应有的职业谨慎，并因此导致了对他人权利的损害。应有的职业谨慎，指的是注册会计师应当具备足够的专业知识和业务能力，按照执业准则的要求执业。

由于审计中的固有限制影响注册会计师发现重大错报的能力，注册会计师不能对财务报表整体不存在重大错报获取绝对保证。特别是，如果被审计单位管理层精心策划和掩盖舞弊行为，注册会计师尽管完全按照执业准则执业，有时还是不能发现某项重大舞弊行为。如果注册会计师在审计过程中没有尽到应有的职业谨慎，就属于审计失败。审计失败是指注册会计师由于没有遵守审计准则的要求而发表了错误的审计意见。例如，注册会计师可能指派了不合格的助理人员去执行审计任务，未能发现应当发现的财务报表中存在的重大错报，而注册会计师发表不恰当审计意见的可能性。在这种情况下，法律通常允许因注册会计师未尽到应有的职业谨慎而遭受损失的各方，获得由审计失败导致的部分或全部损失的补偿。

二、被审计单位的责任与注册会计师的责任

在被审计单位治理层的监督下，按照适用的会计原则和相关会计制度的规定编制财务报表是被审计单位管理层的责任。管理层通常设计、实施和维护与财务报表编制相关的内部控制，以保证财务报表不存在由于舞弊或错误而导致的重大错报，并通过签署财务报表确认这一责任。

按照中国注册会计师执业准则的规定对财务报表发表审计意见是注册会计师的责任。注册会计师应当遵守职业道德规范，按照执业准则的规定计划和实施审计工作，获取充分、适当的审计证据，并根据获取的审计证据得出合理的审计结论，发表恰当的审计意见。注册会计师通过签署审计报告确认其责任。

审计责任不能替代、减轻和免除管理层的会计责任。

三、注册会计师法律责任的成因

在现代社会中，注册会计师被起诉控告的事件越来越多，注册会计师的法律责任也越来越大。其原因可能是多方面的，有的是被审计单位方面的原因；有的是注册会计师方面的原因；有的是双方的原因；还有的是审计报告使用者误解的原因（如审计报告使用者将被审计单位的经营失败指责为审计失败，即认为注册会计师没有尽责而发表不恰当的审计意见）及社会原因。

（一）被审计单位方面的原因

1. 被审计单位错误、舞弊与违反法规行为

错误是指会计报表中存在的非故意的错报或漏报；舞弊是指导致会计报表产生不实反映的故意行为；违反法规行为是指被审计单位故意或非故意地违反除《企业会计准则》及国家其他有关财会法规之外的国家法律、行政法规、部门规章和地方性法规、规章的行为。

注册会计师只要严格遵守专业标准，保持职业上应有的谨慎态度，就能够合理确信将会计报表中重大错误、舞弊和违反法规行为检查出来，由于审计测试和内部控制的固有局限不能苛求注册会计师发现所有的错弊及违反法规行为，这也就是说注册会计师的审计意见只能合理保证报表使用人确定已审报表的可靠程度。

对于违反法规行为，应特别注意，由于注册会计师毕竟不是法律专家，对直接和严重影响会计报表的违反法规行为应在编制和实施审计计划时予以充分关注，以合理确信能发现此类重大的违反法规行为，对间接影响会计报表的违反法规行为，注册会计师没有责任主动去发现。

审计过程中注册会计师已发现的对会计报表产生重大影响的错弊，除以适当方式向被审计单位管理层告知，详细记录于工作底稿外，注册会计师还应提请管理层修订会计报表，并考虑审计意见的类型。

2. 经营失败

经营失败是指企业由于经济或经营条件的变化（如经济衰退、不当的管理决策或出现意料之外的行业竞争等）而无法满足投资者的预期。经营失败的极端情况是申请破产，这是管理层的责任。被审计单位在经营失败时，也可能会连累注册会计师。经营失败并不等于审计失败。

（二）注册会计师自身原因

实际上由于审计固有的局限性，不能期望注册会计师发现所有的错误与舞弊情况。从理论层面上讲，注册会计师是否承担法律责任最终取决于注册会计师自身是否有过错。如果注册会计师执业时完全遵循职业道德规范和执业准则，而没有发现被审计单位财务报表中的错报，注册会计师不应当承担责任。如果注册会计师执业时没有遵循注册会计师职业道德规范和执业准则，而存在下列行为时，可能要承担相应的法律责任。

1. 违约

所谓违约，是指注册会计师未能按照合同的要求履行义务。当违约给他人造成损失时，注册会计师应承担违约责任。比如，注册会计师未能在约定的时间内出具审计报告，或违反了为客户保密的约定。

2. 过失

所谓过失，是指在一定条件下，缺少应具有的合理的谨慎。评价注册会计师的过失，是以其他合格注册会计师在相同条件下可做到的谨慎为标准的。当过失给他人造成损害时，注册会计师应负过失责任。通常将过失按其程度不同分为普通过失和重大过失两种。

（1）普通过失，又称一般过失，通常是指没有保持职业上应有的合理的谨慎，对注册会计师则是指没有完全遵循执业准则的要求执业。比如，未对特定审计项目取得充分、适当的审计证据。

（2）重大过失，是指连起码的职业谨慎都不保持，对业务或事务不加考虑，满不在乎；对注册会计师而言是指完全没有遵循执业准则的要求执业。

3. 欺诈

欺诈又称舞弊，是指为了达到欺骗或坑害他人的目的，注册会计师明知已审计的财务报表有重大错报，却加以虚假地陈述，发表不恰当的意见。如明知被审计单位有严重损害国家或其他经济单位利益的不法行为，而违反注册会计师的职业道德，接受被审计单位的示意或牟取私利，对事实加以掩饰、缩小或完全予以篡改，致使国家或其他单位、个人遭受严重损失。又如，明知被审计单位的财务报表无重大错报，但出于注册会计师的个人目的，有意制造不符合事实的审计事项，伪造审计证据，或夸大事实，致使被审计单位的正当权益受到损害。

四、注册会计师承担法律责任的种类

注册会计师因违约、过失或欺诈给被审计单位或其他利害关系人造成损失的，按照有关法律规定，可能被判承担行政责任、民事责任和刑事责任。这三种责任可单处，也可并处。行政责任，对注册会计师个人来说，包括警告、暂停执业、吊销注册会计师证书等；对于会计师事务所而言，包括警告、没收违法所得、罚款、暂停执业、吊销营业执照等。民事责任主要是指赔偿受害人损失，如赔偿经济损失、支付违约金等。刑事责任是指触犯刑法所必须承担的法律后果，其种类包括拘役、有期徒刑、罚金等。

五、避免和防范法律责任的措施

与注册会计师法律责任相适应，注册会计师必须在执业中遵循执业准则和有关要求，尽量减轻自己的责任，尽力避免或减少法律诉讼。具体措施有：

1. 严格遵循执业准则和职业道德要求

只要注册会计师严格遵守执业准则和职业道德的要求，执业时保持认真与谨慎，一般不会发生过失，至少不会发生重大过失。因此，注册会计师一定要理解和掌握执业准则和职业道德的要求，并在执业时严格遵守。

2. 建立健全会计师事务所质量控制制度

质量控制是会计师事务所各项管理工作的核心和关键。

3. 谨慎选择客户

客户如果对其顾客、职工、国家机关和其他方面没有正直的品格，则出现法律纠纷的可能性就比较大。因此，会计师事务所在接受委托之前，应当采取必要的措施获得对客户进行基本了解，评价其品格，一旦发现委托单位缺乏正直的品格，就应尽量拒绝接受委托。

4. 严格签订审计业务约定书

严格签订审计业务约定书是确定会计师事务所和委托单位责任的重要文件，不论执行何种审计业务，都要在执行业务之前与委托单位签订审计业务约定书，明确业务的性质、范围以及双方的责、权、利，这样才能在发生法律诉讼时减少无休止的争执。

5. 深入了解委托单位的业务

在审计过程中，注册会计师之所以未能发现差错，一个重要原因就是他们不了解委托单位所在行业的情况及委托单位的业务。所以，注册会计师必须熟悉委托单位的经济业务和生产经营业务，对于陷入财务困境的委托单位要特别注意。周转不灵或面临破产的公司的股东或债权人总想为他们的损失寻找替罪羊，历史上绝大多数涉及注册会计师的诉讼案，都集中在濒临破产的委托单位。

6. 招收合格的注册会计师助理人员

对于大多数审计项目来说，相当多的工作是由经验不足的助理人员完成的，因而注册会计师就要承担较大的风险。因此，必须严格助理人员的条件，还要对他们进行适当的、有效的培训，注册会计师在工作过程中要对他们进行必要的监督和指导。

7. 提取风险基金或购买责任保险

我国《注册会计师法》规定会计师事务所建立职业风险基金，办理职业保险。尽管保险不能免除可能受到的法律诉讼，但能防止或减少诉讼失败时发生的财务损失。

8. 聘请熟悉注册会计师法律责任的律师

在审计过程中，注册会计师应聘请熟悉注册会计师法律责任的律师，详细讨论所有潜在的风险情况并仔细考虑律师的建议。一旦发生法律诉讼，也要聘请有经验的律师参与诉讼。

【例 2-5】 注册会计师 D 负责对上市公司丁公司 2010 年度财务报表进行审计。2010 年，丁公司管理层通过与银行串通编造虚假的银行进账单和银行对账单，虚构了一笔大额营业收入。注册会计师 D 实施了向银行函证等必要审计程序后，认为丁公司 2010 年度财务报告不存在重大错报，出具了无保留意见审计报告。

在丁公司 2010 年度已审计财务报表公布后，股民甲购入了丁公司股票。随后，丁公司财务舞弊案件曝光，并受到证券监管部门的处罚，其股票价格大幅下跌。为此，股民甲向法院起诉 D 注册会计师，要求其赔偿损失。注册会计师 D 以其与股民甲未构成合约关系为由，要求免于承担民事责任。

要求：(1) 为了支持诉讼请求，股民甲应当向法院提出哪些理由？

(2) 指出注册会计师 D 提出的免责理由是否正确？并简要说明理由。

(3) 在哪些情形下，注册会计师 D 可以免于承担民事责任？

【解答】 (1) 股民甲应当向法院提出的诉讼理由包括：丁公司报表存在重大错报但是注册会计师 D 出具的审计报告是无保留意见；注册会计师 D 在丁公司财务报表的审计中仅执行了银行函证等必要的审计程序，没有保持合理的谨慎，存在过失；股民甲由于丁公司股价下跌，存在损失；股民甲是由于信任了丁公司报出的 2010 年度的财务报表和注册会计师 D 出具的审计报告而购买的丁公司股票。

(2) 注册会计师 D 提出的免责理由是不正确的，会计师事务所因在审计业务活动中对外出具不实报告给利害关系人造成损失的，应当承担侵权赔偿责任，能够证明自己没有过错的除外。不能够以没有与利害关系人建立合约关系为由要求免于承担民事责任。

(3) 注册会计师 D 在下列情形下可以免于承担民事责任：①已经遵守执业准则、规则确定的工作程序并保持必要的职业谨慎，但仍未能发现被审计的会计资料错误；②审计业务所必须依赖的金融机构等单位提供虚假或者不实的证明文件，会计师事务所在保持必要的职业谨慎下仍未能发现其虚假或者不实；③已对被审计单位的舞弊迹象提出警告并在审计业务报告中予以指明。

本章小结

注册会计师执业准则又称注册会计师执业标准，它是注册会计师职业规范体系的重要组成部分，是注册会计师在执行审计业务过程中应当遵循的行为准则，是衡量注册会计师审计工作质量的权威性标准。中国注册会计师执业准则体系受注册会计师职业道德准则统领，包括注册会计师业务准则和会计师事务所质量控制准则。注册会计师业务准则由鉴证业务准则和相关服务准则构成。

会计师事务所质量控制准则旨在规范会计师事务所的业务质量控制，明确会计师事务所及其人员的质量控制责任，适用于会计师事务所执行业务和提供相关服务。

注册会计师的职业道德，是指对注册会计师的职业品德、执业纪律、业务能力、工作规则及所负的责任等思想方式和行为方式所作的基本规定和要求。

注册会计师法律责任是指注册会计师在履行职责过程中，违约、过失或欺诈导致委托单位或利益相关者损失而承担的后果。注册会计师应避免和防范审计法律责任。

本章思考题

1. 简述注册会计师职业规范体系。
2. 简述注册会计师执业准则的意义。
3. 我国会计师事务所应如何加强质量控制？
4. 注册会计师法律责任的成因是什么？

案例讨论题

职业道德审计案例

[案情介绍] W 会计师事务所接受委托，承办 D 商业银行 2010 年度财务报表审计业务。W 会计师事务所指派王豪和张晔两位注册会计师为该项目负责人。假定存在以下情况：

1. D 商业银行以 2009 年度经营亏损为由，要求 W 会计师事务所降低一定数额的审计费用，但允诺给予其正在申请的购买办公楼的按揭贷款利率予以相应优惠。W 会计师事务所同意了 D 商业银行的要求，并与之签订了补充协议。

2. 注册会计师王豪持有 D 商业银行的股票 100 股，市值约 600 元。由于数额较小，王豪未将该股票出售，也未予以回避。

[问题思考]

针对以上各种情况，判断 W 会计师事务所及注册会计师王豪和张晔是否违反了中国注册会计师职业道德规范的相关规定，并简要说明理由。

第三章　审计目标与审计计划

第一节　审 计 目 标

审计目标是注册会计师进行审计工作所期望达到的结果，是审计活动的指南，审计证据的收集和审计程序的执行都取决于特定的审计目标。

《中国注册会计师审计准则第 1101 号——财务报表审计目标和一般原则》中审计目标的定义是“注册会计师通过执行审计工作对被审计单位财务报表发表意见，以说明财务报表是否按照适用的会计准则和相关会计制度的规定编制，是否在所有重大方面公允反映被审计单位的财务状况、经营成果和现金流量。它包括财务报表审计目标与各类交易、账户余额、列报相关的审计目标两个层次。”

一、财务报表审计总体目标

（一）财务报表审计目标的含义

财务报表审计目标是注册会计师通过执行审计工作，对被审计单位财务报表的合法性和公允性发表审计意见。

1. 评价财务报表合法性的内容

（1）选择和运用的会计政策是否符合适用的会计准则和相关会计制度，并适合于被审计单位的具体情况；

（2）管理层作出的会计估计是否合理；

（3）财务报表反映的信息是否具有相关性、可靠性、可比性和可理解性。

（4）财务报表是否作出充分披露，使财务报表使用者能够理解重大交易和事项对被审计单位财务状况、经营成果和现金流量的影响。

2. 评价财务报表公允性的内容

（1）经营管理层调整后的财务报表是否与注册会计师对被审计单位及其环境的了解一致；

（2）财务报表的列报、结构和内容是否合理；

（3）财务报表是否真实地反映了交易和事项的经济实质。

（二）审计目标的导向作用

财务报表审计的目标对注册会计师的审计工作发挥着导向的作用，它界定了注册会计师的责任范围，直接影响注册会计师计划和实施审计程序的性质、时间和范围，决定了发表审计意见的类型。

（三）审计意见的作用和局限性

注册会计师对财务报表进行审计并发表审计意见，旨在提高财务报表的可信赖程度，但不是对被审计单位未来可持续经营或者管理层经营效率和经营效果提供的保证。

二、审计工作前提

财务报表是由被审计单位的管理层在治理层的监督下编制的。管理层和治理层认可与财务报表相关的责任，是注册会计师执行审计工作的前提，构成注册会计师按照审计准则的规定执行审计工作的基础。

（一）管理层和治理层对财务报表的责任

管理层是指对企业经营活动的执行负有管理责任的人员（如总经理）。治理层是指对企业战略方向和管理层履行经营责任负有监督责任的机构和人员（如董事会）。

在治理层的监督下，按照适用的会计原则和相关会计制度的规定编制财务报表是被审计单位管理层的责任。这些责任构成注册会计师执行审计工作的基础：

（1）按照适用的财务报告编制基础编制财务报表，并使其实现公允反映；

（2）设计、执行和维护必要的内部控制，以使财务报表不存在由于舞弊或错误导致的重大错报；

（3）向注册会计师提供必要的工作条件，包括允许注册会计师接触与编制财务报表相关的所有信息，向注册会计师提供审计所需的其他信息，允许注册会计师获取审计证据时不受限制地接触必要的相关人员。

（二）注册会计师的责任

按照中国注册会计师执业准则的规定对财务报表发表审计意见是注册会计师的责任。注册会计师应当遵守职业道德规范，按照执业准则的规定计划和实施审计工作，获取充分、适当的审计证据，并根据获取的审计证据得出合理的审计结论，发表恰当的审计意见。注册会计师通过签署审计报告确认其责任。

（三）两种责任的关系

（1）财务报表审计不能减轻被审计单位管理层和治理层的责任。

（2）法律法规要求管理层和治理层对编制财务报表承担责任，有利于从源头上保证财务报表信息质量，管理层和治理层应对编制财务报表承担完全责任。

（3）如果财务报表存在重大错报，而注册会计师通过审计没有发现，也不能因为财务报表已经注册会计师审计的事实而减轻管理层和治理层对财务报表的责任。

三、认定

（一）认定的含义

认定，是指管理层对财务报表中作出的明确或隐含的表达，注册会计师将其用于考虑可能发生的不同类型的潜在错报。认定与审计目标密切相关，注册会计师的基本职责就是确定被审计单位管理层对其财务报表的认定是否恰当。注册会计师了解了认定，就很容易确定每个项目的具体审计目标。通过考虑可能发生的不同类型的潜在错报，注册会计师运用认定评估风险，并据此设计审计程序以应对评估的风险。

保证财务报表公允反映被审计单位的财务状况和经营情况等是管理层的责任。当管理层声明财务报表已按照适用的会计准则和相关会计制度进行编制,在所有重大方面作出公允反映时,就意味着管理层对财务报表各组成要素的确认、计量、列报以及相关的披露作出了认定。管理层在财务报表上的认定有些是明确表达的,有些则是隐含表达的。例如,管理层在资产负债表中列报存货及其金额,意味着作出了下列明确的认定:①记录的存货是存在的;②存货以恰当的金额包括在财务报表中,与之相关的计价或分摊已恰当记录。同时,管理层也作出下列隐含的认定:①所有应当记录的存货均已记录;②记录的存货都由被审计单位拥有。

管理层对财务报表各组成要素均作出了认定,注册会计师的审计工作就是要确定管理层的认定是否恰当。

(二)与所审计期间各类交易和事项相关的认定

注册会计师对所审计期间的各类交易和事项运用的认定通常分为以下类别。

(1) 发生:记录的交易和事项已发生,且与被审计单位有关。

(2) 完整性:所有应当记录的交易和事项均已记录。

(3) 准确性:与交易和事项有关的金额及其他数据已恰当记录。

(4) 截止:交易和事项已记录于正确的会计期间。

(5) 分类:交易和事项已记录于恰当的账户。

(三)与期末账户余额相关的认定

注册会计师对期末账户余额运用的认定通常分为以下类别。

(1) 存在:记录的资产、负债和所有者权益是存在的。

(2) 权利和义务:记录的资产由被审计单位拥有或控制,记录的负债是被审计单位应当履行的偿还义务。

(3) 完整性:所有应当记录的资产、负债和所有者权益均已记录。

(4) 计价和分摊:资产、负债和所有者权益以恰当的金额包括在财务报表中,与之相关的计价或分摊调整已恰当记录。

(四)与列报相关的认定

各类交易和账户余额的认定正确只是为列报正确打下了必要的基础,财务报表还可能因被审计单位误解有关列报的规定或舞弊等而产生错报。另外,还可能因被审计单位没有遵守一些专门的披露要求而导致财务报表错报。因此,即使注册会计师审计了各类交易和账户余额的认定,实现了各类交易和账户余额的具体审计目标,也不意味着获取了足以对财务报表发表审计意见的充分、适当的审计证据。因此,注册会计师还应当对各类交易、账户余额及相关事项在财务报表中列报的正确性实施审计。

基于此,注册会计师对列报运用的认定通常分为以下类别。

(1) 发生以及权利和义务:披露的交易、事项和其他情况已发生,且与被审计单位有关。

(2) 完整性:所有应当包括在财务报表中的披露均已包括。

(3) 分类和可理解性:财务信息已被恰当地列报和描述,且披露内容表述清楚。

(4) 准确性和计价:财务信息和其他信息已公允披露,且金额恰当。

注册会计师可以按照上述分类运用认定,也可按其他方式表述认定,但应涵盖上述所有方面。例如,注册会计师可以选择将有关交易和事项的认定与有关账户余额的认定综合运用。又如，当发生和完整性认定包含了对交易是否记录于正确会计期间的恰当考虑时，就可能不存在与交易和事项截止相关的单独认定。

四、具体审计目标

注册会计师了解了认定，就很容易确定每个项目的具体审计目标，并以此作为评估重大错报风险以及设计和实施进一步审计程序的基础。

（一）与所审计期间各类交易和事项相关的审计目标

（1）发生：由发生认定推导的审计目标是确认已记录的交易是真实的。例如，如果没有发生销售交易，但在销售日记账中记录了一笔销售，则违反了该目标。

发生认定所要解决的问题是管理层是否把那些不曾发生的项目列入财务报表，它主要与财务报表组成要素的高估有关。

（2）完整性：由完整性认定推导的审计目标是确认已发生的交易确实已经记录。例如，如果发生了销售交易，但没有在销售明细账和总账中记录，则违反了该目标。

发生和完整性两者强调的是相反的关注点。发生目标针对潜在的高估，而完整性目标则针对漏记交易（低估）。

（3）准确性：由准确性认定推导出的审计目标是确认已记录的交易是按正确金额反映的。例如，如果在销售交易中，发出商品的数量与账单上的数量不符，或是开账单时使用了错误的销售价格，或是账单中的乘积或加总有误，或是在销售明细账中记录了错误的金额，则违反了该目标。

准确性与发生、完整性之间存在区别。例如，若已记录的销售交易是不应当记录的（如发出的商品是寄销商品），则即使发票金额是准确计算的，仍然违反了发生目标。再如，若已入账的销售交易是对正确发出商品的记录，但金额计算错误，则违反了准确性目标，但没有违反发生目标。在完整性与准确性之间也存在同样的关系。

（4）截止：由截止认定推导的审计目标是确认接近于资产负债表日的交易记录于恰当的期间。例如，如果本期交易推到下期，或下期交易提到本期，均违反了截止目标。

（5）分类：由分类认定推导出的审计目标是确认被审计单位记录的交易经过适当分类。例如，如果将现销记录为赊销，将出售经营性固定资产所得的收入记录为营业收入，则导致交易分类的错误，违反了分类的目标。

（二）与期末账户余额相关的审计目标

（1）存在：由存在认定推导的审计目标是确认记录的金额确实存在。例如，如果不存在某顾客的应收账款，在应收账款明细表中却列入了对该顾客的应收账款，则违反了存在性目标。

（2）权利和义务：由权利和义务认定推导的审计目标是确认资产归属于被审计单位，负债属于被审计单位的义务。例如，将他人寄售商品列入被审计单位的存货中，违反了权利目标；将不属于被审计单位的债务记入账内，违反了义务目标。

（3）完整性：由完整性认定推导的审计目标是确认已存在的金额均已记录。例如，如果存在某顾客的应收账款，在应收账款明细表中却没有列入对该顾客的应收账款，则违反了完整性目标。

（4）计价和分摊：资产、负债和所有者权益以恰当的金额包括在财务报表中，与之相关的计价或分摊调整已恰当记录。

(三)与列报相关的审计目标

(1)发生以及权利和义务:将没有发生的交易、事项,或与被审计单位无关的交易和事项包括在财务报表中,则违反该目标。例如,复核董事会会议记录中是否记载了固定资产抵押等事项,询问管理层固定资产是否被抵押,即是对列报的权利认定的运用。如果被审计单位拥有被抵押的固定资产,则需要将其在财务报表中列报,并说明与之相关的权利受到限制。

(2)完整性:如果应当披露的事项没有包括在财务报表中,则违反该目标。例如,检查关联方和关联交易,以验证其在财务报表中是否得到充分披露,即是对列报的完整性认定的运用。

(3)分类和可理解性:财务信息已被恰当地列报和描述,且披露内容表述清楚。例如,检查存货的主要类别是否已披露,是否将一年内到期的长期负债列为流动负债,即是对列报的分类和可理解性认定的运用。

(4)准确性和计价:财务信息和其他信息已公允披露,且金额恰当。例如,检查财务报表附注是否分别对原材料、在产品和产成品等存货成本核算方法做了恰当说明,即是对列报的准确性和计价认定的运用。

通过上面介绍可知,认定是确定具体审计目标的基础。注册会计师通常将认定转化为能够通过审计程序予以实现的审计目标。针对财务报表每一项目所表现出的各项认定,注册会计师相应地确定一项或多项审计目标,然后通过执行一系列审计程序获取充分、适当的审计证据以实现审计目标。认定、审计目标和审计程序之间的关系举例如表 3-1 所示。

表 3-1 认定、审计目标和审计程序之间的关系举例

认定	审计目标	审计程序
存在性	资产负债表列示的存货存在	实施存货监盘程序
完整性	销售收入包括了所有已发货的交易	检查发货单和销售发票的编号以及销售明细账
准确性	应收账款反映的销售业务是否基于正确的价格和数量,计算是否准确	比较价格清单与发票上的价格、发货单与销售订购单上的数量是否一致,重新计算发票上的金额
截止	销售业务记录在恰当的期间	比较上一年度最后几天和下一年度最初几天的发货单日期与记账日期
权利和义务	资产负债表中的固定资产确实为公司拥有	查阅所有权证书、购货合同、结算单和保险单
计价和分摊	以净值记录应收款项	检查应收账款账龄分析表,评估计提的坏账准备是否充足

第二节 审计过程

要实现审计总目标和各项具体审计目标,就要合理安排审计过程。所谓审计过程,是指审计工作从开始到结束的整个经过。审计过程大致可分为以下几个阶段。

一、接受业务委托

会计师事务所应当按照执业准则的规定,谨慎决策是否接受或保持某客户关系和具体审计业务。在接受新客户的业务前,或决定是否保持现有业务或考虑接受现有客户的新业务时,会计师事务所应当执行一些客户接受与保持的程序。执行客户接受与保持的程序的目的,旨在识别和评估会计师事务所面临的风险。例如,如果注册会计师发现潜在客户正面临财务困难,或者发现现有客户在之前的业务中作出虚假陈述,那么可以认为接受或保持该客户的风险非常高,甚至是不可接受的。会计师事务所除考虑客户施加的风险外,还需要复核执行业务的能力。如当工作需要时能否获得合适的具有相应资格的员工;能否获得专业化协助;是否存在任何利益冲突;能否对客户保持独立性等。

一旦决定接受业务委托,注册会计师应当与客户就审计约定条款达成一致意见。对于连续审计,注册会计师应当根据具体情况考虑是否需要修改业务约定条款,以及是否需要提醒客户注意现有的业务约定书。审计业务约定书的内容将在本章第三节介绍。

二、计划审计工作

计划审计工作十分重要,计划不周不仅会导致盲目实施审计程序,无法获取充分、适当的审计证据以将审计风险降至可接受的低水平,影响审计目标的实现,而且还会浪费有限的审计资源,增加不必要的审计成本,影响审计工作的效率。因此,对于任何一项审计业务,注册会计师在执行具体审计程序之前,都必须根据具体情况制定科学、合理的计划,使审计业务以有效的方式得到执行。一般来说,计划审计工作主要包括:在本期审计业务开始时展开的初步业务活动;制定总体审计策略;制定具体审计计划等。需要指出的是,计划审计工作不是审计业务的一个孤立阶段,而是一个持续的、不断修正的过程,它贯穿于整个审计过程的始终。

三、实施风险评估程序

按照审计准则规定,注册会计师必须实施风险评估程序,以此作为评估财务报表层次和认定层次重大错报风险的基础。所谓风险评估程序,是指注册会计师实施的了解被审计单位及其环境并识别和评估财务报表重大错报风险的审计程序。风险评估程序是必要程序,了解被审计单位及其环境为注册会计师在许多关键环节作出职业判断提供了重要基础。了解被审计单位及其环境实际上是一个连续和动态地收集、更新与分析信息的过程,它贯穿于整个审计过程的始终。注册会计师应当运用职业判断确定需要了解被审计单位及其环境的程度。一般来说,实施风险评估程序的主要工作包括:了解被审计单位及其环境;识别和评估财务报表层次以及各类交易、账户余额、列报认定层次的重大错报风险,包括确定需要特别考虑的重大错报风险(即特别风险)以及仅通过实施实质性程序无法应对的重大错报风险等。

四、实施控制测试和实质性测试程序

注册会计师实施风险评估程序本身并不足以为发表审计意见提供充分、适当的审计证据,注册会计师还应当实施进一步审计程序,包括实施控制测试(必要时或决定测试时)和实质性程序。因此,注册会计师评估财务报表重大错报风险后,应当运用职业判断,针对评估的财务报表层次重大错报风险确定总体应对措施,并针对评估的认定层次重大错报风险设计和实施进一步审计程序,以将审计风险降至可接受的低水平。

有关控制测试和实质性程序的内容,将在本书第六章介绍。同时,本书第九章至十四章介绍对各业务循环的控制测试和实质性测试。

五、完成审计工作和编制审计报告

注册会计师在完成财务报表所有循环的进一步审计程序后,还应当按照有关执业准则的规定做好审计完成阶段的工作,并根据所获取的各种证据,合理运用专业判断,形成适当的审计意见。本阶段主要工作包括审计期初余额、比较数据、期后事项和或有事项;考虑持续经营问题和获取管理层声明;汇总审计差异,并提请被审计单位调整或披露;复核审计工作底稿和财务报表;与管理层和治理层沟通;评价所有审计证据,形成审计意见;编制审计报告等。

第三节 审计计划

审计计划对于注册会计师顺利完成审计工作和控制审计风险具有非常重要的意义。在计划审计阶段,注册会计师需要进行初步业务活动、签订审计业务约定书、制定总体审计计划和具体审计计划。在此过程中,还需要作出很多关键决策。如确定可接受的审计风险水平和重要性、配置项目人员等。

一、初步业务活动

(一)初步业务活动的目的

注册会计师在计划审计阶段开展初步业务活动的主要目的是:

(1)确定是否具备执行业务所需的独立性和能力;

(2)不存在因管理层诚信问题而可能影响注册会计师保持该业务的意愿的事项;

(3)与被审计单位之间不存在对业务约定条款的误解。

(二)初步业务活动的内容

(1)针对保持客户关系和具体审计业务实施相应的质量控制程序;

(2)评价遵守相关职业道德要求的情况;

(3)就审计业务约定条款达成一致意见。

二、审计业务约定书

注册会计师应当在审计业务开始前,与被审计单位就审计业务约定书条款达成一致意见,并签订审计业务约定书,以避免双方对审计业务的理解产生分歧。如果被审计单位不是委托人,在签订审计业务约定书前,注册会计师应当与委托人、被审计单位就审计业务约定书相关条款进行充分沟通,并达成一致意见。审计业务约定书具有经济合同的性质,一经约定双方签字认可,即成为会计师事务所与委托人之间在法律上生效的契约,具有法定约束力。

(一) 审计业务约定书的概念与作用

审计业务约定书是指会计师事务所与被审计单位签订的,用以记录和确认审计业务的委托与受托关系、审计目标和范围、双方的责任以及报告的格式等事项的书面协议。

审计业务约定书有以下三方面的作用:

(1) 审计业务约定书可以增进会计师事务所与委托人之间的了解,尤其是使被审计单位了解注册会计师的审计责任和需要提供的合作。

(2) 审计业务约定书可作为被审计单位鉴定审计业务完成情况及会计师事务所检查被审计单位约定义务履行情况的依据。

(3) 如果出现法律诉讼,审计业务约定书是确定会计师事务所与委托人双方应负责任的重要证据。

(二) 审计业务约定书的内容

审计业务约定书的具体内容可能因被审计单位的不同而存在差异,但它应当包括下列主要方面:

(1) 财务报表审计的目标;

(2) 管理层对财务报表的责任;

(3) 管理层编制财务报表采用的会计准则和相关会计制度;

(4) 审计范围,包括指明在执行财务报表审计业务时遵守的中国注册会计师审计准则(以下简称审计准则);

(5) 执行审计工作的安排,包括出具审计报告的时间要求;

(6) 审计报告格式和对审计结果的其他沟通形式;

(7) 由于测试的性质和审计的其他固有限制,以及内部控制的固有局限性,不可避免地存在着某些重大错报可能仍然未被发现的风险;

(8) 管理层为注册会计师提供必要的工作条件和协助;

(9) 注册会计师不受限制地接触任何与审计有关的记录、文件和所需要的其他信息;

(10) 管理层对其作出的与审计有关的声明予以书面确认;

(11) 注册会计师对执业过程中获知的信息保密;

(12) 审计收费,包括收费的计算基础和收费安排;

(13) 违约责任;

(14) 解决争议的方法;

(15) 签约双方法定代表人或其授权代表人的签字盖章,以及签约双方加盖的公章。

如果情况需要,注册会计师应当考虑在审计业务约定书中列明下列内容:

(1) 在某些方面对利用其他注册会计师和专家工作的安排;

(2) 与审计涉及的内部注册会计师和被审计单位其他员工工作的协调;

(3) 预期向被审计单位提交的其他函件或报告;

(4) 与治理层整体直接沟通;

(5) 在首次接受委托时,对与前任注册会计师沟通的安排;

(6) 注册会计师与被审计单位之间需要达成进一步协议的事项。

三、审计计划

审计计划是指注册会计师为了完成各项审计业务,达到预期的审计目标,在具体执行审计程序之前编制的工作计划。

审计计划通常由审计项目负责人于外勤审计工作开始之前起草,它仅仅是对审计工作的一种预先规划。在执行审计计划过程中,情况会不断发生变化,常常会产生计划与实际不一致的情况。因此,对审计计划的补充、修订贯穿于整个审计过程之中。注册会计师在整个审计过程中,应当按照审计计划执行审计业务。

(一)审计计划的作用

(1)审计计划是指导审计工作按步骤进行,掌握审计工作进度的有效的工具。通过审计计划,审计项目负责人可以全面了解审计工作的整体安排和各审计步骤的具体时间安排,掌握好审计工作的进程。助理人员也可以通过审计计划明确自己在审计过程的各个阶段中应做的工作、要求以及时间安排等,做到心中有数,从而有利于做好审计工作。

(2)审计计划是协调注册会计师工作的手段。审计项目负责人可以通过预先的计划安排,使所有参加审计工作的人员有明确的分工,职责分明,从而能使全体注册会计师协调一致地完成审计工作。

(3)审计计划是提高审计工作效率和质量的必要措施。通过制定审计计划,审计项目负责人可以有意识地把注意力集中在某些重点审计领域,收集有力的审计证据,从而保证审计工作的质量。同时,在审计计划中通过对注册会计师工作时间耗费等的预先控制,可以使审计工作进行得更为合理、经济和有效。

审计计划划分为总体审计策略和具体审计计划两个层次。

(二)总体审计策略

总体审计策略用以确定审计范围、时间安排和方向,并指导制定具体审计计划。在制定总体审计策略时,应当考虑以下主要事项:

1. 审计范围

在确定审计工作范围时,需要考虑下列情况:

(1)被审计单位编制财务报表适用的会计准则和相关会计制度;

(2)特定行业的报告要求,如监管部门发布的有关财务报告信息披露的法规;

(3)预期的审计工作涵盖范围,包括所审计的集团内各组成部分的数量及所在地点;

(4)内部审计工作的可获得性及对内部审计工作的拟依赖程度;

(5)需要阅读的含有已审计财务报表的文件中的其他信息,如上市公司年报;

(6)信息技术对审计程序的影响,包括数据的可获得性和预期使用计算机辅助审计技术的情况;

(7)预期利用在以前期间审计工作中获取的审计证据的程度,如获取的与风险评估程序和控制测试相关的审计证据;

(8)其他相关信息。

2. 报告目标、时间安排和所需沟通的性质

为计划报告目标、时间安排和所需沟通,需要考虑下列事项:

（1）被审计单位对外报告的时间表，包括中间阶段和最终阶段；

（2）与管理层和治理层举行会谈，沟通相关事宜；

（3）项目组成员之间预期沟通的时间安排、复核工作的时间安排；

（4）预期是否需要和第三方进行其他沟通，包括与审计相关的法定或约定的报告责任。

3. 审计方向

总体审计策略的制定应当包括考虑影响审计业务的重要因素，以确定项目组工作方向。包括确定适当的重要性水平，初步识别可能存在较高的重大错报风险的领域，初步识别重要的组成部分和账户余额，评价是否需要针对内部控制的有效性获取审计证据，识别被审计单位、所处行业、财务报告要求及其他相关方面最近发生的重大变化等。

在确定审计工作方向时，注册会计师需要考虑下列情况：

（1）确定适当的重要性水平；

（2）重大错报风险较高的审计领域；

（3）评估的报表层次的重大错报风险对指导、监督及复核的影响；

（4）项目组人员选择和工作分工及项目预算；

（5）以往审计中对内部控制运行有效性评价的结果，以及管理层重视内部控制的相关证据；

（6）业务交易量规模；

（7）影响被审计单位经营的重大发展变化，包括信息技术和业务流程的变化，关键管理人员变化，以及收购、兼并和分立的情况；

（8）重大的行业发展情况，如行业法规变化；

（9）会计准则及会计制度的变化。

4. 审计资源

注册会计师应当在总体审计策略中清楚地说明审计资源的规划和调配，包括执行审计业务所必需的审计资源的性质、时间和范围。

（1）向具体审计领域调配资源，包括向高风险领域分派有适当经验的项目组成员，就复杂的问题利用专家工作等；

（2）向具体审计领域分配资源的数量，包括安排观察重要存货盘点的项目组成员的数量，对其他注册会计师工作的复核范围，向高风险领域分配的审计时间预算等；

（3）何时调配这些资源，包括是在期中审计阶段还是在关键的截止日期调配资源等；

（4）如何管理、指导、监督这些资源的利用，包括预期何时召开项目组预备会和总结会，预期项目合伙人和经理如何进行复核，是否需要实施项目质量控制复核等。

（三）具体审计计划

具体审计计划是依据总体审计策略制订的，比总体审计策略更加详细。其内容包括为获取充分、适当的审计证据以将审计风险降至可接受的低水平，项目组成员拟实施的审计程序的性质、时间和范围。具体审计计划应当包括风险评估程序、计划实施的进一步审计程序和其他审计程序。

1. 风险评估程序

具体审计计划应当包括为了识别和评估财务报表重大错报风险，注册会计师计划实施的风险评估程序的性质、时间和范围。

2. 计划实施的进一步审计程序

具体审计计划应当包括针对评估的认定层次的重大错报风险，注册会计师计划实施的进一步审计程序的性质、时间和范围。进一步审计程序分为进一步审计程序总体方案和拟实施的具体审计程序两个层次。进一步审计程序总体方案可以是实质性方案或综合性方案。拟实施的具体审计程序则是对进一步审计程序总体方案的延伸和细化。在实务中，注册会计师通常单独编制一套包括具体程序的“进一步审计程序表”来体现。

3. 计划实施的其他审计程序

计划实施的其他审计程序即注册会计师针对审计业务需要实施的其他审计程序。例如，寻求与被审计单位律师的直接沟通等。

【例 3–1】 注册会计师 A 负责对常年审计客户甲公司 2010 年度财务报表进行审计，撰写了总体审计策略和具体审计计划，部分内容摘录如下：

(1) 初步了解 2010 年度甲公司及其环境未发生重大变化，拟依赖以往审计中对管理层、治理层诚信形成的判断。

(2) 因对甲公司内部注册会计师的客观性和专业胜任能力存有疑虑，拟不利用内部审计的工作。

(3) 如对计划的重要性水平作出修正，拟通过修改计划实施的实质性程序的性质、时间和范围降低重大错报风险。

(4) 假定甲公司在收入确认方面存在舞弊风险，拟将销售交易及其认定的重大错报风险评估为高水平，不再了解和评估相关控制设计的合理性并确定其是否已得到执行，直接实施细节测试。

(5) 因甲公司于 2010 年 9 月关闭某地办事处并注销其银行账户，拟不再函证该银行账户。

(6) 因审计工作时间安排紧张，拟不函证应收账款，直接实施替代审计程序。

(7) 2008 年度甲公司购入股票作为可供出售的金融资产核算。除实施询问程序外，预期无法获取有关管理层持有意图的其他充分、适当的审计证据，拟就询问结果获取管理层书面声明。

要求：针对上述事项(1)至(7)，逐项指出注册会计师 A 拟定的计划是否存在不当之处。如有不当之处，简要说明理由。

【解答】 (1) 不恰当，注册会计师必须了解被审计单位及其环境，同时必须了解被审计单位对诚信道德和价值观念的沟通和落实。

(2) 恰当。

(3) 不恰当，注册会计师应当通过修改计划实施的实质性程序的性质、时间和范围，降低检查风险，注册会计师无法降低重大错报风险。

(4) 不恰当，了解被审计单位相关控制的设计的合理性并确定是否已得到执行是必须要做的程序。

(5) 不恰当，注册会计师应当向被审计单位在本期存过款的所有银行发函，包括零余额和账户已结清的账户。

(6) 不恰当，除非有充分证据表明应收账款对财务报表不重要或注册会计师认为函证很可能无效的情况，否则注册会计师应当对应收账款实施函证。

(7) 恰当。

本章小结

审计目标是在一定历史环境下演变而形成的最终结果，是审计的出发点和归宿。审计目标是注册会计师通过执行审计工作对被审计单位财务报表发表意见，以说明财务报表是否按照适用的会计准则和相关会计制度的规定编制，是否在所有重大方面公允反映被审计单位的财务状况、经营成果和现金流量。它包括财务报表审计目标与各类交易、账户余额、列报相关的审计目标两个层次。

审计过程是指注册会计师实施审计工作的先后顺序，是审计工作从开始到结束的整个经过。审计过程从总体上说都可以分为三个阶段：计划阶段、实施阶段和报告阶段。不同种类的审计，不同的审计业务，在这三个阶段的具体工作内容和要求是不同的，本书是以注册会计师审计为例来讲述的。在此基础上介绍了计划阶段的审计业务约定书和与审计计划有关的问题。

本章思考题

1. 简述审计目标及其历史演变过程。
2. 试述审计总体目标、被审计单位管理层认定及具体审计目标之间的关系。
3. 什么是审计过程？其各阶段应包括的主要工作有哪些？
4. 审计业务约定书的内容及作用是什么？
5. 简述审计计划中的总体审计策略与具体审计计划的内容及两者之间的关系。

案例讨论题

渝钛白事件

[案情介绍] 重庆渝港钛白粉股份有限公司(简称渝钛白)，1997年亏损额为3 136万元。1997年公司将实际上已于1995年底就完工且投入试生产的钛白粉建设项目应付债券利息约8 064万元计入了在建工程成本。渝钛白总会计师的理由是：一是钛白粉这种化工产品对各项技术指标的要求非常严格，需要反复试生产，直到生产出合格的产品才能投放市场。而试产期的产品性能不稳定，是不能投放市场的；二是原料(如硫酸)的腐蚀性强，一旦停工，原料淤积于管道、容器中，再次开工前需彻底清洗、调试设备。因此，钛白粉项目交付使用产生效益前，还有一个过渡的整改和试生产期，仍属工程建设期。

经审计，重庆会计师事务所注册会计师认为：应付利息8 064万元应计入当期损益。因为公司钛白粉工程于1995年下半年就开始投产，1996年已经具备生产能力，可以生产出合格产品。工程虽一度停产，1997年全年生产0.168万吨，这一产量尽管与设计能力1.5万吨相差甚远，但主要原因是缺乏流动资金及市场暂未打开，而非工程尚未完工，该工程已达到预定可使用状态。根据《企业会计准则》的规定：固定资产达到预定可使用状态时，为购建固定资产而发生的借款利息应当停止资本化，此后发生的借款利息应在发生时确认为费用。如此一来，渝钛白1997年亏损额应为11 200万元。

双方各执一词，重庆会计师事务所发表了否定意见。

［问题思考］

1. 管理层的认定是什么？

2. 注册会计师的基本职责是什么？

3. 具体的审计目标是什么？

4. 注册会计师发表否定意见的依据是什么？

第四章　重要性和审计风险

第一节　重　要　性

重要性是现代审计理论和实务中的一个非常重要的概念,它贯穿于审计的全过程,是决定审计风险、审计范围和审计程序的直接依据之一。在计划审计工作时,注册会计师应当考虑导致财务报表发生重大错报的原因,并在了解被审计单位及其环境的基础上,确定一个可接受的重要性水平,即确定财务报表层次的重要性水平,以发现在金额上重大的错报。同时,还应评估各类交易、账户余额和披露认定层次的重要性,以便确定进一步审计程序的性质、时间和范围,将审计风险降至可接受的低水平。确定审计意见类型时,也需要考虑重要性水平。

一、重要性的含义

（一）重要性的概念

中国注册会计师审计准则中对重要性的定义是:审计重要性取决于在具体环境下对错报金额和性质的判断。如果一项错报单独或连同其他错报可能影响财务报表使用者依据财务报表作出的经济决策,则该项错报是重大的。理解重要性的定义,必须注意以下几点:

1. 重要性概念是针对财务报表使用者决策而言

判断一项错报或漏报重要与否,应视其在财务报表中的错报对财务报表使用者所作决策的影响程度而定。若一项业务在报表中的错报足以改变或影响报表使用者的判断,则该项业务就是重要的,否则就是不重要的。

2. 重要性包括对金额和性质的考虑

注册会计师在运用重要性原则时,应当考虑错报的金额和性质,即重要性具有数量和质量两个方面的特征。一般而言,金额大的错报比金额小的错报更重要;但在许多情况下,某项错报从量的方面看并不重要,从其性质方面考虑,却可能是重要的;单独一笔小金额的错报无论是在性质上,还是在数量上都是不重要的,如果该错报经常发生,累计起来,必然会对财务报表产生重大影响。

(1) 涉及舞弊与违法行为的错报或漏报。因为舞弊与违法行为反映了管理层或其他人员的诚实和可信性存在问题。对于财务报表使用者而言,蓄意错报比相同金额的笔误更重要。

(2) 可能引起履行合同义务的错报或漏报。如某项错报使得企业的营运资金增加了几万元,从数量上看并不重要,但这项错报使营运资金从低于贷款合同规定的营运资金数变为稍稍高于贷款合同规定的营运资金数,这就影响了贷款合同所规定的义务,所以是重要的。

(3) 影响收益趋势的错报或漏报。在其他情况下认为是不重要的错报,如果影响到收益变动的趋势，则应引起注意。例如，某项错报使收益每年递增1%的趋势变为本年收益下降1%，使盈利变为亏损等，就具有重要性。

（4）不期望出现的错报或漏报。一般情况下，如果发现现金和资本账户存在错报，就应当引起高度重视。

3．从两个层次考虑重要性

（1）财务报表层次。由于审计的目的是对财务报表的合法性、公允性发表审计意见，因此，注册会计师必须考虑财务报表层次的重要性，只有这样，才能得出财务报表是否合法、公允的整体性结论。

（2）账户和交易层次。由于财务报表所提供的信息来源于各账户或各类交易，注册会计师只有通过验证各账户和各类交易才能得出财务报表是否合法、公允的整体性结论，因此注册会计师还必须考虑账户和交易层次的重要性。

4．重要性的判断离不开特定的环境

不同企业面临不同的环境，不同的财务报表使用者有着不同的信息需求，因此注册会计师确定的重要性也不同。例如，某一金额对某个企业的财务报表来说是重要的，对另一企业的财务报表而言则可能并不重要；而对某一特定企业而言，重要性也会随时间的不同而改变。例如，错报10万元对一个小公司来说可能是重要的，而对一个大公司来说则可能不重要。

5．重要性的确定是一个复杂的过程

影响重要性的因素很多，导致不同的注册会计师在确定同一被审计单位的重要性水平时，得出的结果可能不同。因此，注册会计师应当根据被审计单位面临的环境，并综合考虑其他因素，合理确定重要性水平。

（二）重要性水平

重要性水平指的是错报的金额。重要性水平的高低指的是错报的金额的高低。4 000元的重要性水平比2 000元的重要性水平高。在理解时，必须注意重要性水平是注册会计师从财务报表使用者的角度进行判断的结果。如果重要性水平是4 000元，则意味着低于4 000元的错报不会影响到财务报表使用者的判断与决策，注册会计师仅仅需要通过执行有关审计程序查出高于4 000元的错报；如果重要性水平是2 000元，则金额在2 000～4 000元之间的错报仍然会影响到财务报表使用者的判断与决策，注册会计师需要通过执行有关审计程序查出金额在2 000～4 000元之间的错报，显然，重要性水平为4 000元时的审计风险要比重要性水平为2 000元时的审计风险低。

二、编制审计计划时对重要性的运用

在编制审计计划时，应当对重要性水平作出初步判断，以确定所需审计证据的数量。重要性水平越低，应当获取的审计证据越多。

（一）对重要性水平作出初步判断时应考虑的因素

注册会计师应当综合考虑以下主要因素，并结合其审计经验，对重要性水平作出初步判断：

1．有关法规对财务会计的要求

法规要求越严格，表明其允许财务报表中可出现的错报或漏报数额就越小，相对数就应定得低一些。

2. 被审计单位的经营规模及业务性质

企业的规模不同,其重要性水平也有所不同。规模大的企业,其重要性水平的绝对值一般比规模小的企业要大,但相对值一般要比规模小的企业小。企业所处行业的性质对重要性水平也有较大影响,因为不同行业的企业,其会计核算的工作组织以及所遵循的会计规范均存在较大的差异。

3. 以往的审计经验

以往审计中所运用的重要性水平,如果较为适当,可以作为本年度确定重要性水平的重要依据。注册会计师一定要小心谨慎地审计,以免涉及法律诉讼。如果企业管理层有权自由处理会计事项,注册会计师必须从严确定重要性水平。

4. 内部控制与审计风险的评估结果

如果内部控制较为健全,可信赖程度高,可以将重要性水平定得高一些,以节省审计成本。由于重要性与审计风险之间呈反向关系,如果审计风险评估为高水平,则意味着重要性水平较低,应收集较多的审计证据,以降低审计风险。

5. 财务报表各项目的性质及其相互关系

财务报表项目的重要程度是存在差别的,财务报表使用者对某些报表项目要比另外一些报表项目更为关心。一般而言,财务报表使用者十分关心流动性较高的项目,因此,注册会计师应当从严确定重要性水平。由于财务报表各项之间是相互联系的,注册会计师在确定重要性水平时,不得不考虑这种相互联系。

6. 财务报表各项目的金额及其波动幅度

财务报表各项目的金额及其波动幅度可能成为财务报表使用者作出反应的信号,因此,注册会计师在确定重要性水平时,应当深入研究这些金额及其波动幅度。

(二) 财务报表层次重要水平的确定

确定财务报表层次重要性水平的内容包括:

1. 判断基础和计算方法

注册会计师应当合理选用重要性水平的判断基础,可采用固定比率、变动比率等确定财务报表层次的重要性水平。判断基础通常包括资产总额、净资产、营业收入、净利润等,注册会计师应当合理选用。例如:被审计单位净利润接近零时,不应将净利润作为重要性水平的判断基础;被审计单位净利润波动幅度较大时,不应将当年的净利润作为重要性水平的判断基础,而应选择近年的平均净利润;被审计单位属于劳动密集型企业时,不应将资产总额、净资产作为重要水平的判断基础。

重要性水平的计算方法有固定比率、变动比率两种。

固定比率法,即在选定判断基础后,乘以一个固定百分比,求出财务报表层次的重要性水平。但这个百分比是多少,世界各国的审计准则都没有作出规定,也无法作出规定。

以下是实务中用来判断重要性水平的一些指南:

(1) 对于以营利为目的的企业,来自经常性业务的税前利润或税后净利润的5%,或总收入的0.5%;

(2) 对于非营利组织,费用总额或总收入的0.5%;

(3) 对于共同基金公司,净资产的0.5%。

变动比率法的基本原理是,规模越大的企业,允许的错报金额比率就越小,一般是根据资产总额或营业收入两者中较大的一项确定一个变动百分比,以体现谨慎性原则。

2. 同一期间各财务报表的重要性水平不同的时候,其重要性水平的选取

如果同一期间各财务报表的重要性水平不同,注册会计师应当取其最低者作为财务报表层次的重要性水平。注册会计师应当首先对每一张财务报表确定一个重要性水平。例如,将利润表的重要性水平确定为100万元,将资产负债表的重要性水平确定为200万元。但由于财务报表彼此相互关联,并且许多审计程序经常涉及两个以上的报表,比如,用以确定年底赊销是否正确地记录在适当期间的审计程序,不仅为资产负债表上的应收账款提供审计证据,而且还为利润表上的销售提供审计证据。因此,在编制审计计划时,应使用被认为对每一张财务报表都重要的最小错报总体水平,也就是说,注册会计师应当选择最低的重要性水平作为财务报表层次的重要性水平。

3. 财务报表尚未编制完成时重要性水平的确定

在编制审计计划时,如果被审计单位尚未完成财务报表的编制,注册会计师应当根据期中财务报表推算为年度财务报表,或者根据被审计单位经营环境和经营情况变动对上年度财务报表作出必要修正,以确定财务报表层次的重要性水平。注册会计师通常在资产负债表日之前对重要性水平作出初步判断,此时,尚无法取得年末财务报表的数据,因此,应当根据期中财务报表或上年度财务报表,进行推算或作必要修正,得出年末财务报表数据,并据此确定财务报表层次的重要性水平。

【例4-1】 注册会计师对某股份有限公司2010年度财务报表进行审计,其已经审计的有关财务报表项目金额如表4-1所示。

表4-1 某股份有限公司2010年度财务报表项目 单位:万元

财务报表项目名称	金额	百分比数值(%)
资产总计	180 000	0.5
股东权益总计	88 000	1
主营业务收入	240 000	0.5
净利润	24 120	5

要求:确定该公司2010年度财务报表层次的审计重要性水平。

【分析】 该公司2010年度财务报表层次的审计重要性水平如表4-2所示。

表4-2 该公司2010年度财务报表层次的审计重要性水平 单位:万元

判断基础	金额	百分比数值(%)	乘积(万元)	财务报表层次的重要性水平
资产总计	180 000	0.5	900	
股东权益总计	88 000	1	880	880
主营业务收入	240 000	0.5	1 200	
净利润	24 120	5	1 206	

即注册会计师对该公司2010年度财务报表层次的重要性水平确定为880万元。

(三)账户或交易层次重要性水平的确定

注册会计师在制定账户或交易的审计程序前,可将财务报表层次的重要性水平分配至各账户或各类交易,也可单独确定各账户或各类交易的重要性水平。对于账户或交易层次的重要性水平的确定,既可以采用分配的方法,也可以不采用分配的方法。

注册会计师在确定各账户或各类交易的重要性水平时,应当考虑以下主要因素:各账户或各类交易的性质及错报的可能性;各账户或各类交易重要性水平与财务报表层次重要性水平的关系。

无论是采用分配的方法,还是不采用分配的方法,注册会计师均应考虑上述因素。对于重要的账户或交易,注册会计师应当从严制定重要性水平;对于出现错报可能性较大的账户或交易,可以将重要性水平确定得高一些。在采用分配方法时,各账户或交易层次的重要性水平之和应当等于财务报表层次的重要性水平。

以下举例说明账户或交易层次重要性水平的确定方法。

1. 分配的方法

【例4-2】 采用分配方法时,分配的对象一般是资产负债表账户。假设某公司总资产的构成详见表4-3,注册会计师初步判断的财务报表层次的重要性水平为资产总额的1%,即资产账户可容忍的错报为140万元。现注册会计师按这一重要性水平分配给各资产账户,如表4-3所示。

表4-3 重要性水平的分配 单位:万元

项目	金额	甲方案	乙方案
现　　金	700	7	2.8
应收账款	2 100	21	25.2
存　　货	4 200	42	70
固定资产	7 000	70	42
总　　计	14 000	140	140

在表4-3中,甲方案是按1%进行同比例分配,一般来说,这并不可行,注册会计师必须对其进行修正。

乙方案调高了应收账款和存货的重要性水平,而大幅度降低了现金和固定资产的重要性水平。因为应收账款和存货错报或漏报的可能性较大,财务报表使用者对其错报或漏报的可容忍度相对较高,故分配较高的重要性水平,以节约审计成本。假定审计存货后,仅发现错报40万元,且注册会计师认为所执行的审计程序已经足够,则可将剩下的30万元再分配给应收账款。

2. 不分配的方法

这里,我们介绍两种不分配的方法。一种方法是某著名国际会计公司所采用的方法。假设财务报表层次的重要性水平为100万元,则可根据各账户或各类交易的性质及错报的可能性,将各账户或交易的重要性水平确定为财务报表层次重要性水平的20%~50%。审计时,只要发现该账户或交易的错报超过这一水平,就应建议被审计单位调整。最后,编制未调整事项汇总表,若未调整的错报超过100万元,就应建议被审计单位调整。

另一种方法是境外某会计师事务所采用的方法。该会计师事务所规定，各账户或交易的重要性水平为财务报表层次重要性水平的1/6～1/3。假设财务报表层次的重要性水平为90万元，应收账款的重要性水平为这一金额的1/3，存货为1/5，应付账款为1/5，则其重要性水平的金额分别为30万元、18万元和18万元。

必须指出，在实际工作中，往往很难预测哪些账户可能发生错报，也无法事先确定审计成本的大小，所以，重要性水平的确定是一个非常困难的专业判断过程。

三、评价审计结果时对重要性的考虑

（一）评价审计结果时所运用的重要性水平

评价审计结果时所运用的重要性水平可能不同于编制审计计划时确定的重要性水平。这可能是因为环境的变化，或者是注册会计师对被审计单位了解程度的加深。例如，注册会计师在会计期间结束前编制审计计划，只能根据预测的财务状况和经营成果来确定重要性水平。如果实际财务状况和经营成果大不相同，则注册会计师所评估的重要性水平也必须加以改变。此外，注册会计师在编制审计计划时，可能有意地规定重要性水平低于将用于评价审计结果的重要性水平，这样通常可以减少未被发现的错报的可能性，并且能给注册会计师提供一个安全边际。

如果评价审计结果时所运用的重要性水平大大低于编制审计计划时确定的重要性水平，注册会计师应当重新评估所执行的审计程序是否充分。因为原来较高的重要性水平，意味着较低的审计风险，所需执行的审计程序和所需收集的审计证据相对较少；而现在评价审计结果时所运用的重要性水平比原来有所降低，则审计风险相应增加，这就要求执行更多的审计程序，收集更多的审计证据。

（二）错报的汇总

1. 错报的定义

错报，是指某一财务报表项目的金额、分类、列报或披露，与按照适用的财务报告编制基础应当列示的金额、分类、列报或披露之间存在的差异；或根据注册会计师的判断，为使财务报表在所有重大方面实现公允反映，需要对金额、分类、列报或披露作出的必要调整。错报可能是由于错误或舞弊导致的。

错报可能由下列事项导致：

（1）收集或处理用以编制财务报表的数据时出现错报；

（2）遗漏某项金额或披露；

（3）由于疏忽或明显误解有关事实导致作出不正确的会计估计；

（4）注册会计师认为管理层对会计估计作出不合理的判断或对会计政策作出不恰当的选择和运用。

2. 累积识别出的错报

为帮助注册会计师评价审计过程中累积错报的影响以及与管理层和治理层通报错报事项，将错报分为事实错报、判断错报和推断错报。

（1）事实错报。这类错报产生于被审计单位收集和处理数据的错误，对事实的忽略或误解，或故意舞弊行为。

（2）判断错报。由于注册会计师认为对管理层对会计估计作出不合理的判断或不恰当的选择和运用会计政策而导致的差异。

(3) 推断错报。注册会计师对总体存在的错报作出的最佳估计数，涉及审计抽样时根据样本中识别出的错报来推断总体的错报。

注册会计师在评价审计结果时，应当识别出的错报，以考虑其金额与性质是否对财务报表的反映产生重大影响。

(三) 汇总数超过重要性水平时的处理

如果尚未调整的错报的汇总数超过重要性水平，注册会计师应当考虑采用两种措施：一是扩大实质性测试范围，以进一步确认汇总数是否重要；二是提请被审计单位调整财务报表，以使汇总数低于重要性水平。

如果被审计单位拒绝调整财务报表或扩大实质性测试范围后，尚未调整的错报的汇总数仍超过重要性水平，注册会计师应当发表保留意见或否定意见。一般地，如果尚未调整的错报的汇总数可能影响到某个财务报表使用者的决策，但财务报表的反映就其整体而言是公允的，注册会计师应当发表保留意见。如果尚未调整的错报非常重要，可能影响到大多数甚至全部财务报表使用者的决策时，注册会计师应当发表否定意见。

(四) 汇总数接近重要性水平的处理

如果尚未调整的错报的汇总数接近重要性水平，由于该汇总数连同尚未发现的错报可能超过重要性水平，注册会计师应当实施追加审计程序，或提请被审计单位进一步调整已发现的错报，以降低审计风险。

第二节　审计风险

执行审计业务时，注册会计师应当考虑重要性及审计风险。审计风险取决于重大错报风险和检查风险。

一、审计风险的含义及构成要素

(一) 审计风险的含义

审计风险是指财务报表存在重大错报而注册会计师发表不恰当审计意见的可能性。审计风险始终存在，所以注册会计师只能对被审计单位的报表提供合理保证。注册会计师应当通过计划和实施审计工作，获取充分、适当的审计证据，将审计风险降至可接受的水平。

可接受的审计风险的确定，需要考虑会计师事务所对审计风险的态度、审计失败对事务所可能造成损失的大小等因素。应当注意，审计业务是一种保证程度高的鉴证业务，可接受的审计风险应当足够低，以使注册会计师能够合理保证所审计财务报表不含有重大错报。

(二) 审计风险构成

审计风险取决于重大错报风险和检查风险。注册会计师应当实施审计程序，评估重大错报风险，并根据评估结果设计和实施进一步审计程序，以控制检查风险。审计风险包括重大错报风险和检查风险两个要素。

1. 重大错报风险

重大错报风险,是指财务报表在审计前存在重大错报的可能性。重大错报风险与被审计单位的风险相关,且独立存在于财务报表的审计。在设计审计程序以确定财务报表整体是否存在重大错报时,注册会计师应当从两个层次考虑重大错报风险。

(1) 财务报表层次的重大错报风险。财务报表层次重大错报风险是指财务报表整体不能反映企业经营实际情况的风险,与财务报表整体存在广泛联系,可能影响多项认定,此类风险通常与控制环境有关,但也可能与其他因素有关,如经济萧条。这种风险来源于企业客观的经营风险或企业高层共同舞弊、虚构交易等。

(2) 认定层次的重大错报风险。这是指交易类别、账户余额、披露和其他具体认定层次的风险,主要包括:由于经济交易的事项本身的性质和复杂程度引起的错报;企业管理层由于本身的认识和技术水平造成的错报;管理层局部和个别恩怨及造假等形成的错报。

认定层次的重大错报风险可以从固有风险和控制风险两个层面理解:

固有风险,是指假定不存在相关内部控制时,某一账户或交易类别单独或连同其他账户、交易类别产生重大错报的可能性。某些类别的交易、账户余额、列报及其认定,固有风险较高,例如,复杂的计算比简单计算更可能出错;受重大计量不确定性影响的会计估计发生错报的可能性较大,产生经营风险的外部因素也可能影响固有风险,比如,技术进步可能导致某项产品陈旧,进而导致存货易于发生高估错报(计价认定)。被审计单位及其环境中的某些因素还可能与多个甚至所有类别的交易、账户余额、列报有关,进而影响多个认定的固有风险,这些因素包括维持经营的流动资金匮乏、被审计单位处于夕阳行业等。

控制风险,是指某一账户或交易类别单独或连同其他账户、交易类别产生错报,而未能被内部控制防止、发现或纠正的可能性。控制风险取决于与财务报表编制有关的内部控制的设计和运行有效性。由于控制的固有局限性,某种程度的控制风险始终存在。

2. 检查风险

检查风险,是指某一认定存在错报,该错报单独或连同其他错报是重大的,但注册会计师未能发现这种错报的可能性。检查风险取决于审计程序设计的合理性和执行的有效性。注册会计师设计和执行的程序越有效,检查风险越低,由于注册会计师通常不对所有交易、账户、列报进行检查,检查风险不可能降低为零。

(三) 审计风险模型

现代审计风险模型如下:

$$审计风险=重大错报风险\times检查风险$$

【例 4-3】 注册会计师估计存货存在重大错报风险水平为 50%,估计检查风险水平为 10%,则审计风险水平为多少?

【解答】 审计风险水平为 50%×10% =5%,即注册会计师对存货项目得出不恰当结论的可能性为 5%,而有 95% 的把握结论恰当。

在既定的审计风险水平下,审计风险模型可以演变为:

$$可接受的检查风险=\frac{可接受的审计风险}{重大错报风险}$$

【例 4-4】 注册会计师将可接受的审计风险水平设定为 5%,实施风险评估程序后将重大错报风险评估为 25%，则可接受的检查风险为多少？

【解答】 可接受的检查风险 $=\frac{5\%}{25\%}=20\%$。

审计风险的两个要素相互联系、相互作用，在既定的审计风险水平下，重大错报风险与检查风险成反向关系，即评估的重大错报风险越高，可接受的检查风险越低；评估的重大错报风险越低，可接受的检查风险越高。它们之间的关系如表 4-4 所示。

表 4-4 审计风险各要素间的变动关系

重大错报风险	注册会计师可接受的检查风险
高	低
中	中
低	高

二、重大错报风险的评估

注册会计师应当了解被审计单位及其环境，以充分识别和评估财务报表重大错报风险，设计和实施进一步审计程序。

（一）识别和评估重大错报风险的审计程序

注册会计师应当识别和评估财务报表层次以及各类交易、账户余额、列报认定层次的重大错报风险。在识别和评估重大错报风险时，注册会计师应当实施下列审计程序：

（1）在了解被审计单位及其环境的整个过程中识别风险，并考虑各类交易、账户余额、列报。

（2）将识别的风险与认定层次可能发生错报的领域相联系。

（3）考虑识别的风险是否重大。

（4）考虑识别的风险导致财务报表发生重大错报的可能性。

注册会计师应当利用实施风险评估程序获取的信息，包括在评价控制设计和确定其是否得到执行时获取的审计证据，作为支持风险评估结果的审计证据。注册会计师应当根据风险评估结果，确定实施进一步审计程序的性质、时间和范围。

（二）识别和评估应关注的事项和情况

注册会计师应当关注下列可能表明被审计单位存在重大错报风险的事项和情况：

（1）在经济不稳定的国家或地区开展业务。

（2）在高度波动的市场开展业务。

（3）在严厉、复杂的监管环境中开展业务。

（4）持续经营和资产流动性出现问题，包括重要客户流失。

（5）融资能力受到限制。

（6）行业环境发生变化。

（7）供应链发生变化。

（8）开发新产品或提供新服务，或进入新的业务领域。

（9）开辟新的经营场所。

(10) 发生重大收购、重组或其他非经常性事项。

(11) 拟出售分支机构或业务分部。

(12) 复杂的联营或合资。

(13) 运用表外融资、特殊目的实体及其他复杂的融资协议。

(14) 重大的关联方交易。

(15) 缺乏具备胜任能力的会计人员。

(16) 关键人员变动。

(17) 内部控制薄弱。

(18) 信息技术战略与经营战略不协调。

(19) 信息技术环境发生变化。

(20) 安装与财务报告有关的新的重大信息技术系统。

(21) 经营活动或财务报告受到监管机构的调查。

(22) 以往存在重大错报或本期期末出现重大会计调整。

(23) 发生重大的非常规交易。

(24) 按照管理层特定意图记录的交易。

(25) 应用新颁布的会计准则或相关会计制度。

(26) 会计计量过程复杂。

(27) 事项或交易在计量时存在重大不确定性。

(28) 存在未决诉讼和或有负债。

注册会计师应当确定,识别的重大错报风险是与特定的某类交易、账户余额、列报的认定相关,还是与财务报表整体广泛相关,进而影响多项认定。财务报表层次的重大错报风险很可能源于薄弱的控制环境。薄弱的控制环境带来的风险可能对财务报表产生广泛影响,难以局限于某类交易、账户余额、列报,注册会计师应当采取总体应对措施。在评估重大错报风险时,注册会计师应当将所了解的控制与特定认定相联系。控制与认定直接或间接相关;关系越间接,控制对防止或发现并纠正认定错报的效果越小。注册会计师可能识别出有助于防止或发现并纠正特定认定发生重大错报的控制。在确定这些控制是否能够实现上述目标时,注册会计师应当综合考虑控制活动和其他要素。

(三) 需要特别考虑的重大错报风险

作为风险评估的一部分,注册会计师应当运用职业判断,确定哪些识别的风险是需要特别考虑的重大错报风险。在确定哪些风险是特别风险时,注册会计师应当在考虑识别出的控制对相关风险的抵消效果前,根据风险的性质、潜在错报的重要程度以及发生的可能性,判断风险是否属于特别风险。在确定风险的性质时,注册会计师应当考虑下列事项:

(1) 风险是否属于舞弊风险。

(2) 风险是否与近期经济环境、会计处理方法和其他方面的重大变化有关。

(3) 交易的复杂程度。

(4) 风险是否涉及重大的关联方交易。

(5) 财务信息计量的主观程度,特别是对不确定事项的计量存在较大区间。

(6) 风险是否涉及异常或超出正常经营过程的重大交易。

特别风险通常与重大的非常规交易和判断事项有关。非常规交易是指由于金额或性质异常而不经常发生的交易。由于非常规交易具有下列特征，与重大非常规交易相关的特别风险可能导致更高的重大错报风险：

（1）管理层更多地介入会计处理。

（2）数据收集和处理涉及更多的人工成分。

（3）复杂的计算或会计处理方法。

（4）非常规交易的性质可能使被审计单位难以对由此产生的特别风险实施有效控制。

由于下列原因，与重大判断事项相关的特别风险可能导致更高的重大错报风险：

（1）对涉及会计估计、收入确认等方面的会计原则存在不同的理解。

（2）所要求的判断可能是主观和复杂的，或需要对未来事项作出假设。

对于特别风险，注册会计师应当评价相关控制的设计情况，并确定其是否已经得到执行。与重大非常规交易或判断事项相关的风险很少受到日常控制的约束，注册会计师应当了解被审计单位是否针对该特别风险设计和实施了控制。如果管理层未能实施控制以恰当应对特别风险，注册会计师应当认为内部控制存在重大缺陷，并考虑其对风险评估的影响。

（四）仅通过实质性程序无法应对的重大错报风险

作为风险评估的一部分，如果认为仅通过实质性程序获取的审计证据无法将认定层次的重大错报风险降至可接受的最低水平，注册会计师应当评价被审计单位针对这些风险设计的控制，并确定其执行情况。例如，在被审计单位对日常交易采用高度自动化处理的情况下，审计证据可能仅以电子形式存在，其充分性和适当性通常取决于自动化信息系统相关控制的有效性，注册会计师应当考虑仅通过实施实质性程序不能获取充分、适当审计证据的可能性。

如果认为仅通过实施实质性程序不能获取充分、适当的审计证据，注册会计师应当考虑依赖的相关控制的有效性。

（五）对重大错报风险评估的修正

注册会计师对认定层次重大错报风险的评估应以获取的审计证据为基础，并可能随着不断获取审计证据而作出相应的变化。如果通过实施进一步审计程序获取的审计证据与初始评估获取的审计证据相矛盾，注册会计师应当修正风险评估结果、并相应修改原计划实施的进一步审计程序。

注册会计师应当考虑已识别但未更正的单独或累计的错报是否对财务报表整体产生重大影响。注册会计师应当关注财务报表的重大错报，但没有责任发现对财务报表整体不产生重大影响的错报。

三、检查风险的评估基础

如前所述，审计风险要素之间存在着密切关系。重大错报风险的水平，决定着注册会计师可接受的检查风险水平。评估的重大错报风险水平越高，注册会计师可接受的检查风险水平也就越低，反之亦然。

鉴于重大错报风险的评估对检查风险有直接影响，重大错报风险的水平越高，注册会计师就应实施越详细的实质性测试程序，并着重考虑其性质。例如，针对存货和主营业务成本项目，除实施分析程序外，还应对其余额（金额）进行细节测试，以将检查风险降低至可接受的水平。

（一）检查风险对确定实质性测试性质、时间和范围的影响

不论重大错报风险的评估结果如何，注册会计师都应当对各重要账户或交易类别进行实质性测试。然而，注册会计师实施的实质性测试，其性质、时间和范围的决定，最终取决于根据重大错报风险水平所确定的可接受的检查风险。可接受的检查风险水平与实质性测试的性质、时间和范围的关系详如表 4-5 所示。

表 4-5 检查风险与实质性测试的性质、时间和范围的关系

可接受的检查风险	性质	时间	范围
高	分析程序和交易测试为主	期中审计为主	较小样本、较少证据
中	分析程序、交易测试以及余额测试结合运用	期中审计、期末审计和期后审计结合运用	适中样本、适量证据
低	余额测试为主	期末审计和期后审计为主	较大样本、较多证据

（二）检查风险与审计意见的类型

检查风险不仅影响注册会计师所实施的实质性测试的性质、时间和范围，而且影响注册会计师发表审计意见的类型。如果经过实施有关实质性测试后，注册会计师仍认为与某一重要账户或交易类别的认定有关的检查风险不能降低至可接受的水平，那么，应当发表保留意见或无法表示意见。这是因为如果不能将重要账户或交易类别的检查风险降低至可接受的水平，注册会计师将难以确定有多少重大错报无法通过实质性测试予以发现，财务报表的部分或全部认定是否真实、公允也难以确定。在这种情况下，最明智的做法是发表保留意见或无法表示意见。

四、重要性与审计风险、审计证据之间的关系

（一）重要性与审计风险的关系

重要性与审计风险之间呈反向关系。也就是说，重要性水平越高，审计风险越低；反之，重要性水平越低，审计风险越高。这种反向关系对注册会计师将要执行的审计程序的性质、时间和范围有直接的影响，因此，注册会计师应当综合考虑各种因素，合理确定重要性水平。

（二）重要性与审计证据的关系

重要性与审计证据之间呈反向关系。前已述及，重要性水平是 70 万的审计风险比重要性水平是 100 万的审计风险高，为了降低审计风险，注册会计师应实施更多的审计程序，收集更多的审计证据。可见重要性与审计证据也是反向关系。

重要性、审计风险与审计证据的关系如图 4-1 所示。

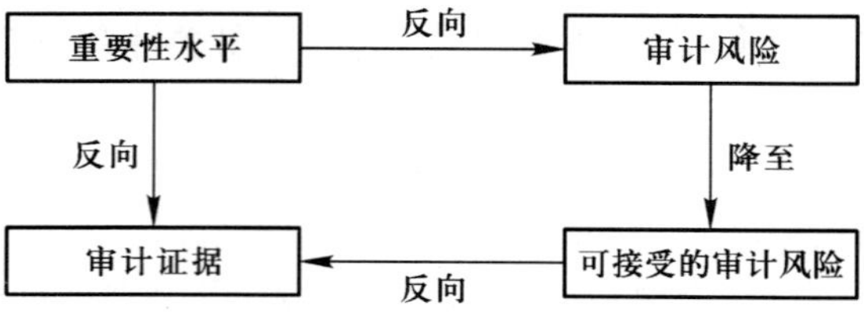

图 4-1 重要性、审计风险与审计证据关系

本章小结

为了做好审计计划工作，注册会计师必须在充分了解被审计单位经营的业务及所属行业的基本情况，并执行分析程序的基础上，初步评价重要性水平，确定审计风险。

重要性，是指被审计单位财务报表中错报或漏报的严重程度，这一程度在特定情况下，可能影响财务报表使用者的判断或决策。重要性具有数量和质量两个方面的特征。在审计过程中，注册会计师对重要性原则的运用一是在确定审计程序的性质、时间和范围时；二是在评价审计结果时，而且必须从财务报表层和交易层两个层次来加以考虑。在运用重要性原则时，还应注意重要性与审计风险之间的反向关系，以及重要性与审计证据之间的反向关系。

审计风险，是指财务报表存在重大错报风险或漏报，而注册会计师审计后发表不恰当审计意见的可能性。审计风险由重大错报风险和检查风险组成，在计划审计过程中，注册会计师应对重大错报风险作出评估，然后利用检查风险与重大错报风险之间的反向关系，确定注册会计师可接受的检查风险水平，据以确定实质性测试的性质、时间和范围。

本章思考题

1. 什么是审计重要性？如何理解审计重要性？
2. 确定重要性水平应考虑的因素是什么？
3. 什么是审计风险？其组成要素是什么？
4. 请解释审计风险、重大错报风险及检查风险之间的关系。
5. 请说明审计重要性和审计风险、审计证据之间的关系。

案例讨论题

天利公司审计案例

[案情介绍] 志盛会计师事务所的注册会计师对天利公司 2010 年度财务报表审计后发表了无保留意见。半年后，天利公司因无法按时偿还巨额债务而宣告破产。股东与债权人集体上诉，状告志盛会计师事务所。其诉讼理由是天利公司的 2010 年度的财务报表中存在严重错报，而注册会计师发表了无保留意见，从而误导了报表使用者。会计师事务所对此提出了抗辩，认为审计中发现的被审计单位天利公司财务报表中存在的重大错报都已要求天利公司调整，并且天利公司也接受了调整建议，未调整的错报是不重要的，且在审计报告中发表意见时使用了“在所有重大方面公允反映了天利公司 2010 年 12 月 31 日的财务状况以及 2010 年度的经营成果和现金流量”这一表述。

法院经过审理最终认定：天利公司财务报表中存在将2011年的销售收入提前计入2010年的财务报表中的情况，造成2010年虚增收入9.8万元，高估资产11.466万元，以及低估负债18.1万元的错报。对于年销售额近千万元、资产近千万元的天利公司来说，这些错报从金额来看并不重要，但是，导致天利公司的盈利能力看起来保持持续增长的状态，偿债能力的指标也恰巧达到了银行贷款门槛。因此这些错报无疑会误导财务报表使用者，对于财务报表使用者来说是重大的。会计师事务所理应承担赔偿责任。

[问题思考]

1. 志盛会计师事务所在审计过程中出现了什么问题导致审计失败？
2. 重要性是如何界定的？发表无保留意见就意味着被审计单位的财务报表没有错报了吗？
3. 影响注册会计师得出恰当的审计结论的关键是什么？
4. 会计师事务所应承担的审计风险是什么？

第五章 审计证据和审计工作底稿

审计业务的整个过程，就是围绕审计目标收集审计证据，并根据审计证据形成审计结论和审计意见的过程。因此，收集、分析和综合评价审计证据，是审计工作的核心。审计工作底稿则是审计证据的载体，是审计过程中形成的工作记录和获取的资料。

第一节 审 计 证 据

一、审计证据的含义

审计证据是注册会计师为了得出审计结论、形成审计意见而使用的所有信息，包括财务报表依据的会计记录中含有的信息和其他信息。会计记录中含有的信息本身并不足以提供充分的审计证据作为对财务报表发表意见的基础，注册会计师还应获取其他信息（包括从被审计单位内部或外部获取的会计记录以外的信息；通过询问、观察和检查等方法获取的信息；自身编制或获取的可以通过合理推断得出结论的信息）作为证据。

审计证据是审计理论的一个重要组成部分，注册会计师对被审计单位的财务报表及其反映的经济活动所做的分析、判断和评价，不仅要依靠各种审计依据，而且必须依靠一定的事实凭据，这种证据来源于企业经济行为本身，反映着企业经济活动的客观事实。注册会计师实施审计工作的最终目的是根据一定证据对被审计单位的受托经济责任发表意见，而注册会计师发表的意见要令人信服，必须有充分、适当的证据作为根据，从一定意义上讲，审计证据是审计成败的关键。审计实施的过程实质上就是收集和评价审计证据的过程。

二、审计证据的分类

审计证据分类的目的，在于找出更合理、更有效、更具有证明力的证据，以达到较好的证明效果，从而有利于审计工作的顺利完成。审计证据按照不同的标准，可以进行多种分类。

（一）按审计证据的外形特征分类

按审计证据的外形特征可以分为实物证据、书面证据、口头证据、环境证据和视听证据。

1. 实物证据

实物证据是指通过实际观察或清点所取得的，用以确定某些实物资产是否确实存在的证据。如现金、存货、固定资产、在建工程等均可通过监盘方式加以验证，属于实物证据。实物证据通常被认为是最可靠的证据，具有较强的证明力，但实物证据只能证明实物资产的存在性，而不能完全证实被审计单位对其拥有所有权。例如，年终盘点的存货可能包括其他企业寄售或委托加工的部分，或者已经销售而等待发运的商品；某些实物资产在数量相符的情况下，其质量好坏有时难以通过清点来确定，如次品或过时产品等。因此，对于取得实物证据的资产还应就其所有权归属及其价值情况进行确认。

2. 书面证据

书面证据是注册会计师所获取的各种以书面文件为存在形式的一类证据。它包括与审计有关的各种原始凭证，会计记录（记账凭证、会计账簿和各种明细表），各种会议记录和文件，各种合同、通知书、报告书及函件等。书面证据是审计证据的最主要组成部分，可称之为基本证据。这类证据不仅数量多，而且来源广泛。

3. 口头证据

口头证据是被审计单位职员或其他有关部门人员对注册会计师的提问所做的口头答复而形成的一种证据。通常注册会计师会向被审计单位的有关人员询问会计记录的存放地点，采用特别会计政策和方法的理由，收回逾期应收账款的可能性等。对于这些问题的口头答复，就构成了口头证据。由于口头证据会带有个人的观点和倾向性等，其本身并不足以证明事情的真相，但注册会计师往往可以通过口头证据发掘出一些重要的线索，从而有利于对某些需审核的情况做进一步的调查，以收集更为可靠的证据。

在审计过程中，注册会计师应对各种重要的口头证据做成书面记录，并注明是何人、何时在何种情况下所做的口头陈述，必要时还应获得被询问者的签名确认。相对而言，不同人员对同一问题所做的口头陈述相同时，口头证据具有较高的可靠性。但在一般情况下，口头证据往往需要得到其他相应证据的支持。

4. 环境证据

环境证据也称状况证据，是指对被审计单位产生影响的各种环境事实。具体而言，它又包括以下几种：

（1）有关部门内部控制情况。当注册会计师确认被审计单位有良好的内部控制、且其日常管理又一贯地遵守内部控制中有关规定时，就可认为被审计单位现行的内部控制为财务报表项目的可靠性提供了强有力的证据。此外，被审计单位内部控制的完善程度还决定着注册会计师从其他各种渠道收集的审计证据的数量。内部控制越健全、越严密，所需的其他各类审计证据就越少；否则，注册会计师就必须获取较大数量的其他审计证据。

（2）被审计单位管理人员的素质。被审计单位管理人员的素质越高，则其所提供的证据发生差错的可能性就越小。例如，当被审计单位会计人员的素质较高时，其会计记录就不容易发生错误。因此，会计人员的素质对会计资料的可靠性会产生影响。

（3）各种管理条件和管理水平。需要指出的是，环境证据一般不属于基本证据，但它可以帮助注册会计师了解被审计单位及其经济活动所处的环境，是注册会计师进行专业判断所必须掌握的资料。

5. 视听证据

视听证据是指以录音、录像或计算机存储、处理的证明审计事项的审计材料。例如，与审计事项有关的当事人的谈话录音、经济业务发生的现场记录等。这些审计证据的证明力很强。随着科学技术的发展，企业越来越广泛地应用电子技术为生产服务，视听证据现在是重要的审计证据。

（二）按获取审计证据的来源分类

按获取审计证据的来源可以分为内部证据、外部证据。

1．内部证据

内部证据是指产生于被审计单位内部的证据。例如，各类会计凭证、会计账簿、被审计单位编制的各种试算平衡表和汇总表、管理层声明书、重要的计划等。内部证据可进一步分为不经过外部流转的内部证据和经过外部流转的证据。不经过外部流转的内部证据（可称为内—内证据）是指由被审计单位内部编制、并只在内部流转的证据，如发料单、记账凭证、会计账簿等，其可靠程度取决于被审计单位内部控制的强弱。如果被审计单位的内部控制很健全，则内部证据的可靠程度就比较高；反之则弱。因此，注册会计师不能过分信赖被审计单位自制的证据。经过外部流转的内部证据（可称之为内—外证据）是指由被审计单位内部编制后，要流转到外部，并获得其他单位或个人的承认，如已付款支票、销货发票等。

2．外部证据

外部证据是指产生于被审计单位外部的审计证据。外部证据可进一步分为经过被审计单位的外部证据和未经过被审计单位的外部证据。经过被审计单位的外部证据（可称之为外—内证据）是指由被审计单位以外的机构或人员编制，但由被审计单位持有并提交给注册会计师的审计证据。如银行对账单、购货发票、应收票据、有关的契约合同。对于此类外部证据，因经过被审计单位有关人员之手，因而有伪造、更改的可能性，故其证明力相对弱一点。未经过被审计单位的外部证据（可称之为外—外证据）是由被审计单位以外的机构或人员编制，并由其直接递交给注册会计师的外部证据，因未经被审计单位人员之手，从而排除了伪造、更改凭证或业务记录的可能性，故其证明力最强。

【例 5-1】　注册会计师对某企业的现金进行审计时，发现有三张未经批准而私自借出的借条，金额合计为 500 元，经过盘点证明借条所列现金 500 元确实不在库，经询问出纳，其承认挪用了库存现金这一事实。

要求：请指出该事项涉及的审计证据有哪些？各属于何种证据？

【解答】　该事项的审计证据有：注册会计师发现三张未经批准而私自借出的借条，属于书面证据；经过盘点证明 500 元现金不在库，属于实物证据；询问出纳，其承认挪用了库存现金这一事实，属于口头证据。

三、审计证据的特征

注册会计师执行审计业务，应当在取得充分、适当的审计证据后，得出合理的审计结论，作为形成审计意见的基础。这里的“充分”和“适当”，正是审计证据的两大特征。

（一）审计证据的充分性

审计证据的充分性是指审计证据的数量必须足够支持注册会计师作出的审计结论，是注册会计师为形成审计意见所需要审计证据的最低数量要求，其主要与注册会计师确定的样本量有关。例如，对某个审计项目实施某一选定的审计程序，从 200 个样本中获得的证据要比从 100 个样本中获得的证据更充分。注册会计师需要获取的审计证据数量受错报风险的影响，在可接受的审计风险水平一定的情况下，重大错报风险越高，注册会计师就应实施越多的测试工作，将检查风险降低至可接受水平，以将审计风险控制在可接受的低水平范围内。恰当的审计意见需要建立在充分的审计证据基础之上，但并不等于说审计证据的数量越多越好。收集审计证据要考虑成本效益原则，如果收集过多的审计证据，会增加不必要的审计成本、降低审计效率。

（二）审计证据的适当性

审计证据的适当性是对审计证据质量的衡量，即审计证据在支持各类交易、账户余额、列报（包括披露）的相关认定或发现其中存在错报方面具有相关性和可靠性。

1. 相关性

审计证据的相关性是指审计证据应与审计目标相关联，注册会计师只能利用与审计目标相关联的审计证据来证明和否定被审计单位所认定的事项。例如，存货监盘表是和存货的存在这一目标相关的，但却不能证明存货的所有权和价值。又如，如果从发货单中选取样本，追查与每张发货单相应的销售发票，由此可以确定是否每张发货单均已开具发票，但却不能确定是否存在虚开发票；如果从销售发票中选取样本，并追查与每张发票相应的发货单，由此可以确定是否虚开发票，但却不能确定是否每张发货单均已开具发票。

2. 可靠性

审计证据的可靠性是指审计证据应能如实地反映客观事实。可靠性与审计证据的来源、性质和收集方式有关，并取决于获取审计证据的具体环境。例如注册会计师亲自检查存货获得的证据，就比被审计单位提供给注册会计师的存货数据更可靠。注册会计师通常按照下列原则考虑审计证据的可靠性：

（1）从外部独立来源获取的审计证据比从其他来源获取的证据更可靠；

（2）内部控制有效时内部生成的审计证据比内部控制薄弱时内部生成的审计证据更可靠；

（3）直接获取的审计证据比间接获取或推论得出的审计证据更可靠；

（4）以文件、记录形式（无论是纸质、电子或其他介质）存在的审计证据比口头形式的审计证据更可靠；

（5）从原文件获取的审计证据比从传真或复印件获取的审计证据更可靠。

注册会计师在获取证据时，可以考虑成本效益原则，如果获取最理想的审计证据需花费高昂的成本，则可转而收集质量稍逊的其他证据予以替代，只要它仍能满足审计目标的要求，但注册会计师不应以获取审计证据的困难和成本为由减少不可替代的审计程序。

（三）充分性与适当性的关系

充分性和适当性是审计证据的两个重要特征，两者缺一不可，只有充分且适当的证据才是有证明力的。

（1）审计证据的数量受审计证据质量的影响，审计证据质量越高，所需数量可能越少。如被审计单位内控健全时生成的审计证据更可靠，注册会计师只需获取适量的审计证据，就可以为发表审计意见提供合理的基础。

（2）审计证据的质量存在缺陷，无法依靠获取更多的审计证据数量来弥补。如注册会计师应当获取与销售收入完整性相关的证据，实际获得的却是有关销售收入真实性的证据，审计证据与完整性目标不相关，即使获取的证据再多，也证明不了收入的完整性。

（四）评价充分性和适当性的特殊考虑

1. 对文件记录可靠性的考虑

审计工作通常不涉及鉴定文件记录的真伪，但应当考虑用作审计证据的信息的可靠性，并考虑与这些信息生成和维护相关控制的有效性。如果在审计过程中识别出的情况使其认为文件记录可能是伪造的，或文件条款发生变动，注册会计师应当作出进一步调查，包括直接向第三方询证，或考虑利用专家的工作以评价文件记录的真伪。

2. 使用被审计单位生成信息时的考虑

如果在实施审计程序时使用被审计单位生成的信息，注册会计师应当针对这些信息的准确性和完整性获取审计证据。例如，在审计收入项目时，注册会计师应当考虑价格信息的准确性以及销售数据的完整性和准确性。在某些情况下，可以利用计算机辅助审计技术（CAATs）来重新计算这些信息，测试与信息生成有关的控制等。

3. 证据相互矛盾时的考虑

如果针对某项认定从不同来源获取的审计证据或获取的不同性质的审计证据能够相互印证，与该项认定相关的审计证据则具有更强的说服力。例如，注册会计师通过检查委托加工协议发现被审计单位有委托加工材料，且委托加工材料占存货的比重较大，经发函询证后证实委托加工材料确实存在。委托加工协议和询证函回函这两个不同来源的审计证据相互印证，证明委托加工材料真实存在。反之，则委托加工材料是否真实受到质疑，这时，注册会计师应追加审计程序，确认委托加工材料收回后是否未入库或被审计单位收回后予以销售而未入账。

4. 获取审计证据时对成本的考虑

注册会计师可以考虑获取审计证据的成本与所获取信息的有用性之间的关系，但不应以获取审计证据的困难和成本过高为由减少不可替代的审计程序。

【例 5-2】 注册会计师 L 在对 F 公司 2009 年度会计报表进行审计时，收集到以下六组审计证据：

（1）收料单与购货发票；

（2）销货发票副本与产品出库单；

（3）领料单与材料成本计算表；

（4）工资计算单与工资发放单；

（5）存货盘点表与存货监盘记录；

（6）银行询证函回函与银行对账单。

要求：请分别说明每组审计证据中哪项审计证据较为可靠，并简要说明理由。

【解答】 （1）购货发票比收料单更可靠，这是因为购货发票来自于公司以外的机构或人员，而收料单是公司自行编制的。

（2）销货发票副本比产品出库单可靠，这是因为销货发票经过外部流转，并获得公司以外的机构或人员的承认，而产品出库单只是在公司内部流转。

（3）领料单比材料成本计算表可靠，这是因为领料单预先被连续编号，并且经过公司不同部门人员的审核，而材料成本计算表只是在会计部门内部流转。

（4）工资发放单比工资计算单可靠，这是因为工资发放单需经会计部门以外的工资领取人签字确认，而工资计算单只是在会计部门内部流转。

（5）存货监盘记录比存货盘点表可靠，这是因为存货监盘记录是注册会计师自行编制的，而存货盘点表是公司提供的。

（6）银行询证函回函比银行对账单可靠，这是因为银行询证函回函是注册会计师直接获取的，未经公司职员之手；而银行对账单经过公司有关职员之手，存在伪造、涂改的可能。

四、审计证据的整理与分析

（一）审计证据整理与分析的方法

1. 分类

分类是指将杂乱无章的各种审计证据按问题、时间与目标，按审计证据证明力的强弱，或按与审计目标的关系是否直接等分门别类排列成序。

2. 计算

计算是指按照一定的方法对数据方面的审计证据进行计算，并从计算中得出所需的新的证据。

3. 比较

比较包括两方面的内容：一方面，要将各种审计证据进行反复比较，从中分析出被审计单位经济业务的变动趋势与其特征；另一方面，要与审计目标进行比较，判断其是否符合要求（如不符合要求，则需补充收集有关的审计证据）。

4. 小结

小结是指在上述分类、计算和比较的基础上，注册会计师要对审计证据进行小结，得出具有说服力的局部的审计结论。

5. 综合

综合是指注册会计师对各类审计证据及其所形成的局部的审计结论进行综合分析，最终形成整体的审计意见。

总之，经过注册会计师对所收集证据资料的整理、分析，使证据资料由潜在的证明力变为现实的证明力，为形成整体的审计意见提供充分的审计证据。

（二）审计证据整理与分析应注意的问题

1. 审计证据的取舍

注册会计师不必也不可能把审计证据所反映的内容全部包括到审计报告中，在编写审计报告之前，必须对反映不同内容的审计证据做适当的取舍，只选择那些具有代表性的、典型的审计证据在审计报告中加以反映。审计证据取舍的标准大体有两个：

（1）金额的大小。对金额较大、足以对被审计单位财务状况或经营成果的反映产生重大影响的证据，应当作为主要证据。

（2）问题性质的严重程度。有的审计证据本身所揭露问题的金额也许并不大，但其性质较为严重，有可能导致其他重大问题的产生或与其他可能存在的重要问题有关，则这类审计证据应作为重要的证据。

2. 分清事实的现象和本质

某些审计证据所反映的可能只是一种假象，注册会计师必须对其加以认真的分析研究，透过现象看本质，不能被表面的假象所迷惑。

3. 排除伪证

伪证，是被审计单位等审计证据的提供者出于某种动机而伪造的证据，或是有关方面基于主观或客观原因而提供的假证。这些证据或因精心炮制而貌似真证据，或与被审计事实之间存在某种巧合，如不认真排除，往往会鱼目混珠，以假乱真。

第二节　审计取证方法

审计取证方法是指注册会计师检查和分析审计对象，收集审计证据，并对照审计依据，形成审计结论和意见的各种专门手段的总称。有的教材也把其称作审计程序。

一、审计取证的基本方法

审计取证的基本方法是指与取证的顺序和范围有关的方法。这些方法不是直接的取证方法。

（一）按审计取证顺序与账务处理程序的关系可分为顺查法和逆查法

1. 顺查法

顺查法是指注册会计师按照交易或事项发生的会计处理程序依次检查的方法。这种方法实际上是按照会计轨迹进行检查的一种方法，如图 5-1 所示。

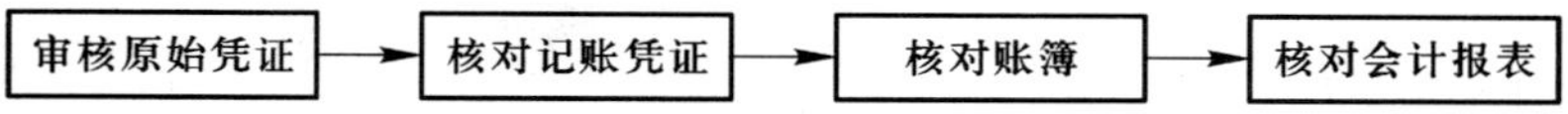

图 5-1　顺查法

顺查法的优点：审计过程全面细致，容易充分揭露会计工作中的遗漏及错弊事项，因此，审计质量较高；同时由于方法简单，易于掌握。

顺查法的缺点：事无巨细，重点不突出，费时、费力且成本高，工作量大，不利于提高审计工作效率。

顺查法一般适用于业务规模小，会计资料少，存在问题较多的被审计单位以及专项检查中。

2. 逆查法

逆查法是指注册会计师按照交易或事项发生的会计处理程序反向检查的一种方法。在这种方法下，注册会计师首先分析检查财务报表，发现疑点，确定重点审计问题和重点审计领域。其次，追查至相关的日记账、明细账和总账，通过账账、账实的检查核对，进一步确定需要检查的记账凭证。最后，核对记账凭证直至原始凭证，查明问题的原因和过程，如图 5-2 所示。

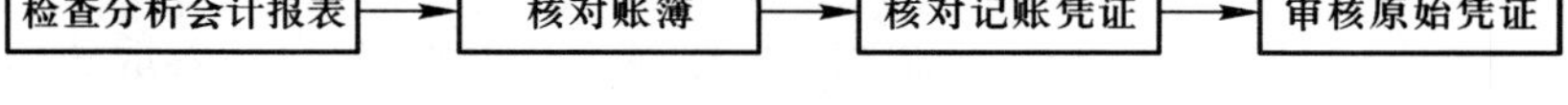

图 5-2　逆查法

逆查法的优点：从被审计对象的总体上把握重点，在发现问题的基础上明确主攻方向，因而目的性、针对性比较强。由于突出重点，因而可以节省人力和时间，提高审计工作效率。

逆查法的缺点：由于运用逆查法一般不要求对被审计对象进行全面的详细审查，仅根据注册会计师的判断确定重点审计问题，因而审计取证的范围有限，可能遗漏重要错弊事项。此外，在技术上逆查法比顺查法要复杂，掌握起来难度较大。

逆查法一般适用于业务规模大、内部控制系统比较健全、管理基础较好的被审计单位。

（二）按照审查交易或事项和会计资料范围的大小可分为详查法和抽查法

1. 详查法

详查法是指注册会计师对被审计单位的某类交易或事项和会计资料的全部内容毫无遗漏地进行全面详细审查的方法。审计发展的早期，采用的就是详查法。这种审计又称为详细审计。详查法不同于全部审计。详查法是一种审计方法，它是相对于抽查法而言。全部审计是审计的一种类别，是按审计范围大小不同对审计进行的一种分类，它是相对于局部审计而言。全部审计可采用详查法，也可采用抽查法。如为证实资产的真实完整，对现金盘点必须采用详查法；而对存货的盘点可采用抽查法，具体视被审计单位和审计对象而定。

详查法的优点：可以有效地查出会计资料中存在的各种差错，不易遗漏，一般能够收集到说明被审计对象的完整证据，使审计质量有可靠的保证。

详查法的缺点：由于要审计全部凭证、账簿、报表及其他资料，因而必须安排足够的人员和时间才能完成审计任务，工作量大，费时、费力，审计成本相对较高。

详查法的缺点限制了它的适用范围。详查法一般适用于交易或事项比较简单的被审计单位。如被审计单位内部控制比较混乱，且可能存在重大违法行为或为揭露重大问题而进行的专案审查，可考虑采用详查法。

2. 抽查法

抽查法是指注册会计师对被审计单位的部分交易或事项和会计资料进行检查，并根据检查结果推断总体特征的方法。

抽查法不同于局部审计。抽查法作为一种审计方法，它相对于详查法而言。局部审计作为审计类别的一种，则是按审计范围大小不同对审计进行的一种分类，它是相对全部审计而言的。局部审计不一定采用抽查法，对局部审计中的某些事项可以采用抽查法，也可以采用详查法。

抽查法的优点：简便易行，省时省力，效率高，费用低。

抽查法的缺点：由于抽查法是以部分资料的检查结果去推断总体特征，因而有可能对审计质量产生影响，尤其是对那些发生频率不高的错弊行为，该方法的适用有一定局限性。

抽查法适用于规模较大、经济业务多、内部控制健全有效和会计基础工作较好、且组织机构比较健全的企业。

二、审计取证的具体方法

注册会计师在审计过程中可以根据需要单独或综合应用以下方法获取充分、适当的审计证据。

（一）检查记录或文件

检查记录或文件是指注册会计师对被审计单位内部或外部生成的，以纸质、电子或其他介质形式存在的记录或文件进行审查。这是审计工作中常用的一种取证方法。注册会计师在审阅记录和文件时，应注意其是否真实、合法，具体来讲，检查主要通过审阅法和核对法。

1. 审阅法

审阅法是指仔细地审查和翻阅凭证、账簿和报表以及计划、预算、决策方案、合同等书面资料,借以查明资料及经济业务的公允性、正确性、合法性、合规性,从中发现错弊或疑点,收集书面证据的一种审查方法。审阅法在财政财务审计中运用最为广泛,主要是审阅会计凭证、会计账簿和财务报表。

对原始凭证的审阅,主要看原始凭证上反映的经济业务是否符合规定,还要看凭证上记载的抬头、日期、数量、单价、金额等方面的字迹是否清晰、数字是否相符。如有不符合规定的情况或有涂改字迹、数字的情况,就有可能存在舞弊行为。除此之外,还要审阅填发原始凭证的单位名称、地址和图章,审查凭证的各项手续是否完备。

对记账凭证的审阅,主要审阅记账凭证是否附有合法的原始凭证;记账凭证的记载是否符合会计制度的规定,是否依据会计原理,所记账户名称和会计分录是否正确,有无错用账户或错记方向的情况。

对账簿的审阅,主要是审阅明细记录的内容是否真实、正确,其账户对应关系是否正确、合理,有无错误或舞弊,特别是注意审阅应收应付账款、材料成本差异、预提费用、待摊费用、管理费用、制造费用、销售费用、财务费用等容易掩盖错弊和经常反映会计转账事项的账簿。

对财务报表的审阅,主要是审阅报表项目是否按制度规定编制,其对应关系是否正确,有关合计数是否相符,并按各报表之间有关项目的勾稽关系;核对相关的数据是否一致,审阅各项目是否合理、合规、合法,有无违反财经纪律的现象,有无异常变化现象。除此之外,对计划资料、合同和其他有关经济资料也应审阅,以便掌握情况,发现问题,获取证据。

在实际工作中,可以把审阅法与核对法结合起来加以运用。

2. 核对法

核对法是指对凭证、账簿和报表等书面资料之间的有关数据进行相互对照检查,借以查明证证、账证、账账、账表、表表之间是否相符,从而取得有无错弊的书面证据的一种复核查对的方法。

在审查会计资料时,一般主要核对下列内容:

(1) 核对原始凭证的数量、单价、金额和合计数是否相符。

(2) 核对记账凭证与其所附原始凭证是否相符,原始凭证的合计数与记账凭证的合计数是否相符,原始凭证的张数与金额是否相符。

(3) 核对记账凭证是否已记入有关明细账和总账。

(4) 核对各明细账户的余额合计数与总账中有关账户的余额是否相符。

(5) 核对总账各账户的期初余额、本期发生额和期末余额的计算是否正确,各账户的借方余额合计与贷方余额合计是否平衡。

(6) 核对财务报表的数字是否与总账余额或明细账余额相符。

(7) 核对银行对账单、客户往来清单等外来对账单是否与本单位有关账项的记载相符。

(8) 核对资产负债表、利润表、现金流量表和所有者权益变动表的数字计算是否正确无误。

(9) 核对资产负债表、利润表、现金流量表、所有者权益变动表之间的相关数字是否相符。

(10) 核对账卡上所反映的实物余额是否与实际存在的实物数额相符。

通过上述详细核对,可以发现会计资料中存在的差错和问题,然后再进一步分析其性质。有的可能是一般工作的差错,有的则可能是违法乱纪行为,应依据问题的性质及其严重程度进行处理。

（二）检查有形资产

检查有形资产是指注册会计师对资产实物进行的审查，主要是通过现场监督被审计单位各种实物资产及现金、有价证券等的盘点，并进行适当的抽查，也称盘点法或监盘。

1. 盘点法

盘点可分为直接盘点和监督盘点、突击盘点和通知盘点等。

（1）直接盘点和监督盘点。直接盘点是指由注册会计师到现场亲自盘点，证实书面资料同有关财产物资是否相符。如果相符，可以认定书面资料如实地反映了企业的财产状况。盘点以前，应先审查有关账目的记录是否正确，然后才可进行盘点。盘点时，应有被审计单位的经管人员在场，做好盘点记录，并由被审计单位的经管人员及注册会计师签字盖章。一般对于数量较小的贵重财产物资可用直接盘点。监督盘点是指由注册会计师参加被审计单位的财产盘点，但并不亲自动手，而是在一旁监督。对库存现金、有价证券等，注册会计师通常不直接盘点，而是采用监督盘点。

（2）突击盘点和通知盘点。突击盘点是指注册会计师在事先不通知被审计单位有关人员的情况下突击组织盘点工作。突击盘点有利于发现盘点对象在一般情况下的状况。突击盘点一般可用于库存现金、有价证券、贵重物资的检查。通知盘点是指注册会计师在预先通知被审计单位有关人员的情况下组织盘点工作。财务报表审计主要是确定账实的一致性，因而在盘点时多采用通知盘点，让被审计单位做好准备工作。

【例 5-3】 注册会计师 A 负责对甲公司 20×0 年度财务报表进行审计。在对甲公司 20×0 年 12 月 31 日的存货进行监盘时，发现部分存货的财务明细账、仓库明细账、实物监盘三者的数量不一致，相关资料如表 5-1 所示。

表 5-1 甲公司 20×0 年 12 月 31 日存货监盘情况表

序号	存货名称	财务明细账数量	仓库明细账数量	实物监盘数量
1	a 产品	35 套	30 套	30 套
2	b 产品	27 套	25 套	27 套
3	c 材料	1 600 千克	1 600 千克	1 700 千克
4	d 材料	1 200 千克	1 200 千克	1 000 千克

要求：（1）根据监盘结果，假定不考虑舞弊以及财务明细账串户登记、仓库明细账串户登记的情况，逐项分析存货数量差异可能存在的主要原因。

（2）针对存货的财务明细账数量与实物监盘数量不一致情况，简要说明应当实施哪些必要的审计程序。

【解答】 （1）产生存货数量差异可能存在的主要原因是：

①对于 a 产品，产生的差异可能是财务部门少记已经发出的存货；

②对于 b 产品，产生的差异可能是入库时仓库少记，出库时仓库多记；

③对于 c 材料，产生的差异可能是外单位委托代销存货或已经销售存货未发出；

④对于 d 材料，产生的差异可能是存货部分损耗或存货已经委托外单位销售。

（2）注册会计师应当查明原因，实施包括函证、检查出库单和入库单等程序，并建议被审计单位调整报表，做到账实相符。

2. 调节法

调节法是指注册会计师在检查某一账项时，为了验证其数据资料的真实正确性而对其进行调节的方法。一般运用在银行存款的余额审计和各种实物资产截止日实存量的确定中。由于实际审计工作中，审计的目标是要验证财务报表截止日的账簿、报表记录的正确性，通过盘点取得的实物证据，形式可靠、来源可靠，成为审计准则规定的必需的审计方法。由于种种因素的限制，注册会计师的盘点，可能安排在报表截止日之前或之后进行，这就需要将盘点得到的实存量调节为报表截止日的实存量，从而进一步验证截止日账簿记录结果的正确性。

（1）盘点日在被查日（截止日）之后。

被查日存量＝盘点日存量＋被查日至盘点日发出量－被查日至盘点日收入量

（2）盘点日在被查日（截止日）之前。

被查日存量＝盘点日存量＋被查日至盘点日收入量－被查日至盘点日发出量

需要注意的是，为了使调节计算的结果具有同注册会计师盘点得到的实物证据相同的证明力，注册会计师在计算前必须实施亲自或监督盘点、对被查日至盘点日收入、发出量采取一定方法确认后，才能通过上述公式计算求得被查日的实存量，以此验证账簿记录的正确性。

【例 5-4】 2011 年 1 月 10 日，注册会计师对被审计单位存货进行检查。经查发现该企业 2010 年 12 月 31 日甲材料账面结存 5 000 件，2011 年 1 月 10 日盘点结存 4 800 件。2011 年 1 月 10 日购进入库 2 000 件，生产领用出库 1 500 件。

要求：被审计单位 2010 年 12 月 31 日，实际库存甲材料的实存数应为多少？

【解答】 被审计单位 2010 年 12 月 31 日，实际库存甲材料的实存数应为：

$$\begin{aligned}\text{结账日存量} &= \text{盘点日存量} + \text{结账日至盘点日发出量} - \text{结账日至盘点日收入量} \\ &= 4\,800+1\,500-2\,000 \\ &= 4\,300(\text{件})\end{aligned}$$

即 2010 年 12 月 31 日，实际库存应为 4 300 件，而账面库存 5 000 件，说明账实不符，企业多计库存 700 件，应进一步查明原因及其对财务报表的影响程度。

（三）观察

观察是指注册会计师察看被审计单位相关人员正在从事的活动或执行的程序，以获取证据的方法。如实地观察被审计单位的经营场所、实物资产和有关业务活动及其内部控制的执行情况等。观察提供的审计证据仅限于观察发生的时点，并且在相关人员已知被观察时，其从事的活动或执行的程序可能与日常做法不同，从而影响注册会计师对真实情况的了解。

例如，注册会计师审查某企业的固定资产，通过盘点发现账实不符。后在观察企业环境时，发现有一新建职工俱乐部大楼，注册会计师回忆和再次审阅固定资产明细分类账，并无新建增加业务，属于账外资产。经查询有关人员得知，俱乐部大楼是以该企业管理费用项下的修理费用列支。这样运用观察取证的方法，发现账外固定资产以及管理费用开支不实的问题，从而取得了实地观察证据，认定固定资产少计、管理费用多计、混淆资本性支出和收益性支出的错误。

（四）询问

询问是指注册会计师以书面或口头方式，向被审计单位内部或外部的知情人员获取财务信息和非财务信息，并对答复进行评价的过程。这一程序对注册会计师了解被审计单位的经营活动、发现和分析被审计单位经营活动的例外情况和异常变动特别重要。

（五）函证

函证是指注册会计师为了获取影响财务报表或相关披露认定的项目的信息，通过直接来自第三方对有关信息和现存状况的声明，获取和评价审计证据的过程。函证是应收账款审计时最重要的实质性审计程序，通过函证，可获得客户对被审计单位所报告的应收账款余额的确认。另外还可向银行发询证函来证实银行存款余额的正确性等。函证具体运用详见第九章第五节。

（六）重新计算

重新计算是指注册会计师以人工方式或使用计算机辅助审计技术，对被审计单位的记录或文件中的数据计算准确性进行核对。注册会计师的计算并不一定按照被审计单位原先的计算形式和顺序进行。在计算过程中，注册会计师不仅要注意计算结果是否正确，而且还要对某些其他可能的差错（如计算结果的过账和转账有误等）予以关注。例如，注册会计师往往要对会计凭证和账簿中的数字进行计算，以验证其是否正确。值得注意的是，通过重新计算证实的证据，其使用范围有一定的局限性，因为，输出结果的正确合理性要依赖于输入数据的正确合理性，所以要结合考虑数据计量的内容来评价输出结果的正确合理性。

（七）重新执行

重新执行是指注册会计师以人工方式或使用计算机辅助审计技术，对被审计单位内部控制组成部分的程序重新独立执行。例如，注册会计师利用被审计单位的银行存款日记账和银行对账单，重新编制银行存款余额调节表，并与被审计单位编制的银行存款余额调节表进行比较，以验证被审计单位银行存款对账控制的执行情况。

（八）分析程序

分析程序是指注册会计师通过研究不同财务数据之间以及财务数据与非财务数据之间的内在关系，对财务信息作出评价。

1. 分析程序的目的

（1）用作风险评估程序，以了解被审计单位及其环境，识别那些可能表明财务报表存在重大错报风险的异常变化，进而评估重大错报风险。

例如，注册会计师根据对被审计单位及其环境的了解，得知本期在生产成本中占较大比重的原材料成本大幅上升。因此，注册会计师预期在销售收入未有较大变化的情况下，由于销售成本的上升，毛利率应下降。但是，注册会计师通过分析程序发现，本期与上期的毛利率变化不大。注册会计师可能据此认为销售成本存在重大错报风险。

（2）用作实质性程序，以收集审计证据，直接识别重大错报风险，从而适当减少细节测试的工作量，节约审计成本，降低审计风险。实质性分析程序通常适用于一段时期内存在稳定的可预期关系的大量交易，它不必是必须实施的程序，并不适用于所有的财务报表认定。

（3）在审计结束或临近结束时对财务报表进行总体复核。目的是确定财务报表整体是否与其对被审计单位的了解一致。

2. 分析程序可使用的方法

分析程序常用的具体方法有比较分析法、比率分析法、趋势分析法、合理性测试法和回归分析法等。

（1）比较分析法。主要是指通过相同项目的本期实际指标与计划指标或与上期实际指标、或与同类企业的同期指标进行对比分析，揭示其差异，借以检查有无异常或超预期情况。

【例 5-5】 某项审计工作中，注册会计师计算得到客户的有关财务数据，并将其与行业平均数进行比较，如表 5-2 所示。

表 5-2　客户的相关数据

数据 指标	客户数据		行业平均数据	
	2008 年	2009 年	2008 年	2009 年
存货周转率	3.4	3.5	3.3	3.9
毛利率	26.3%	26.4%	26.2%	27.3%

【分析】 单看客户的财务数据，表明客户的经营状况是相当稳定的，没有任何陷入不良经营状况的迹象。然而，与同行业平均数据比较，该企业的经营状况有所下降，在 2008 年，该公司的存货周转率和毛利率好于同行业平均水平，但在 2009 年这种微弱的优势已不复存在。虽然从这两个指标很难判断企业存在严重的经营问题，但通过比较可以给注册会计师提供了解企业经营的有用信息。如企业的市场份额在缩小、产品价格不再具有竞争优势、经营中可能发生非正常成本支出，或者存货项目存在严重的跌价现象。

（2）比率分析法。主要是结合其他有关信息，将同一报表内部或不同报表间的相关项目联系起来，通过计算比率，反映数据之间的关系，用以评价被审计单位的财务信息。

例如，应收账款周转率反映赊销收入与应收账款平均余额之间的比率，这一比率变小可能说明应收账款回收速度放慢，需要计提更多的坏账准备，也可能说明本期赊销收入与期末应收账款余额存在错报。

当财务报表项目之间的关系稳定并可直接预测时，比率分析法最为适用。

比率分析法所涉及的内容通常可以分为五个方面：流动性（如流动比率、速动比率）；资产营运能力比率（如存货周转率、应收账款周转率）；负债比率（如资产负债率、产权比率）；盈利能力比率（如销售毛利率、营业利润率）；生产能力比率（如原材料成本占收入比例、人工成本占收入比例、人均收入、人均成本）。

（3）趋势分析法。主要是通过对比两期或连续数期的财务或非财务数据，确定其增减变动的方向、数额或幅度，以掌握有关数据的变动趋势或发现异常的变动。如将本期数据与上期数据进行比较，多个会计期间数据的比较。

当被审计单位处于经营环境稳定状态时，趋势分析法最适用。当被审计单位业务经营环境变化较大或会计政策变更较大时，趋势分析法就不适用。

例如，ABC 服装公司 2008 年全年供产销形势很稳定，1—11 月份平均营业额在 120 万元左右，12 月份营业额为 200 万元。12 月份营业额比前 11 个月平均营业额增长 66.67%，在全年供产销形势很稳定的情况下，12 月份营业额的巨幅增长是不正常的，可能存在年底虚增营业收入的问题。

(4) 合理性预测法。主要是通过彼此相关联的项目或造成某种变化的各种变量,预测某项目的合理性。

例如,注册会计师对制造业的营业收入进行分析时,可以考虑将产品销售量与被审计单位的生产能力及其利用情况(产量)、仓储条件(储量)联系起来,考虑将营业收入与成本、运费、水电费、办公费、广告费、销售费等进行配比分析,考虑将营业收入与相关的税金(如增值税)进行对比分析,从而判断营业收入的合理性。

(5) 回归分析法。主要是在掌握大量观察数据的基础上,利用数学方法建立因变量与自变量之间回归关系的函数表达式,并利用其进行分析。

例如,营业收入与广告费用之间通常存在正相关关系,可以建立两者之间的回归模型,并根据模型估计某一年度营业收入的预期值,然后与账面数进行比较,判断有无异常。

回归分析法理论上能考虑所有因素的影响,如相关经营数据、经营情况、经济环境的变化等,其预测精度较高。但在选择适当关系时将耗费大量时间,审计成本较高。

三、审计方法的综合运用范例

由于审计工作的复杂性及对审计质量的要求,审计查明一个事项的真实性、合法性,需要充分、适当的审计证据,这就需要经多种审计方法结合使用。

【例 5-6】 注册会计师审查宏昌公司 2010 年度主营业务收入的真实性、正确性时,审查了一张记账凭证如表 5-3 所示。

表 5-3 记账凭证

2011 年 1 月 2 日　　　　凭证 12 号

摘要	会计科目	二级科目	借方金额	贷方金额
销售甲产品款项收妥入账	银行存款 主营业务收入 应交税费	 甲产品 增值税(销项税额)	12 636.00 	 10 800.00 1 836.00
合计			12 636.00	12 636.00

审核:王强　　记账:丁一　　制证:丁一　　出纳:柳威

该记账凭证附有 3 张单据(进账单、发票、出库单),其中,所附增值税专用发票如表 5-4 所示。

要求:试利用多种审计方法分析该企业可能存在的问题。

【解答】 (1) 审阅法。(顺查)审阅原始凭证,增值税专用发票外观形式合法,经济业务的内容合法,计算正确,大小写金额一致,手续齐全;审阅记账凭证,内容手续齐全,账户对应关系与经济业务的内容一致,符合会计制度的要求,计算正确。

(2) 核对法。发票日期、产品出库单及进账单均为 2010 年 12 月 30 日,而记账凭证的入账日期却为 2011 年 1 月 2 日,已实现的收入可能被推迟入账。

(3) 询问法。经询问会计主管王强,上述做法是否符合会计准则要求、主观意图什么? 其回答说:上述做法不符合会计准则要求,推迟收入的入账,使当期收入减少,可以少交增值税、城建税、教育费及所得税;包装物的销售混为产品销售系工作马虎所致。

表 5-4 增值税专用发票

此联不作报销、扣税凭证使用

开票日期:2010 年 12 月 30 日

NO. 103100

购货单位	名　　称:宏昌公司 纳税人识别号:(略) 地址、电话:(略) 开户行及账号:(略)				密码区	(略)	
货物或应税劳务名称	规格型号	单位	数量	单价	金额	税率	税额
甲产品 包装箱			1 000 100	10 8	10 000.00 800.00	17% 17%	1 700.00 136.00
合计					10 800.00		1 836.00
价税合计(大写)	壹万贰仟陆佰叁拾陆元零角零分(小写)¥ 12 636.00						
销货单位	名　　称:山东泉城百货公司 纳税人识别号:(略) 地址、电话:(略) 开户行及账号:(略)				备注		

第三联 记账联 销货方记账凭证

收款人:孙刚　　复核:王慧　　开票人:李英　　销货单位:山东泉城百货公司

(4) 审计建议调整。注册会计师根据审查结果,建议被审计单位调整增加 2010 年度收入,并相应调整涉及的税金数额。

四、审计证据与具体取证方法之间的关系

注册会计师必须通过各种方法检验主要的会计资料,获取充分、适当的审计证据,以便对财务报表发表审计意见。一种方法可以获取多种审计证据,而一种审计证据也可由多种方法获得,两者不是一一对应的关系。因此,在审计证据的收集过程中,要综合考虑多种因素,收集当时条件下最为妥当的审计证据。审计证据的类型与审计取证方法之间的关系如表 5-5 所示。

表 5-5 审计证据与审计取证方法之间的关系

取证方法 / 证据	检查文件或记录	检查有形资产	观察	询问	函证	重新计算	重新执行	分析程序
实物证据		√	√					
书面证据	√				√	√		√
口头证据				√				
环境证据			√				√	√
视听证据	√	√	√	√				

第三节 审计工作底稿

一、审计工作底稿概述

(一) 审计工作底稿的定义

审计工作底稿是注册会计师将在审计工作过程中所采用的方法、步骤和收集的用来证明审计事项真实情况的经济事实和资料,按照一定的格式编制的档案性原始文件。审计工作底稿是审计证据的载体,可作为审计过程和结果的书面证明,也是形成审计结论的依据。

注册会计师从接受审计任务,确立审计对象,到提出审计报告,要经历一个较长的过程。这一过程实际上就是收集审计证据,编制审计工作底稿,进而作出审计结论的过程。注册会计师在审计过程中,都需要依照审计准则和法规规定的程序收集审计证据,审计证据的收集过程同时又是审计工作底稿的编制和整理过程。通过审计工作底稿的编制,把业已收集到手的数量众多但又不系统的各种审计证据资料,完整无缺地、系统地和有重点地加以归类整理,经过注册会计师适当的判断和推理,逐项验证审计结果,从而使审计结论建立在充分和适当的审计证据的基础之上。因此,开展审计工作都应该正确地编制审计工作底稿,这是高效率、高质量地完成审计任务的重要条件,也是注册会计师业务素质和知识水平的具体体现。

(二) 审计工作底稿的作用

编制审计工作底稿,对注册会计师执行审计任务,明确注册会计师的责任,保证审计报告的质量具有十分重要的作用。

1. 有利于组织协调审计工作

注册会计师在执行具体的审计业务时,审计工作小组内部均有明确的分工。如何在分工的基础上协调统一,提高审计工作小组的效率,圆满地完成审计任务,关键在于编好审计工作底稿。审计工作小组的人员借助审计工作底稿,如实记录审查过程中出现的问题,就可以提醒审计工作小组中其他成员的注意;审计工作小组负责人借助审计工作底稿,可以掌握全组情况,协调小组的工作,使之顺利进行;审计组织的负责人借助审计工作底稿,可以了解各审计工作小组的工作进展情况,有利于全面工作的安排。编制审计工作底稿还有利于工作衔接。在执行审计业务过程中,有的注册会计师由于特殊原因不得不中途停止工作,借助审计工作底稿,接替这一工作的注册会计师就能较快地熟悉情况,避免因人员变动影响整个审计工作计划的及时完成。

2. 有利于审计工作质量控制

注册会计师执行审计业务,必须拟定审计计划,并根据计划调查和评价内部控制系统,有秩序地办理审计手续并充分地指导和监督助理人员。但是,这一切只有正确地编制审计工作底稿才能完成。审计业务是否一开始就能按照计划执行,对一些注册会计师的意见是否得到必要、充分的证据,助理人员能否得到所指定的负责人的有效指导和监督来正确地执行其承担的业务等有关审计业务的一切问题,在审计工作底稿中都有明确的记载。所以,注册会计师就可以根据审计工作底稿采取适当的措施控制审计工作质量,会计师事务所也可以根据审计工作底稿来检查审计工作质量,便于进一步控制和提高审计工作质量。

3. 有利于考核注册会计师工作业绩

审计工作底稿是审计工作情况的真实写照,通过对审计工作底稿的复核和检查,可以考核注册会计师的工作业绩。注册会计师工作的评价,如果没有审计工作底稿,仅凭日常观察,甚至只凭印象,难免以偏概全,以致影响注册会计师的积极性。编制审计工作底稿,审计组织的负责人就能据以对注册会计师的工作业绩作出比较客观的评价。如考核注册会计师的技术水平,审计组织负责人根据审计工作底稿,查阅其所使用的审计方法与采取的步骤、所发现的问题以及对问题的看法与建议等方面的记录,才有可能对他的工作和能力作出比较客观的评价。如果注册会计师在工作底稿中记载的问题不实,在追究责任时,也有一个客观依据。由此可见,编制审计工作底稿有利于对注册会计师工作业绩的考核,促使注册会计师提高审计工作质量。

4. 便于编制、佐证和解释审计报告

注册会计师提供的审计报告中所记载的任何事项都必须有审计工作底稿上所包含的资料予以支持。审计工作底稿既是将注册会计师的工作过程和审计报告联系起来的纽带,又是被审计单位的会计记录和审计报告之间的桥梁。审计报告记载着注册会计师对被审计单位的财务报表及其反映的财务状况所作的审计结论和审计意见,不管是审计结论还是审计意见,都必须以充分、适当的审计证据作为根据,而这些证据均必须由审计工作底稿来提供。另外,由于审计报告的综合性和概括性的特征,决定了在审计报告中所揭示问题的陈述意见不可能非常详细具体,这就有必要借助审计工作底稿来加以补充说明。审计工作底稿不仅可以佐证和解释审计报告所记载的事项,而且还有利于注册会计师编制审计报告。审计报告中所需的资料全部来自审计工作底稿,如果没有审计工作底稿,就很难编制出审计报告。

5. 便于制定以后各期的审计计划

审计工作底稿能提供永久性的历史记录以及采用过的审计程序和手续。在审计工作底稿中,既记录着注册会计师所采用的具体方法与步骤,也收集了被审计单位的一些重要资料,如股权结构、职工编制、内部控制系统状况等。这些信息不仅对于同一性质的审计事项具有参考价值,而且对该具体审计事项进行再次审计时还可提供指南,避免走弯路,便于掌握审计重点,提高审计工作效率。通常,被审计单位对审计组织审计业务的委托具有一定的连续性,因此,对某一被审计单位某一年度财务报表的审计所形成的审计工作底稿,能够为以后各期审计提供丰富的、具有重大参考价值的资料,作为制定以后各期审计计划的参考。

(三) 审计工作底稿的分类

根据审计工作底稿的性质和作用,可将其分为综合类工作底稿、业务类工作底稿和备查类工作底稿三类。

1. 综合类工作底稿

综合类工作底稿是指注册会计师在审计准备阶段和审计报告阶段,为规划、控制和总结整个审计工作,并发表审计意见,所形成的审计工作底稿。它主要包括审计业务约定书、审计计划、审计总结、未审计财务报表、试算平衡表、审计差异调整表、审计报告、管理建议书、管理层声明以及注册会计师对整个审计工作进行组织管理的所有记录和资料。

2. 业务类工作底稿

业务类工作底稿是指注册会计师在审计实施阶段为执行具体审计程序所形成的审计工作底稿。它主要包括注册会计师对某一审计循环或审计项目所做的控制测试和实质性测试的记录和资料。

3. 备查类工作底稿

备查类工作底稿是指注册会计师在审计过程中形成的，对审计工作具有备查作用的审计工作底稿。它主要包括被审计单位的设立批准书、营业执照、合同、协议、章程、组织机构及管理人员结构图、董事会会议记录、重要经济合同、相关内部控制及其研究与评价记录、验资报告等资料的复印件或摘录。

二、审计工作底稿的内容和格式

（一）审计工作底稿的内容

审计工作底稿包括注册会计师记录、编制和收集的与审计事项相关的资料和文件等。审计工作底稿可以以纸质、电子或其他介质的形式存在。对于具体的审计事项，由于性质、目的、要求以及采取的方法不同，与之相应的审计工作底稿也不尽相同。一般来说，审计工作底稿的内容包括：有关被审计单位基本情况的调查记录和资料；重要的法律文件、协议和会计记录的摘录和副本；有关被审计单位现行会计制度、财务管理制度等遵守情况的调查记录和分析评价意见；审计工作组织中组织、计划管理和控制情况的记录和资料；与其他注册会计师、专家和第三者沟通的有关资料副本；向被审计单位提供，或与被审计单位有关人员商讨有关审计事务的信件或记录的副本；注册会计师关于重要审计问题得出的结论；形成审计报告所参照的会计资料和审计报告的副本；其他与审计项目相关的记录和资料。

具体每一审计工作底稿的内容与审计工作底稿的不同种类有着密切关系。这些审计工作底稿所包含的内容，都各有侧重，很难相同。

（二）审计工作底稿的格式要素

注册会计师编制的工作底稿通常包括下列基本内容：

(1) 被审计单位名称。即财务报表的编报单位。

(2) 审计项目名称。即某一财务报表项目名称（或会计科目名称），某一审计程序及实施对象的名称。

(3) 审计项目时点或期间。即审计内容所属会计时点（资产负债类项目）或会计期间（损益类项目）。

(4) 审计过程记录。包括实施审计测试的性质、审计测试项目、抽取的样本及检查的主要凭证，注册会计师的判断、评价、处理意见和建议，以及审计组讨论的记录和审计复核记录等。

(5) 审计结论。注册会计师根据实施审计程序的结果和获取的审计证据，对被审计事项作出的职业判断。

(6) 审计标识及其说明。即审计符号，是注册会计师用以表达各种审计含义的书面符号，并保持前后一致。常见的审计标识如表 5-6 所示。

表 5-6　审计标识及含义

审计标识	含义	审计标识	含义
Λ	纵加核对	<	横加核对
B	与上年结转数核对一致	T	与原始凭证核对一致
G	与总账核对一致	S	与明细账核对一致
C	已发询证函	C\	已收回询证函

(7) 索引号及页次。索引号就是按照一定的规律对工作底稿进行的编号。注册会计师可以按照所记录的审计工作的内容层次进行编号。例如,固定资产汇总表的索引号为 C1,按类别列示的固定资产明细表的索引号为 C1-1,后面还可列示单个固定资产原值及累计折旧的明细表索引号,如房屋建筑物索引号为 C1-1-1,机器设备索引号为 C1-1-2,运输工具索引号为 C1-1-3,其他设备索引号为 C1-1-4。审计工作底稿相互引用时,需要注明索引号(引用的那张审计工作底稿的编号),使相关审计工作底稿之间保持清晰的勾稽关系,便于复核。

(8) 编制者姓名及编制日期。

(9) 复核者姓名及复核日期。

(10) 其他应说明事项。

常见的审计工作底稿格式如表 5-7 所示。

表 5-7　审计工作底稿

索引号:　　　　金额单位:　　　　共　页　　第　页

<table>
<tr><td>被审计单位名称</td><td colspan="4"></td></tr>
<tr><td>审计事项</td><td colspan="4"></td></tr>
<tr><td>实施审计期间或截止日期</td><td colspan="4"></td></tr>
<tr><td>审计过程记录</td><td colspan="4"></td></tr>
<tr><td rowspan="2">审计发现、审计依据及审计结论</td><td colspan="4"></td></tr>
<tr><td>注册会计师</td><td></td><td>编制日期</td><td></td></tr>
<tr><td rowspan="2">复核意见</td><td colspan="4"></td></tr>
<tr><td>复核人员</td><td></td><td>复核日期</td><td></td></tr>
</table>

审计工作底稿的格式和繁简程度是审计工作详简程度的具体表现,合理确定其格式和繁简程度是保证审计工作质量不可忽视的方面。在确定审计工作底稿格式以及内容的繁简程度时,应根据实际工作需要,针对不同情况,采用多种格式。

三、审计工作底稿的形成与复核

（一）审计工作底稿的形成

1. 编制形成审计工作底稿的具体要求

注册会计师在编制审计工作底稿时，应当做到内容完整、格式规范、标识一致、记录清晰、结论明确，以便具体注册会计师在复核、检查或使用审计工作底稿时能够理解和接受底稿的内容。为提高审计工作底稿的质量，注册会计师在编制审计工作底稿时，应注意以下问题：

（1）每一具体审计事项均应单独编制一份审计工作底稿，并在表头标明被审计单位的全称。

（2）所有审计过程中取得的审计证据，面谈询问过的人员，观察过的场所等，均应一一明确列示。编制人和复核者均应在审计工作底稿上签字，并注明日期。

（3）应编制一份工作备忘录，列明尚待解决的问题。因为在审计过程中，很可能会在追踪某一问题时发现其他问题，为使正在追踪的问题不被中断又不遗忘新发现的问题，注册会计师有必要填制一份工作备忘录，将新发现的问题先记录下来，再统筹安排适时进行查处，使每个问题均无遗漏。

（4）为了便于查阅，审计工作底稿应编制索引。编制索引的方法：首先列审计报告底稿，其次列财务报表草稿，再次列计划工作底稿，然后列各种测算表、试算表等。

（5）注册会计师在编制审计工作底稿时，对其中的问题要中肯地表述自己的意见。

（6）注册会计师在提出审计报告后，审计工作底稿应归入审计档案，并妥善保管。

2. 获取审计工作底稿的基本要求

（1）注明资料来源，其目的是划清责任，谁提供资料，谁就应当对资料的真实性负责，同时也有利于注册会计师辨别资料的可信性和证明力。

（2）实施必要程序加以验证，如对有关法律性文件的复印件进行审阅并同原件核对保证一致。

（3）记录验证过程。

（二）审计工作底稿的复核

1. 复核目的

由于审计工作底稿是由参与项目审计的审计组成员编制，难免会产生一些差错。因此，为了确保审计工作质量，减少或消除人为的判断失误，使审计结论客观公正，以降低审计风险，必须对审计工作底稿进行复核。

2. 复核内容

（1）审计工作是否已按照法律法规、职业道德规范和审计准则的规定执行；

（2）审计程序的目标是否实现、是否需要修改已执行审计工作的性质、时间和范围；

（3）审计工作底稿中重要的勾稽关系是否正确；

（4）获取的审计证据是否充分、适当；

（5）对审计差异的处理是否恰当；

（6）审计判断与审计结论是否恰当。

3. 工作底稿复核制度

目前，注册会计师审计准则规定会计师事务所审计工作底稿由项目组内部复核和独立复核构成，如表 5-8 所示。

表 5-8　项目组内部复核与独立复核

	复核人	复核内容	复核责任
项目组内部复核	项目组内富有经验的人员	逐张底稿详细复核	项目负责人
	项目负责人	重大事项和重要领域	
独立复核	未参加该业务的有经验的人员	项目质量控制复核	不能减轻项目负责人的责任

四、审计工作底稿的管理与归档

（一）审计工作底稿的管理

1．审计工作底稿的所有权

审计工作底稿的所有权属于会计师事务所。

2．审计工作底稿的归档

审计工作底稿的归档期间为审计报告日后 60 天内，审计工作底稿经过整理归档后就形成了审计档案。

3．审计工作底稿的保管

会计师事务所应按照规定的期限保存审计工作底稿。自审计报告日起，至少保存 10 年。在保管期内应安全保管审计工作底稿并对审计工作底稿保密。如果这些资料在某一个审计期间被替换，被替换资料可以从被替换的年度起至少保存 10 年。

4．审计工作底稿的保密

会计师事务所及其人员应对审计工作底稿包含的信息予以保密。但下列特定情况除外：

（1）取得客户的授权。未经客户许可，除下述第（2）、（3）两种情况外，会计师事务所及其人员不得泄露客户的信息给他人或利用客户的信息谋取私利，否则将承担相应的法律后果。会计师事务所和注册会计师应对审计工作底稿包含的信息予以保密。

（2）根据法律法规的规定，会计师事务所为法律诉讼准备文件或提供证据，以及向监管机构报告发现的违反法规的行为。

（3）接受注册会计师协会和监管机构依法进行的质量检查。

（二）审计档案的归档

1．永久性档案

永久性档案是指那些记录内容相对稳定，具有长期使用价值，并对以后的审计工作具有重要影响和直接作用的审计档案。永久性档案分为以下几类：

（1）审计项目管理。审计项目管理包括：被审计单位地址、主要联系人、职位、电话；参与项目的其他注册会计师或专家的姓名和地址；审计业务约定书原件；各期审计档案清单（如对各期财务报表审计业务，记录共有几本审计档案、存放地点等）。

（2）被审计单位背景资料。被审计单位背景资料包括：组织结构、各投资方简介、管理层和财务人员（名单、职责）、董事会成员清单、历史发展资料、业务介绍、关联方资料、会计手册、员工福利政策。

(3) 法律事项资料。法律事项资料包括：有关设立、经营的文件的复印件（如公司章程、批准证书、营业执照、税务登记证等）；验资报告；历次董事会会议纪要；影响财务报表的重要合同、协议等文件的复印件（如所得税减免批准证明、银行借款合同和担保协议等）；有关土地、建筑物、厂房和设备等资产文件的复印件（如资产评估报告、土地使用权证、房产证等）。

2. 当期档案

当期档案是指那些记录内容经常变化，主要供当期审计使用的审计档案，当期档案分为以下几类：

(1) 审计计划阶段工作底稿。审计计划阶段工作底稿包括：总体审计策略和具体审计计划、对内部审计职能的评价、对外部专家的评价、对服务机构的评价、被审计单位提交的资料清单、主审注册会计师的指示、前期审计报告和经审计的财务报表、预备会会议纪要。

(2) 进一步审计程序工作底稿（可以按会计科目、某类交易或列报划分）。进一步审计程序工作底稿包括：进一步审计程序表；有关内部控制测试工作底稿；有关实质性程序工作底稿（包括实质性分析程序和细节测试）。如分析表、问题备忘录、询证函回函、审计程序核对表、有关重大事项的往来信件、对被审计单位文件记录的摘要或复印件等。

(3) 审计完成阶段工作底稿。审计完成阶段工作底稿包括：审计工作完成核对表、管理层声明书原件、重大事项概要、错报汇总、被审计单位财务报表和试算平衡表、有关列报的工作底稿（如现金流量表、关联方和关联交易的披露等）、财务报表所属期间的董事会会议纪要、总结会会议纪要。

(4) 沟通和报告相关工作底稿。沟通和报告相当工作底稿包括：审计报告和经审计的财务报表、与主审注册会计师的沟通和报告、与治理层的沟通和报告、与管理层的沟通和报告、管理建议书。

本章小结

一般来讲，注册会计师审计的目的是对被审计单位的财务报告发表审计意见。为了确保审计意见的真实、正确，降低审计风险，注册会计师必须采用各种方法、程序和技术，获取充分、适当的审计证据，形成审计工作底稿，最终形成恰当的审计结论。获取审计证据是审计业务的核心业务，取证方法有多种分类，其中取证的具体方法有八个：检查记录或文件、检查有形资产、观察、询问、函证、重新计算、重新执行、分析程序。

审计工作底稿是审计证据的载体，审计底稿的形成与复核、审计档案的保管都要遵循审计准则的规定。

本章思考题

1. 简要说明审计证据的含义、分类和特征。

2. 简述收集审计证据的具体方法。
3. 什么是分析程序?
4. 审计工作底稿应该包括哪些内容?
5. 审计工作底稿如何复核和保管?

案例讨论题

福森公司的"轿车之谜"

[案情介绍] 2005 年 5 月 25 日,武汉市审计局委托长江会计师事务所对武汉市福森公司进行资产、负债及损益的审计。经过一连几天深入检查,审计小组查出了该公司存在的多提职工教育经费、多列福利、多上交管理费、多支付职工风险金集资利息和违控购置等问题,并发现经常停放在公司办公楼前的一辆"特利卡"牌轿车没有在账上反映。

针对没有入账的"特利卡"牌轿车这一问题,审计小组在公司上下进行了广泛的座谈,关于轿车的来源,公司的干部职工有两种说法:一种说法是 2004 年 10 月份购买的。可该公司近几年连续亏损,且从 2004 年开始有银行对其资金运营进行监管,其大额开支必须经过银行同意,不可能有那么多资金用于购车。另一种说法是抵债收回来的。审计小组不仅看到了一份由甲单位出具的"抵债协议书",而且得到公司领导和财会人员的一致解释——车刚收回,没来得及入账。后一种说法似乎更有说服力。

为了破解这个"轿车之谜",审计小组决定兵分两路。一路到市车辆证照登记管理部门查询该车的证照手续办理情况;另一路则直奔甲单位查询有关抵债的情况。

到市车辆证照登记管理部门的注册会计师查出购车发票,并从中获知车是武汉市某公司出售的初步证据;对甲单位查询的注册会计师,虽说起初被甲单位推说财会人员不在所抵制,但最后还是被注册会计师说服,甲单位承认了与该公司签订假抵债协议书的实情。据此,审计小组立即派人前往出售车的武汉某公司查询,了解到购车款是通过中国人民银行武汉××储蓄所名为"伊安叁"账户以转账支票方式支付的,金额为 138 万元。经查询该银行账户,审计小组发现户主正是该公司,显然,车是买的,不是抵债收回的。

谜底被揭穿后,该公司领导和财会人员不得不说出购车款的来源。2003 年,该公司主管部门负责人授意将该公司历年收取的商品销售价外收入 1 000 多万元设立"小金库",因而涉嫌经济犯罪。市纪检司法部门对其进行了立案查处,在处理 1 000 多万元"小金库"时,该公司称其中有 138 万元是职工集资款,并出示收取和退还职工集资款的有关手续凭证,专案组也就剔除了其中 138 万元。哪知该公司原收取的职工集资款已汇入账内"长期借款"户,并未纳入"小金库"收入,在用原"小金库"资金退还职工集资款 138 万元后,其账内仍以职工集资款名义虚列着 138 万元的债务,直到 2004 年该公司以为"调包"成功,就将这笔款转入中国人民银行武汉××储蓄所,开设了"伊安叁"账户,在账外又形成了一个新的"小金库"。至此,注册会计师彻底破解了这桩"轿车之谜"。

[问题思考]

1. 本案采用了哪些取证方法,各起到了什么作用?
2. 本案给你的启示是什么?
3. 结合本案说明审计证据与具体取证方法之间的关系?

第六章　风险评估与风险应对

风险导向审计要求注册会计师了解被审计单位及其环境，充分识别和评估财务报表重大错报风险，设计和实施进一步审计程序以应对评估的错报风险，并根据审计结果出具恰当的审计报告。本章前三节内容介绍风险评估内容，第四节内容介绍风险应对的措施。

第一节　风险评估概述

一、风险评估的含义及作用

风险评估是指注册会计师通过对被审计单位及其环境的了解，识别与评估可能影响财务报表公允表达的重大错报风险，以设计和实施进一步审计程序为目的的审计过程。

了解被审计单位及其环境是必要程序，特别是为注册会计师在下列关键环节作出职业判断提供重要基础：

（1）确定重要性水平，并随着审计工作的进程评估对重要性水平的判断是否仍然适当；

（2）考虑会计政策的选择和运用是否恰当，以及财务报表的列报（包括披露，下同）是否适当；

（3）识别需要特别考虑的领域，包括关联方交易、管理层运用持续经营假设的合理性，或交易是否具有合理的商业目的等；

（4）确定在实施分析程序时所使用的预期值；

（5）设计和实施进一步审计程序，以将审计风险降至可接受的低水平；

（6）评价所获取审计证据的充分性和适当性。

了解被审计单位及其环境是一个连续和动态地收集、更新与分析信息的过程，贯穿于整个审计过程的始终。注册会计师应当运用职业判断确定需要了解被审计单位及其环境的程度。

二、风险评估程序和信息来源

注册会计师了解被审计单位及其环境，目的是为了识别和评估财务报表重大错报风险。为了解被审计单位及其环境而实施的程序称为“风险评估程序”。注册会计师应当依据实施这些程序所获取的信息，评估重大错报风险。

注册会计师应当实施下列风险评估程序，以了解被审计单位及其环境。

1. 询问被审计单位管理层和内部其他相关人员

注册会计师可以考虑向管理层和财务负责人询问下列事项：

（1）管理层所关注的主要问题。如新的竞争对手、主要客户和供应商的流失、新的税收法规的实施以及经营目标或战略的变化等。

（2）被审计单位最近的财务状况、经营成果和现金流量。

（3）可能影响财务报告的交易和事项，或者目前发生的重大会计处理问题。如重大的购并事宜等。

（4）被审计单位发生的其他重要变化。如所有权结构、组织结构的变化，以及内部控制的变化等。

注册会计师除了询问管理层和对财务报告负有责任的人员外，还应当考虑询问内部审计人员、采购人员、生产人员、销售人员等其他人员，并考虑询问不同级别的员工，以获取对识别重大错报风险有用的信息。

2. 实施分析程序

分析程序是指注册会计师通过研究不同财务数据之间以及财务数据与非财务数据之间的内在关系，对财务信息作出评价。分析程序还包括调查识别出的、与其他相关信息不一致或与预期数据严重偏离的波动和关系。

分析程序既可用作风险评估程序和实质性程序，也可用于对财务报表的总体复核。在实施分析程序时，注册会计师应当预期可能存在的合理关系，并与被审计单位记录的金额、依据记录金额计算的比率或趋势相比较；如果发现异常或未预期到的关系，注册会计师应当在识别重大错报风险时考虑这些比较结果。

如果使用了高度汇总的数据，实施分析程序的结果可能仅初步显示财务报表存在重大错报风险，注册会计师应当将分析程序的结果连同识别重大错报风险时获取的其他信息一并考虑。

3. 观察和检查

观察和检查程序可以印证对管理层和其他相关人员的询问结果，并可提供有关被审计单位及其环境的信息，注册会计师应当实施下列观察和检查程序。

（1）观察被审计单位的生产经营活动。

（2）检查文件、记录和内部控制手册。

（3）阅读由管理层和治理层编制的报告。

（4）实地察看被审计单位的生产经营场所和设备。如以前年度发现企业仓储条件受到限制，本年审计财务报表的时候，企业期末有大量存货，而实际上仓储条件没有改变，那么可能就有问题。

（5）追踪交易在财务报告信息系统中的处理过程（穿行测试）。这是注册会计师了解被审计单位业务流程及其相关控制时经常使用的审计程序。通过追踪某笔或某几笔交易在业务流程中如何生成、记录、处理和报告，以及相关内部控制如何执行，注册会计师可以确定被审计单位的交易流程和相关控制是否与之前通过其他程序所获得的了解一致，并确定相关控制是否得到执行。

三、其他审计程序和信息来源

1. 其他审计程序

除了采用上述程序从被审计单位内部获取信息以外，如果根据职业判断认为从被审计单位外部获取的信息有助于识别重大错报风险，注册会计师应当实施其他审计程序以获取这些信息。例如，询问被审计单位聘请的外部法律顾问、专业评估师、投资顾问和财务顾问等。

2. 其他信息来源

注册会计师应当考虑在承接客户或续约过程中获取的信息，以及向被审计单位提供其他服务所获得的经验是否有助于识别重大错报风险。

注册会计师还应当考虑向被审计单位提供其他服务（如执行中期财务报表审阅业务）所获得的经验是否有助于识别重大错报风险。

对于连续审计业务，如果拟利用在以前期间获取的信息，注册会计师应当确定被审计单位及其环境是否已发生变化，以及该变化是否可能影响以前期间获取的信息在本期审计中的相关性。

四、了解被审计单位及其环境

注册会计师应当从下列方面了解被审计单位及其环境：

（1）行业状况、法律环境与监管环境以及其他外部因素；

（2）被审计单位的性质；

（3）被审计单位对会计政策的选择和运用；

（4）被审计单位的目标、战略以及相关经营风险；

（5）被审计单位财务业绩的衡量和评价；

（6）被审计单位的内部控制。

第二节　了解被审计单位的内部控制

一、内部控制概述

（一）内部控制的含义

内部控制是指被审计单位为了合理保证财务报告的可靠性、经营的效率和效果以及对法律法规的遵守，由治理层、管理层和其他人员设计与执行的政策和程序。可以从以下几个方面理解内部控制。

（1）内部控制的目标是合理保证：①财务报告的可靠性；②经营的效率和效果；③遵守适用的法律法规。

（2）设计和实施内部控制的责任主体是治理层、管理层和其他人员，组织中的每一个人都对内部控制负有责任。

（3）实现内部控制目标的手段是设计和执行内部控制政策和程序。

（二）内部控制的要素

内部控制由五个要素构成：控制环境、风险评估、控制活动、信息系统与沟通和对控制的监督。

1. 控制环境

控制环境是影响、制约企业内部控制建立与执行的各种内部因素的总称。内部环境设定了企业的内部控制基调,影响员工对内部控制的认识和态度,是内部控制的所有要素的基础,对企业的经营活动等存在着广泛的影响,决定了企业内部控制的其他因素和控制目标的实现。内部控制环境包括:

(1) 对诚信和道德价值观念的沟通与落实。诚信和道德价值观念是控制环境的重要组成部分,影响到重要业务流程的设计和运行。

(2) 对胜任能力的重视。

(3) 治理层的参与程度。

(4) 管理层的理念和经营风格。

(5) 组织结构及职权与责任的分配。

(6) 人力资源政策与实务。

2. 风险评估

企业的风险评估是指管理层在每一个目标中,建立识别、分析和管理相关风险的控制机制,以便了解和控制自身所面临的风险。企业的风险评估包括目标设定、风险识别、风险分析、风险应对等。简单地说目标是指一个企业力图实现什么,目标设定是风险评估的前提条件,风险是与目标伴随的,必须先有目标,管理层才能识别影响目标实现的潜在事项。企业的风险识别应当考虑到面临的各种可能出现的风险,这些风险包括企业层面的风险和业务层面的风险。风险分析是企业采用定性与定量相结合的方法,按照风险发生的可能性及其影响程度等,对识别的风险进行分析和排序,确定关注重点和优先控制的风险。风险应对是根据风险分析的结果,结合风险承受度,权衡风险与收益,选择风险应对策略,实现对风险的有效控制。

3. 控制活动

控制活动是确保管理层的指令得到贯彻执行的必要措施,控制活动是企业实现其经营目标的重要组成部分,贯穿于整个企业的所有层级和所有职能之中。控制活动一般包括:

(1) 不相容职务分离控制。不相容职务是指那些如果由一个人担任,既可能发生错误或舞弊行为,又可能掩盖其错误或弊端行为的岗位。也就是说,对不相容岗位,如果不实行相互分离的措施,就容易发生舞弊等行为。不相容岗位主要包括:授权批准与业务经办、业务经办与会计记录、会计记录与财产保管、业务经办与稽核检查、授权批准与监督检查等。

企业常见的部分不相容岗位如表 6-1 所示。

(2) 授权审批控制。不同的管理人员在企业中处于不同的位置,承担着不同的责任,需要在内部不同层次的人员之间进行合理的授权。授权可以分为常规授权和特别授权。常规授权是指企业在日常经营管理活动中按照既定的职责和程序进行的授权。如出纳专职现金的收支和保管,人力资源部负责对招聘员工的考核等;特别授权是指企业在特殊情况、特定条件下进行的授权。如重大的筹资行为、投资决策、资本支出和股票发行等。

(3) 会计系统控制。会计系统控制是指对会计信息系统实施管理,以确保财务报告可靠性为主要目标的控制活动。要求企业依法设置会计机构,配备会计从业人员;要求从事会计工作的人员必须取得会计从业资格证书;会计机构负责人必须具备会计师以上专业技术职务资格;大中型企业设置总会计师。

表 6-1　企业常见的部分不相容岗位

序号	内控应用的项目	不相容岗位
1	资金	(1) 支付的审批与执行 (2) 保管与盘点清查 (3) 会计记录与审计监督 (4) 出纳人员不得兼任稽核、会计档案保管和收入、支出、费用、债权、债务账目的登记工作
2	采购	(1) 请购与审批 (2) 询价与确定供应商 (3) 采购合同的订立与审核 (4) 采购、验收与相关会计记录 (5) 付款的申请、审批与执行
3	存货	(1) 存货的请购与审批、执行 (2) 存货的采购与验收、付款 (3) 存货的保管与相关会计记录 (4) 存货的发出申请与审批,申请与会计记录 (5) 存货处置的申请与审批,申请与会计记录
4	销售	(1) 客户信用调查评估与销售合同的审批 (2) 销售合同审批、签订与办理发货 (3) 销售货款的确认、回收与相关会计记录 (4) 销售退回货品的验收、处置与相关会计记录 (5) 销售业务经办与发票开具、管理 (6) 坏账准备的计提与审批、坏账的核销与审批
5	成本费用	(1) 成本费用定额、预算的编制与审批 (2) 成本费用支出与审批 (3) 成本费用支出与相关会计记录

(4) 财产保护控制。财产保护控制要求企业建立财产日常管理制度,明确各种财产的保管责任,加强包括财产记录、实物保管在内的各种财产物资的日常管理;要求建立定期清查制度,通过定期盘点、账实核对等措施,确保财产安全。

(5) 预算控制。预算控制要求企业实施全面预算管理制度,明确各责任单位在预算管理中的职责权限。

(6) 运营分析控制。运营分析控制要求企业建立运营情况分析制度,经理层应当综合运用生产、购销、投资、融资、财务等方面的信息,通过因素分析、对比分析、趋势分析等方法,定期开展运营情况分析，发现存在的问题，及时查明原因并加以改进。

（7）绩效考评控制。绩效考评控制就是对企业各项经营活动和职能部门、全体员工当期实现的实际业绩，通过将其与预算、计划目标等进行对比，考核和评价其经营业绩。

4. 信息系统与沟通

信息系统与沟通，是指及时、准确、完整地收集与企业经营管理相关的各种信息，并使这些信息以适当的方式在企业有关层级之间进行及时传递、有效沟通和正确应用的过程。

与财务报告相关的信息系统，包括用以生成、记录、处理和报告交易、事项和情况，对相关资产、负债和所有者权益履行经营管理责任的程序和记录。

与财务报告相关的沟通包括使员工了解各自在与财务报告有关的内部控制方面的角色和职责，员工之间的工作联系，以及向适当级别的管理层报告例外事项的方式。

5. 对控制的监督

对控制的监督是指被审计单位评价内部控制在一段时间内运行有效性的过程，该过程包括及时评价控制的设计和运行，以及根据情况的变化采取必要的纠正措施。

（三）内部控制的分类

企业的内部控制涉及生产经营的各个环节和各个部门，各个环节和部门均可根据自身业务特点和工作范围建立内部控制。这些不同的内部控制可以按照不同的标志进行科学分类，以加深对内部控制的认识。

1. 内部控制按控制功能分类

（1）预防性内部控制。预防性内部控制是指那些目的在于防止差错和舞弊行为的发生而设置的措施和程序。如出纳与会计必须由两个人担任，开具银行支票的必须与掌管鉴章的相分离，销售开发票的必须与收款的相分离等，都属于防患于未然的预防性内部控制。

（2）检查性内部控制。检查性内部控制也叫察觉性控制，是指当错弊行为发生后，能够立即自动发出信号，并及时采取纠正或补救的方法、措施和程序。它可以为管理层提供有关预防型控制有效性的反馈信息。如定期进行结账、对账，定期进行财产清查、核对账实，定期交换人员工作等，都属于检查性内部控制。

（3）纠正性控制。纠正性控制是为了纠正已发生的不利事项而采取的控制措施。它们纠正已检查出来的和已报告的差错。纠正程序、控制和例外报告都属于纠正性控制。

（4）指导性控制。指导性控制是为了确保实现有利结果而采取的控制。各种政策、指南和手册等都属于指导性控制。如要求内部审计部门的所有员工都具有注册内部审计师资格、为管理层提供实现最低毛利率的合理保证、要求保证一定的员工出勤率等。

（5）补偿性控制。补偿性控制是针对某些环节的不足或缺陷而采取的控制措施。实施补偿性控制，主要是为了把风险限制在一定范围内。如由独立于银行存款收支业务的人员进行银行存款的核对和调整，可以作为对收支业务存在薄弱的控制环节的一种补偿性控制。

2. 按控制发生的时间分类

（1）事前控制（前馈控制）发生在实际工作开始之前，是未来导向的。质量控制培训项目、预测、预算、实时的计算机系统都属于事前控制。事前控制是管理层最渴望采取的控制类型，因为它能避免预期出现的问题，而不必当问题出现时再补救。

（2）事中控制是发生在活动进行之中的控制，最典型的方式是监督视察。事中控制可使管理者在问题发生时及时纠正问题。

(3) 事后控制(反馈控制)发生在行动之后,通常是通过实际与标准或预算的对比来确认差异,在问题出现后要求采取纠正措施。客户回访、对完工产品进行检查、差异分析、评估客户投诉、监督产品退回情况等都属于事后控制。

(四) 内部控制的局限

内部控制存在下列固有的局限性,无论如何设计和执行,只能对财务报告的可靠性提供合理的保证。

(1) 在决策时人为判断可能出现错误和由于人为失误而导致内部控制失效。如控制的设计和修改可能存在失误。

(2) 控制可能由于员工串通或管理层不当地凌驾于内部控制之上而被规避。如内部控制会因为有关人员相互勾结、内外串通、合伙舞弊而失效,形同虚设。管理层可能与客户签订"背后协议",修改标准的销售合同条款和条件,导致不适当的收入确认。

(3) 成本限制。内部控制的设计和运行受制于成本与效益原则,如果某项内部控制的设计与执行成本超过因错弊所造成的可能损失,企业管理层不会去建立这样的内部控制。

(4) 非正常情况下,内部控制的失败。内部控制一般仅针对常规业务活动而设计的,如果发生未预料或不经常发生的事项,或企业经营的环境或性质发生变化,在这种情况下,原有的内部控制已不适用,新的控制尚未建立,因此内部控制就会削弱或失效。

二、了解内部控制

(一) 了解内部控制的程序

了解内部控制是每次审计都必须实施的,即使是对小型被审计单位,注册会计师依然要考虑其内部控制能否发挥作用。了解被审计单位的相关内部控制的设计和执行,通常实施下列程序和方法:

(1) 询问。注册会计师可以向被审计单位的有关人员询问相关内部控制是否建立,是否执行,与上次审计相比发生了哪些新变化,以往内部控制的薄弱环节是否得到了改进等。

(2) 观察。注册会计师可以亲自实地观察被审计单位的业务活动和内部控制的运行情况,以确定它们是否已经建立并得到运行。

(3) 检查文件和报告。注册会计师索取并检查被审计单位编制的有关内部控制的文件与报告,结合对被审计单位有关人员的询问,就可以了解有关内部控制的建立与执行情况。

(4) 交易穿行测试。交易穿行测试是通过追踪交易在财务报告信息系统中的处理过程,即选择一些具有代表性的交易与事项的会计凭证与记录进行追查,审查其会计处理是否合规、正确,从而进一步证实通过其他不同方式所了解到的内部控制情况是否属实。例如,针对销售交易,追踪订单处理,核准信用审批,编制货运单据,发货运送至顾客,开具发票,生成相关记账凭证,并过账至主营业务收入明细账、应收账款明细账、总账等交易的整个流程,以考虑之前对交易流程与相关内部控制的了解是否正确和完整。

(二) 从整体层面了解内部控制

在整体层面对被审计单位内部控制的了解和评估,通常由项目组中对被审计单位情况比较了解且较有经验的成员负责,同时需要项目组其他成员的参与和配合。了解时主要围绕内部控制五个要素的设计和执行情况进行。

注册会计师可以考虑将询问被审计单位人员、观察特定控制的应用、检查文件和报告以及执行穿行测试等风险评估程序相结合，以获取审计证据。在了解上述内部控制的构成要素时，注册会计师需要特别注意这些要素在实际中是否得到执行。例如，通过询问管理层和员工，了解管理层对内部控制的态度和道德价值观念，以及如何就此与员工进行沟通；通过检查文件、内部程序手册、流程图等，了解管理层是否建立了正式的行为守则；通过询问和观察，了解行为守则在日常工作中是否得到遵守，以及管理层如何处理违反行为守则的情形；通过询问被审计单位管理层，了解其风险评估过程，并复核记录风险评估过程的文件；通过检查和复核内部审计部门的工作程序以及报告等，确定管理层和员工是否执行既定的政策和程序。

在了解内部控制的各构成要素时，注册会计师应当对被审计单位整体层面的内部控制的设计进行评价，并确定其是否得到执行。被审计单位整体层面的内部控制是否有效将直接影响重要业务流程层面控制的有效性，进而影响注册会计师拟实施的进一步审计程序的性质、时间和范围。

（三）在业务流程层面了解内部控制

在初步计划审计工作时，注册会计师需要确定在被审计单位财务报表中可能存在重大错报风险的重大账户及其相关认定。因此，在业务流程层面了解和评价内部控制的步骤为：

1. 确定被审计单位的重要业务流程和重要交易类别

（1）注册会计师可以通过划分业务循环来确定重要的业务流程。如对制造业企业，可以划分为销售与收款循环、购货与付款循环、生产与存货循环、人力资源与工薪循环、投资与筹资循环等。对于某些企业，固定资产的采购和维护可能很重要，也可以将固定资产单独作为一个业务循环。

（2）重要交易类别是指可能对被审计单位财务报表产生重大影响的各类交易。重要交易类别应与相关账户及其认定相联系。如对于一般制造企业的销售收入和应收账款通常是重大账户，销售和收款都是重要交易类别。

2. 了解重要交易流程，并进行记录

在确定重要的业务流程和交易类别后，注册会计师便可着手了解每一类重要交易流程，以确定在哪个环节或哪些环节可能发生错报。如在销售循环中，这些活动包括输入销售订购单、编制货运单据和发票、更新应收账款信息记录等。

3. 确定可能发生错报的环节

注册会计师需要确认和了解被审计单位应在哪些环节设置控制，以防止或发现并纠正各重要业务流程可能发生的错报。注册会计师所关注的控制，是那些能通过防止错报的发生，或者通过发现和纠正已有错报，从而确保每个流程中业务活动的具体流程（从交易的发生到记录于账目）能够顺利运转的人工或自动化控制程序。

4. 识别和了解相关控制

通过对被审计单位的了解，包括在被审计单位整体层面对内部控制各要素的了解，以及在上述程序中对重要业务流程的了解，注册会计师可以确定是否有必要进一步了解在业务流程层面的控制。在某些情况下，注册会计师之前了解可能表明被审计单位在业务流程层面针对某些重要交易流程所设计的控制是无效的，或者注册会计师并不打算信赖控制，这时注册会计师没有必要进一步了解在业务流程层面的控制。

5. 执行穿行测试

为了解各类重要交易在业务流程中发生、处理和记录的过程，注册会计师通常会每年执行穿行测试。需要注意的是，如果不打算信赖控制，注册会计师仍应当执行穿行测试，以确定之前对业务流程及可能发生错报环节的了解是否准确和完整。

6. 初步评价内部控制

注册会计师对控制的评价结论可能是：

(1) 所设计的控制单独或连同其他控制能够防止或发现并纠正重大错报，并得到执行；

(2) 控制本身的设计是合理的，但没有得到执行；

(3) 控制本身的设计就是无效的或缺乏必要的控制。

由于对控制的了解和评价是在穿行测试完成后，但又在测试控制运行有效性之前进行的，因此，上述评价结论只是初步结论，仍可能随控制测试后实施实质性程序的结果而发生变化。

7. 对财务报告流程的了解

注册会计师需要进一步了解有关信息从具体交易的业务流程过入总账、财务报表以及相关列报的流程，即财务报告流程及其控制。这一流程和控制与财务报表的列报认定直接相关。由于财务报告流程将直接影响财务报告，因此，注册会计师应重视对这一重要流程的了解。

第三节　评估重大错报风险

一、识别、评估财务报表层次和认定层次的重大错报风险

（一）识别和评估重大错报风险的审计程序

在识别和评估重大错报风险时，注册会计师应当实施下列审计程序：

(1) 在了解被审计单位及其环境的整个过程中识别风险，并考虑各类交易、账户余额、列报。注册会计师应当在了解被审计单位及其环境的整个过程中识别风险，并将识别的风险与各类交易、账户余额和列报相联系。

(2) 将识别的风险与认定层次可能发生错报的领域相联系。

(3) 考虑识别的风险是否重大。

(4) 考虑识别的风险导致财务报表发生重大错报的可能性。

（二）识别两个层次的重大错报风险

在对重大错报风险进行识别和评估后，注册会计师应当确定，识别的重大错报风险是与特定的某类交易、账户余额、列报的认定相关，还是与财务报表整体广泛相关，进而影响多项认定。可能导致被审计单位存在重大错报风险的事项和情况已在第四章里列出，这里不再重复。

（三）控制环境对评估财务报表层次重大错报风险的影响

财务报表层次的重大错报风险可能源于薄弱的控制环境。薄弱的控制环境带来的风险可能对财务报表产生广泛影响，难以限于某类交易、账户余额和列报，注册会计师应当采取总体应对

措施。

(四)控制对评估认定层次重大错报风险的影响

在评估重大错报风险时,注册会计师应当将所了解的控制与特定认定相联系。这是由于控制有助于防止或发现并纠正认定层次的重大错报。在评估重大错报发生的可能性时,除了考虑可能的风险外,还要考虑控制对风险的抵消和遏制作用,有效的控制会减少错报发生的可能性,而控制不当或缺乏时,错报就会变成现实。

控制可能与某一认定直接相关,也可能与其间接相关。注册会计师应对考虑对识别的各类交易、账户余额、列报认定层次的重大错报风险予以汇总和评估,以确定进一步审计程序的性质、时间和范围。

(五)考虑财务报表的可审计性

注册会计师在了解被审计单位内部控制后,可能对被审计单位财务报表的可审计性产生怀疑。如果通过对内部控制的了解发现下列情况,并对财务报表局部或整体的可审计性产生疑问,注册会计师应当考虑出具保留意见或无法表示意见的审计报告:①被审计单位会计记录的状况和可靠性存在重大问题,不能获取充分、适当的审计证据以发表无保留意见;②对管理层的诚信存在严重疑虑。必要时,注册会计师应当考虑解除业务约定。

二、需要特别考虑的重大错报风险

(一)特别风险的含义

特别风险是指注册会计师识别和评估的,根据判断认为需要特别考虑的重大错报风险。作为风险评估的一部分,注册会计师应当运用职业判断,确定识别的风险哪些是需要特别考虑的重大错报风险。

(二)确定特别风险时应考虑的事项

在确定哪些风险是特别风险时,注册会计师应当在考虑识别出的控制对相关风险的抵消效果前,根据风险的性质、潜在错报的重要程度(包括该风险是否可能导致多项错报)和发生的可能性,判断风险是否属于特别风险。

在确定风险的性质时,注册会计师应当考虑下列事项:①风险是否属于舞弊风险;②风险是否与近期经济环境、会计处理方法和其他方面的重大变化有关;③交易的复杂程度;④风险是否涉及重大的关联方交易;⑤财务信息计量的主观程度,特别是对不确定事项的计量是否存在较大区间;⑥风险是否涉及异常或超出正常经营过程的重大交易。

(三)非常规交易和判断事项导致的特别风险

日常的、不复杂的、经正规处理的交易不太可能产生特别风险。特别风险通常与重大的非常规交易和判断事项有关。

非常规交易是指由于金额或性质异常而不经常发生的交易。例如,企业购并、债务重组、重大或有事项等。由于非常规交易具有下列特征,与重大非常规交易相关的特别风险可能导致更高的重大错报风险:①管理层更多地介入会计处理;②数据收集和处理涉及更多的人工成分;③复杂的计算或会计处理方法;④非常规交易的性质可能使被审计单位难以对由此产生的特别风险实施有效控制。

判断事项通常包括作出的会计估计。如资产减值准备金额的估计、需要运用复杂估值技术确定的公允价值计量等。由于下列原因，与重大判断事项相关的特别风险可能导致更高的重大错报风险：①对涉及会计估计、收入确认等方面的会计原则存在不同的理解；②所要求的判断可能是主观和复杂的，或需要对未来事项作出假设。

（四）考虑与特别风险相关的控制

考虑与特别风险相关的控制，有助于注册会计师制定有效的审计方案予以应对。对特别风险，注册会计师应当评价相关控制的设计情况，并确定其是否已经得到执行。由于与重大非常规交易或判断事项相关的风险很少受到日常控制的约束，注册会计师应当了解被审计单位是否针对该特别风险设计和实施了控制。

如果管理层未能实施控制以恰当应对特别风险，注册会计师应当认为内部控制存在重大缺陷，并考虑其对风险评估的影响。在此情况下，注册会计师应当就此类事项与治理层沟通。

此外，如果计划测试旨在减轻特别风险的控制运行的有效性，注册会计师不应依赖以前审计获取的关于内部控制运行有效性的审计证据。注册会计师应当专门针对识别的风险实施实质性程序，由于实质性分析程序单独并不足以应对特别风险，注册会计师应当实施细节测试，或将实质性分析程序与细节测试结合运用。

三、仅通过实质性程序无法应对的重大错报风险

如果认为仅通过实质性程序获取的审计证据无法将认定层次的重大错报风险降至可接受的低水平，注册会计师应当评价被审计单位针对这些风险设计的控制，并确定其执行情况。

在被审计单位对日常交易采用高度自动化处理的情况下，审计证据可能仅以电子形式存在，其充分性和适当性通常取决于自动化信息系统相关控制的有效性，注册会计师应当考虑仅通过实施实质性程序不能获取充分、适当的审计证据的可能性。

四、对风险评估的修正

注册会计师对认定层次重大错报风险的评估应以获取的审计证据为基础，并可能随着审计过程中不断获取审计证据而作出相应的变化。

第四节　风险应对

注册会计师应当针对评估的财务报表层次重大错报风险确定总体应对措施，并针对评估的认定层次重大错报风险设计和实施进一步审计程序，以将审计风险降至可接受的低水平。

一、针对财务报表层次的重大错报风险制定总体应对措施

（一）财务报表层次的重大错报风险

在财务报表重大错报风险的评估过程中，注册会计师应当确定，识别的重大错报风险是与特定的某类交易、账户余额、列报的认定相关，还是与财务报表整体广泛相关，进而影响多项认定。如果是后者，则属于财务报表层次的重大错报风险。

（二）总体应对措施

（1）向项目组强调在收集和评价审计证据过程中保持职业怀疑态度的必要性；

（2）分派更有经验或具有特殊技能的注册会计师，或聘请专家参与工作；

（3）提供更多的督导；

（4）在选择拟实施的进一步审计程序时，应当注意使某些程序不被管理层预见或事先了解；

（5）对拟实施审计程序的性质、时间和范围作出总体修改。

财务报表层次的重大错报风险很可能源于薄弱的控制环境。如果控制环境存在缺陷，注册会计师在对拟实施审计程序的性质、时间和范围作出总体修改时应当考虑：①在期末而非期中实施更多的审计程序；②主要依赖实质性程序获取审计证据；③修改审计程序的性质，获取更具说服力的审计证据；④扩大审计程序的范围。

（三）拟实施进一步审计程序的总体方案

总体方案包括实质性方案（以实质性程序为主）和综合性方案（控制测试+实质性程序）。

（四）总体应对措施影响拟实施进一步审计程序的总体方案

当评估的财务报表层次重大错报风险属于高风险水平（并相应采取更强调审计程序不可预见性、重视调整审计程序的性质、时间和范围等总体应对措施）时，拟实施进一步审计程序的总体方案往往更倾向于实质性方案。

二、针对认定层次的重大错报风险的进一步审计程序

（一）进一步审计程序的含义和要求

进一步审计程序是指注册会计师针对评估的各类交易、账户余额、列报认定层次重大错报风险实施的审计程序，包括控制测试和实质性程序（细节测试和实质性分析程序）。

注册会计师设计和实施的进一步审计程序的性质、时间和范围（目的性和针对性），都应当与评估的认定层次重大错报风险具备明确的对应关系，但注册会计师更关注实质性程序的性质。注册会计师评估的重大错报风险越高，实施进一步审计程序的范围通常越大。只有先确保实施的进一步审计程序与特定风险相关，扩大审计程序范围才有效。

（二）设计进一步审计程序时应当考虑的因素

（1）风险的重要性；

（2）重大错报发生的可能性；

（3）涉及的各类交易、账户余额、列报的特征；

（4）被审计单位采用的特定控制的性质；

（5）注册会计师是否拟获取审计证据，以确定内部控制在防止或发现并纠正重大错报方面的有效性。

注册会计师对认定层次重大错报风险的评估为确定进一步审计程序的总体方案奠定了基础。注册会计师应当根据认定层次重大错报风险的评估结果，恰当选用实施综合性方案或实质性方案。通常情况下，注册会计师出于成本效益原则的考虑可以采用综合性方案设计进一步审计程序，即将测试控制运行的有效性与实质性程序结合使用。但在某些情况下（如仅通过实质性程序无法应对重大错报风险），注册会计师必须通过实施控制测试，才可能有效应对评估出的某一认定的重大错报风险；而在另一些情况下（如注册会计师的风险评估程序未能识别出与认

定相关的任何控制,或注册会计师认为控制测试很可能不符合成本效益原则),注册会计师可能认为仅实施实质性程序就是适当的。

(三)进一步审计程序的性质

进一步审计程序的性质是指进一步审计程序的目的和类型。其中进一步审计程序的目的包括通过实施控制测试以确定内部控制运行的有效性;通过实施实质性程序以发现认定层次的重大错报。进一步审计程序的类型包括检查、观察、询问、函证、重新计算、重新执行和分析程序。

(四)进一步审计程序的时间

进一步审计程序的时间是指注册会计师何时实施进一步审计程序,或审计证据适用的期间或时点。

注册会计师可以在期中或期末实施控制测试或实质性程序。当重大错报风险较高时,注册会计师应当考虑在期末或接近期末实施实质性程序,或采用不通知的方式,或在管理层不能预见的时间实施审计程序。注册会计师在确定何时实施审计程序时应当考虑以下重要因素:

(1)控制环境;

(2)何时能得到相关信息;

(3)错报风险的性质;

(4)审计证据适用的期间或时点。

(五)进一步审计程序的范围

进一步审计程序的范围是指实施进一步审计程序的数量,包括抽取的样本量(实质性程序)、对某项控制活动的观察次数(控制测试)等。

确定进一步审计程序的范围时考虑的因素:

(1)确定的重要性水平。确定的重要性水平越低,注册会计师实施进一步审计程序的范围越广。

(2)评估的重大错报风险。评估的重大错报风险越高,对拟获取审计证据的相关性、可靠性的要求越高,因此注册会计师实施的进一步审计程序的范围也越广。

(3)计划获取的保证程度。计划获取的保证程度越高,对测试结果可靠性要求越高,注册会计师实施的进一步审计程序的范围越广。

三、控制测试

(一)控制测试的含义

控制测试是指为了证实被审计单位内部控制运行是否有效而实施的审计程序。在测试控制运行的有效性时,注册会计师从以下方面获取审计证据:

(1)控制在所审计期间的不同时点是如何运行的。

(2)控制是否得到一贯执行。

(3)控制由谁执行。

(4)控制以何种方式运行(如人工控制或是自动化控制)。

(二)控制测试的要求

控制测试并非在任何情况下都需要实施。实施控制测试的情形有以下两种:

(1)在评估认定层次重大错报风险时,预期控制的运行是有效的。注册会计师通过实施风险评估程序，如果发现某项控制的设计合理、存在且得到了执行，出于成本效益的考虑，注册会计师可能预期，如果相关控制在不同时点都得到了一贯执行，那么与该项控制有关的财务报表认定发生重大错报的可能性就不会很大，也就不需要实施很多的实质性程序。为此，注册会计师可能会认为值得对相关控制在不同时点是否得到了一贯执行进行测试，即实施控制测试。

(2) 仅实施实质性程序不足以提供认定层次充分、适当的审计证据。如果认为仅实施实质性程序获取的审计证据无法将认定层次的重大错报风险降至可接受的低水平，注册会计师应当实施相关的控制测试，以获取控制运行有效性的审计证据。例如，在被审计单位对日常交易或与财务报表相关的其他数据（包括信息的生成、记录、处理、报告）采用高度自动化处理的情况下，审计证据可能仅以电子形式存在，此时审计证据是否充分和适当通常取决于自动化信息系统相关控制的有效性。如果信息的生成、记录、处理和报告均通过电子格式进行而没有适当有效的控制（例如，没有程序修改控制来确保所有对计算机程序的修改在实施前都经过适当授权、测试以及核准，没有访问控制来确保只有经过授权的人员和程序才有权访问数据），则生成不正确信息或信息被不恰当修改的可能性就会大大增加。程序修改与访问控制对于确保自动控制在整个拟信赖期间内的有效性有着十分重要的作用。因此，注册会计师必须实施控制测试，此时控制测试已经不再是单纯出于成本效益的考虑，而是获取一类审计证据的必要手段。

（三）控制测试的性质

控制测试的性质是指控制测试所使用的审计程序的类型和组合。主要包括：

(1) 询问。注册会计师可以向被审计单位适当员工询问，获取与内部控制运行情况相关的信息。例如，询问信息系统管理人员有无未经授权而接触计算机硬件和软件，向负责复核银行存款余额调节表的人员询问如何进行复核，包括复核的要点是什么，发现不符事项如何处理等。

(2) 观察。观察是测试不留下书面记录的控制（如职责分离）的运行情况的有效方法。例如，贵重的大宗货物的验收入库必须有采购部门负责人、仓库负责人、财会部门负责人在场的控制，往往不会有文件记录。在这种情况下，注册会计师可通过询问并实地观察，来判断相关内部控制是否得到有效遵守。观察也可运用于实物控制，如查看仓库门是否锁好，或空白支票是否妥善保管。通常情况下，注册会计师通过观察直接获取的证据比间接获取的证据更可靠。但是，注册会计师还要考虑其所观察到的控制在注册会计师不在场时可能未被执行的情况。

(3) 检查。对运行情况留有书面记录的控制，检查非常适用。例如，检查赊销的批准文件，以确定其是否经过适当的授权批准；检查销售发票是否有复核人员签字，检查销售发票是否附有客户订购单和出库单等。

(4) 重新执行。通常只有当询问、观察和检查程序结合在一起仍无法获得充分的证据时，注册会计师才考虑通过重新执行来证实控制是否有效运行。例如，为了合理保证计价认定的准确性，被审计单位的一项控制是由复核人员核对销售发票上的价格与统一价格单上的价格是否一致。但是，要检查复核人员有没有认真执行核对，仅仅检查复核人员是否在相关文件上签字是不够的，注册会计师还需要自己选取一部分销售发票进行核对，这就是重新执行程序。

（四）控制测试的时间

控制测试的时间包含两层含义：一是测试所针对的控制适用的时点或期间；二是何时实施控制测试。

1. 测试所针对的控制适用的时点或期间

（1）时点测试。如果仅需要测试控制在特定时点的运行有效性（如对被审计单位期末存货盘点进行控制测试），注册会计师只需要获取该时点的审计证据。

（2）期间测试。如果需要获取控制在某一期间有效运行的审计证据，仅获取与时点相关的审计证据是不充分的，注册会计师还应当实施其他控制测试，包括测试被审计单位对控制的监督。也就是说，关于控制在多个不同时点的运行有效性的审计证据的简单累加并不能构成控制在某一期间的运行有效性的充分、适当的审计证据；“其他控制测试”用以提供相关控制在所有相关时点都运行有效的审计证据；被审计单位对控制的监督起到的就是一种检验相关控制在所有相关时点是否都有效运行的作用，因此注册会计师测试“控制的监督”能够强化控制在某一期间运行有效性的审计证据效力。

2．何时实施控制测试

（1）期中测试。对于控制测试，注册会计师最有可能在期中实施相应程序。但是，注册会计师需要考虑针对期中至期末这段剩余期间获取充分、适当的审计证据。①获取这些控制在剩余期间变化情况的审计证据。针对期中已获取审计证据的控制，考察其在剩余期间的变化情况（包括是否发生了变化以及如何变化）：如果这些控制在剩余期间没有发生变化，注册会计师可能决定信赖期中获取的审计证据；如果这些控制在剩余期间发生了变化（如信息系统、业务流程或人事管理等方面发生变动），注册会计师需要了解并测试控制的变化对期中审计证据的影响。②针对剩余期间获取补充审计证据。通过测试剩余期间控制的运行有效性或测试被审计单位对控制的监督，注册会计师可以获取针对期中证据以外的、剩余期间的补充审计证据。

（2）利用以前审计获取的审计证据。①当拟信赖的控制自上次测试后未发生变化时，注册会计师运用职业判断，就是否在本期对其执行控制测试作出选择，既可以执行控制测试，也可以利用以前审计获取的有关控制运行有效性的审计证据，但是不可以无限期或在过长时间内不实施控制测试（通常两次测试的时间间隔不得超过两年）。②如果拟信赖的控制在本期已发生变化，注册会计师应当在本期审计中测试这些控制的运行有效性。③对于旨在减轻特别风险的控制，不论该控制在本期是否发生变化，注册会计师都不应依赖以前审计获取的审计证据，而应在本期审计中执行控制测试。

（五）控制测试的范围

注册会计师应当设计控制测试，以获取控制在整个拟信赖的期间有效运行的充分、适当的审计证据。在确定某项控制的测试范围时，除考虑对控制的信赖程度外，注册会计师还可能考虑下列因素：

（1）在整个拟信赖的期间，被审计单位执行控制的频率；

（2）在所审计期间，注册会计师拟信赖控制运行有效性的时间长度；

（3）为证实控制能够防止或发现并纠正认定层次重大错报，所需获取审计证据的相关性和可靠性；

（4）通过测试与认定相关的其他控制获取的审计证据的范围；

（5）在风险评估时拟信赖控制运行有效性的程度；

（6）控制的预期偏差。

注册会计师在风险评估时对控制运行有效性的拟信赖程度越高，需要实施控制测试的范围越大。控制的预期偏差率越高，需要实施控制测试的范围越大。如果控制的预期偏差率过高，注册会计师应当考虑控制可能不足以将认定层次的重大错报风险降至可接受的低水平，从而针对某一认定实施的控制测试可能是无效的。

四、实质性程序

（一）实质性程序的含义

实质性程序是指注册会计师针对评估的重大错报风险实施的直接用以发现认定层次重大错报的审计程序。因此，无论评估的重大错报风险如何，注册会计师都应当针对所有重大的各类交易、账户余额、列报实施实质性程序。

（二）实质性程序的性质

实质性程序的性质，是指实质性程序的类型及其组合。实质性程序的两种基本类型包括对各类交易、账户余额、列报的细节测试和实质性分析程序。

（1）细节测试。细节测试是对各类交易、账户余额、列报的具体细节进行测试，目的在于直接识别财务报表认定是否存在错报。细节测试被用于获取与某些认定相关的审计证据，如存在、准确性、计价等。

（2）实质性分析程序。从技术特征上讲实质性分析程序仍然是分析程序，主要是通过研究数据间关系来评价信息。将该技术方法用作实质性程序，即用以识别各类交易、账户余额、列报及相关认定是否存在错报。实质性分析程序通常更适用于在一段时间内存在可预期关系的大量交易。

（三）实质性程序的时间

（1）期末测试。绝大多数情况下，注册会计师应在期末或接近期末实施实质性程序。

（2）期中测试。在期中实施实质性程序，并针对剩余期间实施相关的实质性程序（或将控制测试与实质性程序结合使用），以将期中测试得出的结论合理延伸至期末，降低期末存在错报未被发现的风险，而且要考虑成本效益。否则，不宜在期中实施实质性程序。

（3）如何利用以前审计获取的审计证据。在以前审计中实施实质性程序获取的审计证据，通常对本期只有很弱的证据效力或没有证据效力，不足以应对本期的重大错报风险。只有当以前获取的审计证据及其相关事项未发生重大变动时（例如，以前审计通过实质性程序测试过的某项诉讼在本期没有任何实质性进展），以前获取的审计证据才可能用作本期的有效审计证据。但即便如此，如果拟利用以前审计中实施实质性程序获取的审计证据，注册会计师应当在本期实施审计程序，以确定这些审计证据是否具有持续相关性。

（四）实质性程序的范围

评估的认定层次重大错报风险和实施控制测试的结果是注册会计师在确定实质性程序的范围时的重要考虑因素。注册会计师评估的认定层次的重大错报风险越高，需要实施实质性程序的范围越广。如果对控制测试结果不满意，注册会计师应当考虑扩大实质性程序的范围。

在设计细节测试时，注册会计师除了从样本量的角度考虑测试范围外，还要考虑选样方法的有效性等因素。例如，从总体中选取大额或异常项目，而不是进行代表性抽样或分层抽样。

在设计实质性分析程序的范围时，可从两方面考虑：一是对什么层次上的数据进行分析，注册会计师可以选择在高度汇总的财务数据层次进行分析，也可以根据重大错报风险的性质和水平调整分析层次。例如，按照不同产品线、不同季节或月份、不同经营地点或存货存放地点等实施实质性分析程序。二是需要对什么幅度或性质的偏差展开进一步调查。实施分析程序可能发现偏差,但并非所有的偏差都值得展开进一步调查。可容忍或可接受的偏差(即预期偏差)越大,作为实质性分析程序一部分的进一步调查的范围就越小。因此,在设计实质性分析程序时,注册会计师应当确定已记录金额与预期值之间可接受的差异额。在确定该差异额时,注册会计师应当主要考虑各类交易、账户余额、列报及相关认定的重要性和计划的保证水平。

本章小结

风险导向审计要求注册会计师了解被审计单位及其环境,充分识别和评估财务报表重大错报风险,设计和实施进一步审计程序以应对评估的错报风险,并根据审计结果出具恰当的审计报告。注册会计师可以通过询问、分析、观察和检查等程序了解被审计单位及其环境,在每次审计时都应对内部控制进行充分的了解,确定报表层次和认定层次可能存在的重大错报风险,并评估重大错报风险的影响,修改计划实施的进一步审计程序。风险应对主要是针对报表层次的重大错报风险进行总体应对,针对认定层次的重大错报风险采取进一步审计程序,即实施控制测试和实质性程序,从而使审计风险降至可接受的水平。

本章思考题

1. 简述风险导向审计模式下风险评估的程序。
2. 一个企业的内部控制系统的建立会受到哪些因素的影响?
3. 为什么说控制测试不是实质性测试的一个必经程序?
4. 注册会计师针对被审计单位报表中的重大错报风险的应对的措施有哪些?

案例讨论题

巴林银行倒闭案

[案情介绍] 1763年,弗朗西斯爵士在伦敦创建了世界上第一家商业银行——巴林银行,由于经营灵活,富于创新,巴林银行在国际金融界获得了巨大的成功。从巴拿马运河的开掘,到1803年美国从法国手中购买路易斯安纳州等所用资金均来自巴林银行。20世纪初,巴林银行还荣幸地得到一个客户——英国皇室。巴林家族先后获得了5个世袭爵位,这也是一个世界纪录。1995年巴林银行宣告破产。这一破产事件是由该行在新加坡的期货公司发生的巨额亏损引发的。1989年,里森到巴林银行工作,1992年巴林总部决定派他到新加坡分行成立期货与期权交易部,并出任总经理。里森重新另设了一个“错误账号(88888)”以记录较小的金额错误。同年7月,里森手下的一名交易员误将一笔本为卖出的日经指数期货合约买进,损失了2万英镑,里

森当天并没有向总部汇报，而是将其记入了 88888 账户。同年 9 月，里森的一位好友乔治误将 100 份应卖出的期货（800 万英镑）买进，里森将损失作了同样的处理。为弥补手下员工的失误，里森决定铤而走险直接从事期货交易。1993 年 7 月，他曾将 88888 账户亏损的 600 万英镑转为略有盈余。但由于计算机系统问题，里森后来的交易出现了亏损，亏损最高时一天达到 170 万英镑。1994 年 7 月，里森损失 5 000 万英镑。1995 年 1 月 18 日，日本神户大地震，日经指数暴跌，2 月里森的损失高达 8.6 亿英镑（巴林银行的股份资金为 4.7 亿英镑），最终将巴林银行送上了绝路。

[问题思考]

请你从内部控制的角度分析巴林银行倒闭的主要原因有哪些？

第七章　审计抽样

抽样技术运用于审计工作是审计理论和实践的重大突破,实现了审计从详查到抽查的历史性飞跃。它使注册会计师实现了以较低的成本有效地实施审计程序,获取相应的审计证据。本章主要阐述审计抽样的概念、统计抽样的基本程序及在控制测试和实质性测试中的应用。

第一节　审计抽样概述

一、审计抽样的含义

审计抽样是指注册会计师从某类交易或账户余额总体中采用抽样方法选取低于百分之百的项目(样本)实施审计程序,获取和评价与样本某些特征有关的审计证据,并根据样本结果推断总体的特征,对审计对象总体得出结论。审计抽样先后经历了任意抽样、判断抽样和统计抽样三个阶段。

抽样审计既不同于局部审计,又有别于抽查。局部审计是从审计对象总体中选取部分项目或对有特殊重要性的全部项目进行部分的、有目的和重点的审计,其性质属于一种审计形态。抽查作为一种技术,用来了解情况,确定审计重点,获取审计证据,但不能等同于严格意义上的审计抽样技术。审计抽样不仅需要运用抽查技术,更重要的是根据审计目标进行科学决策,严格按照抽样程序和方法,在有限的审计资源条件下,收集充分、适当的审计证据,以形成审计结论。

二、获取审计证据时对审计抽样的考虑

1. 实施风险评估程序时对审计抽样的考虑

风险评估程序通常不涉及审计抽样。因为风险评估程序一般采用询问、分析程序、观察和检查来了解被审计单位及其环境,以识别和评估重大错报风险,而不是对审计对象总体得出结论,且其实施范围广泛,获取的证据带有主观性。

2. 实施控制测试时对审计抽样的考虑

(1) 当被审计单位的控制运行留下轨迹时,即有书面证据表明控制有效运行,注册会计师可以考虑使用审计抽样的方法实施控制测试。

例如,信用部门经理在销售单上签名批准赊销,带有该经理签字的销售单就是该项控制的书面证据(运行轨迹),注册会计师就可以使用审计抽样来选取部分销售单样本来检查,以获取有关控制运行有效性的审计证据。

(2) 对未留下运行轨迹的控制(如某些控制不存在文件记录,或文件记录与证实控制运行

有效性不相关),在实施控制测试时,注册会计师应当考虑实施询问、观察等审计程序,以获取有关控制运行有效性的审计证据,此时不涉及审计抽样。

例如,在对被审计单位的存货盘点过程实施控制测试时,注册会计师主要通过对存货移动控制、盘点程序的观察来进行,而执行观察程序不需要使用审计抽样。

3. 实施实质性程序时对审计抽样的考虑

(1) 在对各类交易、账户余额实施细节测试时,注册会计师可以使用审计抽样的方法获取审计证据,以验证有关财务报表金额的一项或多项认定(如应收账款的存在性),或对某些金额作出独立估计(如陈旧存货的价值)。

(2) 在实施实质性分析程序时,注册会计师不宜使用审计抽样。

三、审计抽样的种类

审计抽样的种类很多,通常按抽样决策的依据不同,可以将审计抽样分为统计抽样和非统计抽样;根据抽样所要了解的总体特征不同,可以将统计抽样分为属性抽样和变量抽样。

(一) 统计抽样

统计抽样,是指运用概率论和数理统计的方法确定样本数量与构成分布,随机抽取有效样本进行审查,并对所抽取的样本结果进行统计评价,最后以样本的审查结果来推断总体特征的方法。它的优点是,计量和精确控制抽样风险;高效设计样本;能定量评价样本的结果。它的缺点是,增加培训注册会计师的成本;单个样本项目要符合统计要求。

根据抽样所要了解的总体特征的不同,可以将统计抽样分为属性抽样和变量抽样。

1. 属性抽样

属性抽样是指在精确度界限和可靠程度一定的条件下,为了测定总体特征的发生频率而采用的一种方法。根据控制测试的目标和特点所采用的审计抽样,通常称为属性抽样。也就是说,属性抽样是用于控制测试方面的统计抽样。在控制测试中,只需通过对样本的审核来推断差错或舞弊的发生频率是多少,来证明被审计单位的内部控制是否有效地执行,而不必作出错误数额大小的估计。用于控制测试的属性抽样通常有固定样本量抽样、停—走抽样、发现抽样等方法。

2. 变量抽样

变量抽样是指用来估计总体金额而采用的一种方法。根据实质性测试的目标和特点所采用的审计抽样,通常称为变量抽样。也就是说,变量抽样是用于实质性测试方面的统计抽样。它通过检查财务报表各项目金额的真实性和正确性,来取得支持和作出审计结论所需的直接证据。用于实质性测试的变量抽样,通常有平均值估计抽样、差异估计抽样、比率估计抽样等方法。

属性抽样与变量抽样的比较,如表 7-1 所示。

表 7-1 属性抽样与变量抽样的区别

抽样技术	测试种类	目标	抽样方法
属性抽样	控制测试	估计总体既定控制的偏差率(次数)	固定样本量抽样 停—走抽样 发现抽样

续表

抽样技术	测试种类	目标	抽样方法
变量抽样	实质性测试	估计总体金额或者总体中的错误金额	均值估计抽样 差额估计抽样 比率估计抽样

（二）非统计抽样

非统计抽样也称判断抽样，是指注册会计师运用专业经验和主观判断，有目的地从特定审计对象总体中抽取部分样本进行审查，并以样本的审查结果来推断总体特征的审计抽样方法。采用这种方法能否取得成效，取决于注册会计师的经验和主观判断能力。它的优点是，操作简单，使用成本低；适合定性分析。它的缺点是，无法量化抽样风险。

无论是统计抽样还是非统计抽样，在设计、实施和评价样本时都离不开职业判断；都要求以足以代表总体的方式来选取样本；这两种技术运用得当，均可以提供审计所要求的充分、适当的证据；这两种技术都存在某种程度的抽样风险或非抽样风险。

四、统计抽样的基本程序

（一）样本设计

所谓样本设计，是指注册会计师围绕样本的性质、样本量、抽样方式及抽样工作质量要求等方面所进行的规划工作。样本设计阶段的工作主要包括以下几个步骤。

1. 明确审计目标

注册会计师在设计样本时应当根据具体审计目标，考虑其所要获取审计证据的特征及构成误差的条件，以正确界定误差和审计对象总体，并确定采用何种审计抽样方法。一般来说，在控制测试中，误差是指注册会计师认为使控制程序失去效能的所有控制失效事件；在实质性测试中，通常将误差界定为误报货币金额的绝对值或相对比率。

2. 定义审计对象总体及抽样单位

审计对象总体是指为形成审计结论，拟采用抽样审计的交易（事项）及有关会计或其他资料的全部项目。注册会计师在确定审计对象总体时，应确保其相关性和完整性。相关性是指审计对象总体必须符合审计目标，完整性是指审计对象总体必须包括被审计的会计或其他资料的全部项目。

抽样单位是指构成审计对象总体的单位项目。注册会计师应当根据审计目标及被审计单位实际情况确定抽样单位。例如，注册会计师在确定被审计单位应收账款账面价值时，可以将货币单位（元）作为抽样单位，也可以将每个应收账款明细账余额作为抽样单位。

3. 分析抽样风险和非抽样风险

（1）抽样风险。抽样风险是指注册会计师依据抽样结果得出的结论，与审计对象总体真实特征不相符的可能性。抽样风险与样本量成反比，增加样本量可以降低抽样风险，但样本量过大会增加审计成本。因而无论是进行控制测试还是实质性测试，注册会计师都应关注抽样风险。

在进行控制测试时，可能会产生两种抽样风险，即信赖不足风险和信赖过度风险。信赖不足风险是指抽样结果使注册会计师没有充分信赖实际上应予信赖的内部控制的可能性，这种风险一般会导致注册会计师执行额外的审计程序，降低审计效率，但不会影响审计效果。信赖过度风险是指抽样结果使注册会计师对内部控制的信赖超过了其实际上可予信赖的可能性，这种风险会影响审计效果，很可能导致注册会计师得出不正确的审计结论。

在进行细节测试时，也可能会产生两种抽样风险，即误拒风险和误受风险。误拒风险又称“α风险”，是指抽样结果表明账户余额存在重大错误，而实际上并不存在重大错误的可能性，这种风险也会导致注册会计师执行额外的审计程序，降低审计效率。误受风险又称“β风险”，是指抽样结果表明账户余额不存在重大错误，而实际上存在重大错误的可能性。这种风险影响审计效果，很可能导致注册会计师得出不正确的审计结论。

（2）非抽样风险。非抽样风险是指由于某些与样本规模无关的因素而导致注册会计师得出错误结论的可能性。产生非抽样风险的原因主要包括：注册会计师未能辨别样本中的错误、运用不当或无效的审计程序、错误解释样本结果等。非抽样风险同样对审计工作的效率和效果有一定的影响，且无论是抽样审计还是详细审计，都无法消除这一风险。非抽样风险虽无法量化，但可以通过对审计程序的详细计划以及适当的指导和监督来有效降低。

上述风险对审计工作的影响如表 7-2 所示。

表 7-2 抽样风险和非抽样风险对审计工作的影响

审计测试	抽样风险种类	对审计工作的影响
控制测试	信赖过度风险	效果
	信赖不足风险	效率
实质性测试	误受风险	效果
	误拒风险	效率
两种测试中的非抽样风险对审计效率、效果都有一定影响		

【例 7-1】 ABC 公司应收账款有 1 000 个客户，期末余额为 15 003 509.84 元。注册会计师通过对 ABC 公司及其环境的了解，认为 ABC 公司应收账款高估的风险很大，拟运用函证来测试应收账款的余额是否被高估。设定可容忍错报（高估金额）700 000 元，运用审计抽样抽取 100 个样本，占总户数的 10%，样本的总金额为 11 402 667.48 元，占期末应收账款余额的 76%。对样本执行函证程序并全部收到回函，注册会计师对回函进行分析，发现差异（高估）119 014.96 元，推断总体错报 156 598.63 元（即 119 014.96÷76%），低于可容忍错报 700 000 元，因此认为总体可以被接受，而实际上 ABC 公司高估应收账款 1 085 680.66 元。注册会计师推断应收账款项目不存在重大错报而实际上存在重大错报，这就是误受风险，可能导致注册会计师得出不恰当的审计结论。

4. 确定可信赖程度

可信赖程度通常用预计抽样结果能够代表审计对象总体特征的百分比来表示。例如，抽样结果有 95% 的可信赖程度，就是指抽样结果有 95% 的可能性代表了总体的特征，有 5% 的可能性没有代表总体的特征。由此可见，可信赖程度与风险是互补的，即 1 减去可信赖程度就是风险。在审计过程中，注册会计师对可信赖程度要求越高，或对风险要求越低，需选取的样本量就应越大。

5. 确定可容忍误差

可容忍误差是指注册会计师认为抽样结果可以达到审计目的，所愿意接受的审计对象总体的最大误差。注册会计师应当在审计计划阶段，根据审计重要性原则，合理确定可容忍误差。可容忍误差越小，需选取的样本量就应越大。

6. 预期总体误差

注册会计师应根据以前年度审计所发现的误差、被审计单位经营业务和经营环境的变化、内部控制的评价及分析程序的结果等，来确定审计对象总体的预期误差。预期总体误差与样本量之间存在着内在的联系，如果预期总体误差大，则需要选取较大的样本量；如果预期总体误差小，则样本量也较小。

7. 分层

分层是指将某一审计对象总体划分具有相似特征的为多个子总体的过程。注册会计师利用分层，目的是重点审计可能有较大错误的项目，以减小样本规模，提高抽样效率，同时对不同的层次选取不同的样本数并使用不同的审计程序，从而提高样本的代表性和审计的有效性。

【例 7-2】 在应收账款审计中，运用函证程序，根据重要性原则，注册会计师可以按余额的大小把应收账款明细账分为三层，各层选样方法及审计程序如表 7-3。

表 7-3 各层选择方法及审计程序

层　　次	特　　征	选样方法及审计程序
第一层	余额大于 5 万元	100% 肯定式函证
第二层	余额在 1 万 ~5 万元之间	系统抽样 10%，肯定式函证
第三层	余额小于 1 万元	随机选取 5%，否定式函证

（二）样本规模的确定和样本的选取与测试

1. 样本规模的确定

样本规模是指组成样本的项目数，样本规模的大小及其适当性决定了审计效果与效率的高低。样本规模过小，不能反映审计总体特征，导致审计结论的可靠性差；样本规模过大，会加大审计成本，降低审计效率。实际应用中，注册会计师需要将影响样本规模大小的因素予以量化，根据查表法或公式法，计算出样本量。

2. 样本的选取

在确定了样本规模后，注册会计师就需要按照一定的原则和次序来选取样本，常用的选样方法有随机选样、系统选样和任意选样等几种。

（1）随机选样。随机选样是指对审计对象总体或次级总体的所有项目，按随机规则选取的样本。随机选样通常运用随机数表或计算机产生的随机数来进行。随机数表就是随机产生的由 0 ~9 这 10 个数字所组成的多位数字，并将这些数字随机地纵横排列而成的一种数表。表 7-4 就是一个随机数表的一部分。

表 7-4　随机数表(部分列示)

行号＼随机数＼列号	1	2	3	4	5
1	23 821	96 070	82 592	81 642	08 971
2	82 383	94 987	66 441	28 677	95 961
3	68 310	21 792	71 635	86 089	38 157
4	94 856	76 940	22 165	01 414	01 413
5	95 000	61 958	83 430	98 250	70 030
6	20 764	64 638	11 359	32 556	89 833
7	71 401	17 964	50 940	95 753	34 905
8	38 464	75 707	16 750	61 371	01 523
9	59 422	59 247	74 955	82 835	98 378
10	11 818	40 951	99 279	42 222	75 433
11	65 785	06 837	96 483	00 230	58 220
12	05 933	69 834	57 402	35 168	84 138
13	31 722	97 334	77 178	70 361	15 819
14	95 118	88 373	42 991	26 934	00 142
15	14 347	69 760	76 797	91 159	85 189

注册会计师运用此法时,首先要定义审计总体与随机数表的对应关系,其次应确定查表的起始点和选号路线,然后按照选号路线依次选取。

【例 7-3】 假定注册会计师对某公司连续编号为 0 001 ~ 4 000 的现金支票进行随机选样,拟从支票中选取一组样本量为 20 的样本。首先,注册会计师确定只用随机数表所列数字的前 4 位数来与现金支票号码一一对应。然后,确定第 1 列第 12 行为起点,选号路线为自上至下、从左到右依次进行。最后,按照规定的一一对应关系和起点及选号路线,选出 20 个数码:0 593、3 172、1 434、2 179、1 796、0 683、2 216、1 135、1 675、2 867、0 141、3 255、0 023、3 516、2 693、0 897、3 815、0 141、3 490、0 152。凡前 4 位数在 4 000 以上的,因为与支票号码没有一一对应关系,均不入选。选出 20 个数码后,按此数码选取编号与其对应的 20 张支票作为选定样本进行审查。

(2) 系统选样。在单据凭证没有事先编号的情况下,注册会计师可以采用系统选样。系统选样也称等距选样,是从总体中某个随机起点出发,每隔一定的距离选取一个样本项目,直到样本数量达到所需规模的一种选样方法。确定间隔数的公式如下:

$$M=\frac{N}{n}$$

式中：M——选样间隔数；

N——总体量；

n——样本量。

【例 7-4】 注册会计师拟采用系统选样法从 1 ~ 200 号的销售发票中选出 5 张作为样本，则选样间隔为 40（200÷5）。假定注册会计师确定随机起点为 82，则每隔 40 张凭证选取一张，共选取 5 张凭证作为样本即可。如确定 82 为第一张，则往上的顺序为 122、162，往下的顺序为 42、2，即 5 张样本号为 2、42、82、122、162。

在统计抽样中，样本的选取必须符合等概率原则，即总体中每个项目被抽取的概率都是相等的。随机选样和系统选样是注册会计师常用的系统选样方法，此外还有分层选样、整群选样等，这里不再详述。

（3）任意选样。任意选样是非统计选样方法，是指注册会计师不考虑金额的大小、资料取得的难易程度及个人偏好，以任意的方式选取样本。任意选样并不意味着随意地选取样本，而是要求在没有任何人为偏差的情况下选取样本。采用任意选样时，注册会计师要避免由于项目性质、大小、外观和位置的不同引起的偏差。任意选样的缺点是很难完全无偏见地选取样本项目，其结果有时缺乏合理性与可靠性。

3. 样本的测试

注册会计师对选出的样本实施审计测试程序，以确定其是否与既定的标准发生误差，并将所有发生的误差的性质、数量作充分的审计记录，已备评价抽样结果时使用。

（三）抽样结果的评价

注册会计师在对样本实施必要的审计后，需要对抽样结果进行评价，具体步骤和内容如下：

1. 分析样本误差

注册会计师首先应根据预先确定的构成误差的条件，确定某一有问题的项目是否为一项误差。在控制测试中，误差通常有以下三种情形：凭证上记录正确，但没有执行控制程序（如缺少复核、批准等）；在凭证记录上有执行控制程序的轨迹，但记录与事实不符；既未执行控制程序，记录也不正确。在实质性测试中，误差可认为是误报货币金额的绝对值或相对比率。

2. 推断总体误差

在分析样本误差后，注册会计师应根据抽样中发现的误差，采用适当的方法，推断审计对象总体误差。当总体划分为几个层次时，应先对每一层次作个别的推断，然后将推断结果进行汇总，以推断出总体误差。由于存在多种抽样方法，注册会计师根据样本误差推断总体误差的方法应与所选用的抽样方法一致。

3. 重估抽样风险

在进行控制测试时，注册会计师如果认为抽样结果无法达到其对所测试的内部控制的预期信赖程度，则应考虑增加样本量或修改实质性测试程序。

在实质性测试中运用审计抽样推断总体误差后，注册会计师应将总体误差与可容忍误差相比较，并将抽样结果与从其他有关审计程序中所得的证据相比较。如果注册会计师推断的总体误差超过可容忍误差，经重估后的抽样风险不能接受，则应增加样本量或执行替代审计程序。如果注册会计师推断总体误差接近可容忍误差，应考虑是否增加样本量或执行替代审计程序。

4. 形成审计结论

注册会计师在评价抽样结果的基础上，应根据所取得的证据，确定审计证据是否足以证实某一审计对象总体特征，从而形成审计结论。

第二节 控制测试中统计抽样技术的运用

控制测试的目的是测试内部控制是否有效运行，结果只有有效和无效两种。因此，控制测试常应用于属性抽样法。用于控制测试的属性抽样法通常有固定样本量抽样、停—走抽样、发现抽样等方法。

一、固定样本量抽样

固定样本量抽样是一种最为广泛使用的属性抽样，是注册会计师对一个确定规模的样本选取审查完毕，得出审计结论的一种抽样方法。下面举例说明一般情况下固定样本量抽样的具体应用步骤。

【例 7–5】 假定注册会计师拟采用抽样方法对被审计单位有关购货和付款业务的控制程序进行控制测试，以审查该企业是否将验收报告与进货发票相核对之后，才准予支付采购货款。注册会计师将关注该程序操作的准确性，以及进货发票与验收报告相核对的控制程序是否正常运行。

注册会计师对该控制程序进行控制测试所运用的抽样及评价步骤如下：

1. 定义误差

在属性抽样中，误差一般是指注册会计师认为使控制程序失去效能的所有控制失效事件。本例中，对于每张发票及有关的验收单据，若发现下列情形之一者，即可定义为误差：①未附验收单据的任何发票；②发票虽附有验收单据，但该单据不属于本发票；③发票与验收单据所记载的数量不一致。

2. 确定审计对象总体及抽样单位

本例中，审计对象总体为购货凭单。假如该企业对每笔采购业务均采用连续编号的凭单，每张凭单均附有验收报告及进货发票，则抽样单位是每张凭单。

3. 确定可信赖程度、信赖过度风险和可容忍误差

基于对被审计单位情况的考虑，注册会计师利用其执业经验和专业判断，确定可信赖程度为95%、信赖过度风险为5%、可容忍误差为4%。

4. 确定预期总体误差

假设注册会计师参考前3年审计工作底稿等历史资料，并运用其专业判断，将预期总体误差确定为1.25%。

5. 确定是否进行分层

本例中，注册会计师不对审计对象总体加以分层。

6. 确定样本量

上述因素确定后，注册会计师可根据样本量表确定样本规模。通过查表 7-5 可知，在可信赖程度为 95%，可容忍误差为 4%，预期总体误差为 1.25% 时，应选取的样本量为 156 项，样本中的预期误差数为 2。

表 7-5　控制测试样本量表（95%可信赖程度）

（括号内是可接受的偏差率）

预期总体误差（%）	可容忍误差								
	2%	3%	4%	5%	6%	7%	8%	9%	10%
0.00	149(0)	99(0)	74(0)	59(0)	49(0)	42(0)	36(0)	32(0)	29(0)
0.25	236(1)	157(1)	117(1)	93(1)	78(1)	66(1)	58(1)	51(1)	46(1)
0.50	*	157(1)	117(1)	93(1)	78(1)	66(1)	58(1)	51(1)	46(1)
0.75	*	208(2)	117(1)	93(1)	78(1)	66(1)	58(1)	51(1)	46(1)
1.00	*	*	156(2)	93(1)	78(1)	66(1)	58(1)	51(1)	46(1)
1.25	*	*	156(2)	124(2)	78(1)	66(1)	58(1)	51(1)	46(1)
1.50	*	*	192(3)	124(2)	103(2)	66(1)	58(1)	51(1)	46(1)
1.75	*	*	227(4)	153(3)	103(2)	88(2)	77(2)	51(1)	46(1)
2.00	*	*	*	181(4)	127(3)	88(2)	77(2)	68(2)	46(1)
2.25	*	*	*	208(5)	127(3)	88(2)	77(2)	68(2)	61(2)
2.50	*	*	*	*	150(4)	109(3)	77(2)	68(2)	61(2)
2.75	*	*	*	*	173(5)	109(3)	95(3)	68(2)	61(2)
3.00	*	*	*	*	195(6)	129(4)	95(3)	84(3)	61(2)
3.25	*	*	*	*	*	148(5)	112(4)	84(3)	61(2)
3.50	*	*	*	*	*	167(6)	112(4)	84(3)	76(3)
3.75	*	*	*	*	*	185(7)	129(5)	100(4)	76(3)
4.00	*	*	*	*	*	*	146(6)	100(4)	89(4)
5.00	*	*	*	*	*	*	*	158(8)	116(6)

7. 选取样本并进行审计

样本数量确定后，接着就确定样本的选取方法。由于凭单是连续编号的，注册会计师决定采用随机选样的方法来选取样本。对所选取的 156 张凭单及其附件，注册会计师按所定义的“误差”进行审查。

8. 评价抽样结果

注册会计师对选取的样本进行审查后,应将查出的误差加以汇总,并评价抽样结果,即推断总体。注册会计师可根据预先制定出的控制测试抽样结果评价表来推断总体误差。控制测试抽样结果评价表如表 7-6 所示。

表 7-6 控制测试抽样结果评价表(%)

(95%可信赖程度时的偏差率上限)

样本规模	实际发现的样本偏差数									
	0	1	2	3	4	5	6	7	8	9
25	11.3	17.6	*	*	*	*	*	*	*	*
30	9.5	14.9	19.6	*	*	*	*	*	*	*
35	8.3	12.9	17.0	*	*	*	*	*	*	*
40	7.3	11.4	15.0	18.3	*	*	*	*	*	*
45	6.5	10.2	13.4	16.4	19.2	*	*	*	*	*
50	5.9	9.2	12.1	14.8	17.4	19.9	*	*	*	*
55	5.4	8.4	11.1	13.5	15.9	18.2	*	*	*	*
60	4.9	7.7	10.2	12.5	14.7	16.8	18.8	*	*	*
65	4.6	7.1	9.4	11.5	13.6	15.5	17.4	19.3	*	*
70	4.2	6.6	8.8	10.8	12.6	14.5	16.3	18.0	19.7	*
75	4.0	6.2	8.2	10.1	11.8	13.6	15.2	16.9	18.5	20.0
80	3.7	5.8	7.7	9.5	11.1	12.7	14.3	15.9	17.4	18.9
90	3.3	5.2	6.9	8.4	9.9	11.4	12.8	14.2	15.5	16.8
100	3.0	4.7	6.2	7.6	9.0	10.3	11.5	12.8	14.0	15.2
125	2.4	3.8	5.0	6.1	7.2	8.3	9.3	10.3	11.3	12.3
150	2.0	3.2	4.2	5.1	6.0	6.9	7.8	8.6	9.5	10.3
200	1.5	2.4	3.2	3.9	4.6	5.2	5.9	6.5	7.2	7.8

通过表 7-6 可查出,在可信赖程度为 95%,样本规模为 156 的情况下,当样本误差数为 1 时,推断的总体误差为 3.2%(说明:如果所要查找的样本规模没有包括在统计抽样结果评价表中,则应选择表中最接近实际样本规模的数值来计算实际误差率上限),小于可容忍误差 4%,而且经审查也没有发现欺诈舞弊或逃避内部控制的情况,注册会计师可据此得出结论,总体误差不超过 4% 的可信赖程度为 95%。

若样本误差数为 2,则推断的总体误差为 4.2%,接近可容忍误差,注册会计师应重新考虑信赖过度风险,并考虑是否有必要增加样本量或执行替代审计程序。

若样本误差数为 3,则推断的总体误差为 5.1%,超过了可容忍误差,从表 7-5 可以看出,这种情况下符合注册会计师要求的样本量增至 192 个,预期总体误差为 1.5%,注册会计师应减少对该内部控制的可信赖程度,考虑实施其他审计程序,如增加样本量或扩大实质性测试范围。

二、停—走抽样

停—走抽样是固定样本量抽样的一种特殊形式。采用固定样本量抽样时，若预期总体误差大大高于实际误差，其结果将是选取过多的样本量，降低了审计工作效率。停—走抽样是以预期总体误差为零开始，通过边抽样边评价来完成抽样审计工作。注册会计师先抽取一定量的样本进行审查，如果结果可以接受，就停止抽样并得出结论，如果结果不能接受，就扩大样本量继续审查直至得出结论。下面举例说明停—走抽样的应用。

【例 7-6】 应用停—走抽样，一般要进行以下三个步骤。

1. 确定可容忍误差和信赖过度风险水平

假定注册会计师确定的可容忍误差为 4%，信赖过度风险为 10%。

2. 确定初始样本量

根据上步骤的要求，查停—走抽样初始样本量表，如表 7-7 所示，可确定初始样本量为 60。

表 7-7　停—走抽样初始样本量表（部分列示）（预期总体误差为零）

可容忍误差	信赖过度风险		
	2.5%	5%	10%
	样本量		
10%	37	30	24
9%	42	34	27
8%	47	38	30
7%	53	43	35
6%	62	50	40
5%	74	60	48
4%	93	75	60
3%	124	100	80
2%	185	150	120
1%	270	300	240

3. 进行停—走抽样决策

如果注册会计师在 60 个初始样本中找出了一个误差（即错误数为 1），则可通过查停—走抽样样本量扩展及总体误差评估表（见表 7-8），得到相应的风险系数为 3.9，再将该系数除以样本量，可推断出在 10% 的信赖过度风险水平下的总体误差为 6.5%（3.9÷60），这比可容忍误差 4% 大，因此，注册会计师需要增加样本量。为了使总体误差不超过可容忍误差，在风险系数既定的情况下，将风险系数与可容忍误差相比较，则可计算出所需的适当样本量为 98 个（3.9÷4%）。也就是说，注册会计师需增加 38 个样本（98-60）。如果对增加的 38 个样本进行审计后没有发现误差，则注册会计师可有 90% 的把握确信总体误差不超过 4%。

表 7-8 停—走抽样样本量扩展及总体误差评估表(部分列示)

发现的错误数	信赖过度风险		
	25%	5%	10%
	风险系数		
0	3.7	3.0	2.4
1	5.6	4.8	3.9
2	7.3	6.3	5.4
3	8.8	7.8	6.7
4	10.3	9.2	8.0
5	11.7	10.6	9.3
6	13.1	11.9	10.6
7	14.5	13.2	11.8
8	15.8	14.5	13.0
9	17.1	16.0	14.3
10	18.4	17.0	15.5

如果注册会计师首次对 60 个样本审计后,发现有两个误差,则按上述方法推断出总体误差为 9%(5.4÷60),这比可容忍误差大很多,因此,注册会计师决定增加样本量至 135 个(5.4÷4%),即增加 75 个样本(135-60)。如果对增加的 75 个样本审计后没有发现误差,注册会计师同样可以有 90% 的把握确信总体误差不超过 4%。但如果发现三个误差,则推断总体误差为 4.96%(6.7÷135),仍超过可容忍误差 4%,这时注册会计师应该决定是再扩大样本量至 168 个(6.7÷4%),还是将上述过程得出的结果作为选用固定样本量抽样的预期总体误差而改变抽样方法。一般来讲,样本量不宜扩大到初始样本量的 3 倍。

三、发现抽样

发现抽样是在既定的可信赖程度下,在假定误差以既定的误差率存在于总体之中的情况下,至少查出一个误差的抽样方法,发现抽样主要用于查找重大舞弊或非法行为。采用发现抽样时,注册会计师需确定可信赖程度及可容忍误差,并将预期总体误差设为 0%,然后参阅适当的属性抽样表,即可得出所需的样本量并加以审查,一旦发现一份偏差就立即停止抽样,而对总体进行全面彻底的检查。若未发现偏差,则可得出总体可以接受的结论。

第三节 实质性测试中统计抽样技术的运用

实质性测试尤其是细节测试中广泛应用变量抽样方法,通过检查财务报表各项目数据的真实性和正确性,来取得作出审计结论所需的直接证据。变量抽样主要有均值估计抽样、比率估计抽样和差额估计抽样三种。

一、均值估计抽样

均值估计抽样是通过抽样审查确定样本的平均值,再根据样本平均值推断总体的平均值和总值的一种抽样方法。使用这种方法时,注册会计师先计算样本中所有项目审定金额的平均值,然后用样本平均值乘以总体规模,得出总体金额的估计值。总体估计金额和总体账面金额之间的差额就是推断的总体错报。这种方法适用范围十分广泛,无论被审计单位提供的数据是否完整、可靠,甚至在被审计单位缺乏基本的经济业务或事项账面记录的情况下均可以使用。

【例 7-7】 假定注册会计师计划通过抽样函证来测试被审计单位应收账款账面价值的正确性。被审计单位应收账款有 3 000 个顾客,期末应收账款余额为 1 340 000 元。

注册会计师对应收账款账面价值进行实质性测试所运用的抽样及评价步骤如下:

1. 定义误差

根据审计目标,将误差定义为账面价值与实际价值的货币差额。

2. 确定审计对象总体及抽样单位

根据被审计单位实际情况,审计对象总体为 3 000 个应收账款明细账户,每一个应收账款明细账户为一个抽样单位。

3. 确定可信赖程度、误拒风险和误受风险水平及可容忍误差

正态分布是指总体中每个项目值的分配均趋向于集中在总体平均值周围。总体标准差是用来衡量个别项目值在总体平均值周围离散的程度,其趋势在总体平均值的两侧均等发生。

总体中各个项目值之间差异越小,总体标准差越小;各个项目值之间的差异越大,则总体标准差越大。根据正态分布及总体标准差的定义可知:有 68.28% 的项目值落在总体平均值正负一个正态标准差之间。这里 68.28% 也即可信赖程度,一个正态标准差,常被称为可信赖程度系数(或误拒风险系数),两者之间的关系如表 7-9 所示。

表 7-9　可信赖程度系数表

可信赖程度	可信赖程度系数	相应的误拒风险
80%	1.28	20%
85%	1. 44	15%
90%	1. 64	10%
95%	1. 96	5%
99%	2. 58	1%

本例中,考虑到内部控制及抽样风险的可接受水平,注册会计师确定可信赖程度为 95%,则误拒风险为 5%,相应的可信赖程度系数为 1.96。误受风险水平与样本量成反向变化关系,即该风险越小,样本量越大。注册会计师将误受风险定为 20%,考虑到货币金额的重要性,注册会计

师确定可容忍误差为 60 000 元。

4. 确定计划抽样误差

计划抽样误差是指可容忍误差与预期总体误差之间的差额。计划的抽样误差越大，所需的样本量越小。计划抽样误差也可按下列公式计算：

$$P=R\times \text{可容忍误差}$$

式中：P——计划抽样误差；

R——计划抽样误差与可容忍误差的比率。

计划抽样误差与可容忍误差的比率可根据特定的误拒风险和误受风险水平来确定。在实务中，该比率可查表得到，如表 7-10 所示。

表 7-10 计划抽样误差与可容忍误差比率表

误受风险	误拒风险			
	20%	10%	5%	1%
5%	0.437	0.500	0.543	0.609
10%	0.500	0.561	0.605	0.668
15%	0.511	0.612	0.653	0.712
20%	0.603	0.661	0.700	0.753
25%	0.653	0.708	0.742	0.791
30%	0.707	0.756	0.787	0.829

在本例中，误拒风险和误受风险分别为 5% 和 20%，因此 R 为 0.7，则：

计划抽样误差 = 0.7×60 000 = 42 000（元）

5. 估计总体标准差

估计总体标准差有三种方法：一是利用上次审计得到的标准差来估计本年度的总体标准差；二是依据可获得的账面价值资料来估计总体标准差；三是注册会计师可预先选取 30～50 个较小的初始样本进行审查，再根据这些样本的标准差来估计本年度的总体标准差。

估计总体标准差的计算公式如下：

$$S=\sqrt{\frac{\sum_{i=1}^{n}(X_i-\overline{X})^2}{n-1}}$$

式中：S——总体标准差；

X_i——各初始样本的审计价值；

$\overline{X}$——初始样本审计价值的平均值；

n——初始样本量。

本例中，注册会计师依据去年审计的情况，估计总体标准差为 100 元，且注册会计师决定不进行分层。

6. 确定选取的样本量

上述因素确定后，样本量可按照下列公式计算得出：

$$n=\left(\frac{U_R\cdot S\cdot N}{P}\right)^2$$

式中：U_R——可信赖程度系数；

S——估计总体标准差；

N——总体项目个数；

P——计划抽样误差；

n——放回抽样的样本量。

所谓放回抽样是指样本选取后将其放回总体之中，还有被抽到的机会。审计工作中，一般采取不放回抽样，但在样本量 n 和总体规模 N 之比大于 0.05 时，采用一个有限修正系数进行调整。调整后的样本量 n' 可通过下列公式计算：

$$n'=\frac{n}{1+\left(\frac{n}{N}\right)}$$

本例中，$n=\left(\frac{1.96\times100\times3\ 000}{42\ 000}\right)^2=196$

由于 $\frac{n}{N}=196\div3\ 000=0.065$，大于 0.05，因此，计算调整后的样本量如下：

$$n'=\frac{196}{1+(196\div3\ 000)}=184$$

7. 选取样本并进行审计

注册会计师采用随机选样方法，从应收账款明细账中选取 184 个顾客做样本，并发出询证函。假定函证结果表明，样本的审计价值总额为 81 328 元，平均值为 442 元（81 328÷184），实际样本标准差经计算为 90 元。

8. 评价抽样结果

对抽样结果进行评价时，首先应推断出总体金额，并计算推断的总体误差。本例中注册会计师推断的总体金额为：

推断的总体金额＝样本平均值×总体项目个数

＝442×3 000＝1 326 000（元）

推断的总体误差＝总体账面价值－推断总体金额

＝1 340 000－1 326 000＝14 000（元）

然后，计算实际抽样误差。实际抽样误差可按下列公式计算：

$$P'=N\times U_r\times\frac{S_1}{\sqrt{n}}$$

式中：P'——实际抽样误差；

S_1——实际样本审计价值的标准差。

如果在确定样本量时使用了有限修正系数，上式就应改为

$$P'=N\times U_r\times\frac{S_1}{\sqrt{n'}}\times\sqrt{1-\frac{n'}{N}}$$

本例中，$P'=3\ 000\times1.96\times\frac{90}{\sqrt{184}}\times\sqrt{1-\frac{184}{3\ 000}}=37\ 798$（元）

由于实际抽样误差37 798元比计划抽样误差42 000元要小，注册会计师可得出以下结论：有95%的把握保证有3 000个顾客的应收账款账户的真实总体金额落在1 288 202元（1 326 000－37 798）到1 363 798元（1 326 000+37 798）之间。根据以上抽样结果，由于被审计单位应收账款账面价值1 340 000元落在总体估计价值范围内，表明应收账款金额没有重大的错报。这时，注册会计师应将推断的总体误差14 000元视为审计差异，并在对财务报表发表意见时予以考虑。

如果抽样结果表明被审计单位应收账款账面价值没有落入总体估计价值范围之内，注册会计师应分析原因，并采取以下措施：①增加样本量；②要求被审计单位详细检查应收账款，并适当调整账面价值。

二、比率估计抽样

比率估计抽样是通过样本审计价值与账面价值之间的比率关系来推断总体价值与账面价值的比率，进而估计总体价值的一种抽样方法。采用该方法时，注册会计师首先要确定每个样本项目的审计价值，然后再计算样本审计价值之和与样本账面价值之和的比率，并以该比率乘以总体账面价值，从而求出总体价值的估计金额。比率估计抽样法的计算公式如下：

$$比率=\frac{样本审定金额}{样本账面金额}$$

$$估计的总体实际金额=总体账面金额\times比率$$

$$推断的总体错报=总体账面金额-估计的总体实际金额$$

当误差与账面成比例关系时，通常运用比率估计抽样。

【例7-8】 假设被审计单位的应收账款账面金额为1 340 000元，共计1 000个账户，注册会计师希望对应收账款总额进行估计，现选出200个账户，账面金额为200 000元，审计后认定的金额为196 000元。

样本审定金额与样本账面金额的比率＝196 000÷200 000＝0.98

估计的总体金额＝1 340 000×0.98＝1 313 200（元）

推断的总体错报＝1 340 000－1 313 200＝26 800（元）

三、差额估计抽样

差额估计抽样是通过样本审定金额与账面金额的平均差额来推断总体金额与账面金额的平均差额，然后再以这个平均差额乘以总体项目个数，进而求出总体价值的估计金额的一种方法。差额估计抽样的计算公式如下：

$$平均错报=\frac{样本审定金额与账面价值的差额}{样本量}$$

$$推断的总体错报=平均错报\times总体项目个数$$

$$估计的总体金额=总体的账面金额+推断的总体错报$$

当误差与账面价值不成比例关系时，通常运用差额估计抽样。

【例 7–9】 仍按例 7–8 的数据，使用差额估计抽样时，计算过程如下：

平均错报 =（196 000–200 000）÷200 = –20（元）

推断的总体错报 = –20×1 000 = –20 000（元）

估计的总体金额 = 1 340 000–20 000 = 1 320 000（元）

本章小结

审计抽样方法是现代审计中的基本程序。审计抽样先后经历了任意抽样、判断抽样和统计抽样三个阶段，其中统计抽样又包括属性抽样和变量抽样。确定样本量的步骤包括：根据审计目标定义误差，确定审计对象总体及抽样单位，考虑并确定抽样风险（包括信赖不足风险和信赖过度风险、误拒风险和误受风险），确定可信赖程度、可容忍误差和预期总体误差，考虑分层。样本选取的方法包括：随机选样、系统选样和任意选样。控制测试中统计抽样技术的运用包括固定样本量抽样、停—走抽样和发现抽样；实质性测试中统计抽样技术的运用包括均值估计抽样、比率估计抽样和差额估计抽样。

本章思考题

1. 审计抽样不需要专业判断，这种观点你同意吗？
2. 审计抽样的种类有哪些？
3. 审计抽样的基本程序包括哪些内容，各部分的要点是什么？
4. 抽样风险包括什么？各自对审计工作的影响是什么？

案例讨论题

假如你是注册会计师如何选择抽样方法？

［案情介绍］ 审计 ABC 公司 2010 年度财务报表时，注册会计师确定的财务报表层次的重要性水平为 200 万元，为了在保证审计质量的前提下提高审计效率，注册会计师决定尽可能多地运用审计抽样。为此需要考虑财务报表各项目或相关控制有效性测试对审计抽样的适用性。有关信息如下：

1. 短期借款全年共发生贷方记录 6 笔，其中 4 笔金额均在 100 ~ 150 万元的范围内，其余 2 笔金额分别为 19 万元和 8 万元。

2. 应收账款 100 个明细账中 2 个余额分别在 100 万元左右，占总额的 40%，其余的余额均在 50 万元以下，占总额的 60%。

3. 2009年控制测试显示，销售发票必须附有销售单和出库单的控制执行有效。2010年开具销售发票3 256张。

[问题思考]

请分析上述三种情况采用何种选取测试项目的方法？

第八章 信息系统环境下的审计

随着计算机技术和数据库应用技术的迅猛发展，以计算机为特征的信息系统已经越来越多地被应用到各行各业的财务管理及各项业务经营管理活动中。金融、财政、海关、税务、经贸等部门，民航、铁道、电力等关系国计民生的重要行业，规模企业都已广泛运用计算机、数据库、网络等现代信息技术进行管理。审计信息需求的变更，审计工作环境的变换，使得传统的审计技术方法和审计作业手段不能适应信息技术快速发展的需要，利用计算机进行审计，这是信息时代技术发展的使然。

第一节 信息技术对审计的影响

信息技术是指利用电子计算机和现代通信手段实现获取信息、传递信息、存储信息、处理信息、显示信息、分配信息等的相关技术。现代经济社会，信息技术被广泛运用在各个领域，会计和审计领域也不例外。

一、信息技术审计的演变

在计算机产生以前，企业内部的信息处理最初是以手工处理的方式进行的。一个企业的会计部门，通过不同岗位之间的分工协作，将日常经营活动中产生的财务资料进行加工处理，形成企业内部和外部需要的各种纸质会计信息。这种情况下的审计方式毫无疑问是手工的形式。

随着计算机的普及尤其是微型计算机的大众化，一些企业开始用计算机来处理部分会计资料。例如，企业内部自行开发的工资管理程序、存货管理程序等，逐步用机器替代了部分人工劳动。但由于计算机处理的范围还比较小，注册会计师可以忽略计算机的存在，只需直接对打印出来的纸质文档进行审计。

由于会计信息技术化的大规模普及，大部分企业的会计处理已经实现信息化。注册会计师开始意识到信息技术审计的重要性，但这时人们对信息技术审计的认识还停留在对财务数据的采集和分析阶段，注册会计师仍然可以绕过信息系统，对财务数据和报表进行核实，以获取审计证据。

伴随着会计信息技术化的成熟，以 ERP 为代表的企业信息系统的高度集成逐渐开始兴起。这时的企业信息系统已不仅仅是一个孤立的系统，而是集财务、人事、供销、生产为一体的综合性系统，财务信息只是这个系统所处理信息的一部分，因此，注册会计师必须在规划和执行审计工作时对企业信息技术进行全面考虑。

二、信息技术对审计过程的影响

信息技术在企业中的应用并不改变注册会计师制定审计目标、进行风险评估和了解内部控制的原则性要求，基本审计准则和财务报告审计目标在所有情况下都适用。

但是，注册会计师必须更深入了解企业的信息技术应用范围和性质，因为系统的设计和运行对审计风险的评价、业务流程和控制的了解、审计工作的执行以及需要收集的审计证据的性质都有直接的影响。归纳起来，信息技术对审计过程的影响主要体现在以下几个方面。

（一）对审计线索的影响

审计线索对审计来说极其重要。传统的手工会计系统，审计线索包括凭证、日记账、分类账和报表。注册会计师通过顺查和逆查的方法来审查记录，检查和确定其是否正确地反映了被审计单位的经济业务，检查企业的会计核算是否合理、合规。而在信息技术环境下，从业务数据的具体处理过程到报表的输出都由计算机按照程序指令完成，数据均保存在磁性介质上，从而会影响到审计线索，如数据存储介质、存取方式以及处理程序等。

（二）对审计技术手段的影响

过去，注册会计师的审计都是手工进行的，但随着信息技术的广泛应用，若仍以手工方式进行审计，显然已经难以满足工作的需要，难以达到审计的目的。因此，注册会计师需要掌握相关信息技术，把信息技术当做一种有力的审计工具。

（三）对内部控制的影响

现代审计技术中，注册会计师会对被审计单位的内部控制进行审查与评价，以此作为制定审计方案和决定抽样范围的依据。随着信息技术的发展，内部控制虽然在形式及内涵方面发生了变化，但根据内部控制的概念，完善的内部控制的目标并没有发生改变，即：

（1）提高管理层决策制定的效果和业务流程的效率；

（2）提高会计信息的可靠性；

（3）促进企业遵守法律和规章。

但必须关注的是，在高度电算化的信息环境中，业务活动和业务流程引发了新的风险，从而使具体控制活动的性质有所改变。

（四）对审计内容的影响

在信息化条件下，由于信息化的特点，审计内容发生了相应的变化，在信息化的会计系统中，各项会计事项都是由计算机按照程序进行自动处理的，信息系统的特点及固有风险决定了信息化环境下审计的内容包括对信息化系统的处理和相关控制功能的审查。比如，在审计账龄分析表时，在信息技术环境下，我们必须考虑其数据准确性以支持相关审计结论，因而需要对其基于系统的数据来源及处理过程进行考虑。

（五）对注册会计师的影响

信息技术在被审计单位的广泛应用要求注册会计师一定要具备相关信息技术方面的知识。因此，注册会计师要成为知识全面的复合型人才，他们不仅要有丰富的会计、审计、经济、法律、管理等方面的知识和技能，还需要熟悉信息系统的应用技术、结构和运行原理，有必要对信息化环境下的内部控制作出适当的评价。

因此，注册会计师必须对系统内的风险和控制都非常熟悉，然后对审计的策略、范围、方法和手段作出相应的调整,以获取充分、适当的审计证据,支持发表的审计意见。

第二节 信息技术审计范围的确定

被审计单位的流程和信息系统可能拥有各自不同的特点,因此注册会计师应按各自特点制定审计计划中包括的信息技术审计内容;另外,如果注册会计师计划依赖自动控制或自动信息系统生成的信息,那么他们就需要适当扩大信息技术审计的范围。

因此,注册会计师在确定审计策略时,需要结合被审计单位业务流程复杂度、信息系统复杂度、系统生成的交易数量、信息和复杂计算的数量、信息技术环境规模和复杂度等五个方面,对信息技术审计范围进行适当考虑。信息技术审计的范围与被审计单位在业务流程及信息系统相关方面的复杂度成正比,在具体评估复杂度时,可以从以下几个方面予以考虑:

一、评估业务流程的复杂度(比如销售流程、薪酬流程、采购流程等)

对业务流程复杂度的评估并不是一个纯粹客观的过程,而是需要注册会计师的职业判断。注册会计师可以通过考虑以下因素,对业务流程复杂度作出适当判断:

(1) 某流程涉及过多人员及部门,并且相关人员及部门之间的关系复杂且界限不清;

(2) 某流程涉及大量操作及决策活动;

(3) 某流程的数据处理过程涉及复杂的公式和大量的数据录入操作;

(4) 某流程需要对信息进行手工处理;

(5) 对系统生成的报告的依赖程度。

二、评估信息系统的复杂度

与评估业务流程的复杂度相类似,对企业信息系统复杂度的评估也不是一个纯粹客观的过程,评估过程包含大量的职业判断,也受到所使用系统类型(如商业软件或自行研发系统)的影响。

具体来说,评估商业软件的复杂程度应当考虑系统复杂程度、市场份额、系统实施和运行所需的参数设置范围,以及企业化程度(对出厂标准配置的变更、变更类型,例如,是仅为报告形式的变更还是对数据处理方式的变更)。

而对于自行研发系统复杂度的评估,应当考虑系统复杂程度、距离上一次系统架构重大变更的时间、系统变更对财务系统的影响结果,以及系统变更之后的系统运行情况及运行期间。

同时,还需要考虑系统生成的交易数量、信息和复杂计算的数量,包括:

(1) 被审计单位是否存在大量交易数据,以至于用户无法识别并更正数据处理错误;

(2) 数据是否通过网络传输,如 EDI(电子数据交换);

(3) 是否使用特殊系统,如电子商务系统。

三、信息技术环境的规模和复杂度

评估信息技术环境的规模和复杂度，主要应当考虑产生财务数据的信息系统数量、信息部门的结构与规模、网络规模、用户数量、外包及访问方式（例如本地登录或远程登录）。信息技术环境复杂并不一定意味着信息系统是复杂的，反之亦然。

在具体审计过程中，注册会计师除了考虑以上所提及的复杂度外，还需要充分考虑系统在实际应用中存在的问题，评价这些问题对审计范围的影响。

（1）管理层如何获取与信息技术相关的问题？

（2）系统功能中是否发现严重问题或不准确成分？如果是，是否存在可以绕过的程序（如自行修复程序等）？

（3）是否发生过信息系统运行出错、安全事件或对固定数据的修改等严重问题？如果是，管理层如何应对这些问题，以及管理层如何确保这些问题得到可靠解决？

（4）内部审计或其他报告中是否提出过与信息系统、数据环境或应用系统相关的问题？

（5）报告中提及的最普遍的系统问题是什么？

在对被审计单位的业务流程、信息系统和相关风险进行充分了解之后，注册会计师应判断被审计单位中是否包含信息技术关键风险，并且实质性程序是否无法完全控制该风险，如果符合上述情况的描述，那么注册会计师应将信息技术审计内容纳入财务审计计划之中。此外，如果注册会计师计划依赖自动系统控制，或依赖以自动系统生成信息为基础的手工控制或业务流程审阅结果，那么注册会计师也同样需要对信息技术相关控制进行评估。

第三节 信息技术内部控制审计

一、与信息技术相关的控制

在信息技术环境下，传统的手工控制越来越多地被自动控制所替代，自动控制对企业既有利也同时带来风险。

（一）自动控制为企业带来的好处

（1）自动控制能够有效处理大流量交易及数据，因为自动信息系统可以提供与业务规则一致的系统处理方法。

（2）自动控制比较不容易被绕过。

（3）自动信息系统、数据库及操作系统的相关安全控制可以实现有效的职责分离。

（4）自动信息系统可以提高信息的及时性、准确性，并使信息变得更易获取。

（5）自动信息系统可以提高管理层对企业业务活动及相关政策的监督水平。

（二）对自动控制的依赖也可能给企业带来财务报告重大错报风险

（1）信息系统或相关系统程序可能会对数据进行错误处理，也可能会去处理那些本身就错误的数据。

（2）自动信息系统、数据库及操作系统的相关安全控制如果无效，会增加对数据信息非授权访问的风险，这种风险可能导致系统内数据和系统对非授权交易及不存在交易的记录控制遭到破坏，系统、系统程序、数据遭到不适当的改变，系统对交易进行不适当的记录，以及信息技术人员获得超过其职责范围的过大系统权限等。

（3）数据丢失风险或数据无法访问风险，如系统瘫痪。

（4）不适当的人工干预，或人为绕过自动控制。

因此，被审计单位采用信息系统处理业务，并不意味着手工控制被完全取代，信息系统对控制的影响，取决于被审计单位对信息系统的依赖程度。例如，在基于信息技术的自动的信息系统中，系统进行自动操作来实现对交易信息的创建、记录、处理和报告，并将相关信息保存为电子形式（如电子的采购订单、采购发票、发运凭证和相关会计记录）。但相关控制活动也可能同时包括手工的部分，比如，订单的审批和事后审阅以及会计记录调整之类的手工控制。

因此，与财务报告相关的控制活动一般由一系列手工控制和自动控制所组成。由于被审计单位信息技术的特点及复杂程度不同，被审计单位的手工及自动控制的组合方式往往会有所区别。

二、信息技术内部控制审计

在信息技术环境下，手工控制的基本原理与方式在信息环境下并不会发生实质性的改变，注册会计师仍需要按照标准执行相关的审计程序，而对于自动控制，就需要从信息技术一般性控制审计和应用控制审计两方面进行考虑。

（一）信息技术一般性控制审计

信息系统一般性控制是指为了保证信息系统的安全，对整个信息系统以及外部各种环境要素实施的、对所有的应用或控制模块具有普遍影响的控制措施，信息技术一般控制通常会对实现部分或全部财务报告认定作出间接贡献，在有些情况下，信息技术一般控制也可能对实现信息处理目标和财务报告认定作出直接贡献。这是因为有效的信息技术一般控制确保了应用系统控制和依赖计算机处理的自动会计程序得以持续有效地运行。当手工控制依赖系统生成的信息时，信息技术一般控制同样重要。如果注册会计师计划依赖自动应用控制、自动会计程序或依赖系统生成信息的控制时，他们就需要对相关的信息技术一般控制进行验证。

注册会计师应清楚记录信息技术一般控制与关键的自动应用控制及接口、关键的自动会计程序、关键手工控制使用的系统生成数据和报告，或生成手工日记账时使用系统生成的数据和报告的关系。

由于程序变更控制、计算机操作控制及程序数据访问控制影响到系统驱动组件的持续有效运行，注册会计师需要对上述三个领域实施控制测试。

信息技术一般控制包括程序开发、程序变更、程序和数据访问以及计算机运行等四个方面。

1. 程序开发

程序开发领域的目标是确保系统的开发、配置和实施能够实现管理层的应用控制目标。程序开发控制的一般要素包括：

（1）对开发和实施活动的管理；

（2）项目启动、分析和设计；

(3) 对程序开发实施过程的控制软件包的选择;

(4) 测试和质量确保;

(5) 数据迁移;

(6) 程序实施;

(7) 记录和培训;

(8) 职责分离。

2. 程序变更

程序变更领域的目标是确保对程序和相关基础组件的变更是经过请求、授权、执行、测试和实施的,以达到管理层的应用控制目标。程序变更一般包括以下要素:

(1) 对维护活动的管理;

(2) 对变更请求的规范、授权与跟踪;

(3) 测试和质量确保;

(4) 程序实施;

(5) 记录和培训;

(6) 职责分离。

3. 程序和数据访问

程序和数据访问这一领域的目标是确保分配的访问程序和数据的权限是经过用户身份认证并经过授权的。程序和数据访问的子组件一般包括安全活动管理、安全管理、数据安全、操作系统安全、网络安全和物理安全。

4. 计算机运行

计算机运行这一领域的目标是确保生产系统根据管理层的控制目标完整准确地运行,确保运行问题被完整准确地识别并解决,以维护财务数据的完整性。计算机运行的子组件一般包括计算机运行活动的总体管理、批调度和批处理、实时处理、备份和问题管理以及灾难恢复。

(二) 信息技术应用控制审计

信息技术应用控制一般要经过输入、处理及输出等环节,和手工控制一样,自动系统控制同样关注信息处理目标的四个要素:完整性、准确性、经过授权和访问限制。

1. 完整性

(1) 顺序标号,可以保证系统每笔日记账都是唯一的,并且系统不会接受相同编号,或者在编号范围外的凭证。此时,需要系统提供一个没有编号凭证的报告,如果存在例外,需要相关人员进行调查跟进。

(2) 编辑检查,以确保无重复交易录入,比如,发票付款的时候,检查发票编号。

2. 准确性

(1) 编辑检查,包括限制检查、合理性检查、存在性检查和格式检查等。

(2) 将客户、供应商、发票和采购订单等信息与现有数据进行比较。

3. 授权

(1) 交易流程中必须包含恰当的授权。

(2) 将客户、供应商、发票和采购订单等信息与现有数据进行比较。

4. 访问限制

（1）对于某些特殊的会计记录的访问，必须经过数据所有者的正式授权，管理层必须定期检查系统的访问权限来确保只有经过授权的用户才能够拥有访问权限，并且符合职责分离原则。如果存在例外，必须进行调查。

（2）访问控制必须满足适当的职责分离（比如，交易的审批和处理必须由不同的人员来完成）。

（3）对每个系统的访问控制都要单独考虑。密码必须要定期更换，并且在规定次数内不能重复；定期生成多次登录失败导致用户账号锁定的报告，管理层必须跟踪这些登录失败的具体原因。

三、信息技术应用控制与信息技术一般控制之间的关系

应用控制是设计在计算机应用系统中的、有助于达到信息处理目标的控制，例如，许多应用系统中包含很多编辑检查来帮助确保录入数据的准确性。编辑检查可能包括格式检查（如日期格式或数字格式），存在性检查（如客户编码存在于客户主数据文档之中），或合理性检查（如最大支付金额），如果录入数据的某一要素未通过编辑检查，那么系统可能拒绝录入该数据或系统可能将该录入数据拖入系统生成的例外报告之中，留待后续跟进和处理。

如果带有关键的编辑检查功能的应用系统所依赖的计算机环境发现了信息技术一般控制的缺陷，注册会计师可能就不能信赖上述编辑检查功能按设计发挥作用。例如，程序变更控制缺陷可能导致未授权人员对检查录入数据字段格式的编程逻辑进行修改，以至于系统接受不准确的录入数据，此外，与安全和访问权限相关的控制缺陷可能导致数据录入不恰当地绕过合理性检查，而该合理性检查在其他方面将使系统无法处理金额超过最大容忍范围的支付操作。

第四节 计算机辅助审计技术和电子表格的运用

一、计算机辅助审计技术

（一）计算机辅助审计技术的定义

计算机辅助审计技术（Computer Assisted Audit Techniques，CAATs），是指利用计算机和相关软件，使审计测试工作实现自动化的技术。计算机辅助审计技术可以在以下方面使审计工作更富效率和效果：

（1）将现有手工执行的审计测试自动化。比如，对报告数据的准确性进行测试。

（2）在手工方式不可行的情况下执行测试或分析。比如，审阅大量的和非正常的销售交易，尽管这项工作有可能通过手工执行来实现，但对于多数大型公司而言，从时间角度出发，需要审阅的交易数量是无法通过手工方式来进行的。

计算机辅助审计技术不仅能够提高审阅大量交易的效率，而且计算机不会受到过度工作的影响（而注册会计师在审阅了大量的一页接一页的交易后很容易产生疲劳），从这个意义上讲，计算机辅助审计技术还可以使审阅工作更具效果。相比较用手工的方式进行同样的测试，即便

是第一年使用计算机辅助审计技术进行审计,也会节省大量的审计工作量,而后续年度节约的审计时间和成本则会更多。

(二)计算机辅助审计技术应用

最广泛地应用计算机辅助审计技术的领域是实质性程序,特别是在与分析性程序相关的方面。除此以外,计算机辅助审计技术还能被用于详细测试(包括目标测试)以及对审计抽样的辅助。计算机辅助审计技术使得对系统中的每一笔交易进行测试成为可能,用于在交易样本量很大的情况下替代手工测试。

与其他控制测试相同,计算机辅助审计技术也可用于测试控制的有效性,选择少量的交易,并在系统中进行穿行测试,或是开发一套集成的测试工具,用于测试系统中的某些交易。在控制测试中使用计算机辅助审计技术的优势是,可以对每一笔交易进行测试(包括主文件和交易文件),从而确定是否存在控制失效的情况。

由于计算机辅助审计技术有助于详审海量数据,它也可用于辅助对舞弊的检查工作(如审阅非正常的日记账)。

二、电子表格

即使在信息化程度极高的环境下,由于系统限制等原因,财务信息和报告的生成往往还需要借助电子表格来完成,所谓电子表格是指利用计算机作为表格处理工具,以实现制表工具、计算工具以及表格结果保存的综合电子化的软件。目前普遍使用的电子表格通常包括 Excel 等软件,通过电子表格可以进行数据记录、计算与分析,并能对输入的数据进行各种复杂统计运算后显示为可视性极佳的表格,因此,注册会计师在进行系统审计时,需要谨慎地考虑电子表格中的控制,以及如信息系统一般控制一样的控制的设计与执行(在相关时)的有效性,从而确保这些内部控制持续的完整性。

信息技术的广泛应用对于审计所包含的内容产生了重大影响。随着信息技术的发展,未来的审计一定会越来越依赖先进技术,服务的内容也将从传统审计扩展为包括财务信息、内部控制等在内的综合信息。而这一切都将给注册会计师行业从业人员带来挑战,会计人员需要具备专业知识,但审计工作所涉及的信息技术领域有可能超越传统的财务审计范围,那么就需要信息技术专业人员的参与。

【例 8-1】 贝蒂为一家大型布艺零售店处理人事记录。该零售店大约有员工 6 400 名,共有 233 家分店,她为虚报的员工制造虚假文件,并将这些虚报员工的姓名、地址、社会保险号、工资和扣除数通知其他程序人员处理。工资部门准备工资支票并将它们送到会计部门的李某处。李某是贝蒂的好朋友,也是舞弊事件的合谋者。她们大概每年从公司贪污 20 000 美元(这大概是该零售店所有工资成本的 1‰)。

【分析】 注册会计师通过核对有关的控制记录不能发现任何问题,因为贝蒂已经准备了虚假的人事记录,这一程序并不能显示有何例外情况。注册会计师利用分析程序也不能显示现在的工资和以前的工资有何差别,因为对于工资总额而言,舞弊数额很小。确定所有领取工资的员工时,如果选取一个小样本,就可能一个虚报员工也发现不了。于是,注册会计师使用了几种计算机辅助审计方法,寻找虚报的员工:

(1) 运行所有员工的社会保险号码,以发现是否有根本不存在的社会保险号;

(2) 使用相同的地址或电话号码测试员工报告;
(3) 寻找保险或养老扣除最少的员工;
(4) 寻找所有使用邮箱号码的员工;
(5) 寻找上述人员,以确定是否有员工出现超过一次。

假如怀疑的事项出现,要求银行发送回来已注销支票的复印件。

最后,利用通用审计软件找出300名可疑员工。经核查,其中22名是虚报的(他们是那些虚报员工社会保险号码的地址与贝蒂和李某一致的员工)。注册会计师要求这些银行复印这些支票,很快发现支票上的员工姓名与工资登记簿的姓名根本不一样,于是发现了作假者。

本章小结

广义的信息技术认为凡是能扩展人类信息功能的技术,都是信息技术。具体来说就是指利用电子计算机和现代通信手段实现获取信息、传递信息、存储信息、处理信息、显示信息、分配信息等的相关技术。信息技术对审计的影响相当广泛,对审计线索、审计技术手段、内部控制、审计内容和注册会计师等都有影响。注册会计师在确定信息技术审计范围时要考虑被审计单位业务流程及信息系统方面的复杂度。与财务报告相关的控制活动一般由手工控制和自动控制组成,信息技术一般控制关注四个环节:程序开发、程序变更、程序和数据访问以及计算机运行。另外,利用计算机辅助审计技术能够使审计测试工作实现自动化,并提高审计工作的效率和效果。

本章思考题

1. 信息技术对审计过程的影响是什么?
2. 信息技术内部控制环境下对于自动控制需要做哪些考虑?
3. 什么是信息技术的应用控制和一般控制?
4. 简述计算机辅助审计技术。
5. 电子表格控制包括哪些内容?

案例讨论题

计算机金融网络犯罪

[案情介绍] 银行用来计算客户存款利息的程序会出现四舍五入错误,这是因为利率计算的精度要大于报告的精度。因此,为了报告的缘故,计算到一美分的利息数字要记为整数。利息计算程序中的一个复杂的例行程序是清除舍入错误,因此银行负担的利息总额等于各个储户贷方的总和。这需要暂时将每次计算的小数部分保存在一个内部存储累加器中。当累加器中的数

量到一美分时(或正或负),这一分钱将被记到储户的账户中。换句话说,一分钱会随机地加入储户的账户(或从账户中减去)。有一种舞弊叫做萨拉米舞弊,它修改了程序的逻辑,使得那一分钱不再随机地加入到账户中。那一分钱被加到舞弊者的户头上,这可以为舞弊者收集一笔可观的现金,但是会计记录还是保持平衡以遮盖罪行。

[问题思考]

请你谈谈信息技术环境下,利用计算机高科技手段进行犯罪的特点。

第九章　销售与收款循环审计

第一节　分项审计与业务循环审计

在审计过程中，交易和账户余额的实质性测试既可以按财务报表项目进行，也可以按业务循环组织实施。按财务报表项目组织实施的称为分项审计，按业务循环组织实施的称为业务循环审计。

一、业务循环审计概念

业务循环是指处理某一类经济业务的工作程序和先后顺序。一般来说，可将企业的交易和账户余额划分为销售与收款循环、购货与付款循环、生产与存货循环、筹资与投资循环，由于货币资金与上述多个业务循环均密切相关，所以货币资金既是业务循环的有机组成部分，又是相对独立的一个重要环节。

业务循环审计是指运用业务循环法了解、审查和评价被审计单位内部控制系统及其执行情况，从而对其财务报表的合法性、公允性进行审计的方法。内部控制测试通常按照业务循环采用审计抽样的方法进行，采用业务循环审计的目的在于确保审计工作质量，提高审计工作效率。

二、分项审计与业务循环审计的关系

一般而言，分项审计与多数被审计单位的账户设置体系及财务报表格式相吻合，所以具有操作方便的优点，但它与按业务循环进行的内部控制测试严重脱节，导致控制测试与实质性测试相背离，影响审计效率和效果，所以分项审计逐渐被业务循环审计所替代。

业务循环审计则不仅可与按业务循环进行的内部控制直接联系，加深注册会计师对被审计单位经济业务的理解，而且便于注册会计师的合理分工，将特定业务循环所涉及的财务报表项目分配给一个或数个注册会计师，使其能够对不同财务报表项目进行交叉复核，以提高审计的效率和效果。

以企业会计准则等有关规定为依据，按照各财务报表项目与业务循环的相关程度，建立起各业务循环与各业务循环所涉及的主要财务报表项目之间的对应关系，如表 9-1 所示。

表 9-1 业务循环与主要财务报表项目对照表

业务循环	资产负债表项目	利润表项目
销售与收款循环	应收票据、应收账款、长期应收款、预收款项、应交税费	营业收入、营业税金及附加、销售费用
购货与付款循环	预付账款、固定资产、在建工程、工程物资、固定资产清理、应付票据、应付账款	管理费用
生产与存货循环	存货(包括材料采购或在途材料、原材料、包装物、低值易耗品、材料成本差异、发出商品、库存商品、商品进销差价、委托加工材料、委托代销商品、受托代销商品、生产成本、制造费用、劳务成本)、应付职工薪酬	营业成本
筹资与投资循环	交易性金融资产、应收股利、应收利息、持有至到期投资、可供出售金融资产、长期股权投资、无形资产、短期借款、应付股利、其他应付款、预计负债、长期借款、应付债券、长期应付款、递延所得税资产、递延所得税负债、股本、资本公积、盈余公积、未分配利润	财务费用、资产减值损失、公允价值变动损益、投资收益、营业外收入、营业外支出、所得税费用

自本章起至第十二章,将主要以注册会计师对股份有限公司财务报表审计为例,介绍业务循环审计的具体内容。

第二节 销售与收款循环概述

销售与收款循环的审计,通常可以相对独立于其他业务循环而单独进行。但审计的重要性概念要求注册会计师在审计时必须综合考虑财务报表各项目的性质及其相互关系,即注册会计师在最终判断被审计单位财务报表是否公允反映时,必须综合考虑审计发现的各业务循环的错误对财务报表产生的影响。因此,即使在单独执行销售与收款循环审计时,注册会计师仍然应经常地将该循环与其他循环的审计情况结合起来加以考虑。

销售与收款循环的概述主要包括两方面内容:一是本循环所涉及的主要凭证和会计记录;二是本循环所涉及的主要业务活动。

一、涉及的主要凭证和会计记录

在内部控制系统比较健全的企业,处理销售与收款业务通常需要使用很多凭证和会计记录。典型的销售与收款循环所涉及的主要凭证和会计记录有以下几种:

1. 顾客订货单

顾客订货单即顾客提出的书面购货要求。企业可以通过销售人员或其他途径，如采用电话、信函以及向现有及潜在顾客发送订货单等方式接受订货，取得顾客订货单。

2．销售单

销售单是列示顾客所订商品的名称、规格、数量以及其他与顾客订货单有关资料的表格，作为销售方内部处理顾客订货单的依据。

3．发运凭证

发运凭证即发运货物时编制的，用以反映发出商品的规格、数量和其他有关内容的凭据。发运凭证的一联寄送给顾客，其余联（一联或数联）由企业保留。这种凭证可用作向顾客开票收款的依据。

4．销售发票

销售发票是一种用来表明已销售商品的规格、数量、销售金额、运费和保险费的价格、开票日期、付款条件等内容的凭证。销售发票的一联寄送给顾客，其余联由企业保留。销售发票也是在会计账簿中登记销售业务的基本凭证。

5．商品价目表

商品价目表是列示已经授权批准的、可供销售的各种商品的价格清单。

6．贷项通知单

贷项通知单是一种用来表示由于销货退回或经批准的折让而引起的应收销货款减少的凭证。这种凭证的格式通常与销售发票的格式相同，只不过它不是用来说明应收账款的增加，而是用来说明应收账款的减少。

7．应收账款明细账

应收账款明细账是用来记录每个顾客各项赊销、现金收入、销货退回及折让的明细账。各应收账款明细账的余额合计数应与应收账款总账的余额相等。

8．主营业务收入明细账

主营业务收入明细账是一种用来记录销货业务的明细账。它通常记载和反映不同类别的销货总额（如按销售商品的品种、类别等）。

9．折扣与折让明细账

折扣与折让明细账是一种用来核算企业销售商品时，按销售合同的规定为了及早收回货款而给予顾客的销货折扣和因商品品种、质量等原因而给予顾客的销货折让情况的明细账。

10．汇款通知书

汇款通知书是一种与销售发票一起寄给顾客，由顾客在付款时再寄回销货单位的凭证。这种凭证应注明顾客的姓名、销售发票号码、销货单位开户银行账号以及金额等内容。如果顾客没有将汇款通知书随货款一并寄回，一般应由收受邮件的人员在拆邮件时再代编一份汇款通知书。采用汇款通知书能使现金立即存入银行，可以提高对资产保管的控制。

11．现金日记账和银行存款日记账

现金日记账和银行存款日记账是用来记录应收账款的收回或现销收入以及其他各种现金、银行存款收入和支出的日记账。

12．坏账审批表

坏账审批表是一种用来批准将某些应收款项注销为坏账的、仅在企业内部使用的凭证。

13. 顾客月末对账单

顾客月末对账单是一种定期寄送给顾客的用于购销双方定期核对账目的凭证。顾客月末对账单上应注明应收账款的月初余额、本月各项销货业务的金额、本月已收到的货款、各贷项通知单的数额以及月末余额等内容。

14. 转账凭证

转账凭证是指记录转账业务的记账凭证,它是根据有关转账业务的原始凭证编制的。

15. 收款凭证

收款凭证是指用来记录现金和银行存款收入业务的记账凭证。

二、销售与收款循环所涉及的主要业务活动

了解企业在销售与收款循环中的主要业务活动,对销售与收款循环审计十分必要。企业的销售与收款循环主要是由企业与顾客交换商品或劳务、收回现金等经营活动组成,涉及销售业务、收款业务(包括现销和应收账款收回)、销售调整业务(包括销售折扣、折让和退回,坏账准备的提取和冲销)等内容。每一业务均需经过若干步骤(或程序)才能完成。

1. 接受顾客订单

顾客向企业寄送订单,提出订货要求是整个销售与收款循环的起点。订单管理部门应区分现购和赊购,赊购订单只有在符合企业管理层授权标准的情况下,才能接受。企业管理层一般都列出了已准予赊销的顾客名单。订单管理部门的职员在决定是否同意接受某顾客的订单之前,应追查该顾客是否已被列在该名单中。如果顾客未被列入该名单,则通常需要订单管理部门的主管来决定是否接受该订单。企业在批准了顾客订单之后,通常应编制一式多联的销售单。

2. 批准赊销信用

赊销批准是由信用管理部门根据企业管理层的赊销政策以及对每个顾客已授权的信用额度进行的。信用管理部门的职员在收到订单管理部门的销售单后,应将销售单的金额与该顾客已授权的赊销信用额度扣除其迄今尚欠账款余额后的差额进行比较,以决定是否继续给予赊销。执行人工赊销信用检查时,应合理划分工作责任,切实避免销售人员为增加销售而使企业承担不适当的信用风险。

企业应对每个新顾客进行信用调查,包括获取信用评级机构对顾客信用等级的评定报告。批准或不批准赊销,都要求被授权的信用部门人员在销售单上签署意见,其后再将签署意见后的销售单返回订单管理部门。

3. 按销售单供货

企业管理层通常要求仓库只有在收到经过批准的销售单时才能供货。设计这项控制程序的目的是为了防止仓库在未经授权的情况下擅自发货。因此,已批准销售单的副联通常应送达仓库,作为仓库按销售单供货和发货给装运部门的授权依据。

4. 按销售单发运

发运部门职员应在经授权的情况下装运产品,使企业按销售单装运与按销售单供货的职责相分离。发运部门职员在装运之前,还必须进行独立验证,以确定从仓库收到的商品都附有已批准的销售单,并且所发运商品与销售单相符。

5. 向顾客开具账单

开具账单包括编制和向顾客寄送事先连续编号的销售发票。

为了降低开具账单过程中出现遗漏、重复、错误计价或其他差错的风险，应设立以下控制程序：

（1）开具账单部门职员在编制每张销售发票之前，应独立检查是否存在装运凭证和相应的经批准的销售单。

（2）应依据已授权批准的商品价目表编制销售发票。

（3）独立检查销售发票计价和计算的正确性。

（4）将装运凭证上的商品总数与相对应的销售发票上的商品总数进行比较。

6．记录销售

在手工会计系统中，记录销售的过程包括区分赊销、现销，按销售发票编制转账凭证或现金、银行存款收款凭证，再据以登记销售明细账和应收账款明细账或现金、银行存款日记账。记录销售的控制程序包括以下内容：

（1）只依据附有有效装运凭证和销售单的销售发票记录销售。这些装运凭证和销售单应能证明销货交易的发生及其发生的日期。

（2）控制所有事先连续编号的销售发票。

（3）独立检查已处理销售发票上的销售金额与会计记录金额的一致性。

（4）记录销售的职责应与前面说明的处理销货交易的其他功能相分离。

（5）对记录过程中所涉及的有关记录的接触予以限制，以减少未经授权批准的记录的发生。

（6）定期独立检查应收账款的明细账与总账的一致性。

7．办理和记录现金、银行存款收入

这项业务涉及有关货款收回，库存现金、银行存款的记录以及应收账款减少的活动。在办理和记录库存现金、银行存款收入时，最应关心的是货币资金失窃的可能性。货币资金失窃可能发生在货币资金收入登记入账之前或入账之后。处理货币资金收入时最重要的是要保证全部货币资金都必须如数、及时地记入库存现金、银行存款日记账或应收账款明细账，并如数、及时地将现金存入银行。在这方面，汇款通知单发挥着十分重要的作用。

8．办理和记录销货退回、销货折扣与折让

顾客如果对商品不满意，销货企业一般都会同意接受退货，或给予一定的销货折让；顾客如果提前支付货款，销货企业则可能会给予一定的销货折扣。发生此类事项时，必须经授权批准，并应确保与办理此事有关的部门和职员各司其职，分别控制实物流和会计处理。在这方面，严格使用贷项通知单无疑会起到关键的作用。

9．注销坏账

不管赊销部门的工作如何主动，顾客因经营不善、宣告破产、死亡等原因而不支付货款的事仍时有发生。销货企业若认为某项货款再也无法收回，就必须注销这笔货款。对这些坏账，正确的处理方法应该是获取货款无法收回的确凿证据，经适当审批后及时进行会计调整。

10．提取坏账准备

坏账准备的提取数额必须能够抵补企业以后无法收回的本期销货款。防止货币资金或应收账款余额的高估。

第三节 销售与收款循环的内部控制及其测试

一、销售与收款循环的内部控制

销售与收款循环的内部控制主要包括以下方面：

1. 职责分离控制

适当的职责分离有助于防止各种有意或无意的错误。例如，接受顾客订货单、填制销售单、批准赊销、发运货物、结算开票、收取货款、会计记录及账目核对等，必须由不同的职能部门或人员负责办理。明确的职责分工，可保证销售业务处理的有效性和可靠性。

2. 授权审批控制

销售发票和发货单须经企业有关负责部门和人员审批；顾客的赊销要经过授权审批；销售价格、付款条件、运费和销售退回、折让与折扣等的确定要经过适当的授权批准；对确实无法收回的应收账款，按规定程序批准后，方可作为坏账处理。

3. 会计记录控制

对内部控制来说，只有具备充分的记账手续、充分的凭证和记录才有可能实现其各项控制目标。例如，有的企业在收到顾客订货单后，就立即编制一份预先编号的一式多联的销售单，并分别用于批准赊销、审批发货、记录发货数量以及向顾客开具账单等。在这种制度下，只要定期清点销售发票，漏开账单的情形几乎就不会发生。

另外，凭证应预先编号，目的在于既要防止销货以后忘记向顾客开具账单或登记入账，也要防止重复开具账单或重复记账。

4. 定期核对控制

应收账款总账、明细账、主营业务收入的总账、明细账等应定期进行核对。应收账款要有核对催收制度，每月由独立的人员负责向客户寄送对账单，并定期检查确定账龄较长的欠款。在必要的情况下，调整这类客户的信用限额。

5. 寄收对账单控制

由不负责现金、销货及应收账款记账的人员按月向顾客寄发对账单，能促使顾客在发现应付账款余额不正确后及时作出说明，因而这是一项有用的控制。为了使这项控制更加有效，最好将账户余额中出现的所有核对不符的账项，指定一位不掌管货币资金、也不记载主营业务收入和应收账款账目的主管人员处理。

注册会计师观察指定人员寄送对账单和检查顾客复函档案，对于测试被审计单位是否按月向顾客寄出对账单，是十分有效的控制测试。

6. 内部核查程序控制

由内部注册会计师或其他独立人员核查销货业务的处理和记录，是实现内部控制目标不可缺少的一项控制措施。如表 9-2 所示程序是对各项控制目标的典型内部核查程序。注册会计师可以采用检查内部注册会计师的报告，或其他独立人员在其核查凭证上的签字等方法实施控制测试。

表 9-2　内部核查程序控制

内部控制目标	内部核查程序控制举例
登记入账的销货业务是真实的	检查销售发票的连续性并检查所附的佐证凭证
销货业务均经适当审批	了解顾客的信用情况，确定是否符合企业的赊销政策
所有销货业务均已登记入账	检查发运凭证的连续性，并将其与主营业务收入明细账进行核对
登记入账的销货业务均经正确估价	将销售发票上的数量与发运凭证上的记录进行比较核对
登记入账的销货业务的分类恰当	将登记入账的销货业务的原始凭证与会计科目表比较核对
销货业务的记录及时	检查开票员所保管的未开票发运凭证，确定是否包括所有应开票的发运凭证在内
销货业务已经正确地记入明细账并经准确汇总	从发运凭证追查至主营业务收入明细账和总账

二、评估重大错报风险

（一）风险产生的原因

1. 管理层对收入造假的偏好和动因

如被审计单位管理层可能为了完成预算，吸引潜在投资者，而在财务报表中虚增收入。

2. 收入的复杂性

如被审计单位已开始采用网络销售方式，但管理层对网络销售方式可能出现的问题缺乏经验时，收入确认就容易发生错误。

3. 管理层凌驾于控制之上的风险

如被审计单位在年末编造虚假销售，然后在次年转回，可能导致当年收入及当年年末应收账款余额的高估。

4. 采用不正确的收入截止

可能导致本期收入及本期期末应收账款余额的高估或低估。

5. 低估应收账款坏账准备的压力

当欠款金额较大的几个主要客户面临财务困难，或国外客户汇款受限时，这种压力更大。将导致资产负债表中应收账款余额的高估。

6. 舞弊和盗窃的风险

如果被审计单位从事贸易业务，重要的销售货款较多地以现金结算时，被审计单位员工发生舞弊和盗窃的风险较高；如果被审计单位拥有多个资金端口，比如超市，由于每天通过多个端口采用人工方式处理大量货币资金，资金端口的安全问题和人工控制的风险便会增加，可能导致货币资金的损失。

7. 款项无法收回的风险

如客户用无效的支票或盗用的信用卡进行货款结算,可能导致货币资金或应收账款的高估。

8. 发生错误的风险

如没有及时更新商品价目表,导致商品以错误的价格出售;销售量较大时,售出商品的数量发生错误等。

9. 隐瞒盗窃的风险

如被审计单位员工利用销售调整和销售退回隐瞒盗窃现金行为时,将导致收入、应收账款的高估和货币资金的低估。

某些重大错报风险可能与财务报表整体广泛相关,进而影响多项认定。比如管理层凌驾于控制之上或承受异常的压力可能引发舞弊风险;某些重大错报风险可能与特定的某类交易、账户余额和列报的认定相关。比如管理层承受低估应收账款坏账准备的压力,表明应收账款账户余额的认定可能存在重大错报风险。

(二) 可能发生错报的环节

注册会计师需要确认和了解错报可能在什么环节发生,即确定被审计单位应在哪些环节设置控制,以防止或发现并纠正各重要业务流程可能发生的错报。销售与收款活动中部分可能发生错报的环节如表 9-3 所示。

表 9-3 销售与收款活动可能发生错报的环节

交易流程	可能的错报
接受顾客订单	可能把商品销售给了未经授权的顾客;虚构销售交易
核准信用,批准赊销	承担了不适当的信用风险而蒙受损失
按销售单发货、运货	所发出、装运的货物可能与被订购的货物不符;可能有未经授权的发出、装运货物
开发票给顾客	可能对虚构的交易开发票或重复开发票;销售发票可能计价错误
记录销售	发票不入账;未计入恰当的账户;未计入恰当的会计期间
收款	坐支、挪用、贪污
记录收款	收款不入账;记录错误

三、销售与收款循环的控制测试

销售与收款循环的控制测试主要包括以下内容:

1. 抽取一定数量的销售发票,进行检查

(1) 检查发票是否连续编号,作废发票的处理是否正确。

(2) 核对销售发票与销售订单、销售通知单、出库单(或提货单)所载明的品名、规格、数量、价格是否一致。

(3) 检查销售通知单上是否有信用部门有关人员核准赊销的签字。

(4) 销售发票中所列的数量、单价和金额是否正确。包括:将销售发票中所列商品的单价与商品价目表的价格进行核对;验算发票金额的正确性。

(5) 从销售发票追查至有关的记账凭证、应收账款明细账及主营业务收入明细账,确定被审计单位是否正确、及时地登记有关凭证、账簿。

2. 检查已发出的商品是否均已向顾客开出发票

抽取一定数量的出库单或提货单,并与相关的销售发票进行核对,检查已发出的商品是否均已向顾客开出发票。

3. 检查被审计单位是否存在收入高估或低估的情况

从主营业务收入明细账中抽取一定数量的会计记录,并与有关的记账凭证、销售发票进行核对,以确定是否存在收入高估或低估的情况。

4. 抽取一定数量的销售调整业务的会计凭证,检查销售退回、折让、折扣的核准与会计核算

(1) 确定销售退回与折让的批准与贷项通知单的签发职责是否分离。

(2) 确定现金折扣是否经过适当授权,授权人与收款人的职责是否分离。

(3) 检查销售退回和折让是否附有按顺序编号并经主管人员核准的贷项通知单。

(4) 检查退回的商品是否具有仓库签发的退货验收报告(或入库单),并将验收报告的数量、金额与贷项通知单等进行核对。

(5) 确定退货、折扣、折让的会计记录是否正确。

5. 抽取一定数量的记账凭证、应收账款明细账,进行检查

(1) 从应收账款明细账中抽取一定的记录并与相应的记账凭证进行核对,比较两者登记的时间、金额是否一致。

(2) 从应收账款明细账中抽查一定数量的坏账注销的业务,并与相应的记账凭证、原始凭证进行核对,确定坏账的注销是否符合有关法规的规定、企业主管人员是否核准等。

(3) 确定被审计单位是否定期与顾客对账,在可能的情况下,将被审计单位一定期间的对账单与相应的应收账款明细账的余款进行核对,如有差异,则应进行追查。

6. 实施职责分离的控制测试

观察职员获得或接触资产、凭证和记录(包括存货、销售通知单、出库单、销售发票、凭证与账簿、现金及支票)的途径,并观察职员在执行授权、发货、开票等职责时的表现,确定被审计单位是否存在必要的职务分离、内部控制的执行过程中是否存在弊端。

在对被审计单位的内部控制系统进行了必要的了解与测试之后,注册会计师应当对其控制风险作出评价,并对实质性测试的内容作出相应的调整。同时,对测试过程中发现的问题,应当在工作底稿中进行记录,并以适当的形式告知被审计单位的管理层。

【例 9-1】 2010 年 12 月 1 日至 7 日,注册会计师 A 和 B 对甲公司销售和收款循环的内部控制进行了解和测试,并在相关审计工作底稿中记录了了解和测试的事项,摘录如下:

(1) 甲公司发出产成品时,由销售部填制一式四联的出库单。仓库发出产成品后,将第一联出库单留存登记产成品卡片,第二联交销售部留存,第三、四联交会计部会计人员乙登记产成品总账和明细账。

(2) 会计人员戊负责开具销售发票。在开具销售发票之前,先取得仓库的发货记录和销售商品价目表,然后填写销售发票的数量、单价和金额。

要求:根据上述摘录,请代注册会计师 A 和 B 指出甲公司在销售与收款循环内部控制方面的缺陷,并提出改进建议。

【解答】 甲公司销售与收款内部控制的缺陷及改进建议如下:

(1) 会计人员乙同时登记产成品总账和明细账,不相容职务未进行分离。应建议甲公司由

不同的会计人员登记产成品总账和明细账。

(2) 会计人员戌开销售发票不能只依据发货单和价目表,因为实际销售的数量和结算价格可能会与发货单上的数量以及价目表上的价格不一致。应建议甲公司会计人员戌应先核对装运凭证和相应的经批准的销售单,并根据已授权批准的商品价格填写销售发票的价格,根据装运凭证上的数量填写销售发票的数量,再根据数量和价格计算出金额。

第四节 营业收入审计

营业收入包括主营业务收入和其他业务收入。主营业务收入是指企业为完成其经营目标所从事的经常性活动实现的收入。主营业务收入一般占企业总收入的较大比重,对企业的经济效益产生较大影响。不同行业的主营业务收入所包括的内容不同,如工业企业的主营业务收入主要包括销售商品、自制半成品、代制品、代修品,提供工业性劳务等实现的收入;商业企业的主营业务收入主要指销售商品实现的收入;咨询公司的主营业务收入主要包括提供咨询服务实现的收入;安装公司的主营业务收入主要包括提供安装服务实现的收入。这里主要介绍工业企业(即制造业)的主营业务收入审计。其他业务收入是指与企业为完成其经营目标所从事的经常性活动相关的活动实现的收入。例如,工业企业对外销售不需用的原材料、对外转让无形资产使用权等,都属于企业的其他业务收入。

一、营业收入审计目标

(1) 确定利润表中记录的营业收入是否已发生,且与被审计单位有关;
(2) 确定所有应当记录的营业收入是否均已记录;
(3) 确定与营业收入有关的金额及其他数据是否已恰当记录;
(4) 确定营业收入是否已记录于正确的会计期间;
(5) 确定营业收入是否已记入恰当的账户;
(6) 确定营业收入在财务报表中的列报是否恰当。

二、主营业务收入实质性测试程序

1. 取得或编制主营业务收入项目明细表

复核加计是否正确,与总账数和明细账合计数核对是否相符;结合其他业务收入审计与报表中营业收入核对是否相符。

2. 查明主营业务收入的确认原则、方法

注意是否符合会计准则规定的收入实现条件,前后期是否一致;关注周期性、偶然性的收入是否符合既定的收入确认原则、方法。

按照《企业会计准则第 14 号——收入》的要求,企业商品销售收入,应在下列条件均能满足时予以确认:①企业已将商品所有权上的主要风险和报酬转移给购货方;②企业既没有保留通常与所有权相联系的继续管理权,也没有对已售出的商品实施有效控制;③收入的金额能可靠地计量；④相关的经济利益很可能流入企业；⑤相关的已经发生或将要发生的成本能够可靠地计量。因此，对主营业务收入的实质性程序，主要应测试被审计单位是否依据上述五个条件确认产品销售收入。具体来说，被审计单位采取的销售方式不同，确认销售的时点也是不同的。

（1）采用交款提货方式销售，以货款已经收到或取得收取货款的权利，同时发票账单和提货单已交给购货单位时确认收入的实现。对此，注册会计师应着重检查被审计单位是否收到货款或取得收取货款的权利，发票账单和提货单是否已交付购货单位，应注意有无扣压结算凭证，将当期收入转入下期入账，或者虚记收入、开具假发票、虚列购货单位，将当期未实现的收入虚转为收入记账，在下期予以冲销的现象。

【例9-2】 注册会计师接受委托审计W公司当年财务报表，盘点存货时发现乙产品账面数量大于库存数量200吨，经询问相关人员得知，该产品发票已开具，且发票账单和提货单均已交给购货单位，双方约定1个月后付款，W公司既没有保留继续管理权，也未对其实施控制。W公司以未收到货款为由，没有做任何会计处理，该产品销售单价为1 600元，单位成本为800元。

要求：指出上述账务处理中存在的问题，并作出审计调整分录。

【解答】 根据《企业会计准则》的规定，采用交款提货销售方式，应于货款已收到或取得收取货款的权利，并已将发票账单和提货单交给购货单位时确认收入实现。因此，该交易符合收入确认条件，应确认为当期销售。注册会计师应提请W公司调整报表。审计调整分录为：

借：应收账款	374 400	
贷：营业收入（主营业务收入）		320 000
应交税费——应交增值税（销项税额）		54 400
借：营业成本（主营业务成本）	160 000	
贷：存货（库存商品）		160 000

（2）采用预收账款销售方式，应于商品已经发出时，确认收入的实现。注册会计师应重点检查被审计单位是否收到了货款，商品是否已经发出。应注意是否存在对已收货款并已将商品发出的交易不入账、转为下期收入，或开具虚假出库凭证，虚增收入等现象。

【例9-3】 注册会计师审查M公司当年财务报表时发现有一笔预收C公司585 000元的货款，产品已发出，成本为200 000元。但M公司没有做任何账务处理。

要求：指出上述账务处理中存在的问题，并作出审计调整分录。

【解答】 根据《企业会计准则》的规定，采用预收账款销售方式，应于商品发出时确认收入的实现。由于该笔交易，货物已经发出，相关的风险和报酬已经转移，符合收入的确认条件，应当确认销售收入实现。注册会计师应提请M公司调整报表。审计调整分录为：

借：预收款项（预收账款）	585 000	
贷：营业收入（主营业务收入）		500 000
应交税费——应交增值税（销项税额）		85 000
借：营业成本（主营业务成本）	200 000	
贷：存货（库存商品）		200 000

（3）采用托收承付结算方式销售的，应于商品已经发出，劳务已经提供，并已将发票账单提交银行、办妥收款手续时确认收入的实现。对此，注册会计师应重点检查被审计单位是否发货，托收手续是否办妥，货物发运凭证是否真实，托收承付结算回单是否正确。

（4）委托其他单位代销商品的，如果代销单位采用视同买断方式，应于代销商品已经销售并收到代销单位代销清单时，按企业与代销单位确定的协议价确认收入的实现。对此，应注意查明有无商品未销售、编制虚假代销清单、虚增本期收入的现象；如果代销单位采用收取手续费方式，应在代销单位将商品销售、企业已收到代销单位代销清单时确认收入的实现。

（5）销售合同明确价款分期收取，符合收入确认条件的应于发货时确认收入。对此，注册会计师应重点检查如果交易实质上具有融资性质（收款期三年以上），是否按应收合同价的公允价值确定销售商品收入金额。应收合同价与其公允价值之间的差额，是否在合同期内采用实际利率法进行摊销，计入当期损益，对此还应检查有无违规按合同约定收款日确认收入。

【例9-4】 2010年1月1日，M公司售出大型设备一套，合同约定采用分期收款方式，从2010年起，按5年分期收款，于每年年末收取1 000万元，合计5 000万元。设备成本为3 000万元。2010年1月1日发出商品时开出增值税专用发票注明增值税额为850万元，并于当天收到税款（应收合同价的公允价值为4 000万元，银行同期贷款利率为5%）。该公司会计处理如下：

（1）2010年1月1日发出商品时：

借：发出商品	30 000 000	
贷：库存商品		30 000 000
借：银行存款	8 500 000	
贷：应交税费——应交增值税（销项税额）		8 500 000

（2）2010年12月31日收到第一期款项时：

借：银行存款	10 000 000	
贷：主营业务收入		10 000 000
借：主营业务成本	6 000 000	
贷：发出商品		6 000 000

要求：指出上述账务处理中存在的问题，并作出审计调整分录。

【解答】 该公司对分期收款销售按照约定的收款日期确认收入，违反了会计准则的规定。本例中的分期收款销售实质上具有融资性质，应在发出商品时，按照应收的合同价的公允价值（现值）确定销售商品收入金额。应收的合同价与其公允价值（现值）之间的差额，应当在合同期内采用实际利率法进行摊销，计入当期损益。审计调整分录如下：

借：长期应收款	40 000 000	
贷：营业收入（主营业务收入）		30 000 000
长期应收款（未实现融资收益）		8 000 000
财务费用		2 000 000
借：营业成本（主营业务成本）	24 000 000	
贷：存货（发出商品）		24 000 000

（6）对长期工程合同收入，如果合同的结果能够可靠估计，应当根据完工百分比法确认合同收入。注册会计师应重点检查收入的计算、确认方法是否符合规定，并核对应计收入与实际收入是否一致，注意查明有无随意确认收入、虚增或虚减本期收入的情况。

（7）委托外贸代理出口、实行代理制方式的，应在收到外贸企业代办的发运凭证和银行交款凭证时确认收入。对此，注册会计师应重点检查代办发运凭证和银行交款凭证是否真实，注意有无内外勾结，出具虚假发运凭证或虚假银行交款凭证的情况。

（8）对外转让土地使用权和销售商品房的，通常应在土地使用权和商品房已经移交，并将发票结算账单提交对方时确认收入。对此，注册会计师应重点检查已办理的移交手续是否符合规定要求，发票账单是否已交对方，注意查明被审计单位有无编造虚假移交手续、采用“分层套写”、开具虚假发票的行为，防止其高价出售、低价入账，从中贪污货款。如果被审计单位事先与买方签订了不可撤销合同，按合同要求开发房地产，则应按建造合同的处理原则处理。

3. 实施分析程序

注册会计师应实施分析程序，检查主营业务收入是否有异常变动和重大波动，从而在总体上对主营业务收入的真实性作出初步判断。注册会计师通常在以下几方面进行比较分析：

（1）针对已识别需要运用分析程序的有关项目，并基于对被审计单位及其环境的了解，通过进行以下比较，同时考虑有关数据间关系的影响，以建立有关数据的期望值：①将本期与上期的主营业务收入进行比较，分析产品销售的结构和价格的变动是否正常，并分析异常变动的原因；②计算本期重要产品的毛利率，与上期比较，检查是否存在异常，各期之间是否存在重大波动，查明原因；③比较本期各月各种主营业务收入的波动情况，分析其变动趋势是否正常，是否符合被审计单位季节性、周期性的经营规律，并查明异常现象和重大波动的原因；④将本期重要产品的毛利率与同行业进行对比分析，检查是否存在异常；⑤根据增值税发票申报表或普通发票，估算全年收入，与实际收入金额比较。

（2）确定可接受的差异额。

（3）将实际情况与期望值相比较，识别需要进一步调查的差异。

（4）如果其差额超过可接受的差异额，调查并获取充分的解释和恰当的佐证审计证据（如通过检查相关的凭证等）。

4. 审查售价是否合理

注册会计师应当获取产品价格目录，抽查售价是否符合价格政策，并注意销售给关联方或关系密切的重要客户的产品价格是否合理，有无低价或高价结算以转移收入的现象。

5. 审查主营业务收入的会计处理是否恰当

注册会计师应抽取企业被审计期间内一定数量的销售发票，进行从原始凭证到记账凭证、主营业务收入明细账的全过程审查，核实其记录、过账、加总是否正确，并将抽取的收入与应收账款明细账、现金或银行存款日记账、产成品明细账进行核对，以进一步确定发货日期、销售数量、品名、单价、金额等是否相符。

6. 向主要客户函证本期销售额

结合对应收账款实施的函证程序，选择主要客户函证本期销售额。

7. 出口销售的实质性测试

对于出口销售，应当将销售记录与出口报关单、货运提单、销售发票等出口销售单据进行核对，必要时向海关函证。

8. 实施销售的截止测试

截止测试是实质性测试中常用的一种具体审计技术，被广泛运用于货币资金、往来款项、存货、投资、主营业务收入和期间费用等项目的审计中，尤以在主营业务收入审计中的运用更为典型。对主营业务收入实施截止测试，其目的主要在于确定被审计单位主营业务收入的会计记录归属期是否正确;应记入本期或下期的主营业务收入是否被推延至下期或提前至本期。

(1) 通过测试资产负债表日前后若干天一定金额以上的发运凭证,将应收账款和收入明细账进行核对;同时从应收账款和收入明细账选取在资产负债表日前后若干天一定金额以上的业务,与发运凭证核对,以确定销售是否存在跨期现象。

(2) 复核资产负债表日前后销售和发货水平,确定业务活动水平是否异常,并考虑是否有必要追加实施截止测试程序。

(3) 取得资产负债表日后所有的销售退回记录,检查是否存在提前确认收入的情况。

(4) 结合对资产负债表日应收账款的函证程序,检查有无未取得对方认可的大额销售,若有,应作出记录并提请被审计单位作出相应调整。

(5) 调整重大跨期销售。对销售实施截止测试,其目的主要在于确定被审计单位主营业务收入的会计记录归属期是否正确:应记入本期或下期的主营业务收入是否被推延至下期或提前至本期。我国《企业会计准则——基本准则》规定:“企业对于已经发生的交易或者事项,应当及时进行会计确认、计量和报告,不得提前或者延后”,并规定“收入只有在经济利益很可能流入从而导致企业资产增加或者负债减少,且经济利益的流入能够可靠计量时才能予以确认”。

企业应当合理确认主营业务收入的实现,并将已实现的收入按时入账。注册会计师在审计中应该注意把握与主营业务收入确认有密切关系的三个日期:一是发票开具日期或者收款日期;二是记账日期;三是发货日期(或提供劳务的日期)。这里的发票开具日期是指开具增值税专用发票或普通发票的日期;记账日期是指被审计单位确认主营业务收入实现并将该笔经济业务记入主营业务收入明细账的日期;发货日期是指仓库开具出库单并发出库存商品的日期。检查三者是否归属于同一适当的会计期间是主营业务收入截止测试的关键所在。注册会计师可以考虑选择三条审计路径实施主营业务收入的截止测试。

一是以账簿记录为起点。抽查资产负债表日前后若干天主营业务收入明细账记录,追查至发票存根与发运凭证,以验证已入账的收入是否在同一期间已开具发票并发货,有无多记收入。这种方法的优点是比较直观,容易查找至相关的凭证记录,以确定其是否应在本期确认收入,特别是在连续审计两个以上会计期间时,检查跨期收入十分便捷,可以提高审计效率。缺点是缺乏全面性和连贯性,只能查多记,无法查漏记,尤其是当期漏记收入延至下期,而审计时被审计单位尚未及时登账情况下,不易发现应记入而未记入报告期收入的情况。因此,使用这种方法主要是为了防止多计收入。

二是以销售发票为起点。抽查资产负债表日前后若干天发票存根与主营业务收入明细账记录,以确定已开具发票的商品是否已发货并于同一会计期间确认收入,有无漏记收入。具体做法是抽取若干张在资产负债表日前后开具的销售发票存根,追查至发运凭证和账簿记录,查明有无漏记收入的现象。优点是较全面、连贯,容易发现漏记的收入;缺点是较费时费力,有时难以查找相应的发货及账簿记录,而且不易发现多记的收入。使用这种方法时应注意两点:①相应的发运凭证是否齐全,特别应注意有无报告期内已作收入而下期初用红字冲回,并且无发货、收货记录,以此来调节前后期利润的情况;②被审计单位的发票存根是否已全部提供,有无隐瞒。为此,应查看被审计单位的发票领购簿,尤其应关注普通发票的领购和使用情况。因此,使用这种方法主要是为了防止少计收入。

三是以发运凭证为起点。抽查资产负债表日前后若干天发票存根与主营业务收入明细账记录，确定已发货的商品是否已开具发票并于同一会计期间确认收入，有无漏记收入。该方法的优缺点与方法二类似，具体操作中还应考虑被审计单位的会计政策才能作出恰如其分的处理。因此，使用这种方法主要也是为了防止少计收入。

实际上，由于被审计单位的具体情况各异，管理层意图各不相同，有的为了完成利润目标、承包指标，更多享受税收等优惠政策，便于筹资等目的，可能会多计收入；有的则为了以丰补歉、留有余地、推迟缴税时间等目的，而少计收入。注册会计师应当凭借专业经验和掌握的信息、资料作出正确判断，选择其中的一条或两条审计路线实施有效的收入截止测试。

【例 9-5】 注册会计师正在对兰石公司 2010 年度的财务报表进行审计。兰石公司为增值税一般纳税人，增值税率 17%。为了确定兰石公司的销售业务是否记录在恰当的会计期间，决定对销售进行截止测试。截止测试的简化审计工作底稿见表 9-4 所示。

表 9-4　简化审计工作底稿

销　售 发票号	金额 （万元）	计入销售 明细账日期	发运日	发票日	销售成本 （万元）
7835	15	2010.12.30	12.27	12.27	7
6726	20	2010.12.30	01.02	01.03	12
9812	23	2011.01.02	12.30	12.30	14
5832	6	2011.01.08	01.07	01.08	2

要求：

（1）根据上述资料指出注册会计师所执行的截止测试的具体方法及其目的。

（2）根据上述资料分析兰石公司是否存在提前入账的问题。如果有，请编制调整分录。

（3）根据上述资料分析兰石公司是否存在拖后入账的问题，并简要说明理由。

【解答】（1）注册会计师执行的截止测试的具体方法是从资产负债表日前后若干天的主营业务收入明细账记录追查至记账凭证，检查发票存根和发运凭证，其目的是证实已经入账的收入是否在同一期间开具发票并发货，有无多计收入的情况。

（2）兰石公司主营业务收入明细账中 2010 年 12 月 30 日发票号 6726 属于提前入账的销售业务。审计调整分录为：

借：营业收入（主营业务收入）	200 000	
应交税费——应交增值税（销项税额）	34 000	
贷：应收账款		234 000
借：存货（库存商品）	120 000	
贷：营业成本（主营业务成本）		120 000

（3）兰石公司不一定存在拖后入账的问题。尽管通过测试发现 2011 年 1 月 2 日入账的销售业务，其发票存根和发运凭证均是 2010 年 12 月 30 日的。但这并不能完全表明该项销售业务已经符合确认收入的条件。

在审计时，对此种情况注册会计师还应结合具体情况确定在 2010 年 12 月 30 日是否能确认为收入。如果在 2010 年末能确认为收入，则兰石公司存在拖后入账的问题；否则，就不存在拖后入账的问题。

9. 检查销售退回

存在销售退回的，检查相关手续是否符合规定，结合相关原始凭证检查其会计处理是否正确，结合存货项目审计关注其真实性。

10. 检查销售折扣与折让

检查销售折扣与折让业务是否真实，内容是否完整，相关手续是否符合规定，折扣与折让的计算和会计处理是否正确。

企业在销售业务中，往往会因产品品种不符、质量不符合要求以及结算方面的原因发生销售折扣与折让业务。尽管引起销售折扣与折让的原因不尽相同，其表现形式也不尽一致，但都是对收入的抵减，直接影响收入的确认和计量。因此，注册会计师应重视折扣与折让的审计。

11. 检查有无特殊的销售行为

对于特殊的销售行为，如附有销售退回条件的商品销售、售后回购、以旧换新、商品需要安装和检验的销售、售后租回等，确定恰当的审计程序进行审核。

【例 9-6】 2010 年 12 月 6 日，M 公司与 C 公司签订了一项产品销售合同。产品的安装调试由 M 公司负责；合同签订日，C 公司预付货款的 40%，余款待安装调试完成并验收合格后结清，如果验收不合格，C 公司有权退货。2010 年 12 月 26 日，M 公司开具增值税专用发票注明价款 500 000 元，增值税额 85 000 元；12 月 28 日产品运抵 C 公司，并收到税款。该批产品成本为 380 000 元。至 2010 年 12 月 31 日，有关安装调试尚未开始。对于上述交易，M 公司在 2010 年 12 月确认了销售收入 500 000 元，增值税销项税额 85 000 元，并结转销售成本 380 000 元；对相关的应收账款未计提坏账准备。

要求：指出上述账务处理中存在的问题，并作出审计调整分录。

【解答】 本例中显然产品的安装是合同的重要的组成部分，所售商品只有在安装调试完成并验收合格后，才表明商品所有权上的主要风险和报酬的转移，因此，该项交易在发货时不符合收入确认条件，M 公司不应确认为销售收入。注册会计师应提请 M 公司调整报表。审计调整分录为：

借：营业收入（主营业务收入）	500 000	
贷：预收款项（预收账款）		200 000
应收账款		300 000
借：存货（发出商品）	380 000	
贷：营业成本（主营业务成本）		380 000

12. 确定主营业务收入在利润表上列报是否恰当

注册会计师应审查利润表上的营业收入项目里的主营业务收入的数字是否与审定数相符，主营业务收入确认所采用的会计政策是否已在财务报表附注中披露。

三、其他业务收入实质性测试程序

（1）获取或编制其他业务收入明细表，复核加计是否正确，并与总账数和明细账合计数核对是否相符，结合主营业务收入科目与营业收入报表数核对是否相符。

（2）计算本期其他业务收入与其他业务成本的比率，并与上期该比率进行比较，检查是否有重大波动，如有，应查明原因；

（3）检查其他业务收入内容是否真实、合法，收入确认原则及会计处理是否符合规定，抽查原始凭证予以核实；

（4）对异常项目，应追查入账依据是否充分；

（5）抽查资产负债表日前后一定数量的记账凭证，执行截止测试，追踪到发票、收据等，确定入账时间是否正确；

（6）检查其他业务收入在财务报表中的列报是否恰当。

第五节　应收账款审计

应收账款指企业因销售商品、产品或提供劳务而形成的债权，即由于企业销售商品、产品或提供劳务等原因，应向购货客户或接受劳务的客户收取的款项或代垫的运杂费，是企业在信用活动中所形成的各种债权性资产。

企业的应收账款是在销货业务中产生的。企业的销售如果属于赊销，即销售实现时没有立即收取现款，而是获得了要求客户在一定条件下和一定时间内支付货款的权力，就产生了应收账款。因此，应收账款的审计应结合销货业务来进行。

一、应收账款审计目标

（1）确定资产负债表中记录的应收账款是否存在；

（2）确定所有应当记录的应收账款是否均已记录；

（3）确定记录的应收账款是否为被审计单位拥有或控制；

（4）确定应收账款是否以恰当的金额包括在财务报表中，与之相关的计价调整是否已恰当记录；

（5）确定应收账款在财务报表中的列报是否恰当。

二、应收账款的实质性测试程序

1. 获取或编制应收账款明细表

注册会计师首先应获取或编制应收账款明细表，复核加计是否正确，并与报表数、总账数和明细账合计数核对是否相符。

2. 分析应收账款账龄

应收账款的账龄是指资产负债表中的应收账款从销售实现，产生应收账款之日起，至资产负债表日止所经历的时间。编制应收账款账龄分析表时，可以选择重要的顾客及其余额列示，不重要的或余额较小的，可以汇总列示。应收账款账龄分析表的合计数减去已计提的相应坏账准备后的净额，应该等于资产负债表中的应收账款项目余额。如果应收账款账龄分析表由被审计单位提供，应测试其计算的准确性。将应收账款账龄分析表的合计数与应收账款总分类账余额相比较，并调查重大调整项目。检查原始凭证，如销售发票、运输记录等，测试账龄核算的准确性。

注册会计师可以通过编制或获取应收账款账龄分析表来分析应收账款的账龄，以便了解应收账款的可收回性。应收账款账龄分析表如表9-5所示。

表9-5 应收账款账龄分析表

年 月 日 单位：

顾客名称	期末余额	账龄			
		1年以内	1~2年	2~3年	3年以上
合计					

3. 向债务人函证应收账款

应收账款函证就是直接发函给被审计单位的债务人，要求核实被审计单位应收账款的记录是否正确的一种审计方法。函证的目的是证实应收账款账户余额的真实性、正确性，防止或发现被审计单位及其有关人员在销售业务中发生的差错或弄虚作假、营私舞弊行为。询证函由注册会计师利用被审计单位提供的应收账款明细账户名称及地址编制，但询证函的寄发一定要由注册会计师亲自进行。

（1）函证的范围和对象。注册会计师不需要对被审计单位所有的应收账款进行函证。函证数量的大小、范围主要由下列因素决定：①应收账款在全部资产中的比重。如果应收账款在全部资产中所占的比重较大，则函证的范围应相应大一些。②被审计单位内部控制的强弱。如果内部控制系统较健全，则可以相应减少函证量；反之，则应相应扩大函证范围。③以前期间的函证结果。若以前期间函证中发现过重大差异，或欠款纠纷较多，则函证范围应相应扩大。④函证方式的选择。若采用肯定式函证，则可以相应减少函证量；若采用否定式函证，则要相应增加函证量。

一般情况下，注册会计师应选择以下项目作为函证对象：大额或账龄较长的项目；与债务人发生纠纷的项目；关联方项目；交易频繁但期末余额较小，甚至为零的项目；非正常项目。

（2）函证的方式。函证方式分为积极式函证和消极式函证两种。积极式函证，又称正面式、肯定式函证，就是向债务人发出询证函，要求其证实所函证的欠款是否正确，无论对错都要求复函。积极式询证函参考格式如表9-6所示。

表9-6 积极式询证函格式

企业询证函

××（公司）： 编号：

本公司聘请的××会计师事务所正在对本公司××年度财务报表进行审计，按照中国注册会计师审计准则的要求，应当询证本公司与贵公司的往来账项等事项。下列信息出自本公司账簿记录，如与贵公司记录相符，在本函下端“信息证明无误”处签章证明；如有不符，请在“信息不符”处列明不符金额。回函请直接寄至××会计师事务所。

回函地址：

邮编： 电话： 传真： 联系人：

1. 本公司与贵公司的往来账项列示如下：

截止日期	贵公司欠	欠贵公司	备注

2. 其他事项。

本函仅为复核账目之用,并非催款结算。若款项在上述日期之后已经付清,仍请及时复函为盼。

(公司盖章)
年 月 日

结论:1. 信息证明无误。

(公司盖章)
年 月 日
经办人:

2. 信息不符,请列明不符的详细情况。

(公司盖章)
年 月 日
经办人:

消极式函证,又称反面式、否定式函证,它也是向债务人发出询证函,但所函证的款项相符时不必复函,只有在所函证的款项不符时才要求债务人向注册会计师复函。积极式询证函参考格式见表 9-7 所示。

表 9-7 消极式询证函格式

企业询证函

××(公司):

编号:

本公司聘请的××会计师事务所正在对本公司××年度财务报表进行审计,按照中国注册会计师审计准则的要求,应当询证本公司与贵公司的往来账项等事项。下列数据出自本公司账簿记录,如与贵公司记录相符,则无须回复;如有不符,请直接通知会计师事务所,并请在空白处列明贵公司认为正确的信息。回函请直接寄至××会计师事务所。

回函地址:

邮编: 电话: 传真: 联系人:

1. 本公司与贵公司的往来账项列示如下:

截止日期	贵公司欠	欠贵公司	备注

2. 其他事项。

本函仅为复核账目之用,并非催款结算。若款项在上述日期之后已经付清,仍请及时复函为盼。

(公司盖章)
年 月 日

××会计师事务所：

上面的信息不正确，差异如下：

（公司盖章）
年 月 日
经办人：

注册会计师采用哪种函证方式，可以根据下述情形作出选择：

当债务人符合下列情况时，采用积极式函证较好：①个别账户的欠款金额较大；②有理由相信欠款可能存在争议、差错等问题。

当债务人符合以下所有条件时，可以采用消极式函证：①相关的内部控制是有效的，重大错报风险评估为低水平；②预计差错率较低；③欠款余额小的债务人数量很多；④注册会计师有理由确信大多数被函证者能认真对待询证函，并对不正确的情况予以反馈。

有时候两种函证方式结合起来使用可能更适宜：对于余额较大账项采用积极式函证，对于余额较小账项则采用消极式函证。

（3）函证时间的选择。为了充分发挥函证的作用，通常应选择与资产负债表日接近的时间进行函证。

（4）函证的控制。注册会计师应直接控制询证函的发送和回收。对于因无法投递而退回的信函要进行分析，查明是由于被函证者地址迁移、差错而致使信函无法投递，还是这笔应收账款本来就是一笔假账。对于采用积极式函证方式未回函的，可再次复询，由注册会计师发出第二封甚至第三封询证函。如果仍然得不到答复，注册会计师应考虑采用必要的替代程序。例如检查与销售有关的文件与记录，包括销售合同、销售订单、销售发票副本及发运凭证等，以验证这些应收账款的真实性。

①注册会计师对函证实施过程应采取必要的控制措施。将被询证者的名称、地址与被审计单位有关记录核对；将询证函中列示的账户余额或其他信息与被审计单位有关资料核对；在询证函中指明直接向接受审计委托的会计师事务所回函；询证函经被审计单位盖章后，由注册会计师直接发出；将发出询证函的情况记录在审计工作底稿中，并汇总统计函证结果。

②如果被询证者以传真、电子邮件等方式回函，注册会计师应当直接接收，并要求被询证者寄回询证函原件。注册会计师可通过函证结果汇总表的方式对询证函的收回情况加以控制。应收账款函证结果汇总表如表9-8所示。

表9-8 应收账款函证结果汇总表

被审计单位名称： 制表： 日期：

结账日： 年 月 日 复核： 日期：

询证函编号	债务人名称	债务人地址及联系方式	账面金额	函证方式	函证日期		回函日期	替代程序	确认余额	差异金额及说明	备注
					第一次	第二次					
合计											

（5）函证结果差异的分析。收回的询证函中如有差异，注册会计师应查明原因作出记录或适当调整。产生差异的原因主要表现在：①购销双方入账的时间存在差异（即未达账项）。具体包括：询证函发出时，债务人已经付款，而被审计单位尚未收到货款；询证函发出时，被审计单位的货物已经发出并已做销售记录，但货物仍在途中，债务人尚未收到货物，因此也未确认应付款项；债务人由于种种原因已将货物退回，并冲减了应付款项，而被审计单位尚未收到货物，也未对应收账款作出调整；债务人对收到的货物数量、质量、规格、价格等方面有异议而全部或部分拒付货款等。②购销一方或双方存在记账差错或舞弊行为。如果不符事项构成错报，注册会计师应当重新考虑所实施审计程序的性质、时间和范围。

（6）对函证结果的总结和评价：①重新考虑对内部控制的原有评价是否适当；控制测试的结果是否适当；分析程序的结果是否适当；相关的风险评价是否适当等。②如果函证结果表明没有审计差异，则可合理地推论，全部应收账款总体是正确的。③如果函证结果表明存在审计差异，则应当估算应收账款总额中可能出现的累计差错是多少，估算未被选中进行函证的应收账款的累计差错是多少。为取得对应收账款累计差错更加准确的估计，也可以进一步扩大函证范围。

4．请被审计单位协助，在应收账款明细表上标出至审计时已收回的应收账款金额

对已收回金额较大的款项进行常规检查，如核对收款凭证、银行对账单、销售发票等，并注意凭证发生日期的合理性。

5．检查未函证应收账款

由于注册会计师不可能对所有应收账款进行函证，因此，对于未函证的应收账款，注册会计师应抽查与销售有关的记录与文件，如销售合同、销售订单、销售发票副本及发运凭证等，以验证与其相关的这些应收账款的真实性。

6．检查坏账的确认和处理

首先，注册会计师应检查有无债务人破产或者死亡的，以其破产财产或以遗产清偿后仍无法收回的，或者债务人长期未履行清偿义务的应收账款；其次，应检查被审计单位的坏账处理是否经授权批准，有关会计处理是否正确。

7．抽查有无不属于结算业务的债权

不属于结算业务的债权，不应在应收账款中进行核算。因此，注册会计师应抽查应收账款明细账，并追查有关原始凭证，查证被审计单位有无不属于结算业务的债权。如有，应作出记录或建议被审计单位进行适当调整。

8．检查外币应收账款的折算

对于用非记账本位币（通常为外币）结算的应收账款，注册会计师应检查被审计单位外币应收账款的增减变动是否采用交易发生日的即期汇率将外币金额折算为记账本位币金额，或者采用按照系统合理的方法确定的、与交易发生日的即期汇率近似的汇率折算，选择采用汇率的方法前后各期是否一致；期末外币应收账款余额是否采用期末即期汇率折合为记账本位币金额；折算差额的会计处理是否正确。

9．分析应收账款明细账余额

应收账款明细账的余额一般在借方。在分析应收账款明细账余额时，注册会计师如果发现应收账款出现贷方明细余额的情形，就应查明原因，必要时建议作重分类调整。

10．检查应收账款在资产负债表上是否已恰当列示

如果被审计单位为上市公司，则其财务报表附注通常应披露期初、期末余额的账龄分析，期末欠款金额较大的单位账款，以及持有5%以上（含5%）股份的股东单位账款等情况。

【例9-7】 假设某被审计单位财务报表应收账款项目为1 480万元，应收账款各明细账情况如下：

应收账款——a 200万元

——b 700万元

——c 1 000万元

——d -500万元

——e 80万元

要求：指出上述账务处理中存在的问题，并作出审计调整分录。

【解答】 应当注意应收账款——d“-500万元”其经济意义已不是应收账款，而是预收账款，因此被审计单位在编制财务报表时作重分类调整，即

借：应收账款——d 5 000 000

贷：预收账款——d 5 000 000

如果被审计单位不作该笔重分类调整，则资产负债表中应收账款项目少计了500万元，预收账款项目少计了500万元。被审计单位未作重分类调整属于审计差异。

【例9-8】 M公司2010年12月31日的资产负债表“应收账款”数额为1 652 000元，与应收账款总账余额减去坏账准备相应明细账余额后的差额相符，应收账款Z公司明细账有贷方余额180 000元，经查系Z公司的预付货款，尚未履行供货合同。M公司按应收账款余额的1%计提坏账准备。

要求：指出上述账务处理中存在的问题，并作出审计调整分录。

【解答】 应收账款明细账的贷方余额反映企业预收的账款，属于负债。注册会计师应提请M公司进行重分类调整。审计调整分录为：

借：应收账款——Z公司 180 000

贷：预收款项（预收账款——Z公司） 180 000

借：资产减值损失 1 800

贷：应收账款（坏账准备） 1 800

三、坏账准备的实质性测试程序

坏账是指企业无法收回或收回的可能性极小的应收款项。由于发生坏账而产生的损失称为坏账损失。

企业通常应采用备抵法按期估计坏账损失，形成坏账准备。与直接转销法相比，备抵法将预计不能收回的应收款项作为坏账损失及时计入费用，能够避免企业虚增利润；在财务报表上列示应收款项的净额，有助于财务报表使用者了解企业真实的财务状况；并且使得应收款项实际占用资金更接近实际，消除了虚列的应收款项，有利于加快企业资金周转，提高企业经济效益。企业会计准则规定，企业应当在期末对应收款项进行检查，并预计可能产生的坏账损失。应收款项包括应收票据、应收账款、预付款项、其他应收款和长期应收款等，下面以应收账款相关的坏账准备

为例，阐述坏账准备审计常用的实质性程序。

坏账准备的实质性测试程序一般包括：

（1）取得或编制坏账准备明细表，复核加计是否正确，与坏账准备总账数、明细账合计数核对是否相符。

（2）将应收账款坏账准备本期计提数与资产减值损失相应明细项目的发生额核对是否相符。

（3）检查应收账款坏账准备计提和核销的批准程序，取得书面报告等文件，评价计提坏账准备所依据的资料、假设及方法。

企业通常应采用备抵法核算坏账损失，计提坏账损失的具体方法由企业自行确定。企业应当列出目录，具体注明计提坏账准备的范围、方法、账龄的划分和提取比例，按照管理权限，经股东大会或董事会等类似机构批准，并报有关各方备案，同时，备置于公司所在地，以供投资者查阅。坏账准备提取方法一经确定，不得随意变更。

在采用账龄分析法、余额百分比法的同时，是否采用个别认定法，应视具体情况而定。如果某项应收账款的可收回性与其他各项应收账款存在明显的差异，可对该项应收账款采用个别认定法计提坏账准备。企业应根据所持应收账款的实际情况，合理计提坏账准备，不得多提或少提，否则应视为滥用会计估计，按照重大会计差错更正处理。

在确定坏账准备的计提比例时，企业应当根据以往的经验、债务单位的实际财务状况和现金流量的情况，以及其他相关信息合理估计。除有确凿证据表明该应收款项不能收回，或收回的可能性不大（如债务单位撤销、破产、资不抵债、现金流量严重不足、发生严重自然灾害等导致停产而在短期内无法偿付债务，以及应收账款逾期 3 年以上）外，下列各种情况一般不能全额计提坏账准备：①当年发生的应收账款，以及未到期的应收账款；②计划对应收账款进行债务重组；③与关联方发生的应收账款；④其他已逾期，但无确凿证据证明不能收回的应收账款。

（4）实际发生坏账损失的，检查有关转销依据是否符合有关规定，会计处理是否正确。

对于被审计期间内发生的坏账损失，注册会计师应检查其原因是否清楚，是否符合有关规定，有无授权批准，有无已作坏账损失处理后又重新收回的应收款项，相应的会计处理是否正确。

对有确凿证据表明确实无法收回的应收款项，如债务单位撤销、破产、资不抵债、现金流量严重不足等，企业应根据管理权限，经股东（大）会或董事会，或经理（厂长）办公会或类似机构批准作为坏账损失，冲销提取的坏账准备。

【例 9-9】 注册会计师李文审计 A 公司坏账准备项目，在审查坏账损失时发现：

（1）原 W 公司欠款 1 000 万元，W 公司因财务状况不佳，多年不能偿还，上年度已经董事会决定作坏账处理，并报经有关部门审核批准。W 公司经营状况好转后，偿还原欠款中的 500 万元。A 公司会计处理为：借记“银行存款”科目，贷记“坏账准备”科目。

（2）该公司采用“账龄分析法”计提坏账准备，当年全额提取坏账准备的账户有 8 笔，共计 5 000 万元。其中，未到期的应收账款 2 笔，计 2 000 万元；计划进行债务重组 1 笔，计 1 500 万元；与母公司发生的交易 1 笔，计 1 000 万元；其他虽已逾期但无充分证据证明不能收回的 4 笔，计 500 万元。

（3）已逾期 7 年，对方无偿债行为，且近期所无法改善财务状况，或对方单位已停产，近期无法偿还所欠债务 2 000 万元。A 公司在确定计提坏账比例时，仅按 30% 计提坏账准备。

要求：逐一分析上述事项，判断A公司的做法是否正确，如不正确，请你提出相应的处理意见。

【解答】 (1) 按企业会计准则，已确认并转销的应收款项以后又收回的，应当按照实际收到的金额增加坏账准备的账面余额。已确认并转销的应收款项以后又收回时，借记"应收账款"科目，贷记"坏账准备"科目。同时，借记"银行存款"科目，贷记"应收账款"科目。也可以按照实际收回的金额，借记"银行存款"科目，贷记"坏账准备"科目。A公司的会计处理，符合新会计准则的规定。因此，李文应予以认可。

(2) 根据规定：下列各种情况不能全额提取坏账准备：①当年发生的应收款项，以及未到期的应收款项；②计划对应收款项进行债务重组；③与关联方发生的应收款项；④其他已逾期，但无确凿证据证明不能收回的应收款项。

因此，A公司对计提坏账准备的账务处理不符合上述规定的，应予纠正。李文应提请被审计单位进行重新计算调整有关项目数额，并将审计结果和被审计单位调整情况在工作底稿中详细记录反映。如果被审计单位拒绝调整，李文应根据其数额的大小及对财务报表的影响程度决定所表示的审计意见，并适当地予以披露。

(3) 根据应收账款账龄的长短提取不同的坏账准备是属于被审计单位的会计估计责任。注册会计师在审计中要关注会计估计的合理性：①评价会计估计所依据的数据，考虑会计估计所依据的假设；②检查会计估计所涉及的计算过程；③如有可能，将前期会计估计与这些期间的实际结果进行比较；④检查被审计单位管理当局对会计估计的批准情况。

根据以上程序，注册会计师认为，A公司对上述应收款项所采取的计提比例应考虑调整提高。因此，李文应提出建议，要求被审计单位提高计提坏账准备的比例；并相应对有关项目数额进行调整。如果被审计单位拒绝调整，注册会计师应考虑出具保留意见的审计报告。

(5) 检查已确认并转销的坏账重新收回时，其会计处理是否正确。

(6) 执行分析程序。通过计算坏账准备余额占应收款项余额的比例，并和以前期间的相关比例核对，检查分析其重大差异，以发现有重要问题的审计领域。

(7) 检查函证结果。对债务人回函中反映的例外事项及存在争执的余额，注册会计师应查明原因并进行记录，必要时应建议被审计单位作相应的调整。

(8) 确定坏账准备的披露是否恰当。企业应当在财务报表附注中清晰地说明坏账的确认标准、坏账准备的计提方法和计提比例。上市公司还应在财务报表附注中分项披露如下事项：①本期全额计提坏账准备，或计提坏账准备的比例较大的(超过40%)，应说明计提比例及理由；②以前期间已全额计提坏账准备，或计提坏账准备的比例较大但在本期又全额或部分收回的，或通过重组等其他方式收回的，应说明其原因、原估计计提比例的理由以及原估计计提比例的合理性；③对某些金额较大的应收账款不计提坏账准备或计提坏账准备比例较低(5%或低于5%)的理由；④本期实际冲销的应收款项及其理由，其中，实际冲销的关联交易产生的应收账款应单独披露。

【例9-10】 甲公司2010年12月31日应收账款总账余额为20 000万元，其所属明细账中借方余额的合计数为21 000万元，贷方余额的合计数为1 000万元；其他应收款总账余额为3 000万元，该公司采用余额百分比法计提坏账准备，计提比例为1%，计提金额为230万元。坏账准备的账户记录如表9-9所示。

表 9-9　坏账准备明细账(简式)

单位:万元

日期	凭证字号	摘要	借方	贷方	余额
1/1		上年结转			100(贷方)
5/6	转字 37	核销坏账	50		50(贷方)
8/11	转字 87	核销坏账	60		-10(借方)
31/12	转字 98	计提本年的坏账准备		230	220(贷方)

要求:根据上述资料,指出坏账准备计提中存在的问题并进行纠正。

【解答】 该公司坏账准备的计提金额有误。对于应收账款明细账中有贷方余额的不应计提坏账准备,因其相当于预收账款,应该对其进行重新分类,归入负债方。年末计提坏账准备的基数为 24 000(即 21 000+3 000)万元。

$$\begin{matrix}\text{当期应提取}\\\text{的坏账准备}\end{matrix}=\begin{matrix}\text{当期按应收款项总计}\\\text{应提取的坏账准备金额}\end{matrix}-\begin{matrix}\text{坏账准备科目}\\\text{的贷方余额}\end{matrix}$$

$$=24\ 000\times1\%-(-10)=250(\text{万元})$$

该公司少提 20(即 250-230)万元,建议作出调整,调整分录为:

借:资产减值损失——计提坏账准备　　200 000

　贷:应收账款(坏账准备)　　200 000

【例 9-11】 华兴公司系 ABC 会计师事务所的常年审计客户。注册会计师 A 和 B 负责对该公司 2010 年的财务报表进行审计,并确定财务报表层次的重要性水平为 1 200 000 元。华兴公司 2010 年财务报告于 2011 年 2 月 25 日获董事会批准,并于同日报送证券交易所。华兴公司会计政策规定,对应收款项采用账龄分析法计提坏账准备。根据债务单位的财务状况、现金流量等情况,确定坏账准备计提比例分别为:账龄 1 年以内的(含 1 年,以下类推),按其余额的 10%计提;账龄 1～2 年的,按其余额的 30%计提;账龄 2～3 年的,按其余额的 50%计提;账龄 3 年以上的,按其余额的 80%计提。华兴公司 2010 年 12 月 31 日未经审计的应收账款账面余额为 51 929 000 元,相应的坏账准备余额为 6 364 900 元。应收账款账面余额明细情况表如表 9-10 所示。

表 9-10　应收账款账龄分析表

单位:元

客户名称	期末余额	账龄			
		1 年以内	1～2 年	2～3 年	3 年以上
a 公司	36 582 000	35 150 000	500 000	932 000	
b 公司	17 154 000	2 000 000	15 100 000	54 000	
c 公司	625 000	600 000		25 000	
d 公司	-2 500 000	9 500 000	-12 000 000		
e 公司	68 000				68 000
小 计	51 929 000	47 250 000	3 600 000	1 011 000	68 000

要求：如果不考虑审计重要性水平，请针对资料事项回答注册会计师 A 和 B 是否需要提出审计调整建议？若需提出审计调整建议，请直接列示审计调整分录（审计调整分录均不考虑对华兴公司 2010 年度的企业所得税、期末结转损益及利润分配的影响）。

【解答】 针对资料事项，注册会计师 A 和 B 应提请华兴公司作以下报表重分类调整分录：

借：应收账款——d 公司　　12 000 000

　　贷：预收款项（预收账款）——d 公司　　12 000 000

华兴公司应按账龄分析法补提应收账款坏账准备，补提数 = [47 250 000×10% +（3 600 000+ 12 000 000）×30% +1 011 000×50% +68 000×80%] - 6 364 900 = （4 725 000 + 4 680 000 + 505 500+ 54 400）-6 364 900 = 3 600 000（元）

对上述事项，注册会计师 A 和 B 还应提请华兴公司做以下审计调整分录：

借：资产减值损失——计提的坏账准备　　3 600 000

　　贷：应收账款（坏账准备）　　3 600 000

【例 9-12】 M 公司采用应收账款余额百分比法计提坏账准备，确定的比例为 2%。年末应收账款明细账借方余额为 750 万元，预收账款明细账借方余额为 350 万元，坏账准备期初余额为 20 万元，本期发生坏账损失 30 万元，本期收回前期已核销的坏账 15 万元。期末应收账款中应收 Z 公司的贷款 60 万元，有确凿证据表明只能收回 30%。M 公司年末计提了 10 万元的坏账准备。

要求：指出上述账务处理中存在的问题，并作出审计调整分录。

【解答】 M 公司计提的坏账准备不恰当。按规定，企业应按照应收账款和预收账款明细科目借方余额合计计提坏账准备。应收 Z 公司的贷款 60 万元，有确凿证据表明只能收回 30%，应采用个别认定法计提坏账准备。建议 M 公司进行调整。

调整前坏账准备账户余额 = 20-30+15+10 = 15（万元）

补提坏账准备 =（750+350-60）×2% + 60×（1-30%）-15 = 47.8（万元）

审计调整分录为：

借：资产减值损失——计提的坏账准备　　478 000

　　贷：应收账款（坏账准备）　　478 000

第六节 其他相关账户审计

在销售与收款循环中，除以上介绍的财务报表项目或会计科目之外，还有应收票据、预收账款、应交税费、营业税金及附加、销售费用等项目。对这些项目审计的阐述，一般只直接列示其相应的实质性测试审计程序。

一、应收票据审计

如果企业销售实现时没有收到现款，而是收到了客户的商业汇票，包括商业承兑汇票和银行承兑汇票，便产生了应收票据。应收票据是以书面形式表现的债权资产，其款项具有一定的保证，经持有人背书后可以提交银行贴现，具有较大的灵活性。由于应收票据是在企业赊销业务中产生的，因此对应收票据的审计也必须结合赊销业务一起进行。

应收票据的实质性测试程序主要有：

1. 获取或编制应收票据明细表

注册会计师获取或编制应收票据明细表，复核加计是否正确，并核对其期末余额合计数与报表数、总账数和明细账合计数是否相符。

应收票据明细表通常包括出票人姓名、出票日、到期日、金额和利率等资料。在复核加计正确及与上述有关数额核对相符的基础上，注册会计师应抽查部分票据，并追查至相关文件资料，判断其内容是否正确，有无应转入应收账款的逾期应收票据，以及虽未逾期但有确凿证据表明不能够收回或收回可能性不大的应收票据。

2. 监盘库存票据

注册会计师监盘库存票据时，应注意票据的种类、号数、签收的日期、到期日、票面金额、合同交易号、付款人、承兑人、背书人姓名或单位名称，以及利率、贴现率、收款日期、收回金额等是否与应收票据登记簿的记录相符，是否存在已作抵押的票据和银行退回的票据。

3. 函证应收票据

必要时，抽取部分票据向出票人函证，以证实应收票据的存在性和可收回性，并编制函证结果汇总表。

4. 审查应收票据的利息收入

如果注册会计师计算的应计利息金额与账面所列金额不符，则应加以分析，特别要对"财务费用——利息收入"账户中那些与应收票据账户中所列任何票据均不相关的贷方金额加以注意，因为这些贷项可能代表据以收取利息的票据未曾入账。

5. 审查已贴现应收票据

对于已贴现的应收票据，注册会计师应审查其贴现额与贴现息的计算是否正确，会计处理方法是否适当。

6. 确定应收票据在财务报表上的披露是否恰当

注册会计师应检查被审计单位资产负债表中应收票据项目的数额是否与审定数相符，是否删除了已贴现票据；在财务报表附注中应披露的内容是否充分。

【例 9-13】 注册会计师 B 2011 年 1 月审查伟康股份有限公司应收票据时，发现 2010 年 12 月 20 日贴现一张票面面额为 200 000 元，利率为 8%，90 天到期的带息应收票据，该公司已持有 60 天，按 10% 的贴现率进行贴现，该公司账户资料记载所得贴现款为 198 300 元，无银行出具的有关凭证，账务处理为：

借：银行存款	198 300	
财务费用	1 700	
贷：应收票据		200 000

要求：根据上述资料，审查该笔贴现业务的公允性，指出存在的问题，并作出审计调整分录。

【解答】 根据资料，该公司这笔应收票据贴现应得的贴现额计算如下：

本金	200 000（元）
利息	（200 000×8%×90÷360）4 000（元）

到期价值 204 000(元)

减:贴现息 (204 000×10%×30÷360)1 700(元)

贴现额 202 300(元)

因此,该公司的应收票据贴现款198 300元是不正确的,实际为202 300元。该公司将贴现票据收入202 300元记为198 300元,并且无银行的有关原始凭证,这少记的4 000(即202 300-198 300)元很可能是经手人贪污利息,应进一步收集审计证据,确定问题的性质,追究经手人的责任。

该公司上年度应作的正确分录为:

借:银行存款 202 300

贷:应收票据 200 000

财务费用 2 300

因此,该公司上年度财务费用多记4 000(即1 700+2 300)元,要求在2011年1月份进行调整。因上年度的财务费用作为期间费用已在上年利润总额中扣除,所以不能调整"财务费用"账户,只能调整"利润分配——未分配利润"账户,即增加本年度可分配利润4 000元,同时这4 000元应向经手人追回。

审计调整分录为:

借:其他应收款——××× 4 000

贷:利润分配——未分配利润 4 000

同时应补交增加利润所缴的所得税,假定所得税税率为25%,则应补交的所得税为1 000(即4 000×25%)元。审计调整分录为:

借:利润分配——未分配利润 1 000

贷:应交税费——应交所得税 1 000

二、预收账款审计

预收账款是在企业销售业务成立以前,预先收取的部分货款,由于预收账款是随着企业销货业务的发生而发生的,注册会计师应结合企业销货业务对预收账款进行审计。预收账款的实质性测试程序一般包括:

(1)获取或编制预收账款明细表,复核加计是否正确,并核对其期末余额合计数与报表数、总账数和明细账合计数是否相符。

(2)请被审计单位协助,在预收账款明细表上标出截至审计日已转销的预收账款,对已转销金额较大的预收账款进行检查,核对记账凭证、仓库发运凭证、销售发票等,并注意这些凭证发生日期的合理性。

(3)抽查与预收账款有关的销售合同、仓库发运凭证、收款凭证,检查已实现销售的商品是否及时转销预收账款,确保预收账款期末余额的正确性和合理性。

(4)选择预收账款的若干重大项目函证,根据回函情况编制函证结果汇总表。

函证测试样本通常应考虑选择大额或账龄较长的项目、关联方项目以及主要客户项目。对于回函金额不符的,应查明原因并作出记录或建议作适当调整;对于未回函的,应再次函证或通过检查资产负债表日后已转销的预收账款是否与仓库发运凭证、销售发票相一致等替代程序,确定其是否真实、正确。

（5）检查预收账款是否存在借方余额，以决定是否建议作重分类调整。

（6）检查预收账款长期挂账的原因，并作出记录，必要时提请被审计单位予以调整。

（7）检查预收账款是否已在资产负债表上作恰当披露。

三、营业税金及附加审计

营业税金及附加是指企业由于销售产品、提供工业性劳务等负担的税金及附加，包括营业税、消费税、城市维护建设税、资源税和教育费附加等。对营业税金及附加的实质性测试，应在查明被审计单位应交纳的税种基础上结合“营业税金及附加”总账、明细账与有关原始凭证，以及与该账户对应的“应交税费”账户进行检查，必要时，应向有关部门、单位和人员进行查询。营业税金及附加的实质性测试程序主要包括：

（1）取得或编制营业税金及附加明细表，复核加计是否正确，并与报表数、总账数和明细账合计数核对是否相符。

（2）确定被审计单位的纳税范围与税种是否符合国家规定。

（3）根据审定的当期应纳营业税的营业收入，按规定的税率分项计算、复核本期应纳营业税税额。

（4）根据审定的应税消费品销售额（或数量），按规定适用的税率，分项计算、复核本期应纳消费税税额。

（5）根据审定的应税资源税产品的课税数量，按规定适用的单位税额，计算、复核本期应纳资源税税额。

（6）检查城市维护建设税、教育费附加等项目的计算依据是否与本期应纳增值税、营业税、消费税合计数一致，并按规定适用的税率或费率计算、复核本期应纳城建税、教育费附加等。

（7）复核各项税费与应交税费项目的勾稽关系。

（8）确定被审计单位减免税的项目是否真实，理由是否充分，手续是否完备。

（9）确定营业税金及附加是否已在利润表上作恰当披露。

【例 9-14】 注册会计师在审查甲公司 2010 年年报时发现，甲公司 2010 年 3 月 10 日将转让无形资产使用权应缴的营业税 36 000 元及相应的城市维护建设税 2 520（即 36 000×7%）元和教育费附加 1 080（即 36 000×3%）元计入其他业务成本。

要求：指出该项业务存在的问题，并作出审计调整分录。

【解答】 对于上述事项甲公司的会计处理不恰当，因为无论是销售商品等为完成其经营活动而从事的经常性活动还是与经常性活动相关的其他活动，所形成的应交税费都应记入“营业税金及附加”科目。审计调整分录为：

借：营业税金及附加 39 600

贷：营业成本（其他业务成本） 39 600

四、应交税费的审计

企业形成销售收入和实现利润后，要交纳各种税金，对税金的核算，在权责发生制的基础上，形成应交税金；实际交纳税金后，再从该账户转出。企业交纳的主要税种为增值税和所得税，它们与企业的销售业务关系较为密切，尤其是增值税中的销项税，对其审计应放在销售与收款循环中。应交税费的实质性测试程序包括：

（1）获取或编制应交税费明细表，复核其加计数是否正确，并核对其期末余额与报表数、总账数和明细账合计数是否相符。注意印花税、耕地占用税等有无误记入应交税费项目。

（2）检查被审计单位纳税的相关规定，应获取纳税通知书及征、免、减税的批准文件，了解被审计单位适用的税种、计税基础、税率，以及征、免、减税的范围与期限，确认其在被审计期间内的应纳税费的内容。对重要的减、免、抵、退税收批文应索取复印件（须与原件核对），归入审计工作底稿。

（3）应交增值税销项税额的实质性程序应结合销货交易及营业收入的测试来进行。

第一步，获取或编制应交增值税明细表，复核加计是否正确，并与"应交税费——应交增值税"明细账核对是否相符。

第二步，将应交增值税明细表与企业增值税纳税申报表相关项目核对，看其入账时间与申报时间是否一致，金额是否相符，确定被审计单位增值税纳税申报表是否经税务机关认定，减免税是否有批准文件，税务机关的检查情况。

第三步，检查应交增值税销项税额的计算是否正确，记录是否完整。①根据"（销售+视同销售部分）×17%（或适用税率）= 销项税额"的公式重新计算本期的增值税销项税额，应特别注意将存货用于投资、无偿赠送他人、分配给股东、偿还债务、非货币性资产交换换出，或将自产、委托加工的产品用于非应税项目等视同销售项目，确定其计税依据是否正确，会计处理是否正确。②检查冲减销项税额是否合规，追查红字专用发票的开具是否取得合法的依据，即税务机关开具的《开具红字专用发票通知单》。③如企业具有商品进出口权，确认其是否符合退税条件，以及有关退税率、退税额的计算公式等是否适用；获取出口退税申请表，检查加总及会计处理的正确性，并与明细账数额核对无误。④计算应交增值税并确认其已计入应交税费。检查增值税是否正确、及时、足额缴纳。从本年支付的增值税税金的记录中挑选样本，追查至增值税发票，以确认该金额是否正确。

【例 9-15】 甲公司 2010 年增值税销项税额为 1 300 500 元，经审计发现在建工程（厂房）领用自产的 A 产品，产品成本共计 93 750 元，计税价格为 125 000 元。甲公司按产品成本转账且未计算增值税销项税额。

要求：指出该项业务存在的问题，并作出审计调整分录。

【解答】 对于上述事项甲公司的会计处理不恰当，按规定，在建工程（厂房）领用企业生产的产品应视同销售计缴增值税且不得抵扣。

增值税销项税额为 21 250（即 125 000×17%）元。审计调整分录为：

借：在建工程　　　21 250

　　贷：应交税费——应交增值税（销项税额）　　　21 250

【例 9-16】 注册会计师 A 在审计过程中发现，甲公司为增值税一般纳税人，本期以原材料对乙公司投资，双方协议按成本作价。该批原材料的成本为 200 万元，计税价格为 220 万元，该原材料的增值税税率为 17%。甲公司做的会计分录为：

借：长期股权投资　　　2 000 000

　　贷：原材料　　　2 000 000

要求：指出该项业务存在的问题，并作出审计调整分录。

【解答】　甲公司用原材料对外投资，应视同销售货物，需计算应交增值税。

对外投资转出原材料应计销项税额 = 220×17% = 37.4（万元）

审计调整分录为：

借：长期股权投资　574 000

　其他业务成本　2 000 000

　贷：其他业务收入　2 200 000

　　应交税金——应交增值税（销项税额）　374 000

（4）确定应交税费是否已在资产负债表上作恰当列示。

【例 9-17】　ABC 公司 2011 年 7 月购入一台不需要安装即可投入使用的生产设备，取得的增值税专用发票上注明的设备价款为 30 000 元，增值税额为 5 100 元，另支付包装费 400 元，专业人员服务费 300 元，款项以银行存款支付。该公司作了如下会计分录：

借：固定资产　35 800

　贷：银行存款　35 800

要求：指出该项业务存在的问题，并作出审计调整分录。

【解答】　自 2009 年 1 月 1 日起，在全国范围内，购进固定资产（生产设备）的进项税额可以抵扣。审计调整分录为：

借：应交税费——应交增值税（进项税额）　5 100

　贷：固定资产　5 100

五、销售费用审计

销售费用是指企业在销售商品过程中发生的费用。销售费用的实质性测试程序主要包括：

（1）检查销售费用明细表。获取或编制销售费用明细表，复核加计正确，与报表数、总账数及明细账合计数核对相符，并检查其明细项目的设置是否符合规定的核算内容与范围，是否划清了销售费用和其他费用的界限。

（2）检查销售费用相关内容。检查销售费用的项目设置和开支标准是否符合有关规定，查明其项目设置是否划清了销售费用与其他费用的界限。有关费用支出是否按规定标准列支。

（3）对销售费用实施分析程序。将本期销售费用与上期销售费用进行比较，并将本期各月的销售费用进行比较，如有重大波动和异常情况应查明原因，并作适当处理。

（4）检查异常销售费用。选择重要或异常的销售费用，检查其原始凭证是否合法，会计处理是否正确，必要时，对销售费用实施截止测试，检查有无跨期入账的现象，对于重大跨期项目应建议作必要调整。

（5）检查销售费用相关处理。检查销售费用的结转是否正确、合规，查明有无多转、少转或不转销销售费用，以及人为调节利润的情况。

（6）检查销售费用是否已在利润表上恰当披露。

本章小结

本章属于注册会计师财务报表审计实务，从本章开始至第12章，我们进入了财务报表审计实务部分，即进入业务循环审计，且以执行企业会计准则的公司财务报表审计为例，介绍业务循环（包括销售与收款循环、购货与付款循环、生产与存货循环及筹资与投资循环）审计的具体内容，重点介绍对各财务报表项目如何进行审计测试。销售与收款循环审计与其他业务循环审计之间是密切相联的，因为注册会计师在最终判断被审计单位财务报表是否公允反映时，必须综合考虑审计发现的各业务循环的错误对财务报表产生的影响。

销售与收款循环是指随着商品销售及劳务的提供而发生的商品所有权转让及已收或应收货款的收回过程。该循环从客户提出订货要求开始，将商品或劳务转化为应收款项，并且以最终收回现金为结束，使企业产品价值得以实现。

该循环审计过程中涉及一系列凭证、记录及活动，注册会计师应在了解被审计单位及其环境（包括内部控制）的情况下，对被审计单位内部控制的健全性和有效性作出评价，在此基础上对该循环涉及的主要财务报表项目实施实质性测试程序。

销售与收款循环涉及的主要财务报表项目为：营业收入（主营业务收入）、应收账款（坏账准备）等。其中，在主营业务收入审计中，收入的确认、分析程序及截止测试都是非常重要的审计程序；在应收账款审计中，函证是一种必要且有效的审计程序。

本章思考题

1. 销售与收款循环主要有哪些凭证及业务活动？
2. 销售与收款循环中可能存在重大错报风险的情形有哪些？
3. 销售与收款循环控制测试的内容有哪些？
4. 如何对主营业务收入实施实质性分析程序？
5. 如何对主营业务收入实施截止测试？
6. 应收账款的实质性测试程序包括哪些内容？

案例讨论题

如此分工是否可行？

[案情介绍] 某会计师事务所接受委托，准备审计甲公司2009年度的会计报表，甲公司的财务主管建议：公司设置了3名会计人员和1名出纳人员，3名会计人员分别掌管资产类账户、负债类和所有者权益类账户、损益类账户。为了便于交流，减少对公司正常经营活动的干扰并节

约审计时间，可以分别指派3名注册会计师执行对资产类账户、负债类和所有者权益类账户、损益类账户的实质性测试。

［问题思考］

1. 审计项目经理是否能够接受客户财务主管的建议？
2. 如不能接受，请列出理由。

第十章　购货与付款循环审计

第一节　购货与付款循环概述

购货与付款循环概述主要介绍两个部分的内容：一是本循环所涉及的主要凭证和会计记录；二是本循环所涉及的主要业务活动。

一、主要凭证和会计记录

购货与付款业务通常要经过请购—订货—验收—付款这样的程序，与销货和收款业务一样，在内部控制比较健全的企业，处理购货与付款业务通常也需要使用很多凭证和会计记录。典型的购货与付款循环所涉及的主要凭证和会计记录有以下几种。

1．请购单

请购单是由商品制造、资产使用等部门的有关人员填写，送交采购部门，申请购买商品、劳务或其他资产的书面凭证。

2．订购单

订购单是由采购部门填写，向另一企业购买订购单上所指定商品、劳务或其他资产的书面凭证。

3．验收单

验收单是收到商品、资产时所编制的凭证，列示从供应商处收到的商品、资产的种类和数量等内容。

4．卖方发票

卖方发票是供应商开具的，交给买方以载明发运的货物或提供的劳务、应付款金额和付款条件等事项的凭证。

5．付款凭单

付款凭单是采购方企业的应付凭单部门编制的，载明已收到商品、资产或接受劳务的厂商、应付款金额和付款日期的凭证。付款凭单是采购方企业内部记录和支付负债的授权证明文件。

6．转账凭证

转账凭证是指记录转账业务的记账凭证，它是根据有关转账业务（即不涉及现金、银行存款收付的各项业务）的原始凭证编制的。

7．付款凭证

付款凭证包括现金付款凭证和银行存款付款凭证，是指用来记录现金和银行存款支出业务的记账凭证。

8. 应付账款明细账

各应付账款明细账的余额合计数应与应付账款总账的余额相等。

9. 现金日记账和银行存款日记账

现金日记账和银行存款日记账是用来记录应付账款的偿还以及其他各种现金、银行存款收入和支出的日记账。

10. 卖方对账单

卖方对账单是由供货方编制的，标明期初余额、本期购买、本期支付给卖方的款项和期末余额的凭证。卖方对账单是供货方对有关交易的陈述，如果不考虑买卖双方在收发货物上可能存在的时间差等因素，其期末余额通常应与采购方相应的应付账款期末余额一致。

二、购货与付款循环所涉及的主要业务活动

企业应将各项职能活动指派给不同的部门或职员来完成。这样，每个部门或职员都可以独立检查其他部门和职员工作的正确性。下面以采购商品为例，分别阐述购货与付款循环中的主要环节。

1. 请购商品

仓库负责对需要购买的已列入存货清单的项目填写请购单，其他部门也可以对所需要购买的未列入存货的清单项目编制请购单。大多数企业对正常经营所需物资的购买均作一般授权；但对资本支出和租赁合同，企业则通常要求作特别授权，只允许指定人员提出请购。请购单可由手工或计算机编制，由于企业内不少部门都可以填列请购单，可能不便事先编号，为加强控制，每张请购单必须经过对这类支出负预算责任的主管人员签字批准。

2. 编制订购单

采购部门在收到请购单后，对经过批准的请购单发出订购单。对每张订购单，采购部门应确定最佳的供应来源。对一些大额、重要的采购项目，应采取竞价方式来确定供应商，以保证供货的质量、及时性和成本的低廉。

3. 验收商品

验收部门首先应比较所收商品与订购单上的要求是否相符，然后再盘点商品并检查商品有无损坏。验收后，验收部门应对已收货的每张订购单编制一式多联、预先按顺序编号的验收单，作为验收和检验商品的依据。

4. 储存已验收的商品

将已验收商品的保管与采购的其他职责相分离，可减少未经授权的采购和盗用商品的风险。存放商品的仓储区应相对独立，限制无关人员接近。

5. 编制付款凭单，确认与记录负债

货物验收后，应核对订购单、验收单和供货发票的一致性，确认负债，编制付款凭单，并将经审核的付款凭单，连同每日的凭单汇总表一起送到会计部门。以编制有关记账凭证和登记有关明细账和总账账簿。

6. 付款

公司在准备付款前，应核对付款条件，并检查资金是否充足。在签发支票的同时登记支票簿

和日记账，以便登记每一笔付款。已签发的支票连同有关发票、合同凭证应送交有关负责人审核签字，并将支票送交供应商。这一环节是付款活动的关键环节，应采用邮寄或其他方式以保证支票安全地送到供应商手中。

7. 会计记录

根据付款凭单、支票登记簿、付款日记账和有关记账凭证登记有关明细账和总账账簿。

第二节 购货与付款循环的内部控制及其测试

一、购货与付款循环的内部控制

购货与付款循环的内部控制主要包括以下方面。

（一）职责分离控制

购货业务环节中所需处理的主要业务有确定生产和销售的需要，寻求能满足这些需要的供应商和最低的价格，向供应商发出购货订单，检验收到的货物，确定是否接受货物，向供应商退回货物，储存或使用货物，进行会计记录，核准付款等。在这些业务中，需要职务分离的有：生产和销售部门对原料、物品和商品的需要必须由生产或销售部门提出，采购部门采购；付款审批人和付款执行人不能同时办理寻求供应商和索价业务；货物的采购人不能同时担任货物的验收工作；货物的采购、储存和使用人不能担任账务的记录工作；接受各种劳务的部门或主管这些业务的人应适当地与账簿记录人分离；审核付款的人应与执行付款人职务分离；记录应付账款的人不能同时担任付款业务。

（二）请购控制

提出货物和劳务的需要是购货环节上的第一步，一个企业可以有若干不同的请购制度，对不同的需要有不同的确定和提出请购的方法。

1. 原材料或零配件购进

一般首先由生产部门根据生产计划或即将签发的生产通知单提出请购单。材料保管人员接到请购单后，应将材料保管卡上记录的库存数与生产部门需要的数量进行比较。当生产所需材料和仓储所需后备数量合计已超过库存数量时，应同意请购。

2. 临时性物品的购进

通常由使用者而不需经过仓储部门直接提出，由于这种需要很难列入计划之中，因此，使用者在请购单上一般要对采购需要作出描述，解释其目的和用途。请购单须由使用者的部门主管审批同意，并须经资金预算的负责人同意签字后，采购部门才能办理采购手续。

3. 由同一服务机构或公司所提供的某些经常性服务项目

例如公用事业、期刊杂志、保安等服务项目，请购手续的处理通常是一次性。即当使用者最初需要这些服务时，应提出请购单，由负责资金预算的部门进行审批。

4. 特殊项目的请购

例如保险、广告、法律和审计服务等特殊项目的需要，一般由企业最高负责人审批。可参照过去的服务质量和收费标准,分析由专人提出的需要内容,包括选定的广告商、事务所及费用水平等是否合理,经批准后,这些特殊服务项目才能进行。

(三)订货控制

无论何种需要的请购,购货部门在收到请购单后,在最终发出购货订单之前,都应明确订购多少、向谁订购、何时购货等问题。

1. 在订购多少的控制方面

购货部门首先应对每一份请购单审查其请购数量是否在控制限额的范围内,其次是检查使用物品和获得劳务的部门主管是否在请购单上签字同意。对于需大量采购的原材料、零配件等,必须进行各种采购数量对成本影响的成本分析,其内容是将各种请购项目进行有效归类,然后利用经济批量法来测算成本。

2. 关于向谁订购的问题

购货部门在正式填制购货订单前,必须向不同的供应商(通常要求两家以上)索取供应物品的价格、质量指标、折扣和付款条件以及交货时间等资料,比较不同供应商所提供的资料,选择最有利于企业生产和成本最低的供应商,与供应商签订合同。

3. 关于何时订货的问题

关于何时订货的问题主要由存货管理部门运用经济批量法和分析最低存货点来进行,而不是由购货部门进行。当请购单已提出,购货部门应对这些请购单的处理结果及时告知仓储和生产部门。

在上述三个方面的决定做出之后,购货部门应及时填制购货订单,并对其进行控制,主要是预先应对每份订单进行编号;在购货订单向供应商发出前,必须由专人检查该订单是否得到授权人的签字;由专人复查购货订单的编制过程和内容;购货订单的副本应递交给请购、保管与会计部门等。

(四)验收控制

货物的验收应由独立于请购、采购和会计部门的人员来承担,其控制责任是检验收到货物的数量和质量。

1. 对于数量

验收部门在货运单上签字之前,应通过计数、过磅或测量等方法来证明货运单上所列数量,并要求两个收货人在收货报告单上签字。

2. 对于质量

验收部门应检验有无因运输损失而导致的缺陷,在货物质量检验需要有较高的专业知识或者必须经过仪器、实验才能进行的情况下,收货部门应将部分样品送交专家和实验室对其质量进行检验。

3. 对于货物

每一项收到的货物必须在检验以后填制包括供应商名称、收货日期、货物名称、数量和质量以及运货人名称、原购货订单编号等内容的收货报告单,并将其及时报告请购、购货和会计部门。

(五)应付账款的控制

任何应付账款的不正确记录和不按时偿还该债务,都会导致交易双方不必要的债务纠纷。对应付账款的控制有:应付账款的记录必须由独立于请购、采购、验收、付款的职员来进行;应付账款的入账还必须在取得和审核各种必要的凭证以后才能进行；对于有预付货款的交易，在收到供应商发票后，应将预付金额冲抵部分发票金额来记录应付账款；必须分别设置应付账款的统驭账户和明细账；对于享有折扣的交易，应根据供应商发票金额减去折扣金额的净额登记应付账款；每月应将应付账款明细账与客户的对账单进行核对。

（六）付款控制

1. 支票准备

支票准备应独立于采购、付款确认和函证程序，所有付款都应有事前编号的支票，对已签发的支票应将其原始凭证加盖“已付款”印章，以避免重复付款，尽可能使用有安全保障的支票书写器或电脑生成的支票，对于空白支票应安全存放，作废的支票应立即注销等。

2. 支付

付款前，应复核客户发票上的数量、价格和合计数以及折扣条件等，核对支票的金额，采购和付款应有各自独立的签名，对支票应采取函寄或其他安全方式送交。

3. 会计处理

会计部门及时记录付款业务，定期核对总账的分类账以及日记账，注意未付账款。检查应付账款的明细账和有关文件，以防失去可能的现金折扣。

二、评估重大错报风险

（一）风险产生原因

1. 管理层错报费用支出的偏好和动因

如被审计单位管理层可能为了完成预算，吸引潜在投资者，误导股东，影响公司股价，或通过把私人费用计入公司进行个人盈利而错报支出。

2. 费用支出的复杂性

如被审计单位在国外开展交易，管理层对于可能遇到的问题解决经验有限，甚至不具备进行正确交易的能力。这可能导致费用支出分配的错误，外币换算错误和准备计提的错误。

3. 管理层凌驾于控制之上和员工舞弊的风险

如通过与第三方串通，把私人费用计入企业费用支出，或有意无意地重复付款。

4. 采用不正确的费用支出截止期

如被审计单位采用离岸价格结算方式进口的商品期末尚在途中，由于商品的所有权已经转移，就可能存在低估在途商品的风险。

5. 低估

在承受反映较高盈利水平和营运资本的压力下，被审计单位管理层可能试图低估应付账款和各种减值准备，如存货和应收账款减值以及对已售商品提供的担保应计提的准备。

6. 不正确地记录外币交易

当被审计单位进口用于出售的商品时，可能由于采用不恰当的外币汇率而导致该项采购的记录出现差错。

7. 舞弊和盗窃的固有风险

如果负责付款的会计人员有权接触应付账款主文档，并能通过在应付账款主文档中擅自添加新的账户来虚构采购交易，舞弊和盗窃的风险就会增加。

8. 延迟向供应商付款

可能导致不能申请原本可以享受的购货折扣,增加了不必要的开支。

9. 存货的计价不恰当

存货的采购成本没有按照适当的计量属性确认,可能导致存货成本和销售成本的核算不正确。

10. 存在未记录的权利和义务

可能导致资产负债表分类错误以及财务报表附注不正确或披露不充分。

总之,当被审计单位管理层具有高估利润的动机时,注册会计师应当主要关注费用支出和应付账款的低计。重大错报风险集中体现在遗漏交易,采用不正确的费用支出截止期,以及错误划分资本性支出和费用性支出。

(二)可能发生错报的环节

注册会计师需要确认和了解错报可能在什么环节发生,即确定被审计单位应在哪些环节设置控制,以防止或发现并纠正各重要业务流程可能发生的错报。购货与付款活动中部分可能发生错报的环节如表 10-1 所示。

表 10-1　购货与付款活动可能发生错报的环节

交易流程	可能的错报
请购商品或劳务	可能请购过多的商品或劳务
编制订购单	可能有未授权的采购
验收商品	收到的商品品种、数量、质量可能不符要求
储存商品	商品可能丢失、毁损
编制付款凭单	可能对未收到或不符合付款要求的商品编制付款凭单
记录购货与负债	付款凭单可能未入账、未及时入账或未计入恰当帐户
支付负债	异常凭单重复付款、支票金额开错
记录现金支出	记录错误、虚假记录

三、购货与付款循环的控制测试

测试购货与付款内部控制是在了解与描述的基础上,对其在实际业务中的执行与实施情况和过程进行检查和观察,以确定制定的内部控制与实际执行的是否相符。注册会计师进行控制测试,应结合业务控制环节进行。

1. 关于请购商品或劳务内部控制的测试

请购制度有助于对订货单和购货发票的控制,从而使得控制测试的结果为进一步信赖该制度提供有力的证据。注册会计师尤其关注对请购单的提出和核准的控制程序,对其进行控制测试时,应选择若干张请购单,检查摘要、数量和日期及相应文件的完整性,审核核准的证据手续是否完整,有无核准人签字等。

2. 关于订购商品或劳务内部控制的测试

订货单是经核准的采购业务的执行凭证,注册会计师通常更注意对订货单的填制和处理的控制,关注订货单是否准确处理和全部有效。进行测试时,应注意审查订货单的完整性,如编号、日期、摘要、数量、价格、规格、质量及运输要求等是否齐全,审查订货单是否附有请购单或其他授权文件。

3. 关于货物验收内部控制的测试

注册会计师应确定购货发票是否与验收单一致,验收部门是否独立行使职责,并编制正确的验收单,查询并观察验收部门在收货时对货物的检查情况,检查按编号顺序处理的验收单的完整性,即验收单的内容填写是否完整,查阅货物质量检验单的内容和处理程序。

4. 关于应付账款内部控制的测试

注册会计师应检查购货业务的原始凭证,包括每一张记录负债增加的记账凭证是否均附有订货单、验收单、购货发票,审核这些原始凭证的数量、单价、金额是否一致,原始凭证上的各项手续是否齐全。应注意现金折扣的处理是否由经授权的经办人按规定处理,测试中可抽查部分购货发票,注意有关人员是否在现金折扣期限内按原发票价格支付货款,然后从供货方取得退款支票或现金,有无丧失了本应获得的折扣的问题。注册会计师还应根据付款凭证记录的内容,分别追查应付账款和存货明细账与总账是否进行平行登记,金额是否一致。

5. 关于付款业务内部控制的测试

注册会计师可通过查询、观察、检查以及重复执行内部控制等措施对资金支出进行测试,其步骤与方法是:检查支票样本,审核付款是否经过批准,支票是否与应付凭单一致,付款后是否注销凭单,支票是否由经过授权批准的人员签发;检查支票登记簿的编号次序,与相应的应付账款明细账以及银行存款日记账核对,审查其金额是否一致;观察编制凭证和签发支票、签发支票与保管支票的职责分配是否符合内部控制原则;检查付款支票样本,确定资金支付是否完整地记录在适当的会计期间。

对购货与付款内部控制进行评价,是为了对购货与付款业务进行实质性测试前对购货与付款内部控制确定可依赖程度。注册会计师在评价时应注意分析购货与付款业务中认定可能发生哪些潜在的错报,哪些控制可以防止或者发现并更正这些错报。通过比较必要的控制和现有控制,评价计划依赖的购货与付款业务内部控制的健全性与有效性。

【例 10-1】 2011 年 12 月 1 日至 7 日,注册会计师 A 和 B 对甲公司购货与付款循环的内部控制进行了解和测试,并在相关审计工作底稿中记录了了解和测试的事项,摘录如下:

(1) 甲公司的材料采购需要经授权批准后方可进行。采购部根据经批准的请购单发出订购单。货物运达后,验收部根据订购单的要求验收货物,并编制一式多联的未连续编号的验收单。仓库根据验收单验收货物,在验收单上签字后,将货物移入仓库加以保管。验收单上有数量、品名、单价等要素。验收单一联交采购部登记采购明细账和编制付款凭单,付款凭单经批准后,月末交会计部;一联交会计部登记材料明细账;一联由仓库保留并登记材料明细账。会计部根据只附验收单的付款凭单登记有关账簿。

(2) 会计部审核付款凭单后,支付采购款项。甲公司授权会计部的经理签署支票,经理将其授权给会计人员丁负责,但保留了支票印章。丁根据已适当批准的凭单,在确定支票收款人名称与凭单内容一致后签署支票,并在凭单上加盖“已支付”的印章。对付款控制程序的穿行测试表明,注册会计师 A 和 B 未发现与公司规定有不一致之处。

要求：根据上述摘录，请代注册会计师 A 和 B 指出购货与付款循环内部控制方面的缺陷，并提出改进建议。

【解答】 甲公司购货与付款循环内部控制方面的缺陷及注册会计师提出的改进建议如下：

(1) 验收单未连续编号，不能保证所有的采购都已记录或不被重复记录。应建议甲公司对验收单进行连续编号。

(2) 付款凭单未附订购单及供应商的发票等，会计部无法核对采购事项是否真实，登记有关账簿时金额或数量可能就会出现差错。应建议甲公司将订购单和发票等与付款凭单一起交会计部。

(3) 会计部月末审核付款凭单后才付款，未能及时将材料采购和债务登账并按约定时间付款。应建议甲公司采购部及时将付款凭单交会计部，按约定时间付款。

第三节　应付账款审计

应付账款是企业在正常经营过程中，因购买材料、商品或接受劳务供应等经营活动而应付给供应单位的款项。可以看出，应付账款业务是随着企业赊购交易的发生而发生的，注册会计师应结合购货业务进行应付账款的审计。

一、应付账款的审计目标

应付账款的审计目标一般包括：

(1) 确定期末应付账款是否存在，是否为被审计单位应履行的偿还义务；

(2) 确定应付账款的发生和偿还记录是否完整；

(3) 确定应付账款期末余额是否正确；

(4) 确定应付账款在财务报表上的列报与披露是否恰当。

二、应付账款的实质性测试程序

1. 检查应付账款明细表

获取或编制应付账款明细表，复核加计是否正确，并与报表数、总账数和明细账合计数核对是否相符。

2. 根据被审计单位实际情况，选择以下方法对应付账款执行实质性分析程序

(1) 对本期期末应付账款余额与上期期末余额进行比较，分析其波动原因，看波动是否异常。

(2) 分析长期挂账的应付账款，要求被审计单位作出解释，判断被审计单位是否缺乏偿债能力或利用应付账款隐瞒利润，并注意其是否可能无须支付。

(3) 计算应付账款与存货的比率、应付账款与流动负债的比率，并与以前期间相关比率对比分析，评价应付款整体的合理性。

(4) 根据存货、主营业务收入和主营业务成本的增减变动幅度，判断应付账款增减变动的合

理性。

3. 函证应付账款

（1）函证目的：验证应付账款的完整性或存在性。

（2）函证适用条件：一般情况下，应付账款函证不是必须执行的审计程序，这是因为函证不能保证查出未记录的应付账款，况且注册会计师能够取得购货发票等外部凭证来证实应付账款的余额。但如果控制风险较高，某些应付账款明细账户金额较大或被审计单位处于财务困难阶段，则应进行应付账款的函证。

（3）函证对象：应选择较大金额的债权人，以及那些在资产负债表日金额不大、甚至为零，但为企业重要供货人的债权人作为函证对象。

（4）函证方式：最好采用积极式的函证方式。

（5）函证的控制：注册会计师需对函证方式的选择、询证函的寄发与收回的全过程进行控制。注册会计师应要求债权人直接回函，未回函的，应再次发函询证，对于仍得不到回函的重大项目，应执行替代审计程序。可实施的替代审计程序如下：①检查日后付款。检查日后应付账款明细账户借方发生额及库存现金和银行存款日记账，检查相关的原始凭证（如支票存根及供应商收据）。若存在日后付款记录，则说明日前应付账款这项负债是存在的。②检查应付账款明细账户贷方发生额，检查与该笔债务相关的原始凭证（如采购发票、入库单等），确定货物确已收到，核实交易的真实性。

4. 查找未入账的应付账款

为了防止企业低估负债，注册会计师应检查被审计单位有无故意漏记应付账款的行为。检查时，注册会计师应检查被审计单位在资产负债表日未处理的不相符的购货发票（如抬头不符，与合同某项规定不符等）及有材料入库凭证但未收到购货发票的经济业务；检查资产负债表日后应付账款明细账贷方发生额的相应凭证，确认其入账时间是否正确。检查时，注册会计师还可以通过询问被审计单位的会计和采购人员，查阅资本预算、工作通知单和基建合同来进行。

如果注册会计师通过这些审计程序发现某些未入账的应付账款，应将有关情况详细记入审计工作底稿，然后根据其重要性确定是否需建议被审计单位进行相应的调整。

5. 检查应付账款是否存在借方余额

如有，应查明原因，必要时建议被审计单位作重分类调整。

【例 10-2】 ABC 公司 2010 年 12 月 31 日资产负债表“应付账款”项目为 540 000 元，应付账款总账贷方余额 540 000 元，审计发现：

（1）应付天宇公司明细账户借方余额 400 000 元，属于正常交易的预付款项。

（2）应付凯利公司明细账户贷方余额 500 000 元，为被审计单位临时借入款项，用于结算工程价款。

要求：就上述事项注册会计师应如何提出调整建议。

【解答】 （1）应付账款明细账余额一般在贷方，注册会计师如果发现应付账款出现借方余额，应查明原因，属于正常经济业务往来建议其作重分类调整，审计调整分录为：

借：预付款项（预付账款——天宇公司） 400 000

　　贷：应付账款——天宇公司 400 000

（2）按规定，不属于购销原因引起的应付款项不应在“应付账款”科目反映。注册会计师应建议其调整，审计调整分录为：

借：应付账款——凯利公司 500 000

贷：其他应付款——凯利公司 500 000

调整后 ABC 公司 2010 年 12 月 31 日资产负债表"应付账款"项目余额应为 440 000（即 540 000-500 000+400 000）元。

【例 10-3】 如华兴公司 2010 年 12 月 31 日应付账款账户余额为贷方 800 万元，其明细组成如下：

应付账款——a 公司	500 万元
应付账款——b 公司	350 万元
应付账款——c 公司	-150 万元
应付账款——d 公司	100 万元
合 计	800 万元

要求：就上述交易和事项注册会计师应如何提出调整建议。

【解答】 就上述交易和事项，注册会计师应提请华兴公司做如下重分类调整，审计调整分录为：

借：预付款项（预付账款——c 公司） 1 500 000

贷：应付账款——c 公司 1 500 000

6. 检查预付账款的明细余额

结合预付账款的明细余额，查明是否有应付账款和预付账款同时挂账的项目；结合其他应付款的明细余额，查明有无不属于应付账款的其他应付款。

7. 检查长期挂账的应付账款

检查应付账款长期挂账的原因，是偿债能力不强、故意占用他人资金、利用应付账款隐瞒利润、购销双方存在争议或纠纷、记错账户还是已付款但未销账等。应作出记录，并注意其是否可能发生呆账收益。

8. 查明应付账款在资产负债表上的披露是否恰当

一般来说，"应付账款"项目应根据"应付账款"和"预付账款"科目所属明细科目的期末贷方余额的合计数填列。

【例 10-4】 注册会计师在检查国华商厦应付账款明细账时，发现 2010 年广田食品有限公司明细账有贷方余额 60 000 元，经查证有关凭证，该款项是 2006 年向广田食品有限公司购买蓝莓饮料的款项。

要求：请分析可能存在的问题，提出进一步审查的处理意见。

【解答】 该应付账款可能存在的问题有：

(1) 与广田食品有限公司在业务上有纠纷，故拒绝支付货款。

(2) 该公司故意拖欠货款，占用广田食品有限公司的资金。

(3) 可能是记账错误。

(4) 已经还款，但未来得及销账。

注册会计师提出进一步审查的处理意见如下：

要弄清事情真相，需进一步审查，采用面询或函证的方法进行调查。针对不同情况作出相应的处理，若是有纠纷，建议双方及时协商解决；若是故意拖欠货款，应尽快还款；若是记账错误或未来得及销账，应及时更正。

【例 10-5】 注册会计师甲和乙在审计 D 公司 2010 年年度财务报表时，注意到与购货和付款循环相关的内部控制存在缺陷，没有及时记录发生的应付账款。他们认为 D 公司管理层在资产负债表日故意推迟记录发生的应付账款，于是决定实施审计程序进一步查找未入账的应付账款。

要求：指出注册会计师甲和乙应如何查找未入账的应付账款。

【解答】 注册会计师甲和乙查找未入账应付账款的审计程序如下：

(1) 检查 D 公司在资产负债表日未处理的不相符购货发票及有材料入库凭证但未收到购货发票的经济业务；

(2) 检查 D 公司在资产负债表日后收到的购货发票，确认其入账时间是否正确；

(3) 检查 D 公司在资产负债表日后应付账款明细账贷方发生额的相应凭证，确认其入账时间是否正确。

第四节 固定资产审计

对于固定资产的审计，一方面由于固定资产使用期长、价值大、更新慢，增减变化发生的频率较之流动资产来说要小得多，相对来说，发生数量上的差错或弊端也较少。因此，注册会计师在制定整个审计计划时，通常安排用于固定资产审计的时间较少，审计程序与方法也比较简单。另一方面由于固定资产单位价值高，且其价值总额在资产总额中一般都占有较大比重，固定资产的安全与完整对企业的生产经营影响极大，所以，注册会计师对固定资产审计的重要性又必须予以高度重视。固定资产审计通常会涉及累计折旧的审计。

一、固定资产的实质性测试程序

固定资产是指同时具有下列两个特征的有形资产：①为生产产品、提供劳务、出租或经营管理而持有的。②使用寿命超过一个会计年度。这里的使用寿命是指企业使用固定资产的预计期间，或者该固定资产所能生产产品或提供劳务的数量。

固定资产只有同时满足下列两个条件才能予以确认：①与该固定资产有关的经济利益很可能流入企业。②该固定资产的成本能够可靠地计量。

固定资产折旧则是指在固定资产的使用寿命内，按照确定的方法对应计折旧额进行系统分摊。

固定资产审计的范围很广。固定资产科目余额反映企业所有固定资产的原价，累计折旧科目余额反映企业固定资产的累计折旧数额，固定资产减值准备科目余额反映企业对固定资产计提的减值准备数额，固定资产项目余额由固定资产科目余额扣除累计折旧科目余额和固定资产减值准备科目余额构成，这三项无疑属于固定资产的审计范围。除此之外，由于固定资产的增加包括购置、自行建造、投资者投入、融资租入、更新改造、以非现金资产抵偿债务方式取得或以应收债权换入、以非货币性资产交换方式换入、经批准无偿调入、接受捐赠和盘盈等多种途径，相应涉及货币资金、应付账款、预付款项、在建工程、股本、资本公积、长期应付款、递延所得税负债等项目；企业的固定资产又因出售、报废、投资转出、捐赠转出、抵债转出、以非货币性资产交换方式换出、无偿调出、毁损和盘亏等原因而减少，与固定资产清理、其他应收款、营业外收入和营业外支出等项目有关；另外，企业按月计提固定资产折旧，又与制造费用、销售费用、管理费用等项目联系在一起。因此，在进行固定资产审计时，应当关注这些相关项目。广义的固定资产审计范围，自然也应包括这些相关项目在内。

（一）固定资产的审计目标

固定资产的审计目标一般包括：

（1）确定资产负债表中记录的固定资产是否存在；

（2）确定所有应记录的固定资产是否均已记录；

（3）确定记录的固定资产是否由被审计单位拥有或控制；

（4）确定固定资产是否以恰当金额包括在财务报表中，与之相关的计价调整是否已恰当记录；

（5）确定固定资产在财务报表中的列报是否恰当。

（二）固定资产——账面余额的实质性测试程序

1．索取或编制固定资产及累计折旧分类汇总表

检查固定资产的分类是否正确并与总账数和明细账合计数核对是否相符，结合累计折旧、减值准备科目与报表数核对是否相符。固定资产和累计折旧分类汇总表又称一览表或综合分析表，是审计固定资产和累计折旧的重要工作底稿，其参考格式如表10-2所示。

表10-2　固定资产和累计折旧分类汇总表

2010年12月31日

被审计单位：宏达股份有限公司　　编制：周仪　　日期：2011年1月15日

复核：张芳　　日期：2011年1月23日　　单位：

账户编号	固定资产类别	固定资产				累计折旧					
		期初余额	增加	减少	期末余额	折旧方法	折旧率	期初余额	增加	减少	期末余额
143	房屋建筑物					年限平均法					
144	机器设备					年限平均法					
145	运输工具					年限平均法					
146	办公设备					年限平均法					
合计						合计					

汇总表包括固定资产与累计折旧两部分，应按照固定资产类别分别填列。需要解释的是期初余额栏，注册会计师对其审计应分三种情况：一是在连续审计情况下，应注意与上期审计工作底稿中的固定资产和累计折旧的期末余额审定数核对相符。二是在变更会计师事务所时，后任注册会计师应查阅前任注册会计师有关工作底稿。三是如果被审计单位以往未经注册会计师审计，即在首次接受审计情况下，注册会计师应对期初余额进行较全面的审计，最理想的方法是全面审计被审计单位设立以来“固定资产”和“累计折旧”账户中的所有重要的借贷记录。这样，既可核实期初余额的真实性，又可以从中加深对被审计单位固定资产管理和会计核算工作的了解。

2. 对固定资产实施实质性分析程序

（1）基于对被审计单位及其环境的了解，通过进行以下比较，并考虑有关数据间关系的影响，建立有关数据的期望值：①分类计算本期计提折旧额与固定资产原值的比率，将此比率与上期比较，旨在发现本期折旧额计算上的错误。②比较本期各月之间、本期与以前各期之间的修理及维护费用，旨在发现资本性支出和收益性支出区分上可能存在的错误。

（2）确定可接受的差异额。

（3）将实际情况与期望值相比较，识别需要进一步调查的差异。

（4）如果其差异额超过可接受的差异额，调查并获取充分的解释和恰当的佐证审计证据，如检查相关的凭证。

（5）评估实质性分析程序的测试结果。

3. 实地检查固定资产

实地检查重要的固定资产，确定其是否存在，关注是否存在已报废但仍未核销的固定资产。

实施实地观察审计程序时，注册会计师可以以固定资产明细分类账为起点，进行实地追查，以证明会计记录中所列固定资产确实存在，并了解其目前的使用状况；也可以以实地为起点，追查至固定资产明细分类账，以获取实际存在的固定资产均已入账的证据。

当然，注册会计师实地观察的重点是本期新增加的重要固定资产，有时，观察范围也会扩展到以前期间增加的固定资产。观察范围的确定需要依据被审计单位内部控制的强弱、固定资产的重要性以及注册会计师的经验来判断。如为初次审计，则应适当扩大观察范围。

4. 审查固定资产的所有权或控制权是否归属企业

对于各类固定资产，注册会计师应获取、收集不同的证据以确定其是否归被审计单位所有：对外购的机器设备等固定资产，通常经审核采购发票、采购合同等予以确定；对于房地产类的固定资产，需查阅有关的合同、产权证明、财产税单、抵押借款的还款凭据、保险单等书面文件；对融资租入的固定资产，应验证有关融资租赁合同，证实其并非经营租赁；对汽车等运输设备，应验证有关运营证件等；对受留置权限制的固定资产，通常还应审核被审计单位的有关负债项目等予以证实。

5. 固定资产增加的审查

被审计单位如果不能正确核算固定资产的增加，将对资产负债表和利润表产生长期的影响，因此，审计固定资产的增加，是固定资产实质性测试中的重要内容。固定资产的增加有购置、自制自建、投资者投入、更新改造增加、债务人抵债增加等多种途径。注册会计师的审计要点如下：

（1）审查固定资产增加是否列入计划、是否合法。①审查固定资产购建计划是否合理、合法。主要应查明所确定的购建项目是否符合生产经营需要，资金来源是否合法。②审查固定资产购建合同是否严格执行。主要应查明购建合同是否符合合同法，其中所列的项目数量和质量是否符合计划要求，价格是否合理，合同的条款是否严格执行，有无违反的情况。③审查固定资产购建支出是否符合规定。主要应查明固定资产购建的各项支出是否真实、合法，有无非法行为。④审查固定资产利用程度是否符合预定的要求。主要审查有无闲置、未使用、不需要或不按用途使用的新增固定资产，对于存在的问题，应查明原因和追究责任。

另外，对于以投资形式转入的固定资产，应重点查明固定资产的投入是否有相应的审批手续和合同，是否经过了资产评估；投入的固定资产品名、型号、规格、数量是否与合同规定的一致；投入固定资产是否为企业所需，有无以次充好的现象。

（2）审查固定资产的计价是否符合规定。固定资产计价的正确与否，影响折旧的提取、成本的计算，所以要认真审查。注册会计师在审核固定资产计价时，应区别不同情况，逐项仔细审查。审查中应注意询问管理层当年固定资产的增加情况，并与获取或编制的固定资产明细表进行核对；检查固定资产是否存在弃置费用，如果存在弃置费用，检查弃置费用的估计方法和弃置费用现值的计算是否合理，会计处理是否正确；检查本年度增加固定资产的计价是否正确，手续是否齐备，会计处理是否正确。审计中应注意以下几点：①对于外购固定资产，通过核对采购合同、发票、保险单、发运凭证等资料，抽查测试其入账价值是否正确，授权批准手续是否齐备，会计处理是否正确；如果购买的是房屋建筑物，还应检查契税的会计处理是否正确；检查分期付款购买的固定资产的入账价值及会计处理是否正确。②对于在建工程转入的固定资产，应检查固定资产确认时点是否符合会计准则的规定，入账价值与在建工程的相关记录是否核对相符，是否与竣工决算、验收和移交报告等一致；对已达到预定可使用状态，但尚未办理竣工决算手续的固定资产，检查其是否已按估计价值入账，并按规定计提折旧。③对于投资者投入的固定资产，检查投资者投入的固定资产是否按投资双方确认的价值入账，并检查确认价值是否公允，交接手续是否齐全；涉及国有资产的，是否有评估报告并经国有资产管理部门评审备案或核准确认。④对于更新改造增加的固定资产，检查通过更新改造而增加的原值是否符合资本化条件，是否真实，会计处理是否正确；重新确定的剩余折旧年限是否恰当。⑤对于融资租赁增加的固定资产，获取融资租入固定资产的相关证明文件，检查融资租赁合同的主要内容，并结合长期应付款、未确认融资费用科目检查相关的会计处理是否正确。⑥对于企业合并、债务重组和非货币性资产交换增加的固定资产，检查产权过户手续是否齐备，检查固定资产入账价值及确认的损益和负债是否符合规定。⑦如果被审计单位为外商投资企业，检查其采购国产设备退还增值税的会计处理是否正确。⑧对于通过其他途径增加的固定资产，应检查增加的固定资产的原始凭证，核对其计价方法及会计处理是否正确，法律手续是否齐备。

【例 10-6】 注册会计师审查 C 公司固定资产账簿时发现，该公司 2010 年仅有一项固定资产增加，即 2010 年 12 月 15 日购入的一台生产用甲机器设备。抽查相关的凭证得知，甲机器设备的价值为 1 500 000 元，增值税税额为 255 000 元，发生的运杂费为 8 000 元，安装费 42 000 元，运杂费以银行存款付讫，设备款和安装费均未付讫，该设备月内安装完工并交付生产使用，账务处理如下：

借：固定资产——甲设备	1 755 000	
管理费用	50 000	
贷：应付账款		1 797 000

银行存款　　　　8 000

要求：指出上述账务处理中存在的问题，并作出审计调整。

【解答】 外购固定资产的运杂费和安装费合计 50 000 元应计入固定资产的成本，而不计入管理费用；生产用机器设备购进时发生的增值税进项税额可以抵扣。审计调整分录为：

借：固定资产——甲设备　　　　50 000

　贷：管理费用　　　　50 000

借：应交税费——应交增值税（进项税额）　　　　255 000

　贷：固定资产　　　　255 000

6. 固定资产减少的审查

企业固定资产的减少主要包括出售、报废、毁损、向其他单位投资转出、向债权人抵债转出、盘亏等。有的被审计单位在全面清查固定资产时，常常出现固定资产账存实亡现象，这可能是由于固定资产管理或使用部门不了解报废固定资产与会计核算两者之间的关系，擅自报废固定资产而未及时通知财务部门作相应的会计核算所致，这样势必造成财务报表反映失实。审计固定资产减少的目的在于查明业已减少的固定资产是否已作适当的会计处理。为了保护固定资产的安全和完整，必须对固定资产的减少进行严格的审查，从而确定固定资产减少的合理性、合法性。由于固定资产减少的原因不同，注册会计师在审查时应分别不同情况，抓住审计重点。对各种固定资产减少的审计，注册会计师的审计重点如下：

（1）审查减少固定资产的批准文件。

（2）审查减少固定资产是否进行技术检验或评估。

（3）审查减少固定资产的会计账务处理是否正确，累计折旧是否冲销。

（4）审查减少固定资产的净损益，验证其正确性与合法性，并与银行存款、营业外收支、投资收益等有关账户进行核对。

7. 检查固定资产的后续支出

确定固定资产有关的后续支出是否满足资产确认条件，如不满足，该支出是否在发生时计入当期损益。在具体实务中，对于固定资产发生的下列各项后续支出，通常的处理方法为：

（1）固定资产修理费用，应在发生时直接计入当期损益。

（2）固定资产改良支出，应当计入固定资产账面价值，其增计后的金额不应超过该固定资产的可收回金额。

（3）如果不能区分是固定资产修理还是固定资产改良，或固定资产修理和固定资产改良结合在一起，则应按上述原则进行判断其发生的后续支出，分别计入固定资产价值或当期损益。

（4）固定资产装修费用，符合上述原则可予以资本化的，在两次装修期间与固定资产尚可使用年限两者中较短的期间内，采用合理的方法单独计提折旧。如果在下次装修时，该固定资产相关的装修项目仍有余额，可将该余额一次全部计入当期营业外支出。

8. 检查固定资产的租赁

企业在生产经营中，有时可能有闲置的固定资产供其他单位租用；有时由于生产经营的需要，又需要租用固定资产。租赁一般分为经营租赁和融资租赁两种。

在经营租赁中，租入固定资产的企业按合同规定的时间，交付一定的租金，享有固定资产的使用权，而固定资产的所有权仍属出租单位。因此，租入固定资产的企业固定资产的价值并未因此而增加,企业对以经营性租赁方式租入的固定资产,不在“固定资产”账户内核算,只是另设备查簿进行登记。而租出固定资产的企业,仍需继续提取折旧,同时取得租金收入。检查经营性租赁时,应查明:

(1) 固定资产的租赁是否签订了合同、租约,手续是否完备,合同内容是否符合国家规定,是否经相关管理部门的审批。

(2) 租入的固定资产是否确属企业必需,或出租的固定资产是否确属企业多余、闲置不用的,双方是否认真履行合同,其中是否存在不正当交易。

(3) 租金收取是否签有合同,有无多收、少收现象。

(4) 租入固定资产有无久占不用、浪费损坏的现象;租出的固定资产有无长期不收租金、无人过问的现象,是否有变相馈赠、转让等情况。

(5) 租入固定资产是否已登入备查簿。

(6) 必要时,向出租人函证租赁合同及执行情况。

(7) 租入的固定资产改良支出的核算是否符合规定。在融资租赁中,租入单位向租赁公司借款购买固定资产,分期归还本息后,就取得了固定资产的所有权。因此,融资租赁支付的租金,包括了固定资产的价值和利息,并且这种租赁的结果通常是固定资产所有权最终归属租入单位。故租入企业在租赁期间,对融资租入的固定资产应按企业自有固定资产一样管理,并计提折旧、进行维修。如果被审计单位的固定资产中融资租赁占有相当大的比例,应当复核租赁协议,确定租赁是否符合融资租赁的条件,结合长期应付款、未确认融资费用等科目检查相关的会计处理是否正确(资产的入账价值、折旧、相关负债)。在审计融资租赁固定资产时,除可参照经营租赁固定资产检查要点以外,还应补充实施以下审计程序:

(1) 复核租赁的折现率是否合理。

(2) 检查租赁相关税费、保险费、维修费等费用的会计处理是否符合企业会计准则的规定。

(3) 检查融资租入固定资产的折旧方法是否合理。

(4) 检查租赁付款情况。

(5) 检查租入固定资产的成新程度。

(6) 检查融资租入固定资产发生的固定资产后续支出,其会计处理是否遵循自有固定资产发生的后续支出的处理原则。

9. 检查暂时闲置的固定资产

获取暂时闲置固定资产的相关证明文件,并观察其实际状况,检查是否已按规定计提折旧,相关的会计处理是否正确。

10. 检查固定资产的保险情况

检查被审计单位固定资产的保险情况,复核保险范围是否足够。

11. 检查借款费用资本化

对应计入固定资产的借款费用,应根据企业会计准则的规定,结合长短期借款、应付债券或长期应付款的审计,检查借款费用(借款利息、溢折价摊销、汇兑差额、辅助费用)资本化的计算方法和资本化金额,以及会计处理是否正确。

12. 检查固定资产的抵押、担保情况

结合对银行借款等的检查,了解固定资产是否存在重大的抵押、担保情况。如存在,应取证,并作相应的记录，同时提请被审计单位作恰当披露。

13. 确定固定资产是否已按照企业会计准则的规定在财务报表中作出恰当列报

财务报表附注通常应说明固定资产的标准、分类、计价方法和折旧方法；融资租入固定资产及计价方法；固定资产的预计使用寿命和预计净残值；对固定资产所有权的限制及其金额（这一披露要求是指，企业因贷款或其他原因而以固定资产进行抵押、质押或担保的类别、金额、时间等情况）；已承诺将为购买固定资产支付的金额；暂时闲置固定资产的账面价值（这一披露要求是指，企业应披露暂时闲置固定资产的账面价值，导致固定资产闲置的原因，如开工不足、自然灾害或其他情况等）；已提足折旧仍继续使用的固定资产账面价值；已报废和准备处置的固定资产账面价值。固定资产因使用磨损或其他原因需报废时，企业应及时对其处置，如果其已处于处置状态而尚未转销时，企业应披露这些固定资产的账面价值。

如果被审计单位是上市公司，则通常应在其财务报表附注中按类别分项列示固定资产期初余额、本期增加额、本期减少额及期末余额；说明固定资产中存在的在建工程转入、出售、置换、抵押或担保等情况；披露通过融资租赁租入的固定资产每类租入固定资产的账面原值、累计折旧、账面净值；披露通过经营租赁租出的固定资产每类租出资产的账面价值。

【例 10-7】 注册会计师在审查华润股份有限公司 2010 年度固定资产折旧时，发现上年度 12 月初新增已投入管理使用的设备一台，原价为 1 000 000 元，预计净残值为 100 000 元，预计使用年限为 5 年，使用年数总和法对该项固定资产进行折旧，而按该项固定资产的经济利益预期实现方式，该项固定资产应采用年限平均法计提折旧。

要求：根据上述情况，注册会计师应如何确定这一事项对被审计单位资产负债表和利润表的影响，并提请被审计单位在财务报表附注中应作怎样充分揭示。

【解答】 注册会计师认为该公司的固定资产折旧方法的选择没有遵循企业会计准则的规定。由此计算的该事项对资产负债表和利润表影响如下：

该设备用年数总和法计算的年折旧额＝(1 000 000－100 000)×5÷15＝300 000(元)

该设备用年限平均法计算的年折旧额＝(1 000 000－100 000)÷5＝180 000(元)

所以，由于折旧方法的改变，使得本年度多提折旧额 120 000(即 300 000－180 000)元，致使资产负债表中的“固定资产”项目减少 120 000 元，利润表中的“利润总额”项目减少 120 000 元。

对此，注册会计师要求被审计单位在财务报表附注中作这样的提示：“本公司由于对原值为 1 000 000 元，预计净残值为 100 000 元，预计使用年限为 5 年的设备采用年数总和法进行折旧，与采用年限平均法相比，使本年度的折旧额增加 120 000 元，利润总额减少 120 000 元，特予以揭示。”

二、累计折旧的实质性测试程序

固定资产可以长期参加生产经营而仍保持其原有实物形态，但其价值将随着固定资产的使用而逐渐转移到生产的产品中，或构成经营成本或费用。这种在固定资产使用寿命内，按照确定的方法对应计折旧额进行的系统分摊就是固定资产折旧。

在不考虑固定资产减值准备的前提下，影响折旧的因素有折旧的基数（一般指固定资产的账面原价）、固定资产的残余价值和使用寿命三个方面。在考虑固定资产减值准备的前提下，影响折旧的因素则包括折旧的基数、累计折旧、固定资产减值准备、固定资产预计净残值和固定资产尚可使用年限五个方面。在计算折旧时，对固定资产的残余价值和清理费用只能人为估计；对固定资产的使用寿命，由于固定资产的有形和无形损耗难以准确计算，因而也只能估计；同样，对固定资产减值准备的计提也带有估计的成分。因此，固定资产折旧主要取决于企业根据其固定资产特点制定的折旧政策，在一定程度上具有主观性。

累计折旧的实质性测试程序通常包括：

1. 检查累计折旧分类汇总表

获取或编制累计折旧分类汇总表，复核加计是否正确，并与总账数和明细账合计数核对是否相符。

2. 检查折旧政策和方法

检查被审计单位制定的折旧政策和方法是否符合相关会计准则的规定，确定所采用的折旧方法能否在固定资产预计使用寿命内合理分摊其成本，前后期是否一致，预计使用寿命和预计净残值是否合理。

《企业会计准则第 4 号——固定资产》明确规定：企业应当根据与租赁资产有关的经济利益预期实现方式，合理选择固定资产折旧方法。可选用的折旧方法包括年限平均法、工作量法、双倍余额递减法和年数总和法等。折旧方法一经选定，不得随意调整。企业至少应于每年年度终了，对固定资产的预计使用寿命、预计净残值和折旧方法进行复核。如果固定资产预计使用寿命预计数与原先估计数有差异，应当调整固定资产预计使用寿命；如果固定资产预计净残值预计数与原先估计数有差异，应当调整预计净残值；如果固定资产给企业带来经济利益的方式发生重大变化，企业也应相应改变固定资产折旧方法。

3. 复核本期折旧费用的计提和分配

（1）检查折旧政策是否符合规定。了解被审计单位的折旧政策是否符合规定，计提折旧的范围是否正确，确定的使用寿命、预计净残值和折旧方法是否合理；如采用加速折旧法，是否取得批准文件。

（2）检查被审计单位折旧政策前后期是否一致。

（3）复核本期折旧费用的计提是否正确。主要包括：①已计提部分减值准备的固定资产，计提的折旧是否正确。按照《企业会计准则第 4 号——固定资产》的规定，已计提减值准备的固定资产的应计折旧额应当扣除已计提的固定资产减值准备累计金额，按照该固定资产的账面价值以及尚可使用寿命重新计算确定折旧率和折旧额。②已全额计提减值准备的固定资产，是否已停止计提折旧。③因更新改造而停止使用的固定资产是否已停止计提折旧，因大修理而停止使用的固定资产是否照提折旧。④对按规定予以资本化的固定资产装修费用是否在两次装修期间与固定资产尚可使用年限两者中较短的期间内，采用合理的方法单独计提折旧，并在下次装修时将该项固定资产装修余额一次全部计入了当期营业外支出。⑤对融资租入固定资产发生的、按规定可予以资本化的固定资产装修费用，是否在两次装修期间、剩余租赁期与租赁资产尚可使用年限三者中较短的期间内，采用合理的方法单独计提折旧。⑥对采用经营租赁方式租入的固定资产发生的改良支出，是否在剩余租赁期与租赁资产尚可使用年限两者中较短的期间内，采用合理的方法单独计提折旧。⑦未使用、不需用和暂时闲置的固定资产是否按规定计提折旧。⑧持有待售的固定资产折旧计提是否符合规定。

（4）检查折旧计提与分配

将“累计折旧”账户贷方的本期计提折旧额与相应的成本费用中的折旧费用明细项目的借方金额

相比较，查明所计提折旧金额是否全部摊入本期产品成本或费用。若存在差异，应追查原因，并考虑是否应建议作适当调整。对累计折旧执行分析程序。注册会计师首先应对本期增加和减少固定资产、使用年限长短不一和折旧方法不同的固定资产做适当调整，然后，用应计提折旧的固定资产原值乘以本期的折旧率，如果总的计算结果和被审计单位的固定资产折旧总额相近，且固定资产及累计折旧内部控制较健全时，则可以适当减少累计折旧和折旧费用的其他实质性测试工作量。

注册会计师还应计算本期计提折旧额占固定资产原值的比率并与上期比较，分析本期折旧计提额的合理性和准确性；计算累计折旧占固定资产原值的比率，评估固定资产的老化率，并估计因闲置、报废等原因可能发生的固定资产损失。

（5）检查累计折旧的减少是否合理、会计处理是否正确。

（6）确定累计折旧的披露是否恰当。

如果被审计单位是上市公司，通常应在其财务报表附注中按固定资产类别分项列示累计折旧的期初余额、本期计提额、本期减少额及期末余额。

【例 10-8】 M 会计师事务所注册会计师审计甲股份有限公司 2010 年度“固定资产”和“累计折旧”项目时发现下列情况：

（1）“未使用固定资产”中有固定资产——Y 设备，该公司未计提折旧。

（2）对所有的空调器，按其实际使用的时间（5 月至 9 月）计提折旧。

（3）公司有融资租入的设备 4 台，租赁期为 5 年，尚可使用时间为 6 年，该公司确定的折旧期为 6 年。

（4）对已提足折旧继续使用的某设备，仍计提折旧。

（5）8 月初购入吊车 2 辆，价值 650 万元，当月已投入使用并同时开始计提折旧。

（6）该公司采用年限平均法计提折旧，但于本年度 9 月改为工作量法，这一改变已经董事会批准，未在财务报表附注中予以说明。

要求：请代注册会计师指出上述各项中存在的问题，并提出改进建议。

【解答】 注册会计师指出了上述各项中存在的问题并提出改进建议如下：

（1）根据企业会计准则规定，未使用、不需用的固定资产也应照提折旧，该公司应对 Y 设备计提折旧。

（2）固定资产使用年限是指固定资产的实际使用寿命，作为一种具有特殊性质的空调器，其性质属于“季节性使用的固定资产”，按照制度规定停用期间应照常计提折旧。

（3）融资租入固定资产的折旧年限，应根据不同情况确定。若能合理确定租赁期届满时将取得租赁资产的所有权，则应在租赁资产尚可使用年限内计提折旧；若无法合理确定租赁届满时能否取得租赁资产的所有权，则应在租赁期与租赁资产尚可使用年限两个中较短的期间内计提折旧。该公司应区别不同情况，确定融资租赁固定资产的使用时间，而不应不分情况一律在租赁资产尚可使用年限内计提折旧。

（4）根据企业会计准则规定，已提足折旧继续使用的固定资产，不再计提折旧。该公司对其继续计提，造成多提折旧，应对多提的折旧进行冲回。

（5）根据企业会计准则规定，当月增加的固定资产从下月开始计提折旧。该公司的 650 万元的吊车应从 9 月份开始计提折旧，而不是 8 月份。

（6）企业会计准则规定，固定资产折旧方法一经确定，不得随意变更；如需要变更，应经董事会批准，并应在财务报表附注中予以披露。该公司变更折旧方法后，未按规定程序披露，应加以纠正。

【例 10-9】 注册会计师在审计 N 公司固定资产项目时，发现 N 公司 2010 年 12 月初固定资产为：生产用房屋建筑物 5 000 000 元，生产用机器设备 3 000 000 元；非生产用房屋建筑物 2 000 000 元，机器设备 800 000 元；未使用房屋建筑物 500 000 元，机器设备 200 000 元；融资租入生产用机器设备 300 000 元，经营性租出机器设备 200 000 元，合计固定资产为 12 000 000 元。当月增加生产用机器设备 700 000 元，减少房屋建筑物 300 000 元。N 公司固定资产只有房屋建筑物和机器设备两大类，均采用年限平均法计提折旧，房屋建筑物折旧年限为 30 年，机器设备折旧年限为 10 年，净残值率为 5%。N 公司 12 月份生产的产品全部未完工。其计算的 12 月份应计折旧为：

12 月房屋建筑物折旧 =（5 000 000+2 000 000−300 000）×（1−5%）×1÷30÷12 = 17 680.56（元）

12 月机器设备折旧 =（3 000 000+800 000+700 000）×（1−5%）×1÷10÷12 = 35 625（元）

N 公司账务处理为：

借：制造费用　　53 305.56

　贷：累计折旧　　53 305.56

要求：指出该项业务存在的问题，并作出审计调整分录。

【解答】 N 公司 12 月份计提折旧中存在的问题及审计调整分录如下：

（1）未使用房屋建筑物和机器设备也应该计提折旧；

（2）融资租入生产用机器设备应该计提折旧；

（3）本月减少的房屋建筑物应该计提折旧；

（4）新增加的固定资产当月不应该计提折旧；

（5）非生产用和未使用的固定资产计提的折旧应计入管理费用，经营性租出的机器设备计提的折旧应计入其他业务成本。

N 公司 12 月份折旧的计算如下：

计入制造费用的折旧费合计 39 319.44 元，分别为：

房屋建筑物应计折旧 = 5 000 000×（1−5%）×1÷30÷12 = 13 194.44（元）

机器设备应计折旧 =（3 000 000 + 300 000）×（1−5%）×1÷10÷12 = 26 125（元）

计入管理费用的折旧费合计 14 513.89 元，分别为：

房屋建筑物应计折旧 =（2 000 000+500 000）×（1−5%）×1÷30÷12 = 6 597.22（元）

机器设备应计折旧 =（800 000 + 200 000）×（1−5%）×1÷10÷12 = 7 916.67（元）

计入其他业务成本的折旧费为：

机器设备应计折旧 = 200 000×（1−5%）×1÷10÷12 = 1 583.33（元）

审计调整分录为：

借：管理费用　　14 513.89

　营业成本（其他业务成本）　　1 583.33

　贷：固定资产（累计折旧）　　2 111.10

　　存货（生产成本）　　13 986.12

第五节 其他相关账户审计

在购货与付款循环中，除以上介绍的财务报表项目以外，还有预付账款、固定资产减值准备、工程物资、在建工程、固定资产清理和应付票据等项目。对这些项目审计的阐述，一般直接列示其相应的实质性测试审计程序。

一、预付账款审计

预付账款是企业按购货合同的规定，预先支付给供货单位的货款。会计上通过“预付账款”或“应付账款”科目(借方)进行核算。预付账款是企业的一种流动资产，但它是企业在购货环节中产生的，因此，预付账款的审计应结合购货与付款循环的审计进行。

预付账款的实质性测试程序主要有：

1. 检查预付账款明细表

获取或编制预付账款明细表，复核加计是否正确，并与报表数、总账数和明细账合计数核对相符；同时请被审计单位协助，在预付账款明细表上标出截至审计日已收到货物并冲销预付账款的项目。

2. 检查异常的预付账款

选择大额或异常的预付账款重要项目(包括零账户)，函证其余额是否正确，并根据回函情况编制函证结果汇总表；对回函金额不相符的，要查明原因，作出记录或建议进行适当调整；对未回函的，可再次复函，也可执行替代审计程序，如检查该笔债权的相关凭证资料，或抽查报表日后预付账款明细账及存货明细账，核实是否已收到货物并转销，并根据替代程序检查结果判断其债权的真实性或出现坏账的可能性。对未发询证函的预付账款，应抽查有关原始凭证。

3. 抽查入库记录

抽查入库记录，查核有无重复付款或将同一笔已付清的账款在预付账款和应付账款这两个账户同时挂账的情况。

4. 分析预付账款明细账余额

分析预付账款明细账余额，对于出现贷方余额的项目，应查明原因，必要时建议作重分类调整。

5. 确定预付账款是否已在资产负债表上恰当披露

如果被审计单位是上市公司，则通常应在资产负债表附注中披露预付账款账龄分析、预付款金额较大单位的名称、期末数额、预付时间、预约款原因，以及持有5%(含5%)以上股份的股东单位账款等情况。

【例10-10】 2011年1月注册会计师B对三丰电器公司预付账款进行审计时，发现该公司明细账2010年1月1日借方余额是500 000元，2010年借、贷方均无发生额，2011年1月仍为借方余额500 000元。据查此预付款无购销合同，但有口头协议，实际未履行协议，客户单位为南山电机厂，业务为购销电机。

要求：分析此项预付账款可能存在的问题，并提出处理意见。

【解答】 这笔预付账款可能存在的问题及处理意见如下：

（1）购销业务有纠葛。如购销双方在电机价格、质量等方面存在分歧，故虽预付了部分款项，但实际业务并未成交。

（2）此预付账款纯属虚构。经办人员可能虚构预付账款，从而达到挪用此款的目的。

（3）此款被诈骗。可能不存在南山电机厂，或虽有南山电机厂，但无供货能力。

（4）可能是记账错误，或可能是该预付款已收回，但未销账。

针对上述情况，注册会计师认为无购货合同而预付货款，这是不合规的，应派人或去函给南山电机厂了解真实情况。若是双方因价格、质量方面的问题，出现争执，应建议双方共同协商解决，如难以成交，应退回预付款；若是记账有错误，则应要求立即更正，未销账应立即销账；若是虚构预付款，则要严肃处理，追究舞弊人员的责任，并及时调整有关账目；若是被诈骗，应依法追究经办人员的责任，并追回预付的账款，调整有关账目。

二、固定资产减值准备审计

固定资产可收回金额低于其账面价值称为固定资产减值。这里的可收回金额应当根据固定资产的公允价值减去处置费用后的净额与资产预计未来现金流量的现值两者之间的较高者确定。这里的处置费用包括与固定资产处置有关的法律费用、相关税费、搬运费以及为使固定资产达到可销售状态所发生的直接费用等。

企业应当在资产负债表日判断固定资产是否存在可能发生减值的迹象。根据《企业会计准则第 8 号——资产减值》的规定，如存在下列迹象，表明固定资产可能发生了减值：

（1）固定资产的市价当期大幅度下跌，其跌幅明显高于因时间的推移或正常使用而预计的下跌。

（2）企业经营所处的经济、技术或者法律等环境以及固定资产所处的市场在当期或者将在近期发生重大变化，从而对企业产生不利影响。

（3）市场利率或者其他市场投资回报率在当期已经提高，从而影响企业计算固定资产预计未来现金流量现值的折现率，导致固定资产可收回金额大幅度降低。

（4）有证据表明固定资产陈旧过时或者其实体已经损坏。

（5）固定资产已经或者将被闲置、终止使用或者计划提前处置。

（6）企业内部报告的证据表明固定资产的经济效益已经低于或者将低于预期，如固定资产所创造的净现金流量或者实现的营业利润（或者损失）远远低于（或者高于）预计金额等。

（7）其他表明固定资产可能已经发生减值的迹象。

如果由于该固定资产存在上述迹象，导致其可收回金额低于账面价值的，应当将固定资产的账面金额减记至可收回金额，将减记的金额确认为固定资产减值损失，计入当期损益，同时计提相应的固定资产减值准备。

固定资产减值准备的实质性测试程序一般包括：

1. 检查固定资产减值准备明细表

获取或编制固定资产减值准备明细表，复核加计是否正确，并与总账数和明细账合计数核对是否相符。如不符，应查明原因，对会计记录提出审计调整的建议。

2. 检查固定资产减值准备相关处理

检查被审计单位计提固定资产减值准备依据是否充分，会计处理是否正确。

3. 检查固定资产组的认定

检查资产组的认定是否恰当，计提固定资产减值准备依据是否充分，会计处理是否正确。

4. 检查相关比率

计算本期末固定资产减值准备占期末固定资产原值的比率，并与期初比率比较，分析固定资产的质量状况。

5. 检查固定资产处置

检查被审计单位处置固定资产时原计提的减值准备是否同时结转，会计处理是否正确。

6. 检查固定资产减值转回

检查是否存在转回固定资产减值准备的情况。按照企业会计准则规定，固定资产减值损失一经确认，在以后会计期间不得转回。

7. 检查固定资产减值准备的披露是否恰当

如果企业计提了固定资产减值准备，根据《企业会计准则第 8 号——资产减值》的规定，企业应当在财务报表附注中披露：①当期确认的固定资产减值损失金额。②企业提取的固定资产减值准备累计金额。如果发生重大固定资产减值损失，还应当说明导致重大固定资产减值损失的原因，固定资产可收回金额的确定方法，以及当期确认的重大固定资产减值损失的金额。

如果被审计单位是上市公司，其财务报表附注中通常还应分项列示计提的固定资产减值准备金额、增减变动情况以及计提的原因。

三、工程物资审计

工程物资是企业为核算基建工程、更新改造工程和大修理工程准备的各种物资，注册会计师应实施以下实质性测试程序：

1. 检查工程物资明细表

获取或编制工程物资明细表，对有关数字进行复核，并将其与报表数、总账数和明细账合计数进行核对，若不相符，应查明原因并进行调整。

2. 监盘工程物资

对工程物资实施监盘程序，确定其是否存在，账实是否相符，并观察有无呆滞、积压工程物资。

3. 抽查工程物资

抽查工程物资采购合同、发票、货物验收单等原始凭证，检查其内容是否齐全，有无得到授权批准，会计处理是否正确。

4. 检查工程物资相关手续

检查工程物资领用手续是否齐全，使用是否合理，会计处理是否正确。

5. 检查和工程物资相关的内控

检查被审计单位对工程物资有无定期盘点制度，对盘盈、盘亏、报废、毁损的，是否将减去保险公司和过失人的赔偿部分后的净额，正确地冲减了在建工程成本或计入营业外支出。

6. 检查工程其他工作

检查工程完工后剩余工程物资转入存货的，是否将其所含增值税进项税额进行了正确的分离；对外销售的，是否先结转其进项税额，待出售时再结转相应成本。

四、在建工程审计

在建工程是企业进行基建工程、安装工程、技术改造工程、大修理工程等发生的实际支出，注册会计师应实施以下实质性测试程序：

1. 检查在建工程明细表

获取或编制在建工程明细表，对有关数字进行复核，并将其与报表数、总账数和明细账合计数进行核对，若不相符应查明原因并进行适当处理。由于在建工程报表数是根据在建工程科目的期末余额减去在建工程减值准备科目的期末余额后的金额填列的，因此，其报表数应同在建工程总账数与各明细账合计数减去相应的在建工程减值准备总账数与各明细账合计数后的余额核对相符。

2. 检查在建工程增减情况

检查在建工程的增减数额是否正确，如对于借款费用、工程管理费用资本化问题，应检查资本化的起止日的界定、计算方法、计算过程、会计处理等是否合理与正确；对于完工转销的在建工程，应检查转销额的计算支付是否正确，是否存在将已交付使用的固定资产仍挂在在建工程账上的问题等。

3. 检查在建工程项目期末余额的构成内容

检查在建工程项目期末余额的构成内容，并实地观察工程现场，确定在建工程是否存在，了解工程项目的实际完工进度，对在建工程累计发生额进行技术测定，并将其与账内数进行核对，检查其是否差距较大，判断其有无多计、虚计或少计、漏计工程费用的问题。

4. 检查在建工程减值准备的计提

主要应查明在建工程减值准备的计提方法是否符合企业会计准则规定，计提的数额是否正确，相关会计处理是否正确。如对长期停建并预计在未来 3 年内不会重新开工的在建工程，所建项目无论在性能上还是在技术上已经落后并且给企业带来的经济利益具有很大不确定性的在建工程，以及其他足以证明已经发生减值的在建工程等是否计提了减值准备；已计提减值准备的在建工程价值得以恢复时，是否又作相应转回。

5. 确定在建工程在资产负债表上的披露是否恰当

上市公司的资产负债表附注通常应披露主要在建工程本期的增减变动、期末余额的组成及相应的资金来源与工程进度等内容。

【例 10-11】 华兴公司在建工程中有房屋建筑物 2 000 万元，2010 年 6 月已完工交付使用，但未结转至固定资产账户。假设该公司此房屋的残值率为 3%，使用年限 30 年。

要求：指出上述账务处理中存在的问题，并作出审计调整分录。

【解答】 工程已经完工且交付使用，应当及时由“在建工程”账户转至“固定资产”账户，并应对该项固定资产计提折旧。就此事项，注册会计师应提请华兴公司作如下调整分录：

借：固定资产　　20 000 000

　贷：在建工程　　20 000 000

借：管理费用——折旧　　[20 000 000×(1-3%)÷30÷12×6]323 333.33

贷:固定资产——累计折旧 323 333.33

五、固定资产清理审计

固定资产清理的实质性测试程序主要有:

1. 检查固定资产清理明细表

获取或编制固定资产清理明细表,复核是否加计正确,并与报表数、总账数和明细账合计数核对相符。

2. 检查固定资产清理是否存在

检查固定资产清理的发生是否有正当理由,是否经有关技术部门鉴定,固定资产清理的发生和转销是否经授权批准,相应的会计处理是否正确。

(1) 结合固定资产等账项的审计,检查固定资产、累计折旧等的账面转入额是否正确。

(2) 检查固定资产清理收入和清理费用的发生是否真实、准确,清理结果(净损益)的计算是否正确。与施工有关的是否计入工程成本;属于筹建期间的,是否计入长期待摊费用;属于生产经营期间的,是否计入营业外收支;属于清算期间的,是否计入清算损益。

3. 检查长期挂账的固定资产清理

检查固定资产清理是否长期挂账,如有,应进行记录,必要时建议作适当调整。

4. 检查固定资产清理是否已在资产负债表上恰当披露

上市公司的资产负债表附注通常应分项披露已转入清理但尚未清理完毕的固定资产期初、期末账面价值及转入清理的原因。转入固定资产清理起始时间已超过 1 年的,应说明清理进展情况。

六、应付票据审计

应付票据是企业购买材料、商品和接受劳务供应等而开出、承兑的商业汇票,包括银行承兑汇票和商业承兑汇票。对应付票据的审计,主要应采取以下实质性测试程序:

1. 获取或编制应付票据明细表

随着商业活动的票据化,企业票据业务将越来越多,为了确定被审计单位应付票据账户、金额是否正确无误,本期应付利息是否正确,注册会计师在对应付票据账户进行审计时,应首先取得或编制应付票据明细表,并同有关明细账及总分类账进行核对。一般地讲,应付票据明细表应列示票据类别及编号、出票日期、面额、到期日、收款人名称、利息率、付息条件、抵押品名称、数量、金额等。在进行核对时,注册会计师应注意被审计单位有无漏报或错报票据,有无漏列作为抵押的资产,有无属于应付账款的票据,有无漏计、多计或少计应付利息费用等情况。

2. 函证应付票据

进行函证时,注册会计师可分票据种类进行。对于应付银行的重要票据,应结合银行存款余额一起函证。凡是当年度与客户单位有往来的银行均应成为函证的对象,因为可能某一银行的存款虽已结清,但开给客户的应付票据仍未销案。询证函也要求银行列示借款抵押券,如用有价证券、应收账款及其他资产做担保时,应在询证函中详细列明这些项目。应付其他债权人的重要票据,应以客户单位名义,由注册会计师直接向债权人发函。函证时,询证函应包括出票日、到期日、票面金额、未付金额、已付息期间、利息率以及票据的抵押担保品等项内容。

3. 检查逾期未付票据

注册会计师应审查有关会计记录和原始凭证,检查被审计单位有关到期仍未偿付的应付票据。如有逾期未付票据,应查明原因,如系有抵押的票据,应作出记录,并提请被审计单位进行必要的披露。

本章小结

购货与付款循环是企业业务活动中的重要循环之一,其活动过程包括从请购、订货、验收、仓储到付款等多个环节。其中,购货业务又可分为一般购货和购入固定资产。注册会计师应在了解被审计单位及其环境(包括内部控制)的情况下,对被审计单位内部控制的健全性和有效性作出评价,在此基础上对该循环涉及的主要财务报表项目实施实质性测试程序。

购货与付款循环涉及的主要财务报表项目为:应付账款、固定资产(累计折旧)等。其中,在应付账款审计中,如何查找未入账的负债是非常重要的审计程序;在固定资产审计中,固定资产的分析程序,不同来源增加的固定资产入账价值的确定、融资租入与经营租入固定资产审查的不同之处、固定资产所有权的审查,固定资产实地观察及固定资产折旧实质性测试等都是非常重要的内容。

本章思考题

1. 购货与付款循环主要有哪些凭证及业务活动?
2. 购货与付款循环中可能存在重大错报风险的情形有哪些?
3. 购货与付款循环控制测试的内容有哪些?
4. 如何查找未入账的应付账款?
5. 固定资产的实质性测试程序包括哪些内容?
6. 累计折旧的实质性测试程序包括哪些内容?

案例讨论题

审计人员这样做行吗?

[案情介绍] 某审计组长让两位审计人员审查应付账款,这两位审计人员查阅了所有应付账款的会计记录,并向被审计单位索取了有关应付账款的无漏记债务说明书,进而作出如下结论:被审计单位的应付账款已全部入账,且入账的应付账款均存在。

[问题思考]

上述结论是否正确?审计组长应让两位审计人员补充执行哪些审计程序?

第十一章　生产与存货循环审计

第一节　生产与存货循环概述

生产与存货循环概述主要介绍三部分内容:一是不同行业类型的存货性质;二是本循环所涉及的主要凭证和会计记录;三是本循环所涉及的主要业务活动。

一、不同行业类型的存货性质

不同行业类型的存货性质有很大差别,参见表11-1。

表11-1　不同行业类型的存货性质

行业类型	存货性质
汽车制造商和组装商	汽车制造商购买汽车配件和车身部分作为原材料用于新汽车组装,将组装完的汽车销售给零售分销商。业务流程包括:第一,对于生产流程或装配线的管理,包括严格、安全和高质量的标准,还包括将已完工产品转换成可供出售的产成品;第二,库存商品的管理,包括存储、营销和分销至零售商
一般制造商	产品的生产可能有各种各样的生产流程。大部分企业都将采购原材料用于制造产成品。生产流程包括对生产制造的管理,包括对质量标准的维护、对产成品的管理以及分销至零售商
餐馆和快餐连锁店	餐馆和快餐连锁店购买新鲜的农产品和半成品做成食品提供给消费者。业务流程通常涉及存货的管理,比如,对多数具有较短保存期的存货需要特别的储藏设备,以及食物健康标准的管理,而品牌食物和饮料商品的销售通常无需任何加工过程,比如罐头、瓶装饮料和酒等
批发和零售业	超市、高级百货商店以及多数商人包括电脑分销商,通常从厂商、批发商或其他零售商处采购商品,然后出售。其业务流程包括产品的选择与购买、存货管理、客户服务、营销和质量标准的维护
建筑承包商	该行业需要购买建筑材料,例如,根据建筑合同或者标书,在建筑过程中需要使用的砖头、沙土和水泥等。建筑承包商需雇佣有丰富经验的建筑师和工人,发生的直接人工和间接费用将计入在建工程成本。分包商根据与主承包商谈妥的价格提供具体的建筑材料和劳务,发生的费用由主承包商承担并计入工程成本

续表

行业类型	存货性质
广告、金融服务和教育业	广告代理商、专业服务机构、学校、公用事业单位、银行和保险公司等金融机构可能只有消耗品存货，例如仅有文具、教学器材以及行政用的计算机设备等用于特殊经营目的的存货
医药服务行业	医生、药师、医疗服务业和医院应当有满足病人需求的必需品，如药品和其他医疗用品；医疗设施，包括病床、膳食设备以及供应给病人的食品

二、涉及的主要凭证和会计记录

生产与存货循环由将原材料转化为产成品的有关活动所组成。该循环交易从领料生产开始到加工、销售产成品时结束。该循环所涉及的凭证和记录主要包括：

1．生产指令

生产指令又称“生产任务通知单”，是企业下达制造产品等生产任务的书面文件，用以通知供应部门组织材料发放，生产车间组织产品制造，会计部门组织费用归集和成本计算。

2．领发料凭证

领发料凭证是企业为控制材料发出所采用的各种凭证，如材料发出汇总表、领料单、限额领料单、领料登记簿、退料单等。

3．产量和工时记录

产量和工时记录是登记工人或生产班组在出勤内完成产品数量、质量和生产这些产品所耗费工时数量的原始记录。常见的产量和工时记录主要有工作通知单、工序进程单、工作班产量报告、产量通知单、产量明细表、废品通知单等。

4．工薪汇总表及工薪费用分配表

工薪汇总表是为了反映企业全部工薪的结算情况，并据以进行工薪结算总分类核算和汇总整个企业工薪费用而编制的，它是企业进行工薪费用分配的依据。工薪费用分配表反映企业全部员工工薪费用及各生产车间各产品应负担的生产工人工薪费用。

5．材料费用分配表

材料费用分配表是用来汇总反映各生产车间各产品所耗费的材料费用的原始记录。

6．制造费用分配汇总表

制造费用分配汇总表是用来汇总反映各生产车间各产品所应负担的制造费用的原始记录。

7．成本计算单

成本计算单是用来归集某一成本计算对象所应承担的生产费用，计算该成本计算对象的总成本和单位成本的记录。

8．存货明细账

存货明细账是用来反映各种存货增减变动情况和期末库存数量及相关成本信息的会计记录。

三、生产与存货循环所涉及的主要业务活动

生产与存货循环所涉及的主要业务活动包括：

1. 计划和安排生产

生产计划部门的职责是根据顾客订单或者对销售预测和存货需求的分析来决定生产授权。如决定授权生产，即签发预先编号的生产通知单。该部门通常应将发出的所有生产通知单编号并加以记录控制。

2. 发出原材料

仓库部门的责任是根据从生产部门收到的领料单发出原材料。领料单上必须列示所需的材料数量和种类，以及领料部门的名称。领料单可以一料一单，也可以一单多料，通常需一式三联。仓库发料后，其中一联连同材料交给领料部门，其余两联经仓库登记材料明细账后，送会计部门进行材料收发核算和成本核算。

3. 生产产品

生产部门在收到生产通知单及领取原材料后，便将生产任务分解到每一个生产工人，并将所领取的原材料交给生产工人，生产工人据以执行生产任务。生产工人在完成生产任务后，将完成的产品交生产部门查点，然后转交检验员验收并办理入库手续；或是将所完成的产品移交下一个部门，以进一步加工。

4. 费用归集和成本核算

为了正确地核算产品成本，对在产品进行有效控制，必须建立健全成本会计制度，将生产控制和成本核算有机结合在一起。生产过程中的各种记录、生产通知单、领料单、计工单、入库单等文件资料都要汇集到会计部门，由会计部门对其进行核算和控制。

5. 产成品入库

产成品入库，须由仓库部门先行点验和检查，然后签收。签收后，将实际入库数量通知会计部门。据此，仓库部门确立了本身应承担的责任，并对验收部门的工作进行验证。

6. 发出产成品

产成品的发出须由独立的发运部门进行。装运产成品时必须持有经有关部门核准的发运通知单，并据此编制出库单。出库单至少一式四联，一联交仓库部门；一联由发运部门留存；一联送交顾客；一联作为给顾客开发票的依据。

第二节 生产与存货循环的内部控制及其测试

一、生产与存货交易的内部控制

生产与存货循环的内部控制包括三大系统：一是生产过程中的存货的内部控制；二是工薪的内部控制；三是对产品成本进行记录与控制的成本会计控制。

（一）存货的内部控制

1．购货应由独立的采购部门负责

一般由仓储部门在储备达到采购点时或由生产部门根据客户的订单提出采购要求。采购申请均应填制请购单，采购部门根据请购单发出购货单。购货单副本需送仓储部门和会计部门，以便随后的材料入库和会计核算。

2．验收工作应由专门的验收部门负责

验收工作应由独立于采购部门的验收部门专门负责，重点是审查收到货物的规格、质量和数量是否符合要求。验收部门在验收完毕后需填制验收单，送会计部门和仓储部门，货物交仓储部门入库。

3．建立储存管理责任制

为保证存货的安全及合理使用，企业应建立储存管理责任制。对各项存货的收、发、存业务均应由专人负责，严格各项手续制度。货物入库，须由存储部门先行点验和检查，然后签收。签收后，根据实际入库货物的数量，填制入库单，及时通知会计部门。据此，存储部门确立本身应负的责任，并对验收部门的工作进行再验证。另外，存储部门还应负责存货的安全，以保证存货的安全完整。此外，要规范存货存放秩序，即应根据存货的品质特征分类存放，并填制标签，妥善保管。

4．领料与发货

此项控制包括两项内容：一是原材料、商品物资发出的授权批准控制，二是发出的手续控制。存储部门须根据预先编号并经批准的领料单、发货单发货。领料单通常一式三份，一份存于领料部门；一份作为存储部门的收据；另一份作为会计部门记账的依据。为防止任意填写用途不当的领料单，企业可规定领料单必须根据用料单、工程通知单或销货单来填制，商业企业可凭出货通知单作为向仓库提货的依据。

5．控制生产过程

在生产中，一般是根据客户订单、销货合同、市场预测以及经济生产批量来确定产品的品种和数量。通常情况下，由生产计划部门确定并下达生产通知单。依据实物流转程序控制的要求，各生产部门必须制定严格的规划，由管理人员负责监督，对从生产领料开始到产品入库为止的全过程进行有效地控制，以避免生产窝工和在产品积压现象，降低物料消耗费，采取措施保护生产线上在产品的安全，记录产品和废品的数量，确定生产过程耗用的原材料数量和产品的生产成本。

（二）工薪的内部控制

1．雇佣员工

人事部门应负责雇佣员工，并用人事授权表来记录所有雇佣员工的情况。人事授权表一份存放于人事部门的员工档案中，一份交工薪部门。

2．授权变动工薪

即由部门主管提出更换工作或提高工薪标准的申请，但是所有工薪变动都应由人事部门书面授权。这项控制有助于保证工薪的正确性。

3．编制出勤和计时资料

企业可设专门的计时部门负责此项工作，通常使用打卡钟等来记录员工的工作时间。对企业员工而言，计时卡上的工作时数必须由计工单相佐证，计工单上所有的工作时数都必须应有主管人员的书面批准。计时部门在调节已批准的计工单和计时卡后，应将其送达工薪部门，工薪部门据此编制工薪单。

4. 编制工薪计算表

工薪部门在收到计工单和计时卡后，结合人事授权表资料，即可计算并编制一式两份的工薪计算表和人工成本分配汇总表。其中一份连同计时卡和计工单在工薪部门留存；另一份与人工成本分配表送达财务部门。

5. 支付工薪和保管未领工薪

财务部门有关人员应独立复核工薪计算表的正确性，并由未参加计算和记录工薪的授权人员签发工薪支票。工薪只发给经过适当确认的员工，未领工薪应保存在财务部门的保险柜中。

6. 填写个人所得税申报表

企业必须指定专人负责个人所得税申报工作，填写个人所得税申报表，并及时足额缴纳税款，以避免被罚款和缴纳滞纳金，以及陷入被诉讼的困境。

7. 记录工薪

会计部门应根据工薪部门送来的“人工成本分配汇总表”及时编制记账凭证，并登记有关账簿。

（三）成本会计制度的内部控制

1. 成本费用管理控制

成本费用管理控制是指对成本费用支出进行计划、控制和考核的内部控制。具体包括：确定成本控制目标和成本计划；制定直接材料、直接薪酬和制造费用的消耗定额；编制成本、费用预算；对各项成本费用指标进行分解，建立成本费用归口、分级管理责任制；定期进行成本费用考核与评价。

2. 成本费用会计控制

成本费用会计控制是指对成本费用支出业务进行反映和监督的内部控制。主要包括以下内容：制定成本费用制度，明确成本范围、开支标准、制定报销手续；建立各种支出的审核制度；设置相应的会计账户，选择适当的成本计算方法，合理地归集和分配各项费用，确定产品生产成本；对各项费用的归集与分配结果进行复核；定期进行成本分析，查明企业成本变动趋势和原因。

二、评估重大错报风险

（一）风险产生原因

以制造业为例，风险产生的原因主要包括：

1. 交易的数量和复杂性

制造业交易的数量庞大，业务复杂，这就增加了错误与舞弊的风险。

2. 成本基础的复杂性

虽然直接材料和直接人工等直接费用的分配比较简单，但间接费用的分配就可能较为复杂，并且，同一行业中的不同企业也可能采用不同的认定和计量基础。

3. 员工变动及会计电算化可能导致的风险

员工变动或会计电算化可能导致在各个会计期间将费用分配至产品成本的方法出现不一致。在工薪单上虚构员工,电子货币转账系统的银行账户不正确,将工薪支付给错误的员工等。

4. 产品的多元化

如计量煤堆、筒仓里的谷物或糖、钻石或其他贵重的宝石、化工产品和药剂产品的储存量的方法都可能不一样。

5. 某些存货项目的可变现净值难以确定

如价格受全球经济供求关系影响的存货,由于可变现净值难以确定,会影响存货采购价格和销售价格的确定,并影响注册会计师对存货计价认定的有关风险进行评估。

6. 销售附有担保条款的商品

这会面临换货或者销售退回的风险。出口到其他国家的商品也有途中毁损的风险,这将导致投保人索赔或者由企业来补充毁损的商品。

7. 将存货存放在很多地点

这将增加商品途中毁损或遗失的风险或者导致存货被重复列示等。

8. 寄存的存货

有时存货虽然存放在企业,但可能已经不归企业所有。反之,企业的存货也可能被寄存在其他企业。

注册会计师应了解被审计单位对生产与存货的管理程序。观察控制活动执行情况、询问员工以及检查文件和资料。测试已选取的、涉及几项认定的监督控制,要比测试交易初期的预防性控制更为有效。

(二)可能发生错报的环节

注册会计师需要确认和了解错报可能在什么环节发生,即确定被审计单位应在哪些环节设置控制,以防止或发现并纠正各重要业务流程可能发生的错报。生产与存货循环活动中部分可能发生错报的环节如表 11-2 所示。

表 11-2 生产与存货循环活动可能发生错报的环节

交易流程	可能的错报
计划和安排生产	生产没有计划;产品未按照要求规格生产
发出原材料	未经授权发出原材料;发料不正确;材料费用分配不正确
生产产品	生产工时记录错误、工薪等费用分配不正确
完工入库	未及时办理入库;入库了残次品
存货分类	混淆不同批号、不同产地、不同价格的物资等
存货成本计价	随意变更计价方法;成本项目的不合理分摊;产品完工程度估算不正确
存货储存	毁损或丢失

三、生产与存货循环的控制测试

测试生产与存货循环内部控制是在了解与描述的基础上,对其在实际业务中的执行与实施情况和过程进行检查和观察，以确定制定的内部控制与实际执行的是否相符与一致，即控制测试。进行控制测试的程序主要有：

（1）检查存货领用手续。检查存货的领用是否有授权批准手续，是否严格按照授权批准手续发货；检查存货入库是否有严格的验收手续，是否就名称、规格、型号、数量和价格与合同、原始单证进行核对；检查存货的发出是否按规定办理，有无不按规定发出存货的情况。

（2）询问和观察存货的盘点过程。

（3）询问和观察存货的保管程序。观察是否只有经过授权批准人员才能接近原材料和产成品等存货。

（4）抽查记账凭证所附的原始凭证是否齐备，是否顺序编号。

（5）检查存货业务核算是否及时。检查已经发生的存货购进、领用、发出的业务是否全部入账，有无没有入账的原始凭证。

（6）检查存货业务归集和分配。选取样本测试各费用项目的归集和分配以及成本核算是否按企业确定的成本核算流程和账务处理流程进行核算和账务处理。

（7）检查存货相关资料。检查有关成本核算的记账凭证是否附有领发料凭证、产量工时记录、工薪费用分配表、材料费用分配表、制造费用分配表等原始凭证，有无未附原始单证的记账凭证。

（8）检查与存货相关成本核算是否正确。检查是否所有已发生的料、工、费的耗费均已及时准确地计入生产成本中，有无未入账的原始凭证。

（9）检查费用的归集和分配以及成本的计算是否合规。选取样本测试各种费用的归集和分配以及成本的计算是否按规定执行，料、工、费是否采用恰当方法进行记录，生产成本是否在完工产品和在产品之间恰当分配，核算方法是否前后一致，完工产品发出后是否及时结转成本，核算方法是否前后期一致。

（10）检查相关原始资料。检查员工人事档案、工时卡是否由经授权的有关人员进行管理；员工人事档案、工时卡是否及时准确记录有关工薪、薪金或佣金、代扣款项等内容。

（11）检查记录的工薪是否为实际发生而非虚构的。

（12）检查当期实际已发生的工薪支出是否全部计入成本及相关费用等账户；工薪分配表、工薪汇总表是否完整反映实际已发生的工薪支出。

（13）选取样本测试工薪费用的归集和分配是否按规定流程执行。

（14）检查相关内部控制。询问和观察人事、考勤、工薪发放、记录等职务是否相互分离，以及各项职责的执行情况。

对生产与存货循环内部控制进行评价，是为了对生产与存货循环进行实质性测试前确定对生产与存货循环内部控制的可依赖程度。注册会计师在评价时应注意分析生产与存货循环中可能发生哪些潜在的错报，哪些控制可以防止或者发现并更正这些错报。通过比较必要的控制和现有控制，评价审计计划依赖的生产与存货内部控制的健全性与有效性。如果被审计单位没有建立注册会计师认为必要的内部控制，或者现有控制不足以防止或检查错报，那么注册会计师应该考虑内部控制缺陷对审计的影响，确定是否扩大实质性测试的范围。

第三节　营业成本审计

一、营业成本的审计目标

（1）确定利润表中记录的营业成本是否已发生，且与被审计单位有关；
（2）确定所有应当记录的营业成本是否均已记录；
（3）确定与营业成本有关的金额及其他数据是否已恰当记录；
（4）确定营业成本是否已记录于正确的会计期间；
（5）确定营业成本是否已记录于恰当的账户；
（6）确定营业成本在财务报表中的列报是否恰当。

二、生产成本的实质性测试程序

（一）直接材料成本的审计

直接材料成本的实质性测试一般应从审阅材料和生产成本明细账入手，抽查有关的费用凭证，验证企业产品直接耗用材料的数量、计价和材料费用分配是否真实、合理。

1. 审查直接材料耗用量的真实性

（1）审查材料用途。抽查领料凭证，并与发料凭证汇总表核对是否相符，审查材料是否按用途分配。检查有无将在建工程、福利部门支出、捐赠支出等非生产用材料计入直接材料费用。分析比较同一产品前后各年度的直接材料成本，如有重大波动，应查明原因。

（2）注意已领未用材料是否办理了假退料手续；废料、边角料是否办理了退库或变价处理，并冲减了本期耗用量。

2. 审查直接材料计价的正确性

（1）直接材料按实际成本计价的，应审查其计价方法前后期是否一致，有关计算是否正确。抽查材料发出及领用的原始凭证，检查领料单的签发是否经过授权，材料发出汇总表是否经过适当的人员复核，材料单位成本计价方法是否适当，是否正确及时入账。

（2）直接材料按计划成本计价的，重点审查材料成本差异的形成和分配。检查材料成本差异的发生额是否正确，有无将不应计入材料采购成本的费用计入材料采购成本；抽查若干月份发出材料汇总表，检查材料成本差异是否按月分摊，使用的差异率是否为当月实际差异率，检查差异率的计算是否正确，差异的分配是否正确，分配方法前后期是否一致。对采用定额成本或标准成本的企业，应检查直接材料成本差异的计算、分配与会计处理是否正确，并查明直接材料的定额成本、标准成本在本年度内有无重大变更。

3. 审查直接材料费用分配的正确性

审查发料凭证汇总表、成本计算单、生产成本明细账，检查直接材料成本的计算、分配标准、分配方法、分配结果及有关账务处理的正确性，直接材料费用是否与材料费用分配表中该产品分摊的直接费用相符，并注意分配标准是否合理和前后一致。

4. 执行分析程序

将同一产品本年度的直接材料成本与上年度比较，将本年度若干期的直接材料成本进行对比分析检查有无异常波动。抽查产品成本计算单，检查直接材料成本的计算是否正确，材料费用的分配标准与计算方法是否合理和适当，是否与材料费用分配汇总表中该产品分摊的直接材料费用相符。

【例 11-1】 注册会计师在审查乙企业 2010 年度材料发出业务时发现，12 月份该企业生产领用 A 材料的计划成本 8 000 000 元，车间领用 4 000 000 元，本月份材料成本差异率-2%。

结转发出材料计划成本时：

借：生产成本　　8 000 000
　　制造费用　　4 000 000
　　贷：原材料　　12 000 000

结转发出材料成本差异时：

借：生产成本　　240 000
　　贷：材料成本差异　　240 000

要求：指出上述记录存在的问题，并作出当期账项调整建议。

【解答】 材料成本差异应是节约差，该企业按超支差结转使成本提高 480 000 元；另外，成本差异的结转未按材料的领用去向结转。注册会计师应建议被审计单位作如下账务调整：

借：材料成本差异　　480 000
　　贷：存货（生产成本）　　400 000
　　　　存货（制造费用）　　80 000

（二）直接薪酬费用的审计

获取劳动人事资料、薪酬结算汇总表、薪酬费用分配表、成本计算单、生产成本明细账、产量或工时记录、考勤记录等，检查并计算。

（1）检查有无将非产品生产人员的薪酬计入直接薪酬费用。

（2）结合应付职工薪酬的审查，抽查产品成本计算单，检查直接薪酬费用成本的计算是否正确，直接薪酬费用的分配标准与计算方法是否合理和适当，是否与直接薪酬费用分配汇总表中该产品分摊的直接工薪费用相符。检查薪酬的计算及汇总是否正确。

（3）检查直接薪酬费用的分配标准与计算方法的合理性，分配率和分配结果计算的正确性。注意是否与薪酬费用分配表相符。

（4）结合应付职工薪酬的检查抽查直接薪酬费用会计记录及会计处理是否正确。

（5）执行分析程序。将同一产品本年度的直接薪酬费用与上年度比较，检查有无重大变动。分析比较本年度各个月份的直接薪酬费用发生额，如有异常波动，应查明原因。

（6）对采用标准成本法的企业，应抽查直接工薪成本差异的计算、分配与会计处理是否正确，查明直接工薪的标准成本在本年度内有无重大变更。

（三）制造费用的审计

制造费用是企业为生产产品或提供劳务而发生的间接费用，即生产单位为组织和管理生产而发生的费用，包括分厂和车间管理人员的工资、福利费等职工薪酬、折旧费、办公费、水电费、取暖费、租赁费、机物料消耗、低值易耗品摊销、劳动保护费、保险费、设计制图费、实验检验费、季节性停工损失以及其他制造费用。注意生产车间发生的固定资产更新改造等后续支出。如果符合固定资产确认标准则应计入固定资产成本;如果不符合固定资产确认标准则应在发生时计入直接计入当期损益(管理费用),而不计入制造费用。

制造费用实质性测试的基本要点包括:

1. 检查制造费用汇总表

获取或编制制造费用汇总表,并与明细账、总账核对相符,抽查制造费用中的重大数额项目及例外项目是否合理。

2. 审阅制造费用明细账

检查其核算内容及范围是否正确,并应注意是否存在异常会计事项,如有,则应追查至记账凭证及原始凭证,重点查明被审计单位有无将不应列入成本费用的支出(如投资支出、被没收的财物、固定资产的修理费、支付的罚款、违约金、技术改造支出等)计入制造费用。

(1) 审查制造费用的组成项目是否合规,有无将非本部门的制造费用和不应列入成本费用的支出计入制造费用。

(2) 抽查制造费用中的大额项目、升降幅度大的项目,注意是否存在异常会计事项。

(3) 检查企业有无故意多提或少提制造费用以调节成本的现象。

(4) 必要时,对制造费用实施截止测试,确定有无跨期入账的情况。

3. 检查制造费用的分配是否合理

审查制造费用分配方法是否适合企业自身的生产特点,是否体现受益原则,前后各期是否一致;分配率和分配额的计算是否正确。重点查明制造费用的分配方法是否符合被审计单位自身的生产技术条件及受益原则,分配方法一经确定,是否在相当期间内保持稳定,有无随意变更的情况;分配率和分配额的计算是否正确,有无以人为估计数代替分配数的情况。对按预定分配率分配费用的被审计单位,还应查明计划与实际差异是否及时调整。

4. 执行分析程序

将本年度的制造费用及其构成项目与上年度比较,将本年度各期的制造费用以及各组成项目所占比例进行对比分析,检查有无重大变动。

5. 检查标准成本法的制造费用

对于采用标准成本法的被审计单位,应抽查标准制造费用的确定是否合理,计入成本计算单的数额是否正确,制造费用的计算、分配与会计处理是否正确,并查明标准制造费用在本年度内有无重大变动。

【例 11-2】 注册会计师对 ABC 公司“管理费用”账户进行审计时,发现 12 月份生产车间为了维护固定资产的正常运转,发生设备大修理费用 45 000 元,行政管理部门发生设备日常维修费用 1 000 元。12 月份生产的产品全部完工但未售出。该公司编制的会计分录如下:

借:制造费用	45 000	
管理费用	1 000	
贷:银行存款		46 000

要求:指出该项业务存在的问题,并作出审计调整分录。

【解答】 企业生产车间和行政管理部门发生的固定资产修理费一样均不符合固定资产确认条件,都应列入管理费用。审计调整分录为:

借:管理费用 45 000

贷:存货(制造费用) 45 000

【例 11-3】 注册会计师 2011 年 1 月在审查丙企业 2010 年 12 月份制造费用发生额时,其中一笔结转本月应支付租金 1 200 000 元,引起注册会计师的注意,经审查有关原始凭据,发现该企业当月租赁一生产车间,租赁期 1 年,双方合同协议租赁费 2 400 000 元,进一步查询有关会计人员,反映该企业采取"五五"摊销法进行账务处理。

要求:针对上述情况,指出该企业存在的问题,并提出调账建议。

【解答】 注册会计师认为该项业务处理违反企业会计准则规定。经营性租赁费用,支付数额大的应在租赁期间内合理摊销,经营性租赁费用不是低值易耗品,不能采用"五五"摊销法。如属于被审计单位会计人员业务不熟应予以纠正;如属于有意加大成本费用,虚减利润,应追究责任,并作账务调整。

审计调整分录如下:

借:长期待摊费用 1 000 000

贷:制造费用 1 000 000

(四)生产费用在完工产品和在产品之间分配的审计

1. 审查完工产品入库数量的真实性

检查产品入库凭证与完工记录是否相符,仓库的记录与财务部门的记录在品种、数量上是否相符,查明入库数量的真实性。检查产品入库凭证是否附有产品检验合格证明,有无将未经检验产品或不合格产品充当合格产品入库的现象。

2. 审查在产品数量的真实性

检查主要产品的在产品台账,计算、核实在产品的数量,并注意审查在产品的加工程度、投料程度及耗用工时记录,以查明在产品数量的真实性。

3. 审查生产费用在完工产品与在产品之间分配的合理性

审查产品成本计算单、在产品台账和生产成本明细账,核对成本计算单中完工产品的品种数量、在产品的品种数量、加工程度和投料程度是否和产品入库凭证、在产品台账记录相符,检查其分配方法的选用是否符合企业的生产工艺特点和管理上的要求,审查成本计算方法的合理性、一致性,验证成本计算数据的正确性,检查产成品入库的实际成本是否与"生产成本"科目的结转额相符。审查有无高估或低估在产品数量、在产品的加工程度以调节成本的现象。

生产费用在完工产品与在产品之间的分配通常有以下六种方法:①不计算在产品成本;②在产品成本按固定成本计算;③在产品按定额成本计算;④在产品只计算原材料成本;⑤约当产量比例分配法;⑥定额比例分配法等。审计时应注意其方法选择的合理性,分配标准是否合理,前后各期是否一致,有无随意变动的情况。

【例 11-4】 注册会计师审查某企业 2010 年度的利润表时,抽查 12 月份的成本资料,发现甲产品已完工 600 件,月末在产品 300 件,原材料在生产开始时一次投入,月末完工产品与在产品之间的费用,按约当产量比例进行分配,在产品完工程度按平均 50% 计算。甲产品的成本计算资料如表 11-3 所示。

表 11-3　甲产品的成本计算单　单位:元

项目	月初在产品	本期费用	完工产品成本	月末在产品
直接材料	16 000	119 000	108 000	27 000
直接工资	5 800	48 200	43 200	10 800
制造费用	2 350	16 400	15 000	3 750
合计	24 150	183 600	166 200	41 550

要求:(1) 指出资料中所计算的成本是否正确,重新计算甲产品完工产品总成本和单位成本、月末在产品总成本,列出计算过程。

(2) 针对上述情况指出存在的问题以及处理方法。

【解答】 (1) 根据题中所提供资料,该企业甲产品的直接材料费用应按完工产品和在产品的数量比例分配,则:

完工产品负担的比率 $=600\div(600+300)=\frac{2}{3}$

在产品负担的比率 $=300\div(600+300)=\frac{1}{3}$

因此,完工甲产品成本中直接材料的费用为:

$$(16\ 000+119\ 000)\times\frac{2}{3}=90\ 000(\text{元})$$

在产品负担的直接材料费用为:

$$(16\ 000+119\ 000)\times\frac{1}{3}=45\ 000(\text{元})$$

直接工资费用和制造费用应按约当产量比例分配,即:

完工产品的分配率 $=600\div(600+150)=0.8$

在产品负担的比率 $=0.2$

经复核,按约当产量比例分配的原计算结果正确。因此,

完工甲产品总成本 $=90\ 000+43\ 200+15\ 000=148\ 200$(元)

单位成本 $=148\ 200\div600=247$(元)

月末在产品总成本 $=45\ 000+10\ 800+3\ 750=59\ 550$(元)

(2) 根据上述情况,注册会计师可以初步判断该企业制造成本的会计控制不健全,完工产品和在产品成本分配存在人为调节,本月完工产品成本多计了 18 000(即 166 200−148 000)元,在产品成本少计了 18 000 元。应进一步扩大审查范围,评价制造成本会计的合理性,并在此基础上审查对销售成本的影响程度。因此,该企业存在的主要问题是人为调节制造成本,由此可能导致虚减当年利润,偷漏所得税。注册会计师对此应提请被审计单位认真调整成本、利润资料,并按规定补交所得税及滞纳金,并根据调整情况,确定审计报告的意见类型。

(五) 主营业务成本的审计

主营业务成本是指企业对外销售商品、产品或对外提供劳务等发生的实际成本。它是由期初库存产品成本加上本期入库产品成本,再减去期末库存产品成本求得的。对主营业务成本的

实质性测试，应通过审阅主营业务收入明细账、产成品明细账等记录并核对有关原始凭证和记账凭证进行。其实质性测试程序包括：

1. 检查主营业务成本明细表

获取或编制主营业务成本明细表，复核加计是否正确，并与总账数和明细账合计数核对是否相符，结合其他业务成本科目与营业成本报表数核对是否相符。

2. 编制生产成本及主营业务成本倒轧表，并与总账核对是否相符

倒轧表的基本等式包括：原材料期初余额+本期购进额-原材料期末余额-其他发出额=直接材料成本；直接材料成本+直接人工成本+制造费用=本期生产成本；本期生产成本+在产品期初余额-在产品期末余额=本期完工产品成本；本期完工产品成本+产成品期初余额-产成品期末余额=本期产品销售成本。

3. 检查主营业务成本相关计算是否合规

检查主营业务成本的内容和计算方法是否符合有关规定，前后期是否一致。尤其应注意发出商品的计价方法是否恰当，有无随意变更。

4. 执行分析程序

对主营业务成本执行实质性分析程序，检查本期内各月之间及以前各期同一产品的单位成本是否存在异常波动，是否存在调节成本的现象。

5. 抽查相关业务

抽取若干月份的主营业务成本结转明细清单，结合生产成本的审计，检查销售成本结转数额的正确性，比较计入主营业务成本的商品品种、规格、数量与计入主营业务收入的口径是否一致。

6. 检查调整事项

检查主营业务成本中重大调整事项（如销售退回）的会计处理是否正确。

7. 检查不同方法相关会计处理

在采用计划成本、定额成本、标准成本核算存货的情况下，检查产品成本差异的计算、分配和会计处理是否正确。

8. 检查主营业务成本截止

结合期间费用的审计，判断有无通过将应计入生产成本的支出计入期间费用，或将应计入期间费用的支出计入生产成本等手段调节生产成本，从而调节主营业务成本的现象。

9. 检查主营业务成本列报是否恰当

检查主营业务成本在财务报表中的列报是否恰当。确定主营业务成本在利润表中是否已恰当披露。营业成本应由主营业务成本和其他业务成本组成。

【例 11-5】 注册会计师对 ABC 公司的生产成本及主营业务成本进行审计，经审计后发现以下事项：(1) 料到单未到的材料 5 000 元未暂估入账；(2) 车间月末剩余材料 1 000 元，未作假退料处理；(3) 修建厂房的工资 2 000 元，列入了直接薪酬费用；(4) 本月预付的财产保险费 6 000元，全额列入了制造费用，经检查应按 3 个月摊销；(5) 月末在产品盘点实际结存37 000元。

要求：根据上述业务中存在的问题，编制生产成本及主营业务成本倒轧表。

【解答】 注册会计师首先应根据被审计单位的账面记录，编制生产成本及主营业务成本倒轧表，如表 11-4 所示，并填入“未审数”（已知），然后根据上述审计所发现的问题填制“调整或重分类金额”和“审定数”；最后作出审计结论。

表 11-4 生产成本及主营业务成本倒轧表 单位:元

项　　目	未审数	调整或重分类金额(借或贷)	审定数
原材料期初余额	80 000		80 000
加:本期购进	150 000	借 5 000(暂估)	155 000
减:原材料期末余额	60 000	借 1 000(假退料)	61 000
其他发出额	10 000		10 000
直接材料成本	160 000	借 4 000	164 000
加:直接人工成本	15 000	贷 2 000(修建厂房)	13 000
制造费用	42 000	贷 4 000(财产保险)	38 000
生产成本	217 000	贷 2 000	215 000
加:在产品期初余额	23 000		23 000
减:在产品期末余额	30 000	借 7 000	37 000
完工产品生产成本	210 000	贷 9 000	201 000
加:产成品期初余额	28 000		28 000
减:产成品期末余额	27 000		27 000
主营业务成本	211 000	贷 9 000	202 000

审计结论:上述事项影响了以下会计账户:原材料少计 1 000 元;在产品少计 7 000 元;预付账款少计 4 000元;在建工程少计 2 000 元;应付账款少计 5 000 元;主营业务成本多计 9 000 元。

故:资产少计 14 000 元、负债少计 5 000 元、虚减利润总额 9 000 元。

【例 11-6】 注册会计师审查 W 公司 2010 年利润表的主营业务成本时,了解到该公司采用计划成本进行成本的日常核算,第 4 季度生产成本账的记录如表 11-5 所示。

表 11-5 生 产 成 本 单位:元

日期	借方	贷方	余额
10 月 1 日			2 000
10 月 31 日	23 600	24 000	1 600
11 月 30 日	18 000	20 000	(400)
12 月 31 日	23 400	26 000	(3 000)

12 月底该厂生产车间尚有在产品 200 件,每件平均成本 19 元,第 4 季度已对外销售产品 80%,库存量占 20%。

要求:请代注册会计师计算完工产品转出的成本差异额,并提出处理意见。

【解答】 该公司第 4 季度末生产成本账出现赤字金额,是因为完工转出产品时贷记“生产成本”科目,由于产品计划成本高于实际成本而出现了赤字。因此需要查明企业是否设置了“产品成本差异”账,并及时登记和分配成本差异额。第 4 季度完工转出产品成本差异额为节约差异6 800[即(2 000+23 600+18 000+23 400-3 800)-(24 000+20 000+26 000)]元。具体处理意见为:对已销售的产品,应审查是否结转了成本差异,其所应分配的差异额为5 440(即6 800×80%,节约差异)元,如未结转,应提请被审计单位更正,否则便会虚增产品成本;对于库存未销售的产成品,则不必结转成本差异。

(六)其他业务成本的审计

(1)获取或编制其他业务成本明细表,复核加计是否正确,与总账数和明细账合计数核对是否相符;结合主营业务成本科目与营业成本报表数核对是对相符。

(2)复核其他业务成本明细表的正确性,并与相关科目交叉核对。

(3)检查其他业务成本是否有相应的收入,并与上期其他业务收入、其他业务成本比较,检查是否有重大波动,如有重大波动,应查明原因。

(4)检查其他业务成本内容是否真实,计算是否正确,会计处理是否正确,配比是否恰当,并抽查原始凭证予以核实。

(5)对异常项目,应追查入账依据及有关法律文件是否充分。

(6)检查除主营业务活动以外的其他经营活动发生的相关税费是否违规记入本科目。

(7)检查其他业务成本在财务报表中的列报是否恰当。

第四节 存货审计

一、存货的审计目标

(1)确定资产负债表中的存货是否存在。

(2)确定所有应当记录的存货是否均已记录。

(3)确定记录的存货是否由被审计单位拥有或控制。

(4)确定存货是否以恰当的金额包括在财务报表中,与之相关的计价调整是否已恰当记录。

(5)确定存货在财务报表中的列报是否恰当。

二、存货的实质性测试程序

(一)检查存货明细表

获取或编制存货明细表,复核加计是否正确,并与总账数和明细账合计数核对是否相符;同时抽查各存货明细账与仓库台账、卡片记录,检查是否核对相符。

(二)对存货执行分析程序

分析程序在存货审计中普遍采用,在实施生产与存货循环审计的分析程序中,注册会计师通常运用的方法有简单比较法和比率分析法两种。其中,简单比较法主要进行以下分析:

(1)比较前后各期及本年度各个月份存货余额及其构成、存货成本差异率、产品成本总额及单位生产成本、直接材料成本、工资费用的发生额、制造费用、主营业务成本总额及单位销售成本等,以评价其总体合理性。

（2）将存货的余额与现有的订单、资产负债表日后各期的销售额和下一年度的预测销售额进行比较，以评价存货滞销和跌价的可能性。

（3）将存货跌价准备与本年度存货处理损失的金额进行比较，判断被审计单位是否已计提足额的跌价损失准备。

（4）将与关联企业发生存货交易的频率、规模、价格和账款结算条件，与非关联企业对比，判断被审计单位是否利用关联企业的存货交易虚构交易业务、调节利润。

在实施生产与存货循环的分析程序中，注册会计师通常运用的比率主要是存货周转率和毛利率。存货周转率是用以衡量销售能力和存货是否积压的指标。存货周转率的异常波动可能意味着被审计单位存在有意无意地减少存货储备；存货管理或控制程序发生变动；存货成本项目或核算方法发生变动以及存货跌价准备计提基础或冲销政策发生变动等情况。毛利率是反映盈利能力的主要指标，用以衡量成本控制及销售价格的变化。毛利率的异常变动可能意味着被审计单位存在销售产品总体结构、单位产品成本发生变动等情况。

（三）进行存货监盘

注册会计师对存货监盘是存货审计必不可少的一项审计程序。具体来讲，为了达到比较好的效果，存货监盘应做好盘点前的计划工作、盘点过程的监督工作以及盘点工作结束后的记录工作。具体程序如下：

1. 制定计划前应考虑的问题

存货监盘不同于货币资金的突击盘点，有效的存货监盘工作必须建立在事前周密计划的基础上。应参与被审计单位存货盘点的事前规划，或向委托人索取存货盘点计划。具体来讲，注册会计师应考虑监盘时间、监盘的样本量、项目选取等问题。一般来讲，监盘时间以会计期末以前为优，如果企业的盘点在会计期末以后的时间进行，那么就必须编制从盘点日到期末的存货余额调节表，但尽量使盘点时间靠近会计期末。在考虑选取从大样本量进行盘点时，应考虑有关实地盘点、永续记录的可靠性、存货的总金额及种类、不同的重要存货的存放位置及其数量，以及以前年度发现的误差性质及其内部控制等。至于样本选取则应将重要项目或典型存货项目作为对象，同时对可能过时或损坏的项目要仔细查询，并与管理人员就疑虑问题交换意见。

2. 进行盘点准备工作

首先，确定盘点顺序，因为被审计单位的财产物资品种繁多、存放地点分散，同步实施盘点既无可能也无必要，所以分次盘点几乎是必然的，但分次盘点有先后之分，后盘点的地点等同于预告盘点，为防止被盘点单位弄虚作假，有必要对其实行封存，封存可以采取贴封条、上锁、请人看守、请人代为保管等方式；其次，注册会计师应了解有关财产物资的内部控制和管理制度，对各项制度的遵循情况进行评价，发现存在的薄弱环节，明确盘点的重点；再次，做好盘点的人员准备，盘点是整个企业的大事，各级领导、有关人员都应参加，通过召开盘点预备会议，将盘点计划或指令贯彻到每一个参与人员；最后，通知被查部门，并要求其将有关物资盘点日的账面数轧出，将已经发现的错误数剔除，并做好盘点的器具和表格文具的准备，对一些特殊物资的盘点还需要准备特殊的器具，如对贵重金属的盘点需要准备衡器等。

3. 实施盘点

注册会计师进入现场后，应察看被盘点部门和有关人员是否进入“状态”，有关手续是否已办理完毕；在监督盘点下，注册会计师不能离开盘点现场，同时应把握盘点的进度，对有关人员所实施的盘点清查要实行全过程监控，不能只看其结果而不观察其过程；对一些重要的盘点环节还要细看，必要时要求其放慢速度或重复操作，演示其过程或者要求其解释盘点的结果，也可以对有关盘点结果进行复核和清点；要防止有关人员对注册会计师玩弄“障眼法”，趁注册会计师不注意时串换物资、搞“调包”，如果发现此类情况，注册会计师应提出严肃批评，严重时应改为注册会计师实施直接盘点；在盘点过程中，要严格记录程序，特别对盘点出现的结果要如实记录在案，并执行有关手续，填写有关的表格，写明盘点的实际数额，并签字为证。

4. 进行抽点

企业盘点人员盘点后，注册会计师应根据观察的情况，在盘点标签尚未取下之前，进行复盘抽点。抽点的样本一般不得低于存货总量的10%。在比较抽点结果与盘点单上的记录时，不仅要核对数量，还应该核对存货的编号、品种、规格及产品品质等。在抽点在产品时，还应扩大抽点范围。如发现差错过大，则应要求企业重新盘点。抽点结束后，应将全部盘点标签或盘点清单按编号顺序归总并据以登记盘点表。归总时，注册会计师应注意盘点标签或盘点清单编号的连续性，以免有缺号、重号现象。所有的盘点标签、盘点清单均应由企业参与人员和监盘注册会计师签名，并复印两份，企业与会计师事务所各留一份。同时，注册会计师还应向企业索取存货盘点前的最后一张验收报告单（或入库单）、最后一张货运文件（或出库单），以便审计时作截止测试之用。

5. 总结盘点结果

盘点表格的手续完毕之后，还应将盘点的结果与有关账簿记录进行核对，确定其是否账实相符。账实不符的原因有多种，有的属于在物资材料收发过程中正常的、小额的短少，即为正常的“盘盈”或“盘亏”；但超过正常的幅度和范围，事情就不那么简单，对此类账实不符的情形，注册会计师不能轻易下结论，而要结合其他审计环节，进行深一步的调查研究；最初的调查是询问被审计单位有关人员，让其解释账实不符的原因并查找理由，如果能作出令人信服的说明，即可消除注册会计师的疑虑，可不作进一步追查；如果不能自圆其说，说明问题仍然存在，则应作跟踪检查，直到得到满意的结论为止。

6. 其他注意事项

观察盘点和抽点过程中，注册会计师还应检查有无代人保存和来料加工的存货，有无未作账务处理而置于（或寄存）他处的存货，这些存货是否正确列示于存货盘点表中。同时，注册会计师还应注意观察存货的残次冷背情况，确定其对损益的影响。对于企业存放或寄销在外地的存货，也应纳入盘点的范围。但盘点的方法可以选择，如委托当地会计师事务所负责监盘抽点或本所注册会计师亲自前往监盘，如存货量不大，也可以向寄存寄销单位函证或采用其他替代程序予以确认。

（四）存货计价审计

监盘程序只能对存货的结存数量予以确认。为验证财务报表上存货余额的真实性，还必须对存货的计价进行审计。

1. 样本的选择

计价审计的样本，应从存货数量已经盘点、单价和总金额已经记入存货汇总表的结存存货中选择。选择样本时应着重选择结存余额较大且价格变化比较频繁的项目，同时考虑所选样本的代表性。抽样方法一般采用分层抽样法，抽样规模应足以推断总体的情况。

2. 计价方法的确认

存货的计价方法多种多样，企业可结合国家法规要求选择符合自身特点的方法。注册会计师除应了解掌握企业的存货计价方法外，还应对这种计价方法的合理性与一贯性予以关注，没有足够理由，计价方法在同一会计年度内不得变动。

3. 计价审计

进行计价审计时，注册会计师首先应对存货价格的组成内容予以审核，然后按照了解的计价方法对所选择的存货样本进行计价审计。审计时，应排除企业已有计算程序和结果的影响，进行独立审计。待审计结果出来后，应与企业账面记录对比，编制对比分析表，分析形成差异的原因。如果差异过大，应扩大范围继续审计，并根据审计结果作出审计调整建议。具体可分以下几个方面进行：

(1) 结合购货及生产与存货循环审计，对存货价格的组成予以测试。比如将其单位成本与购货发票或生产成本计算单核对。

(2) 结合销售及生产与存货循环审计，对发出存货进行计价测试。检查发出存货的计价方法前后期是否一致，并复核其计算是否正确。将测试结果与账面记录对比，编制对比分析表，分析形成差异的原因。若存货以计划成本计价，还应检查“材料成本差异”账户的发生额、转销额是否正确，以及年末余额是否正确。

(3) 对期末存货进行计价测试。①检查资产负债表日存货是否按成本与可变现净值孰低计量。②检查存货可变现净值的确定是否正确并有确凿证据，是否充分考虑存货的品质、变现能力、持有存货的目的等。③检查存货跌价准备计提依据和计提方法是否合理，是否按单个存货项目计提。④已计提存货跌价准备是否适当。⑤存货跌价准备的计提、转回和结转的会计处理是否正确。此外，注册会计师应获取存货盘盈盘亏调整和损失处理记录，对于重大存货盘盈盘亏和损失情况，应该查明原因，检查相关的会计处理是否经授权审批，是否正确及时地入账。

【例 11-7】 甲公司结转发出产品成本计价采用先进先出法，注册会计师从产成品明细账发现：年初结存产品 1 000 件，单价 100 元；当年第一批完工入库 1 000 件，单价 110 元；第二批入库 2 500 件，单价 120 元；第三批入库 1 500 件，单价 105 元；第四批入库 2 500 件，单价 110 元；共销售 6 200 件，结转成本 712 500 元，截至审计日结存 2 300 件，保留成本 230 000 元。

要求：分析产成品明细账有无问题，并指出所存在的问题。

【解答】 注册会计师应采用先进先出法对发出产品进行复核，经复核发现发出产品计价存在错误，企业最后库存产品 2 300 件，结存成本为 230 000 元，单价为 100 元，其结存数量小于最后一批入库产品的数量 2 500 件，库存产品单价本应与最后一批入库产品单价 110 元一致，但实际却为 100 元，从而使库存产品成本少计 23 000 元，结转的发出产品销售成本多计了 23 000 元。其结果虚增了产品销售成本，虚减利润，导致少缴所得税，同时使库存产品计价偏低。注册会计师应建议被审计单位对此加以调整。

【例 11-8】 注册会计师审查某企业存货甲材料发出记录如下：

(1) 月初结存数量 500 吨，单位成本 1 000 元。该月采购进库 400 吨，单位成本 1 100 元。

(2) 该月生产领用 600 吨，发出单位成本 1 100 元，共计 660 000 元。

要求：该企业材料核算发出成本是按加权平均法计算的，以上发出材料的计算是否正确？并简述原因。

【解答】(1) 月初库存甲材料总金额为:500×1 000=500 000(元)

(2) 本月进货甲材料总金额为:400×1 100=440 000(元)

(3) 以加权平均法计算本月甲材料单位成本为:

(500 000+440 000)÷(500+400)=1 044.44(元/吨)

(4) 本月发出材料总成本为:1 044.44×600=626 664(元)

本月发出甲材料单位成本应是 1 044.44 元,而不是 1 100 元,总成本为 626 664 元,而不是 660 000 元。因为 1 100 元是最后一批进库的甲材料成本,而不是加权平均单位成本。因此,本月甲材料多结转成本 33 336(即 660 000-626 664)元。

(五)存货截止测试

1. 截止测试的目的

检查截止到资产负债表日(如 12 月 31 日),存货实物纳入盘点范围的时间与存货引起的借贷会计科目的入账时间是否处于同一会计期间。

2. 截止测试的方法

所谓存货截止测试,就是检查截至 12 月 31 日,所购入并已包括在 12 月 31 日存货盘点范围内的存货。存货正确截止的关键在于存货实物纳入盘点范围的时间与存货引起的借贷双方会计科目的入账时间都处于同一会计期间。如果当年 12 月 31 日购入货物,并已包括在当年 12 月 31 日的实物盘点范围内,而购货发票是次年 1 月 2 日才收到,并已记入次年 1 月份账内,当年 12 月份账上并无进货和对应的负债记录,这就少计了存货和应付账款;相反,如果在当年 12 月 31 日就收到一张购货发票,并记入当年 12 月份账内,而这张发票所对应的存货实物却在次年 1 月 2 日才收到,未包括在当年年底的盘点范围内,这样就有可能虚减本年的利润。

存货截止审计的主要方法是抽查存货盘点日期前后的购货发票与验收报告(或入库单),档案中的每张发票均附有验收报告(或入库单)。12 月底入账的发票如果附有 12 月 31 日或之前的验收报告(或入库单),则货物肯定已经入库,并包括在本年的实地盘点存货范围内;如果验收报告日期为次年 1 月份的日期,则货物不会列入年底实地盘点存货范围内;反之,如果仅有验收报告(或入库单)而并无购货发票,则应认真审核每一验收报告单上面是否加盖"暂估入库"印章。

(1) 抽查截止日前后的购货发票(销货发票),并与验收单或入库单(出库单)核对,是否每张发票均附有验收单或入库单(出库单)。如果 12 月底入账的购货发票附有 12 月 31 日或之前的验收单(或入库单),则存货已入库并包括在本年的存货盘点范围内;如果验收单日期为次年 1 月份,则存货可能未纳入本年盘点范围。同样,如果 12 月底入账的销货发票附有 12 月 31 日或之前的出库单,则存货不会包括在本年的存货盘点范围内;如果出库单日期为次年 1 月份,则存货可能纳入本年盘点范围了。

(2) 检查验收部门验收单(或仓库的入库单、出库单),凡是接近年底(包括次年年初)购入与销售的货物,必须查明其相对应的购货发票(或销货发票)是否在同期入账;对于年底未收到购货发票的入库存货,应检查是否将入库单分开存放,每一验收单(或入库单)上面是否加盖"暂估入库"印章,并以暂估价记入当年存货账内,待次年年初以红字冲销。对于年底尚未开具销货发票的出库单,应检查其是否纳入了本年盘点范围。

在确定截止样本时,一般以截止日为界限,分别向前倒推或向后顺推若干日,按顺序选取较大金额购货发票（销货发票）、验收单或入库单（出库单）作样本。

按照存货正确截止的基本要求，若未将年终在途货物列入当年存货盘点范围内，只要相应的负债亦同时记入次年账内，对财务报表的影响就并不重要。

【例 11-9】 假定某被审计单位存在以下会计事项：

（1）12 月 20 日收到货物一批，计 80 000 元，当日验收入库。发票日期虽然标明是 12 月 20 日，但是次年 1 月 10 日才收到，被审计单位将该项业务计入次年 1 月份的交易中。

（2）12 月 28 日收到一张发票，金额为 12 000 元。该批购买的货物供货方 12 月 28 日发出，但被审计单位于次年 1 月 15 日收到货物，被审计单位在收到货物当日将该项交易入账。

要求：指出上述账务处理中存在的问题，并作出审计调整分录。

【解答】 （1）项业务的会计处理不正确，在被审计单位财务报表中存在未入账的应付账款，应视其重要性作出调整：

借：存货 （暂估价）

贷：应付账款 （暂估价）

（2）按照购货业务截止测试的要求，若未将年终在途货物列入当年存货盘点范围内，只要相应的负债也同时计入次年账内，这被认为对财务报表的影响并不重要，可不要求被审计单位进行调整。

第五节 应付职工薪酬审计

在一般企业中，工薪费用在成本费用中所占比重较大。如果工薪计算错误，就会影响到成本费用和利润的正确性。所以，注册会计师应重视对工薪业务的审计。工薪业务的审计涉及应付职工薪酬及相关成本费用账户。本节专门介绍应付职工薪酬的审计。

一、应付职工薪酬的审计目标

（1）确定资产负债表中记录的应付职工薪酬是否存在；

（2）确定所有应当记录的应付职工薪酬是否均已记录完整；

（3）确定记录的应付职工薪酬是否为被审计单位应履行的现时义务；

（4）确定应付职工薪酬是否以恰当的金额包括在财务报表中，与之相关的计价调整是否以恰当记录；

（5）确定应付职工薪酬在财务报表中的列报是否恰当。

二、应付职工薪酬的实质性测试程序

1. 检查应付职工薪酬明细表

获取或编制应付职工薪酬明细表，复核加计是否正确，并与报表数、总账数和明细账合计数核对是否相符。

2. 对本期职工薪酬执行实质性分析程序

(1) 针对已识别需要运用分析程序的有关项目，并基于对被审计单位及其环境的了解，通过进行以下比较，同时考虑有关数据之间关系的影响，以建立有关数据的期望值：①检查各月工薪费用的发生额是否有异常波动，若有，则要求被审计单位予以解释。②将本期工薪费用总额与上期进行比较，要求被审计单位解释其减增变动原因，或取得公司管理层关于员工工薪水平的决议。③结合员工社保缴纳情况，明确被审计单位员工范围，检查是否与关联公司员工工薪混淆列支。④核对下列相互独立部门的相关数据：工薪部门记录的工薪支出与出纳记录的工薪支付数；工薪部门记录的工时与生产部门记录的工时。⑤比较本期应付职工薪酬余额，是否有异常变动。

(2) 确定可接受的差异额。

(3) 将实际情况与期望值相比较，识别需要进一步调查的差异。

(4) 如果其差异额超过可接受的差异额，调查并获取充分的解释和恰当的佐证审计证据（如通过检查相关的凭证）。

(5) 评价实质性分析程序的测试结果。

3. 检查应付职工薪酬核算内容

检查本项目的核算内容是否包括：工资、职工福利、社会保险费、住房公积金、工会经费、职工教育经费、解除职工劳动关系补偿、股份支付等明细项目。检查职工薪酬计提是否正确，分配方法是否合理并与上期一致，并将应付职工薪酬计提数与相关的成本、费用项目核对一致。除因解除与职工的劳动关系给予的补偿直接计入管理费用外，被审计单位是否根据职工提供服务的受益对象，分别下列情况进行处理：

(1) 应由生产产品、提供劳务负担的职工薪酬，计入产品成本或劳务成本。

(2) 应由在建工程、无形资产负担的职工薪酬，计入建造固定资产或无形资产。

(3) 被审计单位为外商投资企业，按规定从净利润中提取的职工奖励及福利基金，是否以董事会决议为依据，是否相应记入“利润分配——提取的职工奖励及福利基金”科目。

(4) 其他职工薪酬，是否计入当期损益。

4. 审阅应付职工薪酬明细账

抽查应付职工薪酬各明细项目的支出和使用情况，是否符合有关规定履行审批手续。

5. 检查拖欠职工薪酬

检查被审计单位应付职工薪酬期末余额中是否存在拖欠性质的职工薪酬，并了解拖欠的原因。

6. 检查辞退福利

检查被审计单位的辞退福利核算是否符合有关规定。计提的辞退福利负债金额是否正确；会计处理是否正确；支付凭证是否真实正确。

7. 检查应付职工薪酬的计量和确认

检查被审计单位应付职工薪酬的计量和确认是否与被审计单位实行的工薪制度相一致。将执行的薪酬标准与有关规定核对，并对薪酬总额进行测试。

8. 检查非货币性福利

检查以自产产品发放给职工的非货币性福利，是否根据受益对象，按照该产品的公允价值，计入相关资产成本或当期损益，同时确认应付职工薪酬；对于难以认定受益对象的非货币性福利，是否直接计入当期损益和应付职工薪酬。

9. 确定应付职工薪酬在财务报表中的列报是否恰当

（1）检查是否在附注中披露与职工薪酬有关的下列信息：①应当支付给职工的工薪、奖金、津贴和补贴，及其期末应付未付金额；②应当为职工缴纳的医疗、养老、失业、工伤和生育等社会保险，及其期末应付未付金额；③应当为职工缴存的住房公积金，及其期末应付未付金额；④为职工提供的非货币福利，及其计算依据；⑤应当支付的因解除劳动关系给予的补偿，及其期末应付未付金额；⑥其他职工薪酬。

（2）检查因自愿接受裁减建议的职工数量、补偿标准等不确定而产生的预计负债，是否按照《企业会计准则第 13 号——或有事项》进行披露。

【例 11-10】 乙公司为一家生产彩电的企业，共有职工 200 名，其中一线生产工人为 170 名，总部管理人员为 30 名。2010 年 2 月，乙公司决定以其生产的液晶彩色电视机作为福利发给职工，每人一台。该彩色电视机单位成本为 10 000 元，单位计税价格（公允价值）为 14 000 元，适用的增值税税率为 17%。乙公司的账务处理如下：

借：生产成本	2 104 600	
管理费用	371 400	
贷：应付职工薪酬		2 000 000
应交税费——应交增值税（销项税额）		476 000
借：应付职工薪酬	2 000 000	
贷：库存商品		2 000 000

要求：指出乙公司上述账务处理中存在的问题，并作出审计调整分录。

【解答】 上述核算不恰当。根据《企业会计准则》的规定：企业以其自产产品作为非货币福利发给职工的，应当根据受益对象，按照该产品的公允价值，计入相关资产成本或当期损益，确认应付职工薪酬。同时确认收入并结转成本。

审计调整分录为：

借：营业成本（主营业务成本）	2 000 000	
存货（生产成本）	680 000	
管理费用	120 000	
贷：营业收入（主营业务收入）		2 800 000

第六节　其他相关账户审计

一、材料采购的审计

在审计材料采购账户时，首先，应获取或编制材料采购明细表，复核加计是否正确，与总账数核对是否相符；其次，应检查期末材料采购，核对有关凭证，对大额材料采购追查至相关的购货合同及购货发票，复核采购成本的正确性，并抽查期后入库情况。同时，注册会计师应查阅资产负债表日前后若干天材料采购增减变动的有关账簿记录和收料报告单等资料，检查有无跨期现象，如有，则应作出记录，必要时作调整建议。如采用计划成本核算，注册会计师应审核材料采购账户有关材料成本差异发生额的计算处理是否正确。此外，注册会计师还应审核有无长期挂账事项，如有，应查明原因，必要时提出调整建议。

【例 11-11】 注册会计师在检查 ABC 公司材料采购业务时，发现本年内一笔业务的处理如下：从外地购进原材料一批，共 8 500 千克，计价款 300 000 元，运杂费 3 000 元。财会部门将材料采购价款计入原材料成本，运杂费计入管理费用。材料入库后，仓库转来材料入库验收单，发现材料短缺 40 千克，查明是在运输途中的合理损耗。

要求：指出上述业务处理中存在的问题，并提出相应的处理意见。

【解答】 (1) 上述资料描述的材料采购业务，财会部门记账在前，仓库部门验收在后，财会部门没有以验收单作为记账依据，不但采购业务容易出错，账簿记录也容易混乱或造成账实不符。

(2) 注册会计师可作如下处理：

第一，可以向 ABC 公司管理部门提出改进原材料采购方法的建议；

第二，财会部门对材料采购成本的处理有误，运杂费应计入材料采购成本，而不应计入期间费用。建议被审计单位作出调整。

审计调整分录为：

借：存货（原材料） 3 000

　　贷：管理费用 3 000

对于运输途中的合理损耗的短缺，不需要调整入库材料总金额（按规定，材料合理损耗应计入材料采购成本），但应调整材料明细账的入库材料的数量和单价。

二、原材料的审计

首先，应获取或编制原材料明细表，复核加计是否正确，并与总账数、明细账合计数核对是否相符；同时抽查核对明细账是否与仓库台账、卡片记录相符。在此基础上，实施以下实质性测试程序：

(1) 对期末原材料余额与上期期末余额进行比较，解释其波动原因，并对大额异常项目进行调查。

(2) 现场观察被审计单位的期末原材料盘点情况，取得原材料盘点资料和盘盈、盘亏报告表，作重点抽查，并注意查明账实不符原因，有关审批手续是否完备，账务处理是否正确；存放在外的库存材料，应现场查看或函询核实。

(3) 检查原材料的入账基础和计价方法是否正确，是否前后期一致。在以实际成本计价条件下，应以样本的单位成本与原材料明细账及购货发票核对；在以计划成本计价条件下，应以样本的单位成本与原材料明细账、原材料成本差异明细账及购货发票核对。

(4) 根据被审计单位原材料计价方法，抽查年末结存量较大的原材料的计价是否正确。若原材料以计划成本计价，还应检查"材料成本差异"账项发生额、转销额是否计算正确。

(5) 查阅资产负债表日前后若干天的原材料增减变动的有关账簿记录和原始凭证，检查有无跨期现象，如有，则应作出记录，必要时作调整建议。

（6）结合原材料的盘点，检查期末有无料到单未到的情况。如有，应查明是否已暂估入账，其暂估价是否合理。

三、包装物的审计

对包装物的审计，首先应获取或编制包装物明细表，复核加计是否正确，并与总账数、明细账合计数核对是否相符，同时抽查核对明细账是否与仓库台账、卡片记录相符。然后，对期末包装物余额与上期期末余额进行比较，解释其波动原因，并对大额异常项目进行调查；现场观察被审计单位的期末包装物盘点情况，取得包装物盘点资料和盘盈、盘亏报告表，作重点抽查，并注意查明账实不符原因，有关审批手续是否完备，账务处理是否正确，存放在外的包装物，应现场查看或函询核实；检查包装物的入账基础和计价方法是否正确，是否前后一致；检查发出包装物的计价基础，抽查若干月发出包装物汇总表的正确性；根据被审计单位包装物计价方法，抽查期末结存量较大的包装物的计价是否正确，若包装物以计划成本计价，还应检查"材料成本差异"账项发生额、转销是否计算正确；审核有无长期挂账包装物事项，如有，应查明原因，必要时提出调整建议；查阅资产负债表日前后若干天的包装物增减变动的有关账簿记录和原始凭证，检查有无跨期现象，如有，则应作出记录，必要时提出调整建议；结合包装物的盘点，检查期末有无料到单未到情况，如有，则应查明是否已暂估入账，其暂估价是否合理；检查出租、出借包装物的会计处理是否正确。

四、低值易耗品的审计

首先应获取或编制低值易耗品明细表，复核加计是否正确，并与总账数、明细账合计数核对是否相符。然后实施以下实质性测试程序：检查低值易耗品入库和领用的手续是否齐全，会计处理是否正确；检查低值易耗品摊销方法是否正确，前后期是否一致；审核有无长期挂账低值易耗品事项，如有，则查明原因，必要时作调整建议。

五、材料成本差异的审计

首先应获取或编制材料成本差异明细表，复核加计是否正确，并与总账数、明细账合计数核对是否相符。在此基础上实施以下实质性测试程序：对每月材料成本差异率实施分析程序，检查是否有异常波动，注意是否存在调节成本现象；抽查若干月发出材料汇总表，检查材料成本差异的分配是否正确，并注意分配方法前后期是否一致。

六、库存商品的审计

首先应获取或编制库存商品明细表，复核是否加计正确，并与总账数、明细账合计数核对是否相符；同时与仓库台账、卡片抽查核对相符。然后实施以下实质性测试程序：

1. 观察库存商品盘点

现场观察被审计单位库存商品盘点情况，取得库存商品盘点资料和盘盈、盘亏报告表，作重点抽查。并注意查明账实不符原因，有关审批手续是否完备，账务处理是否正确；对冷背、残次、呆滞的库存商品是否已计提了足额的跌价损失准备。

2. 查核库存商品的计价方法

检查其前后期是否一致。对自制商品、产品等，在以实际成本计价条件下，应以样本的单位成本与库存商品明细账及成本计算单核对；在以计划成本计价条件下，应以样本的单位成本与库存商品明细账、商品成本差异明细账及成本计算单核对。对库存外购商品，在以实际成本计价条件下，应以样本的单位成本与库存商品明细账及购货发票核对；在以计划成本计价条件下，应以样本的单位成本与库存商品明细账、商品成本差异明细账及购货发票核对。

3. 抽查库存商品入库单

核对库存商品的品种、数量与入账记录是否一致，并检查入库库存商品的实际成本是否与"生产成本"科目的结转额相符。

4. 抽查库存商品的发出凭证

核对转出库存商品的品种、数量和实际成本与"主营业务成本"是否相符。

本章小结

生产与存货循环审计的内容主要有生产与存货循环的特点、内部控制和控制测试以及该循环的实质性测试程序。其中该循环的特点主要包括：不同行业类型的存货性质、涉及的主要凭证与会计记录和主要业务活动；该循环的内部控制和控制测试主要包括：生产与存货交易的内部控制、评估重大错报风险和控制测试；该循环的实质性测试程序主要包括：生产与存货交易的实质性测试程序、存货及工薪的实质性测试程序。整个循环围绕着由原材料转化为产成品的有关活动组成，主要包括计划和安排生产、发出原材料、生产产品、核算产品成本、存储产成品及发出产成品等内容。该循环与我们前面学到的销售与收款循环、购货与付款循环有着密切的联系，该循环中原材料的购进是在购货与付款循环中完成的，而最终产成品的销售则需在销售与收款循环中实现。

生产与存货循环涉及的内容主要是存货的管理及费用归集和生产成本的计算等。该循环所涉及的资产负债表项目主要是存货、应付职工薪酬等项目；所涉及的利润表项目主要是营业成本（主营业务成本）等项目。生产与存货交易的实质性测试程序中，成本审计是重要内容，应分别审查直接材料、直接薪酬和制造费用的核算是否正确，在此基础上审查产品生产成本和营业成本（主营业务成本）的真实性及正确性；对应付职工薪酬的审查主要围绕其审计目标而进行的相应实质性测试程序；对存货审计时，监盘是必不可少的程序，此外，对存货成本的组成内容、计价、截止及相关的会计处理也应进行审计。

本章思考题

1. 简述不同行业类型的存货性质。
2. 生产与存货循环主要有哪些凭证及业务活动？
3. 生产与存货循环中可能存在重大错报风险的情形有哪些？
4. 生产与存货循环控制测试的内容有哪些？

5. 如何对成本进行审计?
6. 存货监盘的实质性测试程序包括哪些内容?
7. 应付职工薪酬的实质性测试程序包括哪些内容?

案例讨论题

这样的监盘计划妥当吗?

[案情介绍] 注册会计师B接受委托,对常年审计客户丙公司2010年度财务报表进行审计。丙公司为玻璃制造企业,存货主要有玻璃、煤炭和烧碱,其中少量玻璃存放于外地公用仓库。另有丁公司部分水泥存放于丙公司的仓库。丙公司拟于2010年12月29日至12月31日盘点存货,表11-6是注册会计师B撰写的存货监盘计划的部分内容。

表11-6 存货监盘计划

存货监盘计划
一、存货监盘的目标 检查丙公司2010年12月31日存货数量是否真实完整。 二、存货监盘范围 2010年12月31日库存的所有存货,包括玻璃、煤炭、烧碱和水泥。 三、监盘时间 存货的观察与检查时间均为2010年12月31日。 四、存货监盘的主要程序 1. 与管理层讨论存货监盘计划。 2. 观察丙公司盘点人员是否按照盘点计划盘点。 3. 检查相关凭证以证实盘点截止日前所有已确认销售但尚未装运出库的存货均已纳入盘点范围。 4. 对于存放在外地公用仓库的玻璃,主要实施检查货运文件、出库记录等替代程序。 ……

[问题思考]

1. 请指出存货监盘计划中的目标、范围和时间存在的错误,并简要说明理由。
2. 请判断存货监盘计划中列示的主要程序是否恰当,如不恰当,请予以修正。

第十二章　筹资与投资循环审计

第一节　筹资与投资循环概述

筹资与投资循环由筹资活动和投资活动的交易事项构成。筹资活动是指企业为满足生存和发展的需要,通过改变企业资本及债务规模和构成而筹集资金的活动。筹资活动主要由借款和股东投资组成。投资活动是指企业为享有被投资单位分配的利润,或为谋求其他利益,将资产让渡给其他单位而获得另一项资产的活动。投资活动主要由权益性投资和债权性投资组成。筹资与投资循环具有如下特征:

(1) 审计年度内筹资与投资循环的交易数量较少,而每笔交易的金额通常较大。

(2) 漏记或不恰当地对一笔业务进行会计处理,将会导致重大错报,从而对企业财务报表的公允反映产生较大的影响。

(3) 筹资与投资循环交易必须遵守国家法律、法规和相关契约的规定。

一、涉及的主要凭证与会计记录

(一) 筹资活动的凭证和会计记录

(1) 债券或股票。债券或股票是被审计单位在融资过程中给予投资者或债权人的权利凭证。

(2) 债券契约。债券契约是一张明确债券持有人与发行企业双方所拥有的权利与义务的法律性文件。其内容主要包括:债券发行的标准;债券的明确表述;利息或利息率;受托管理认证书;登记和背书;抵押债券所担保的财产;债券发生拖欠情况的处理办法;对偿债基金、利息支付、本金偿还等的处理。

(3) 股东名册。股东名册对于记名股票和无记名股票记载的内容不同。发行记名股票应记载的内容一般包括:股东姓名或名称及住所;各股东所持股份数;各股东所持股票的编号;各股东取得其股份的日期。发行无记名股票,公司应记载其股票数量、编号及发行日期。

(4) 公司债券存根簿。发行记名公司债券的公司应记载的内容一般包括:债券持有人的姓名或名称及住所;债券持有人取得债券的日期及债券的编号;债券总额、债券的票面金额、债券的利率、债券还本付息的期限和方式;债券的发行日期。发行无记名债券,公司应记载债券总额、利率、偿还期限和方式、发行日期和债券编号。

(5) 承销或包销协议。公司向社会公开发行股票或债券时,应由依法设立的证券公司承销或包销,公司应与证券公司签订承销或包销协议。

（6）借款合同或协议。公司在向银行或其他非银行金融机构借入款项时，与其签订的合同或协议。

（7）有关记账凭证、会计明细账和总账。

（二）投资活动的凭证和会计记录

（1）股票或债券。股票是公司签发的证明股东所持股份的凭证。债券是公司依据法定程序发行、约定在一定期间内还本付息的有价证券。企业所持有的股票或债券一般可证明企业投资的真实性，但应注意其伪造的可能性。

（2）股票或债券登记簿。股票或债券登记簿是接受投资单位所记载的有关投资者或债权人的各项情况。通过查阅股票或债券登记簿或向接受投资者函证，可证明企业投资的真实性。

（3）经纪人通知单。当投资是通过经纪人代理进行时，对经纪人通知单的审查可证实企业投资业务的合理性、投资账务处理的正确性。

（4）债券契约。债券契约是一张明确债券持有人与发行企业双方所拥有的权利与义务的法律性文件。

（5）被投资企业的章程及有关的投资协议。

（6）与投资有关的记账凭证、会计明细账和总账。

二、筹资与投资循环所涉及的主要业务活动

（一）筹资所涉及的主要业务活动

（1）审批授权。企业通过借款筹集资金需经管理层的审批，其中债券的发行每次均要由董事会授权；企业发行股票必须依据国家有关法规或企业章程的规定，报经企业最高权力机构（如股东大会）及国家有关管理部门批准。

（2）签订合同或协议。向银行或其他金融机构融资须签订借款合同，发行债券须签订债券契约和债券承销或包销合同。

（3）取得资金。企业实际取得银行或金融机构划入的款项或债券、股票的融入资金。

（4）计算利息或股利。企业应按有关合同或协议的规定，及时计算利息或股利。

（5）偿还本息或发放股利。银行借款或发行债券应按有关合同或协议的规定偿还本息，融入的股本根据股东大会的决定发放股利。

（二）投资所涉及的主要业务活动

（1）审批授权。投资业务应由企业的高层管理机构进行审批。

（2）取得证券或其他投资。企业可以通过购买股票或债券进行投资，也可以通过与其他单位联合形成投资。

（3）取得投资收益。企业可以取得股权投资的股利收入、债券投资的利息收入和其他投资收益。

（4）转让证券或收回其他投资。企业可以通过转让证券实现投资的收回，其投资一经投出，除联营合同期满或由于其他特殊原因联营企业解散外，一般不得抽回投资。

第二节 筹资与投资循环的内部控制及其测试

一、筹资循环的内部控制及其测试

(一) 筹资循环的内部控制

筹资活动由借款交易和股东投资组成。企业的借款交易涉及短期借款、长期借款和应付债券,这些内部控制基本类似,股东投资增减变动的业务较少而金额较大,注册会计师在审计中一般直接进行实质性测试。筹资循环的内部控制系统一般包括下列内容。

1. 职务分离控制

职责分工、明确责任是筹资循环内部控制的重要手段。筹资业务中应分离的职务控制包括:

(1) 筹资预算的编制、批准、执行、考核相分离。

(2) 筹资方案的拟订与决策分离。

(3) 筹资合同或协议的批准与订立分离。

(4) 与筹资有关的各种款项偿付的批准与执行分离。

(5) 筹资业务的执行与相关会计记录分离。

2. 筹资的授权审批控制

适当授权及审批可明显提高筹资活动效率,降低筹资风险,防止由于缺乏授权、审批而出现舞弊现象。筹资业务中应授权审批的控制包括:

(1) 重大筹资方案要报董事会或股东大会、国家有关管理部门或上级主管单位授权批准。

(2) 筹资合同或协议的订立要由企业有关人员授权批准。

(3) 由于市场环境变化等特殊情况导致确需改变资金用途的,应经授权批准。

(4) 企业支付筹资利息、股息、租金等,应当由授权人员批准方可支付。

(5) 股利(利润)分配方案应当按照企业章程或有关规定,经授权批准。

(6) 企业以非货币资产偿付本金、利息、租金或支付股利(利润)时,要经授权批准。

(7) 股票的回购须经授权批准。

无论何种筹资形式都面临利息的支付或股利的发放等支付款项的问题。由于企业债券受息人社会化的特征,企业可开出单张支票,委托有关代理机构代发,从而减少支票签发次数,降低舞弊可能。另外,还应定期核对利息支付清单和开出支票总额。股利发放要以股东会或股东大会有关发放股利的决议文件为依据。

3. 签订合同或协议

企业向银行或金融机构借款必须签订借款合同,每种债券发行都必须签订债券契约,债券的承销或包销必须签订有关协议;筹资合同或协议的订立应当符合合同法及相关法规的规定;企业变更筹资合同或协议,应当按照原授权批准程序进行。

为了能使企业的内部控制系统有效执行,客观、公正地证实企业会计记录的可信性,防止以筹资业务为名进行不正当活动或者以伪造会计记录掩盖不正当活动的事项发生,企业最好委托独立的代理机构筹资。

4. 会计系统控制

（1）设计和使用适当的原始凭证，除了债券、股票、股东名册等，要设置债券存根簿和股东明细账进行详细记载，凭证须由经办人签章。要及时填制、审核和传递原始凭证。

（2）设计和使用适当的记账凭证，及时编制和审核记账凭证，证证核对相符。

（3）如果会计系统应用信息技术，还要检查数据计算准确性，审核账户和试算平衡表，设置对输入数据和数字序号的自动检查，以及对例外报告进行人工干预等。

筹资业务的会计处理较为复杂，因此会计系统控制尤为重要。企业应及时地按正确的金额、合理的方法，在适当的账户和合理的会计期间予以正确记录，注册会计师应通过询问、观察、查阅有关资料等方法了解筹资循环内部控制的完善程度。

5. 定期对账

定期将本金、应付利息与债权人核对，或与债券持有人的明细账核对，或与外部保存机构核对，如有不符，应查明原因，按规定及时处理。债券和股票都应设立相应的登记簿，详细登记已核准发行的债券和股票有关事项，如签发日期、到期日期、支付方式、支付利率、当时市场利率、金额等。

（二）评估重大错报风险

注册会计师需要确认和了解错报可能在什么环节发生，即确定被审计单位应在哪些环节设置控制，以防止或发现并纠正各重要业务流程可能发生的错报。筹资活动中部分可能发生错报的环节如表 12-1 所示。

表 12-1 筹资活动可能发生错报的环节

交易流程	可能的错报
筹资授权批准	借款或发行债券、股票未经授权批准，且缺乏相关有效的法律文件
签订合同或协议	借款或发行债券、股票未签订有关合同或协议；筹资合同或协议的订立不符合合同法及其他规定；有关合同或协议未妥善保管
取得资金	所筹款项没有按照规定用途使用
计算利息、股利	利息、股利会计处理不正确
归还借款	提前冲减银行借款，少计负债

注册会计师应当在了解被审计单位的基础上考虑影响筹资交易的重大错报风险，并对被审计单位业务中可能出现的特别风险保持警惕。考虑到严格的监管环境和董事会针对筹资活动设计的严格控制，除非注册会计师对管理层的诚信产生疑虑，否则重大错报风险一般应当评估为低水平。

有一点可能引起注册会计师的疑虑，这就是企业会计准则以及监管法规对借款和权益的披露要求，可能引起完整性、计价和分摊、列报认定的潜在重大错报风险。尽管账户余额发生错报的可能性不大，仍然可能存在权利与义务被忽略或发生错报的可能性，例如，如果一个集团公司用资产为另一个集团公司做抵押和担保的情况。

如果被审计单位是国际资本市场上的大型公众公司，其股票在国外和国内同时上市，其他国家的法律和法规的复杂性可能影响到注册会计师对重大错报风险的评估。在这种情况下,企业可能从国外获得借款,从而应当在利润表中确认汇兑损益。这种情况下的筹资交易和余额的重大错报风险可能评估为中到高水平,存在完整性和计价认定风险以及未记录负债和或有负债风险。

(三)筹资活动的控制测试

对筹资活动的内部控制进行控制测试是在了解内部控制要点后,对于控制较强的部分,测试其健全、有效程度,从而最终对筹资活动的内部控制作出评价。这种控制测试主要包括以下工作:

1. 筹资活动是否经过授权批准

测试授权审批控制,可以直接向管理层询问,并查看有关记录。例如,对于长期借款,审查企业高层管理机构是否制定举债政策及审批程序,是否审慎作出举债决策,是否制定合理的借还款计划,并按规定程序报经审批。

2. 筹资活动的授权、执行、记录和实物保管等是否严格分工

对职务分离控制的控制测试可以采取跟踪业务的方法,调查各有关方面的情况;对收入和偿还款项控制的控制测试可以结合货币资金业务的内部控制测试进行;对实物保管控制的控制测试可以采取实地调查的方法。

3. 筹资活动是否建立了严密的账簿体系和记录制度,并定期检查

此项测试应采取账务追索收集证据的方法。例如,对于长期借款取得、使用和偿还情况,会计记录是否能够及时、完整地反映,会计人员是否对明细账和总账进行了全面登记,并定期检查和核对其是否相符。

注册会计师在对筹资活动的内部控制实施控制测试的基础上对其进行分析、评价,以确定控制的强弱点及其可依赖程度,据以确定实质性测试的性质、时间和范围,并针对控制的薄弱环节提出改进建议。

二、投资活动的内部控制及其测试

(一)投资活动的内部控制

投资活动的内部控制应该包括以下几个方面。

1. 职责分离

投资业务的职责分工控制。合法的投资业务应在业务的授权、执行、会计记录以及资产的保管等方面都有明确的分工,任何一项投资业务的全过程或过程中的某一重要环节不得由一人或一个机构独立负责。这种合理的职责分工所形成的相互牵制机制,有利于避免或减少投资业务中发生错误或舞弊的可能性,并且一旦发生,也能及时发现,从而将企业的损失控制到最低限度。具体可分以下几点:

(1)投资可行性研究、投资决策的授权批准。

(2)投资业务的记录与投资资产的保管分离。

(3)投资处置的授权批准与执行分离。

2. 授权批准

投资必须编制投资计划,详细说明投资的对象、投资目的、影响投资收益的风险。投资计划

在执行前必须严格审核，审查的内容主要有：对证券市场的估计是否合理；投资收益的估算是否正确；投资的理由是否恰当；计划购入的证券能否达到投资目的等。所有投资计划及其审批应当用书面文件予以记录。具体可分以下几点：

（1）投资计划须经授权批准。

（2）投资决策须经授权批准。如大规模的投资，由董事会决定，小规模的投资，由财务主管决定。

（3）投资方案须经授权批准。

（4）投资处置（收回、转让、核销）须经授权批准。

3．财产保护控制

企业对投资资产的安全保护控制具体可分以下几点：

（1）独立的专门机构保管。例如，企业在拥有数额较大的投资资产的情况下，委托银行、证券公司、信托投资公司等进行保管。这些机构拥有专门的保存和防护措施，可以防止各种证券及单据的失窃或毁损，并且由于它们与投资业务的会计记录工作是完全分离的，可以大大降低舞弊的可能性。

（2）企业自行保管。在这种方式下，必须建立严格的相互牵制制度，即至少要由两名以上人员共同控制，不得一人单独接触证券。对于任何证券的存入和取出，要将证券名称、数量、价值及存取的日期、数量等详细记录于证券登记簿内，并由在场的经手人员签名。

（3）由不参与投资业务的人员对投资资产（权益证书）定期或不定期盘点，并与账簿记录核对。

4．投资业务的会计系统控制

（1）设计和使用适当的原始凭证，对股票、债券等要严格按规定使用，凭证须由经办人签章。要及时填制、审核和传递原始凭证。

（2）设计和使用适当的记账凭证，及时编制和审核记账凭证，证证核对相符。

（3）设置交易性金融资产、可供出售金融资产、投资收益等明细账与总账，及时过账，进行账证核对。对每一种股票或债券分别设立明细账，并进行详细登记。

（4）如果会计系统应用信息技术，还要检查数据计算准确性，审核账户和试算平衡表，设置对输入数据和数字序号的自动检查，以及对例外报告进行人工干预等。

5．定期对账

定期或不定期地与被投资单位或投资资产保管机构核对有关投资账目。

（二）评估重大错报风险

注册会计师需要确认和了解错报可能在什么环节发生，即确定被审计单位应在哪些环节设置控制，以防止或发现并纠正各重要业务流程可能发生的错报。投资活动中部分可能发生错报的环节如表 12-2 所示。

表 12-2 投资活动可能发生错报的环节

交易流程	可能的错报
投资授权批准	投资活动没有经过授权批准
支付借款	款项支付没有执行投资计划
计算投资收益	虚计或少计投资收益
投资资产保管	投资证券丢失

注册会计师应当通过实施询问、检查文件记录或观察控制程序的执行情况等程序获取确证的信息以支持对重大错报风险的评估。

(三)投资活动的控制测试

对投资活动的内部控制进行控制测试的目的在于检查投资活动内部控制系统的设计和执行情况,以判明其对被审计单位错误和舞弊发生的有效抑制程度,进而据以确定实质性测试的重点、范围和数量,以达到确保审计质量和提高审计效率的目的。

投资活动内部控制的控制测试内容包括:

1. 投资项目是否经授权批准

对于投资计划的审批授权控制,主要通过查阅有关计划资料、文件或直接向管理层询问进行审查。如通过查阅企业最高管理机构的会议纪要、证券投资的各类权益证明文书、联营投资中的投资协议、合同和章程等来了解投资循环授权批准制度的执行情况。

2. 投资项目的授权、执行、保管和记录是否严格分工

对于职务分离控制的测试,注册会计师可以采取实地调查、跟踪业务的方法进行。

3. 有无健全的有价证券保管制度

注册会计师应审阅内部相关人员对有价证券进行定期盘点的报告,重点审阅盘点方法是否适当,盘点结果与会计记录进行核对的情况,以及出现差异的处理是否合规等。如果各期盘点报告的结果未发现账实之间存在差异(或差异不大),说明投资活动的内部控制比较健全有效。

4. 投资活动的核算方式是否符合有关财务制度的规定,相关投资收益的会计处理是否正确

注册会计师可从各类投资业务的明细账中抽取部分会计分录,按"原始凭证—明细账—总账"顺序核对有关数据和情况,判断其会计处理过程是否合规完整,并据以核实上述了解的有关内部控制是否健全,是否得到有效的执行。

5. 对投资收益的监控是否适当

对此可以采取查阅分析报告或资料的方法进行测试。

注册会计师在完成上述工作后,取得了有关内部控制是否健全、有效的证据,并在工作底稿中标明投资活动的内部控制的强弱点,对投资业务内部控制进行总体评价,确认对投资业务内部控制的可依赖程度,进而确定实质性测试的程序和重点。

【例 12-1】 2010 年 12 月 1 日至 7 日,注册会计师 A 和 B 对甲公司筹资与投资循环的内部控制进行了解和测试,并在相关审计工作底稿中记录了了解和测试的事项,摘录如下:甲公司股东大会批准董事会的投资权限为 1 亿元以下。董事会决定由总经理负责实施。总经理决定由证券部负责总额在 1 亿元以下的股票买卖。甲公司规定:公司划入营业部的款项由证券部申请,由

会计部审核，总经理批准后划入公司在营业部开立的资金账户。经总经理批准，证券部直接从营业部资金账户支取款项。证券买卖、资金存取的会计记录由会计部处理。A和B注册会计师了解和测试投资的内部控制系统后发现：证券部在某营业部开户的有关协议及补充协议未经会计部或其他部门审核。根据总经理的批准，会计部已将8 000万元汇入该账户。证券部处理证券买卖的会计记录，月底将证券买卖清单交给会计部，会计部据以汇总登记。

要求：根据上述摘录，请代注册会计师A和B指出筹资与投资循环内部控制的缺陷，并提出改进建议。

【解答】 甲公司筹资与投资循环内部控制的缺陷及注册会计师提出的改进建议有：

(1) 由证券部直接支取款项使授权与执行职务未得到分离，不易保证款项安全。应建议甲公司从资金账户支取款项时，由会计部审核和记录，由证券部办理。

(2) 与证券投资有关的活动要由两个部门控制。有关协议未经独立部门审查，会使有关的条款未全部在协议中载明，可能存在协议外的约定。建议甲公司与营业部的协议应经会计部或法律部审查。证券部自己处理证券买卖的会计处理，业务的执行与记录的不相容职务未分离，并且未得到适当的授权和批准。月末会计部汇总登记证券投资记录，未及时按每一种证券分别设立明细账，详细核算。应建议甲公司由会计部负责对投资进行核算，及时分品种设立明细账详细核算。

第三节　借款审计

借款是企业承担的一项经济义务，是企业的负债项目。在一般情况下，被审计单位不会高估负债，因为这样于自身不利，且难以与债权人的会计记录相互印证；其次，除少数情况外，负债的金额都是真实的。注册会计师对于负债项目的审计，主要是防止企业低估负债。低估负债经常伴随着低估成本费用，从而达到高估利润的目的。因此，低估负债不仅影响财务状况的反映，而且还会极大地影响企业财务成果的反映。所以，注册会计师在执行借款业务审计时，应将被审计单位是否低估借款作为一个关注的要点。

一、短期借款审计

(一) 短期借款审计目标

(1) 确定资产负债表中记录的短期借款是否存在；

(2) 确定所有应当记录的短期借款是否均已记录；

(3) 确定记录的短期借款是否为被审计单位应当履行的现实义务；

(4) 确定短期借款是否以恰当的金额包括在财务报表中，与之相关的计价调整是否已恰当记录；

(5) 确定短期借款在财务报表中的列报是否恰当。

(二) 短期借款实质性测试程序

(1) 获取或编制短期借款明细表。注册会计师应首先获取或编制短期借款明细表，复核其加计数是否正确,并与明细账和总账核对是否相符。检查非记账本位币短期借款的折算汇率及折算金额是否正确,折算方法是否前后期一致。

(2) 函证短期借款的实有数。注册会计师应在期末短期借款余额较大或认为必要时向银行或其他债权人函证短期借款。

(3) 检查短期借款的增减。对年度内增加的短期借款,检查借款合同和授权批准,了解借款数额、借款用途、借款条件、借款日期、还款期限、借款利率,并与相关会计记录核对。对年度内减少的短期借款,应检查相关记录和原始凭证,核实还款数额,并与相关会计记录相核对。

(4) 检查有无到期未偿还的短期借款。注册会计师应检查相关记录和原始凭证,检查被审计单位有无到期未偿还的短期借款,如有则应查明是否已向银行提出申请并经同意后办理延期手续。

(5) 复核短期借款利息。根据短期借款的利率和期限,检查被审计单位短期借款的利息计算是否正确;如有未计利息和多计利息,应作出记录,必要时提请进行调整。

(6) 检查抵押资产的所有权。检查被审计单位用于短期借款的抵押资产的所有权是否属于企业,其价值和实际情况是否与契约中的规定相一致。

(7) 检查被审计单位与贷款人之间所发生的债务重组。检查债务重组协议,确定其真实性、合法性、并检查债务重组的会计处理是否正确。

(8) 根据评估的舞弊风险等因素增加的其他审计程序。

(9) 检查短期借款在资产负债表上的反映是否恰当。企业的短期借款在资产负债表上通常设"短期借款"项目单独列示,对于因抵押而取得的短期借款,应在资产负债表附注中揭示;检查短期借款是否已按照企业会计准则的规定在财务报表中作出恰当的列报:①注册会计师应注意被审计单位是否按信用借款、抵押借款、质押借款、保证借款分别披露;②检查期末逾期借款是否按贷款单位、借款金额、逾期时间、年利率、逾期未偿还原因和预期还款期等进行披露。

二、长期借款审计

(一) 长期借款审计目标

(1) 确定资产负债表中记录的长期借款是否存在;

(2) 确定所有应当记录的长期借款是否均已记录;

(3) 确定记录的长期借款是否为被审计单位应当履行的现实义务;

(4) 确定长期借款是否以恰当的金额包括在财务报表中,与之相关的计价调整是否已恰当记录;

(5) 确定长期借款在财务报表中的列报是否恰当。

(二) 长期借款的实质性测试程序

长期借款与短期借款一样,都是企业向银行或其他金融机构借入的款项,因此,长期借款的实质性测试与短期借款的实质性测试较为相似。注册会计师在进行长期借款的实质性测试时,一般需要执行的程序包括:

(1) 检查长期借款明细表。获取或编制长期借款明细表,复核其加计数是否正确,并与明细账和总账核对是否相符,减去将于一年内偿还的长期借款后与报表数核对是否相符。检查非记账本位币长期借款的折算汇率及折算金额是否正确,折算方法是否前后期一致。

（2）检查长期借款的取得。了解金融机构对被审计单位的授信情况以及被审计单位的信用等级评估情况，了解被审计单位获得长期借款的抵押和担保情况，评估被审计单位的信誉和融资能力。

（3）检查长期借款的条件。对年度内增加的长期借款，应检查借款合同和授权批准，了解借款数额、借款条件、借款日期、还款期限、借款利率，并与相关会计记录进行核对。

（4）向银行或其他债权人函证重大的长期借款。

（5）检查长期借款的归还。对年度内减少的长期借款，注册会计师应检查相关记录和原始凭证，核实还款数额，并与相关会计记录相核对。

（6）检查一年内到期的长期借款是否已转列为流动负债。

（7）检查长期借款的计算。复核长期借款利息，根据长期借款的利率和期限，复核被审计单位长期借款的利息计算是否正确；如有未计利息和多计利息，应作出记录，必要时提请进行调整。

（8）检查借款费用的会计处理是否正确。检查资产负债表日被审计单位是否按摊余成本和实际利率计算确定长期借款的利息费用，并正确计入财务费用、在建工程、制造费用、研发支出等相关账户，是否按合同利率计算应付未付利息计入应付利息科目，是否按其差额计入长期借款——利息调整。同时应检查专门借款和一般借款的借款费用资本化的时点和期间、资产范围、目的和用途等是否符合资本化条件。

（9）检查借款抵押资产的所有权。检查被审计单位抵押长期借款的抵押资产的所有权是否属于被审计单位，其价值和实际情况是否与担保契约中的规定相一致。

（10）检查被审计单位与贷款人进行的债务重组。检查债务重组协议，确定其真实性、合法性、并检查债务重组的会计处理是否正确。

（11）根据评估的舞弊风险等因素增加的其他审计程序。

（12）检查长期借款是否已按照企业会计准则的规定在财务报表中作出恰当的列报。长期借款在资产负债表上列示于长期负债类下，该项目应根据"长期借款"科目的期末余额扣减将于一年内到期的长期借款后的数额填列，该项扣除数应当填列在流动负债类下的"一年内到期的长期负债"项目单独反映。注册会计师应根据审计结果，确定被审计单位长期借款在资产负债表上的列示是否充分，并注意长期借款的抵押和担保是否已在财务报表注释中作了充分的说明。

（13）检查期末逾期长期借款。检查期末逾期借款，是否按贷款单位、借款金额、逾期时间、年利率、逾期未偿还原因和预期还款期等进行披露。被审计单位是否在附注中披露与借款费用有关的下列信息：①当期资本化的借款费用金额。②当期用于计算确定借款费用资本化金额的资本化率。③一年内到期的长期借款是否列为一年内到期的非流动负债。④被审计单位在资产负债表日或之前违反了长期借款协议，导致贷款人可随时要求清偿的负债，应当归类为流动负债。

【例12-2】 注册会计师在对M公司2010年度"长期借款"明细账和借款合同审查时，发现该公司2010年10月1日因购买设备向银行借入资金1 000万元，借款期限为5年，年利率6%，每年付息一次，到期还本；该公司11月1日用银行借款和自筹资金一次性向供货单位支付1 200万设备价款、运输费、安装费等，该设备12月31日达到预定可使用状态。注册会计师检查2010年10月、11月和12月该笔借款应计利息的记账凭证，其会计分录均为：

借：财务费用　　50 000

贷:应付利息 50 000

要求:指出上述账务处理中存在的问题,并作出审计调整。

【解答】 该笔借款是购建固定资产而专门借入的款项,根据《企业会计准则》规定,其11月、12月的利息费用符合资本化条件应予资本化,计入固定资产价值。而该公司将10月、11月、12月该笔借款的利息费用全部计入财务费用,造成虚减资产,虚增费用,虚减利润。审计调整分录如下:

借:固定资产 100 000

贷:财务费用 100 000

【例12-3】 注册会计师在审查飞达股份有限公司2010年度财务报表时,发现该公司在年度内向中国工商银行举借长期借款一笔,长期借款合同规定:(1)长期借款以公司的商品为担保;(2)该公司债务与所有者权益之比应经常保持低于5∶3;(3)分发股利须经银行同意;(4)自2011年1月1日起分期归还借款。

要求:如果不考虑相关的内部控制系统,注册会计师审查长期借款项目时,应审查哪些内容?

【解答】 注册会计师针对该公司的长期借款,应审查下列内容:

(1)审查该公司长期借款是否经公司董事会批准,有无会议记录。

(2)查明长期借款合同中的所有限制条件。

(3)验证长期借款利息费用和应计利息的计算是否正确,复核相关的会计记录是否健全、完整。

(4)计算债务和所有者权益之比,核实是否低于5∶3的比例。

(5)查明有无一年内到期的长期借款,并检查在资产负债表中的列示是否恰当。

(6)抽查商品明细记录中有无"充作担保"的记录。

三、应付债券审计

(一)应付债券的审计目标

(1)确定资产负债表中记录的应付债券是否存在;

(2)确定所有应当记录的应付债券是否均已记录;

(3)确定资产负债表中记录的应付债券是否为被审计单位应当履行的现时义务;

(4)确定应付债券是否以恰当的金额包括在财务报表中,与之相关的计价调整是否已恰当记录;

(5)确定应付债券在财务报表中的列报是否恰当。

(二)应付债券的实质性测试程序

被审计单位应付债券业务不多,但每笔业务却可能都是重要的,因此注册会计师应重视此项负债的测试工作。应付债券的实质性测试一般包括以下工作。

(1)检查应付债券明细表。注册会计师应索取或编制应付债券明细表,复核加计是否正确,并与报表数、总账数和明细账合计数及备查簿核对是否相符,必要时,询证债权人及债券的承销人或包销人,以验证应付债券期末余额的正确性。

(2)检查应付债券备查记录。审查被审计单位在发行债券时,是否将待发行债券的票面金额、债券票面利率、还本期限与方式、发行总额、发行日期和编号、委托代售部门、转换股份等情况在备查簿中进行登记。

(3) 检查应付债券的增加。审查被审计单位债券业务是否真实与合法。注册会计师应着重审查被审计单位发行债券是否经过有关部门的批准，发行债券所形成的负债是否及时记录等。查阅债券发行申请和批准文件，检查发行债券所收款的收据、汇款通知单、送款登记簿及相关的银行对账单和债券存根簿，确定债券发行是否收到款项，入账金额是否完整，核实其会计处理是否正确。

(4) 函证应付债券。函证“应付债券”账户期末余额。为确定“应付债券”的存在或完整性，可直接向债权人及承销人进行函证。

(5) 检查借款费用、应计利息、债券折(溢)价摊销及其会计处理是否正确。检查利息调整是否在债券存续期间内采用实际利率法进行摊销，债券利息、折(溢)价计算、会计处理是否正确，尤其注意其资本化处理是否恰当。注意辅助费用(发行费用)是否按照会计准则的要求来处理。

(6) 检查到期债券的偿还。检查用来偿还债券的支票存根等原始凭证，检查相关会计记录，看其会计处理是否正确。

(7) 检查应付债券在财务报表上的列报是否恰当。应付债券在资产负债表中列示于长期负债类下，该项目应根据“应付债券”科目的期末余额扣除将于一年内到期的应付债券后的数额填列。该扣除数应当填列在流动负债类下的“一年内到期的长期负债”项目单独反映。注册会计师应根据审计结果，确定被审计单位应付债券在财务报表上的反映是否充分，应注意有关应付债券的类别是否已在财务报表注释中作了充分的说明。检查发行债券时已作的担保，是否已在附注中恰当披露。

【例 12-4】 注册会计师在审查 M 公司应付债券时，了解到该公司为购建固定资产，年初以 110 万元的价格发行面值为 100 万元的 5 年期按年付利息到期还本的债券，票面利率 6%，债券发行时的市场利率为 5%，年末计提利息费用，该公司的会计处理如下：

借：财务费用	60 000	
贷：应付利息		60 000

经审查，该公司债券利息费用中符合资本化条件的金额为 44 000 元。

要求：指出上述账务处理中存在的问题，并作出审计调整。

【解答】 该公司债券计息、折(溢)价摊销的会计处理不符合企业会计准则的规定，即未按实际利率法摊销债券溢价，且符合资本化条件的债券利息费用未予以资本化。正确的计算是：

当年应付利息 = 1 000 000×6% = 60 000(元)

当年实际利息 = 1 100 000×5% = 55 000(元)

计入财务费用的利息 = 55 000 - 44 000 = 11 000(元)

当年应摊销溢价 = 60 000—55 000 = 5 000(元)

审计调整分录如下：

借：在建工程	44 000	
应付债券——利息调整	5 000	
贷：财务费用		49 000

【例 12-5】 注册会计师在审查宏源股份有限公司 2010 年 12 月 31 日资产负债表中的“应

付债券"项目时,收集到下列资料:(1) 本年度该公司发行为期5年的公司债券,债券合同中规定,凡违反合同内任何条款,所有公司债券立即自动到期;(2) 公司应保持不低于1:1的速动比率,如果低于该比率,该年度中公司高级管理人员的工资应低于60万元;(3) 该公司应将为公司债券担保的财产,按其实际价值向保险公司投保;(4) 该公司提供担保的财产,应按规定及时纳税。

要求:针对上述情况,注册会计师除评审应付债券的内部控制系统外,应审查哪些内容?

【解答】 针对宏源股份有限公司应付债券的具体情况,注册会计师应审查以下内容:

(1) 审查债券合同中的各种条款,查明该公司有无违反债券合同条款。

(2) 核实自发行年度起各年末资产负债表中的速动比率,一旦低于1:1时,应立即审查高级管理人员的工资是否低于60万元。

(3) 查明该公司为债券担保财产的种类、数量、价值和投保金额,并向保险公司和有关单位进行函证。

(4) 向税务机关函证,查明对债券合同规定的资产纳税情况,审查实际纳税额与账簿记录是否一致。

四、财务费用审计

(一) 财务费用的审计目标

(1) 确定利润表中记录的财务费用是否已发生,且与被审计单位有关;

(2) 确定所有应当记录的财务费用是否均已记录;

(3) 确定与财务费用有关的金额及其他数据是否已恰当记录;

(4) 确定财务费用是否已记录于正确的会计期间;

(5) 确定财务费用是否已记入恰当的账户;

(6) 确定财务费用在财务报表中的列报是否恰当。

(二) 财务费用的实质性测试程序

(1) 检查财务费用明细表。获取或编制财务费用明细表,复核加计是否正确,并与报表数、总账数和明细账合计数核对相符。

(2) 执行分析程序。将本期、上期财务费用各明细项目作比较分析,必要时比较本期各月份财务费用,如有重大波动和异常情况应追查原因,扩大审计范围或增加测试量。

(3) 检查利息支出明细账。检查利息支出明细账,确认利息支出的发生及准确性。检查财务费用各项目有无跨期入账的现象,对于重大跨期项目,应作必要的调整建议。审查各项借款期末应计利息是否预计入账。审查现金折扣的会计处理是否正确。结合长短期借款、应付债券等的审计,检查财务费用中是否包括为购建或生产满足资本化条件的资产发生的应予资本化的借款费用。

(4) 检查利息收入明细账,确认利息收入的发生及准确性。检查从其他企业或非银行金融机构取得的利息收入是否按规定计缴营业税。检查采用分期收款、实质上具有融资性质的销售商品或提供劳务,采用实际利率法按期计算确定的利息收入是否正确。

(5) 检查"财务费用——其他"明细账,注意大额金融机构手续费的真实性与正确性。

(6) 执行截止测试,检查财务费用各项目有无跨期入账的现象。

（7）检查财务费用在财务报表中的列报是否恰当。

第四节　所有者权益审计

企业资产负债表上的所有者权益，是企业投资者对企业净资产的所有权，包括投资者对企业的投入资本以及企业存续过程中形成的资本公积、盈余公积和未分配利润。根据资产负债表的平衡原理，所有者权益在数量上等于企业的全部资产减去全部负债后的余额，即企业净资产数额。根据这一平衡原理，可以清楚地看出，如果注册会计师能够对企业的资产和负债进行充分的审计，证明两者的期初余额、期末余额和本期变动都是正确的，便从侧面为所有者权益的期末余额和本期变动的正确性提供了有力的证据。同时，由于所有者权益增减变动的业务较少、金额较大的特点，注册会计师在审计了企业的资产和负债之后，往往只花费相对较少的时间对所有者权益进行审计。尽管如此，在审计过程中，对所有者权益进行单独审计仍然十分必要。

一、股本（实收资本）的审计

（一）股本（实收资本）的审计目标

1．确定资产负债表中记录的股本（实收资本）是否存在；

2．确定股本（实收资本）的增减变动是否符合法律、法规合同、章程的规定，所有应当记录的股本（实收资本）是否均已记录；

3．确定股本（实收资本）是否以恰当的金额包括在财务报表中；

4．确定股本（实收资本）在财务报表中的列报是否恰当。

（二）股本（实收资本）的实质性测试程序

股本是股份有限公司按照公司章程、合同和投资协议的规定向股东募集的资本，代表股东对公司净资产的所有权。股份有限公司的股本，是在核定的资本总额及核定的股份总额的范围内，通过向股东发行股票的方式筹集的。通常股本不发生变化，只有在股份有限公司设立、增资扩股和减资时发生变化。

除股份有限公司的投入资本在“股本”科目中核算外，其他组织形式的企业，其投入资本集中在“实收资本”科目中核算。实收资本的实质性测试程序与股本的实质性测试程序基本相同。

对于股本的实质性测试，注册会计师应通过“股本”账户进行，其程序一般包括：

1．审阅公司章程、实施细则和股东大会、董事会会议记录

注册会计师应向被审计单位索取公司章程、实施细则和股东大会、董事会会议记录的副本，认真研究其中有关股本的规定。注册会计师应了解的资料包括：核定股份和已发行股份的份数、股票面值、股票收回、股票分割及认股权证等。通过这些资料，注册会计师应进一步确定被审计单位股本的交易是否符合有关法规规定及股东大会或董事会的决议。

2．检查股东是否按照公司章程、合同、协议规定的出资方式出资，各种出资方式的比例是否符合规定

我国法律规定股份有限公司的出资可以采取货币资金、实物、知识产权、土地使用权方式，但

法律、行政法规规定不得作为出资的财产除外。全体股东的货币出资额不得低于有限责任公司注册资本的30%。有限责任公司全体股东的首次出资额不得低于注册资本的20%，也不得低于法定注册资本的最低限额，其余部分由股东自公司成立之日起两年内缴足。股份有限公司的设立，可以采取发起设立或募集设立的方式。注册会计师审计时，应当了解企业章程、合同、协议中的出资方式、出资比例，确定其内容的合法性。然后具体分析企业实际募股时，是否存在与公司章程、合同、协议内容存在差异的情况，了解形成差异的原因，将有关问题与公司有关人员协商，对审计过程及有关问题的处理，以适当的方式记录于工作底稿中。

（1）根据证券登记公司提供的股东名录，检查被审计单位及其子公司、合营企业与联营企业是否有违反规定的持股情况。

（2）检查认股权证及其有关交易，确定委托人及认股人是否遵守认股合约或认股权证中的有关规定。

3. 获取或编制股本增减变动情况明细表，复核加计是否正确，并与报表数、总账数和明细账合计数核对相符

注册会计师应向被审计单位索取或自己编制股本明细表，作为永久档案存档，以供本年度和以后年度检查股本时使用。股本明细表的内容应包括各类股本变动的详细记载及有关的分析评价。编制时应将每次变动情况逐一记载并与有关的原始凭证和会计账目进行核对。

4. 检查股票的发行、收回等交易活动

查阅公司章程、股东大会及董事会会议记录中有关股本的规定。收集与股本变动有关的董事会会议纪要、合同、协议、公司章程及营业执照，公司设立批文、验资报告等法律文件，并更新永久性档案。检查与股票发行、收回有关的原始凭证和会计记录，是验证股票发行、收回是否确实存在的重要步骤。应检查的原始凭证包括已发行股票的登记簿、向外界收回的股票、募股清单、银行对账单等。会计记录则主要包括银行存款日记账与总账、股本明细账与总账等。

检查股本增减变动的原因，查阅其是否与董事会会议纪要、补充合同、协议及其他有关法律性文件的规定一致，逐笔追查至原始凭证，检查其会计处理是否正确。注意有无抽资或变相抽资的情况。对于以资本公积、盈余公积和未分配利润转增资本的，还应取得股东大会记录等资料，并审核是否符合国家有关规定。对首次接受委托的客户，除取得验资报告外，还应检查复印记账凭证及进账单。

5. 函证发行在外的股票

注册会计师应检查已发行的股票数量是否真实，是否均已收到股款或资产。目前我国股票发行和转让大都由企业委托证券交易所和金融机构进行，由证券交易所和金融机构对发行在外的股票份数进行登记和控制。因为这些机构一般既了解公司发行股票的总数，又掌握公司股东的个人记录以及股票转让情况，故在审计时可采取向证券交易所和金融机构函证及查阅的方法来验证发行股份的数量，并与股本账面数额进行核对，确定是否相符。对个别自己发行股票、自己进行有关股票发行数量、金额及股东情况登记的企业，由于企业已在股票登记簿和股东名单上进行了记录，在进行股本审计时，可在检查这些记录的基础上，抽查其记录是否真实有据，核对发行的股票存根，看其数额是否与股本账面数额相符。

6. 检查股本是否已在资产负债表上恰当披露

股本应在资产负债表中单项列示，注册会计师应核对被审计单位资产负债表中股本项目的

数字是否与审定数相符,并检查是否在财务报表附注中披露与股本有关的重要事项,如股本的种类、各类股本金额及股票发行的数额、每股股票的面值、本会计期间发行的股票等。

【例12-6】 注册会计师对ABC公司2010年的财务报表审计时注意到:ABC公司上年度期末的注册资本为200万元,“盈余公积——法定盈余公积”余额为100万元。该公司在年末将“盈余公积——法定盈余公积”的100万元全部转增股本,使注册资金达到300万元,其会计分录如下:

借:盈余公积——法定盈余公积　1 000 000

　贷:股本　1 000 000

要求:指出上述账务处理中存在的问题,并作出审计调整。

【解答】 根据《公司法》的规定:法定盈余公积转为股本时,所留存的该项公积金不得少于转增前公司注册资本的25%。转增后留存最低限额为50(即200×25%)万元,因此应建议ABC公司调回50万元。审计调整分录如下:

借:股本　500 000

　贷:盈余公积——法定盈余公积　500 000

二、资本公积审计

(一)资本公积的审计目标

(1)确定资产负债表中记录的资本公积是否存在;

(2)确定所有应当记录的资本公积是否均已记录;

(3)确定资本公积是否以恰当的金额包括在财务报表中;

(4)确定资本公积在财务报表中的列报是否恰当。

(二)资本公积的实质性测试程序

注册会计师对资本公积进行实质性测试,其测试内容应包括:

1. 检查资本公积形成的合法性

注册会计师应首先检查资本公积形成的内容及其依据,并查阅相关的会计记录和原始凭证,确认资本公积形成的合法性和正确性。资本公积形成的审计包括审查股本溢价或资本溢价、其他资本公积等。

2. 根据资本公积明细账,对股本溢价、其他资本公积各明细账的发生额逐项审查

(1)获取或编制资本公积明细表,复核加计是否正确,并与报表数、总账数和明细账合计数核对是否相符。

(2)收集与资本公积变动有关的股东(大)会决议、董事会会议纪要、资产评估报告等文件资料,更新永久性档案。首次接受委托的,应检查期初资本公积的原始发生依据。

3. 审查资本溢价或股本溢价

对资本溢价应检查是否在企业吸收新投资时形成,资本溢价的确定是否按实际出资额扣除其投资比例所占的资本额计算,其投资是否经企业董事会决定,并已报原审批机关批准;对股本溢价应检查发行是否合法,是否经有关部门批准,发行股票支付的手续费或佣金、股票印制成本等减去发行股票冻结期间所产生的利息收入后的余额是否已从溢价中扣除。比如:

(1)对股本溢价,检查会计处理是否正确,注意发生股票溢价收入的计算是否已扣除股票发

行费用。

（2）检查长期股权投资以权益法核算的、被投资单位除了净损益以外的所有者权益的变动，被审计单位是否已按其享有的份额入账，会计处理是否正确。处置该项投资时，注意是否已转销与其相关的资本公积。

（3）将持有至到期投资重分类为可供出售金融资产，是否按相关规定调整资本公积；检查可供出售金融资产的后续计量是否相应调整资本公积。

4．审查资本公积运用的合法性

注册会计师应审查资本公积是否挪作他用；对于资本公积转增资本，注册会计师应审查转增资本是否经董事会决定并报经工商行政管理机关批准，并依法办理增资手续；获得批准后，资本公积运用的账务处理是否及时正确。

5．确定资本公积是否在资产负债表上恰当反映

注册会计师应审查资本公积是否在资产负债表上单独列示，同时还应将资本公积明细账与“所有者权益变动表”中列示的资本公积的期末余额及期初余额对比相符。

【例 12-7】 注册会计师在审计 ABC 公司 2010 年 8 月份的“资本公积”总账时，发现借方发生额为84 000元，之后进一步审阅“资本公积——其他资本公积”明细账，发现借方发生额为84 000元的记账凭证为356#，随即调阅该记账凭证，其摘要为“职工医药费报销”，会计分录为：

借：资本公积——其他资本公积	84 000	
贷：银行存款		84 000

后附的原始凭证为职工医药费报销单据及 1 张转账支票存根。

要求：指出上述账务处理中存在的问题，并作出审计调整。

【解答】 经询问 ABC 公司会计人员得知，公司因医药费开支过大，而将其列入资本公积。审计调整分录如下：

借：管理费用等	84 000	
贷：资本公积——其他资本公积		84 000

【例 12-8】 注册会计师在审查华星股份有限公司“资本公积”明细账时，发现其中一笔业务摘要为“接受捐赠 50 000 元”，记账凭证为 205#。调阅了 205#记账凭证，其会计分录为：

借：银行存款	50 000	
贷：资本公积		50 000

所附原始凭证，一为捐赠协议，一为银行存款回执，证明确为捐赠。

要求：判断上述会计处理是否正确，并提出调整建议。

【解答】 该公司会计人员把应作为营业外收入的捐赠未列入“营业外收入”账户，使利润虚减。对此，注册会计师应建议被审计单位作如下账务调整：

借：资本公积	50 000	
贷：营业外收入		50 000

三、盈余公积审计

盈余公积是企业按照规定从税后利润中提取的积累资金，是具有特定用途的留存收益，主要用于弥补亏损和转增资本，也可以按规定用于分配股利。盈余公积包括法定盈余公积、任意盈余

公积。

（一）盈余公积的审计目标

（1）确定资产负债表中记录的盈余公积是否存在；

（2）确定所有应当记录的盈余公积是否均已记录；

（3）确定盈余公积是否以恰当的金额包括在财务报表中；

（4）确定盈余公积在财务报表中的列报是否恰当。

（二）盈余公积的实质性测试程序

注册会计师对盈余公积进行实质性测试，其一般程序包括：

1. 检查盈余公积明细表

获取或编制盈余公积明细表，复核加计是否正确，并与报表数、总账数和明细账合计数核对是否相符。进行盈余公积的实质性测试，注册会计师应首先获取或编制盈余公积明细表，分别列示法定盈余公积、任意盈余公积，并与明细账和总账的余额核对相符。在此基础上，对盈余公积各明细项目的发生额，逐项检查其原始凭证。

2. 检查盈余公积的提取

收集与盈余公积有关的董事会会议纪要、股东（大）会决议等文件资料，并更新永久性档案。对盈余公积的提取，注册会计师应主要检查盈余公积的提取是否符合规定并经过批准，提取手续是否完备，提取的依据（即税后利润）是否真实、正确，提取项目是否完整，提取比例是否合法，有无多提或少提。

对法定盈余公积和任意盈余公积的发生额逐项审查至原始凭证。审查法定盈余公积和任意盈余公积的计提顺序、计提基数、计提比例是否符合有关规定，会计处理是否正确。

3. 检查盈余公积的使用

检查盈余公积的使用是否符合有关规定，取得董事会会议纪要、股东（大）会决议，予以核实，检查有关会计处理是否正确。注册会计师应主要检查盈余公积的使用是否符合规定用途并经过批准。按规定盈余公积的使用必须经过一定的授权批准手续，法定盈余公积和任意盈余公积用于弥补亏损、转增资本，但必须符合国家规定的条件；转增资本还必须经批准，依法办理增资手续，取得合法的增资文件；弥补亏损也必须按批准数额转账。

4. 检查盈余公积在财务报表中的列报是否恰当

注册会计师应检查企业的法定盈余公积、任意盈余公积是否合并在“盈余公积”项目中并在资产负债表中列示，同时还应在财务报表附注中说明各项盈余公积的期末余额及期初至期末间的重要变化。

四、未分配利润审计

未分配利润是指未作分配的净利润，即这部分利润没有分配给投资者，也未指定用途。未分配利润是企业当年税后利润在弥补以前年度亏损、提取公积金以后加上上年末未分配利润，再扣除向所有者分配的利润后的结余额，是企业留于以后年度分配的利润。它是企业历年积存的利润分配后的余额，也是所有者权益的一个重要组成部分。企业的未分配利润通过“利润分配——未分配利润”明细科目核算，其年末余额反映历年积存的未分配利润（或未弥补亏损）。

（一）未分配利润的审计目标

（1）确定资产负债表中记录的未分配利润是否存在；

（2）确定所有应当记录的未分配利润是否均已记录；

（3）确定未分配利润是否以恰当的金额包括在财务报表中，与之相关的计价调整是否已恰当记录；

（4）确定未分配利润在财务报表中的列报是否恰当。

（二）未分配利润的实质性测试程序

1．检查未分配利润明细表

获取或编制未分配利润明细表，复核加计是否正确，与报表数、总账数及明细账合计数核对是否相符。

2．检查未分配利润的计价

检查未分配利润期初数与上期审定数是否相符，涉及损益的上期审计调整是否正确入账。

3．检查未分配利润的相关资料

收集和检查与利润分配有关的董事会会议纪要、股东（大）会决议以及政府部门批文及有关合同、协议、公司章程等文件资料，更新永久性档案。对照有关规定确认利润分配的合法性。

4．检查未分配利润的相关会计处理

检查本期未分配利润变动除了净利润转入以外的全部相关凭证，结合所获取的文件资料，确定其会计处理是否正确。

5．检查补亏情况

了解本年利润弥补以前年度亏损的情况，如果已超过税前弥补期限，且已因为抵扣亏损而确认递延所得税资产的，应当进行调整。

6．检查未分配利润的调整

结合以前年度损益调整科目的审计，检查以前年度损益调整的内容是否真实、合理，注意对以前年度所得税的影响。对重大调整事项应逐项核实其发生原因、依据和有关资料，复核数据正确性。

7．检查未分配利润在财务报表中的列报是否恰当

检查对资产负债表日后至财务报告批准报出日之间由董事会或类似机构所制定利润分配方案中拟分配的股利，是否在财务报表附注中单独披露。

【例 12-9】 ABC 公司 2010 年实现利润 300 000 元（无纳税调整项目），所得税税率为 25%，向股东分配利润前该企业的所有者权益结构为：普通股股本 100 000 元（100 000 股，每股面值 1 元）；资本公积——股本溢价 500 000 元；盈余公积 140 000 元；未分配利润 200 000 元。经董事会决议、股东大会批准，发放股票股利，每 5 股派发 1 股，已按规定办妥转增手续。分配后股权结构为：普通股 120 000 股，股本 120 000 元；资本公积——股本溢价 600 000 元；盈余公积为 162 500 元；未分配利润为 282 500 元。

要求：指出上述处理是否正确，如不正确，请作出调整。

【解答】 ABC 公司 2010 年分配股票股利后确定的所有者权益不正确，正确的做法是：

缴纳所得税 = 300 000×25% = 75 000 元

提取法定公积金 = (300 000−75 000)×10% = 22 500 元

分配股票股利的股数 = 100 000÷5 = 20 000 股

分配股票股利总额 = 20 000×1 = 20 000 元

分配后的股权结构应为：普通股股本计 120 000 元（120 000 股，每股面值 1 元）；资本公积——股本溢价为 500 000 元；盈余公积为 162 500（即 140 000+22 500）元；未分配利润为 382 500（即 200 000+300 000−75 000−22 500−20 000）元。

第五节　投资审计

企业的投资活动主要包括交易性金融资产、可供出售的金融资产、持有至到期投资、长期股权投资等。

一、交易性金融资产审计

交易性金融资产是指企业为了近期内出售而持有的金融资产。在会计科目设置上，企业持有的直接指定为以公允价值计量且其变动计入当期损益的金融资产，也通过该科目核算。

（一）交易性金融资产的审计目标

（1）确定资产负债表中记录的交易性金融资产是否存在；

（2）确定所有应当记录的交易性金融资产是否均已记录；

（3）确定记录的交易性金融资产是否由被审计单位拥有或控制；

（4）确定交易性金融资产是否以恰当的金额包括在财务报表中，与之相关的计价调整是否已恰当记录；

（5）确定交易性金融资产在财务报表中的列报是否恰当。

（二）交易性金融资产的实质性测试程序

（1）检查交易性金融资产明细表。获取或编制交易性金融资产明细表，复核加计是否正确，并与报表数、总账数和明细账合计数核对是否相符。对期末结存的相关交易性金融资产，同被审计单位核实其持有目的，检查本科目核算范围是否恰当。

（2）检查交易性金融资产的分类。就被审计单位管理层将投资确定划分为交易性金融资产的意图获取审计证据，并考虑管理层实施该决定的能力。应向管理层询问，查阅包括预算、会议纪要等在内的书面计划和其他文件记录，考虑管理层选择将投资划分为交易性金融资产的理由是否充分。并注意有无将交易性金融资产与其他类别金融资产之间违规随意转换的现象。

（3）检查交易性金融资产的会计处理。获取股票、债券及基金等交易流水单及被审计单位证券投资部门的交易记录，与明细账核对，检查会计记录是否完整，会计处理是否正确。

（4）监盘交易性金融资产。监盘库存交易性金融资产，并与相关账户余额进行核对，如有差异，应查明原因，并作出记录或进行适当调整。

（5）向相关金融机构发函询证交易性金融资产期末数量以及是否存在变现限制。

（6）检查交易性金融资产的增减变动。抽取交易性金融资产增减变动的相关凭证，检查其原始凭证是否完整合法，会计处理是否正确。

（7）检查交易性金融资产的计价是否正确。复核与交易性金融资产相关的损益计算是否准确，并与公允价值变动损益及投资收益等有关数据核对。复核股票、债券及基金等交易性金融资产的期末公允价值是否合理，相关会计处理是否正确。复核交易性金融资产计价方法，检查其是否按公允价值计量，前后期是否一致。复核交易性金融资产公允价值取得依据是否充分，公允价值与账面价值的差额是否计入公允价值变动损益科目。

（8）关注交易性金融资产是否存在重大的变现限制。

（9）检查交易性金融资产在财务报表中的列报是否恰当。

【例 12-10】 注册会计师在审查 M 公司 2010 年度财务报表时，发现 M 公司 2010 年 9 月 8 日支付价款 106 万元从二级市场购入 D 公司发行的股票 100 000 股，每股价格 10.60 元（含已宣告但尚未发放的现金股利 0.60 元），支付交易费用 0.1 万元。M 公司作了如下会计处理：

借：交易性金融资产——D 公司股票（成本）	1 000 000	
应收股利	60 000	
财务费用	1 000	
贷：银行存款		1 061 000

注册会计师了解到该股票年末市场价格为每股 15 元，M 公司将持有的 D 公司股权划分为交易性金融资产，且持有 D 公司股权后对其无重大影响。M 公司年末对该股票按公允价值作了如下会计处理：

借：交易性金融资产——D 公司股票（公允价值变动）	500 000	
贷：资本公积——其他资本公积		500 000

要求：判断上述会计处理是否正确，并提出调整建议。

【解答】 根据《企业会计准则》，作为交易性金融资产的股票，在购买时支付的交易费用应记入"投资收益"科目；年末对该股票按公允价值调整时，产生的收益应记入"公允价值变动损益"科目。审计调整分录如下：

借：投资收益	1 000	
贷：财务费用		1 000
借：资本公积——其他资本公积	500 000	
贷：公允价值变动损益		500 000

【例 12-11】 注册会计师 A 在审计甲上市公司 2010 年财务报表时，发现 2010 年 5 月 13 日甲公司支付价款 1 000 000 元从二级市场购入乙公司发行的股票 100 000 股，每股价格 10.60 元（含已宣告但尚未发放的现金股利 0.6 元），另支付交易费用 1 000 元。甲公司将持有的乙公司股权划分为交易性金融资产，且持有乙公司股权后对其无重大影响。

甲公司其他相关资料如下：

（1）5 月 23 日，收到乙公司发放的现金股利；

（2）6 月 30 日，乙公司股票价格涨到每股 13 元；

（3）8 月 15 日，将持有的乙公司股票全部售出，每股售价 15 元。

甲公司在购入乙公司股票时，账务处理为：

借：交易性金融资产——成本	1 061 000	
贷：银行存款		1 061 000

甲公司在出售乙公司股票时,账务处理为:

借:银行存款　1 500 000

　贷:交易性金融资产——成本　1 061 000

　　投资收益　439 000

要求:判断上述会计处理是否正确,并提出调整建议。

【解答】 上述账务处理是错误的,未能按照不同的时点对甲公司交易性金融资产作出正确处理。

假定不考虑其他因素,审计调整分录如下:

(1) 5 月 13 日,购入乙公司股票。

借:应收股利　60 000

　投资收益　1 000

　贷:交易性金融资产——成本　61 000

(2) 5 月 23 日,收到乙公司发放的现金股利。

借:银行存款　60 000

　贷:应收股利　60 000

(3) 6 月 30 日,确认股票价格变动。

借:交易性金融资产——公允价值变动　300 000

　贷:公允价值变动损益　300 000

(4) 8 月 15 日,乙公司股票全部售出。

借:公允价值变动损益　300 000

　交易性金融资产——成本　61 000

贷:投资收益　61 000

　交易性金融资产——公允价值变动　300 000

二、可供出售金融资产审计

可供出售金融资产,是指初始确认时即被指定为可供出售的非衍生金融资产,以及除下列各类资产以外的金融资产:①贷款和应收账款;②持有至到期投资;③以公允价值计量且其变动计入当期损益的金融资产。

(一) 可供出售金融资产的审计目标

(1) 确定资产负债表中记录的可供出售金融资产是否存在;

(2) 确定所有应当记录的可供出售金融资产是否均已记录;

(3) 确定记录的可供出售金融资产是否由被审计单位拥有或控制;

(4) 确定可供出售金融资产是否以恰当的金额包括在财务报表中,与之相关的计价调整是否已恰当记录;

(5) 确定可供出售金融资产在财务报表中的列报是否恰当。

(二) 可供出售金融资产的实质性测试程序

1. 检查可供出售金融资产明细表

获取或编制可供出售金融资产明细表,复核加计是否正确,并与报表数、总账数和明细账合计数核对是否相符。

2. 检查可供出售金融资产的分类

根据被审计单位管理层的意图和能力，判断可供出售金融资产的分类是否正确。有无将持有的具有控制、共同控制或重大影响的限售股权（属于长期股权投资）分类为可供出售金融资产。

3. 监盘可供出售金融资产

检查库存可供出售金融资产，并与相关账户余额进行核对。

4. 函证可供出售金融资产

向相关金融机构发函询证可供出售金融资产期末数量，并记录函证过程。取得回函时应检查相关签章是否符合要求。

5. 检查可供出售金融资产会计处理

获取可供出售金融资产对账单，与明细账核对，并检查其会计处理是否正确。

6. 检查可供出售金融资产的增减变动

抽取可供出售金融资产增减变动的相关凭证，检查其是否完整合法，会计处理是否正确。

7. 检查相关的投资收益

重新计算持有期间的利息收入和投资收益，与应收利息和投资收益中的相应数字核对。

8. 检查相关的资本公积

检查可供出售金融资产出售时，其相关损益计算及会计处理是否正确，已计入资本公积的公允价值累计变动额是否转入投资收益科目。

9. 检查可供出售金融资产的减值

(1) 核对可供出售金融资产减值准备本期与以前年度计提方法是否一致，如有差异，查明政策调整的原因，并确定政策变更对本期损益的影响。

(2) 期末对可供出售金融资产逐项进行检查，以确定是否已经发生减值。如果可供出售金融资产的公允价值发生较大幅度下降，或在综合考虑各种相关因素后，预期这种下降趋势属于非暂时性的，可认定该项可供出售金融资产已发生减值，应当确认减值损失。与被审计单位已计提数相核对，如有差异，查明原因。

(3) 将本期减值准备计提（或转回）金额与资产减值损失中的相应数字核对，检查相关会计处理是否正确。

(4) 检查可供出售金融资产减值准备是否按单项资产（或包括在具有类似信用风险特征的金融资产组）计提，计提依据是否充分，并得到适当批准。

10. 检查可供出售金融资产在财务报表中的列报是否恰当

注意已用于债务担保的可供出售金融资产是否恰当披露。确定可供出售金融资产的披露是否恰当。结合银行借款等科目，了解是否存在已用于债务担保的可供出售金融资产。如有，则应取证并作相应的记录，同时提请被审计单位作恰当披露。

【例 12-12】 注册会计师在审查 M 公司 2010 年度财务报表时，发现该公司 2010 年 1 月 1 日以 510 000 元价款购入 D 公司当日发行的 3 年期债券，面值为 500 000 元，票面利率 6%，实际利率为 5.15%，每年年末付息，另支付手续费等相关费用 10 000 元。该债券划分为可供出售金融资产。企业账务处理如下：

(1) 2010 年 1 月 1 日购入债券,会计分录如下:

借:可供出售金融资产——D 公司债券(成本)　　500 000

　　　　　　　　　　——D 公司债券(利息调整)　　10 000

　投资收益　　10 000

　贷:银行存款　　520 000

(2) 2010 年 12 月 31 日计提利息,会计分录如下:

借:应收利息　　30 000

　贷:可供出售金融资产——D 公司债券(利息调整)　　4 250

　　投资收益——债券利息收入　　25 750

要求:请代注册会计师指出上述账务处理存在的问题,并作出审计调整分录。

【解答】 根据《企业会计准则》,作为可供出售的债券,在购买时支付的相关费用应记入"可供出售金融资产——利息调整"而不冲减"投资收益"科目;年末该公司确认实际利息收入和利息调整不正确,应按实际利率法确认债券利息收入 26 780(即 520 000×5.15%)元,计入投资收益,票面利息 30 000 元与实际利息 26 780 元的差额 3 220 元,作为溢价摊销数记入"可供出售金融资产——利息调整"。审计调整分录为:

借:可供出售金融资产——利息调整　　11 030

　贷:投资收益——手续费　　10 000

　　　　　　——债券利息收入　　(26 780-25 750)1 030

【例 12-13】 注册会计师 B 审计乙上市公司 2010 年度财务报表时,发现乙公司于 2010 年 7 月 13 日从二级市场购入股票 1 000 000 股,每股市价 15 元,手续费 30 000 元;初始确认时,该股票划分为可供出售金融资产。

乙公司至 2010 年 12 月 31 日仍持有该股票,该股票当时的市价为 16 元。2011 年 2 月 1 日,乙公司将该股票售出,售价为每股 13 元,另支付交易费 30 000 元。

乙公司购入股票时的账务处理为:

借:可供出售金融资产——成本　　15 030 000

　贷:银行存款　　15 030 000

乙公司出售股票时的账务处理为:

借:银行存款　　12 970 000

　投资收益　　2 060 000

　贷:可供出售金融资产——成本　　15 030 000

要求:请代注册会计师 B 指出上述账务处理存在的问题,并作出审计调整分录。

【解答】 上述乙公司出售股票时的账务处理是错误的,未能反映出 2010 年 12 月 31 日该股票的公允价值变动损益。审计调整分录如下:

(1) 2010 年 7 月 13 日,购入股票时,账务处理正确不需调整。

(2) 2010 年 12 月 31 日,应确认股票价格变动,作以下调整分录。

借:可供出售金融资产——公允价值变动　　970 000

　贷:资本公积——其他资本公积　　970 000

(3) 2011 年 2 月 1 日,出售股票时,应作以下调整分录。

借：资本公积——其他资本公积　　970 000

　贷：可供出售金融资产——公允价值变动　　970 000

三、持有至到期投资审计

持有至到期投资，是指到期日固定、回收金额固定或可确定，且企业有明确意图和能力持有至到期的非衍生金融资产。

（一）持有至到期投资的审计目标

（1）确定资产负债表中记录的持有至到期投资是否存在；

（2）确定所有应当记录的持有至到期投资是否均已记录；

（3）确定记录的持有至到期投资是否由被审计单位拥有或控制；

（4）确定持有至到期投资是否以恰当的金额包括在财务报表中，与之相关的计价调整是否已恰当记录；

（5）确定持有至到期投资在财务报表中的列报是否恰当。

（二）持有至到期投资的实质性测试程序

1．检查持有至到期投资明细表

获取或编制持有至到期投资明细表，复核加计是否正确，并与总账数和明细账合计数核对是否相符。

2．检查持有至到期投资的分类

根据被审计单位管理层的意图和能力，判断持有至到期投资的分类是否正确。获取持有至到期投资对账单，与明细账核对，并检查其会计处理是否正确。

3．检查持有至到期投资的调整事项

检查库存持有至到期投资，并与账面余额进行核对，如有差异，应查明原因，并作出记录或进行适当调整。

4．函证持有至到期投资

向相关金融机构发函询证持有至到期投资期末数量，并记录函证过程。取得回函时应检查相关签章是否符合要求。

5．检查持有至到期投资的相关核算

对期末结存的持有至到期投资资产，核实被审计单位持有的目的和能力，检查本科目核算范围是否恰当。

6．检查持有至到期投资的增减

抽取持有至到期投资增加、减少的记账凭证，注意其原始凭证是否完整合法，成本、交易费用和相关利息的会计处理是否符合规定。根据相关资料，确定债券投资的计息类型，结合投资收益科目，复核计算利息采用的利率是否恰当，相关会计处理是否正确，检查持有至到期投资持有期间收到的利息会计处理是否正确。检查债券投资票面利率和实际利率有较大差异时，被审计单位采用的利率及计算方法是否正确。

7．检查持有至到期投资的处置

结合投资收益科目，复核处置持有至到期投资的损益计算是否准确，已计提的减值准备是否同时结转。

8. 检查持有至到期投资的持有目的

检查当持有目的改变时，持有至到期投资划转为可供出售金融资产的会计处理是否正确。正确的会计分录如下：

借：可供出售金融资产　　（重分类日公允价值）
　贷：持有至到期投资　　（账面余额）
　借或贷：资本公积——其他资本公积　　（之差）

已计提减值准备的，还应同时结转已计提的减值准备。

9. 检查持有至到期投资的减值准备

当有客观证据表明持有至到期投资发生减值的，应当复核相关资产项目的预计未来现金流量现值，并与其账面价值进行比较，检查相关减值准备计提是否充分。

10. 检查持有至到期投资在财务报表中的列报是否恰当

注意一年内到期的持有至到期投资是否列入"一年内到期的非流动资产"；了解是否存在已用于债务担保的持有至到期投资。如有，则应取证并作相应的记录，同时提请被审计单位作恰当披露。

【例 12-14】 注册会计师在审计 ABC 公司 2010 年的债券投资业务时，发现该公司 2010 年 1 月 1 日以 250 000 元的价款购入 D 公司同日发行的面值为 240 000 元、4 年期债券，另支付相关费用 1 000 元。该债券的票面利率为 10%，市场利率为 6%，到期一次还本付息。会计分录如下：

(1) 取得投资

借：持有至到期投资——D 公司债券（成本）　　240 000
　持有至到期投资——D 公司债券（利息调整）　　11 000
　贷：银行存款　　251 000

(2) 年末计提利息

借：持有至到期投资——D 公司债券（应计利息）　　24 000
　贷：持有至到期投资——D 公司债券（利息调整）　　4 000
　　投资收益——债券利息收入　　20 000

要求：请代注册会计师指出上述账务处理存在的问题，并作出审计调整分录。

【解答】 该公司年末确认实际利息收入和溢价摊销数不正确，应按实际利率法确认债券利息收入 15 060（即 251 000×6%）元，计入投资收益，票面利息 24 000 元与实际利息 15 060 元的差额 8 940 元，作为溢价摊销数记入"持有至到期投资——利息调整"。审计调整分录如下：

借：投资收益　　4 940
　贷：持有至到期投资——D 公司债券（利息调整）　　4 940

四、长期股权投资审计

（一）长期股权投资审计目标

(1) 确定资产负债表中记录的长期股权投资是否存在；

(2) 确定所有应当记录的长期股权投资是否均已记录；

(3) 确定记录的长期股权投资是否由被审计单位拥有或控制；

（4）确定长期股权投资是否以恰当的金额包括在财务报表中，与之相关的计价调整是否已恰当记录；

（5）确定长期股权投资在财务报表中的列报是否恰当。

（二）长期股权投资实质性测试程序

1．检查长期股权投资明细表

获取或编制长期股权投资明细表，复核加计是否正确，并与总账数和明细账合计数核对是否相符；结合长期股权投资减值准备科目与报表数核对是否相符。

2．确定长期股权投资是否存在，并归被审计单位所有，检查长期股权投资持有目的

分析管理层的意图和能力，判断分类是否正确；针对各分类及其计价方法、审查期末余额是否正确。

（1）根据有关合同和文件，确认长期股权投资的股权比例和时间，检查长期股权投资核算方法是否正确；取得被投资单位的章程、营业执照、组织机构代码证等资料。

（2）分析被审计单位管理层的意图和能力，检查有关原始凭证，验证长期股权投资分类的正确性（分为子公司、联营企业、合营企业和其他企业的投资四类），是否不包括应由金融工具确认和计量准则核算的长期股权投资。

（3）对于应采用权益法核算的长期股权投资，获取被投资单位已经注册会计师审计的年度财务报表，如果未经注册会计师审计，则应考虑对被审计单位的财务报表实施适当的审计或审阅程序。①复核投资收益时，根据重要性原则，应以取得投资时被投资单位各项可辨认资产的公允价值为基础，对被投资单位的净损益进行调整后加以确认。被投资单位采用的会计政策及会计期间与被审计单位不一致的，应当按照被审计单位的会计政策及会计期间对被投资单位的财务报表进行调整，据以确认投资损益，并作出详细记录。②将重新计算的投资损益与被审计单位计算的投资损益相核对，如有重大差异，应查明原因，并做适当调整。③关注被审计单位在其被投资单位发生净亏损或以后期间实现盈利时的会计处理是否正确。④检查除净损益以外被投资单位所有者权益的其他变动，是否调整计入所有者权益。

（4）对于采用成本法核算的长期股权投资，检查股利分配的原始凭证及分配决议等资料，确定会计处理是否正确；对被审计单位实施控制而采用成本法核算的长期股权投资，比照权益法编制变动明细表，以备合并报表使用。

（5）对于成本法和权益法相互转换的，检查其投资成本的确定是否正确。

3．确定长期股权投资增减变动的记录是否完整

（1）检查本期增加的长期股权投资，追查至原始凭证及相关的文件或决议及被投资单位验资报告或财务资料等，确认长期股权投资是否符合投资合同、协议的规定，会计处理是否正确（根据企业合并形成、企业合并以外其他方式取得的长期股权投资分别确定初始投资成本）。

（2）检查本期减少的长期股权投资，追查至原始凭证，确认长期股权投资的处理有合理的理由及授权批准手续，会计处理是否正确。

4．期末对长期股权投资进行逐项检查，以确定长期股权投资是否已经发生减值

（1）核对长期股权投资减值准备本期与以前年度计提方法是否一致，如有差异，查明政策调整的原因，并确定政策改变对本期损益的影响，提请被审计单位做适当披露。

（2）对长期股权投资进行逐项检查，根据被投资单位经营政策、法律环境、市场需求、行业盈

利能力等的各种变化判断长期股权投资是否存在减值迹象。当长期股权投资可收回金额低于账面价值时，应将可收回金额低于账面价值的差额作为长期股权投资减值准备予以计提，并应与被审计单位已计提数相核对，如有差异，查明原因。

（3）将本期减值准备计提金额与利润表资产减值损失中的相应数字进行核对。

（4）长期股权投资减值准备按单项资产计提，计提依据是否充分，是否得到适当批准。

5. 检查长期股权投资会计处理

检查通过发行权益性证券、投资者投入、企业合并等方式取得的长期股权投资的会计处理是否正确。

6. 检查长期股权投资的分类

对于长期股权投资分类发生变化的，检查其核算是否正确。

7. 检查长期股权投资的质押、担保

结合银行借款等的检查，了解长期股权投资是否存在质押、担保情况。如有，则应详细记录，并提请被审计单位进行充分披露。

8. 增加的其他审计程序

根据评估的舞弊风险等因素增加的其他审计程序。

9. 检查长期股权投资的列报是否恰当

（1）子公司、合营企业和联营企业清单，包括企业名称、注册地、业务性质、投资企业的持股比例和表决权比例。

（2）合营企业和联营企业当期的主要财务信息，包括资产、负债、收入、费用等的合计金额。

（3）被投资单位向投资企业转移资金的能力受到严格限制的情况。

（4）当期及累计未确认的投资损失金额。

（5）与对子公司、合营企业及联营企业投资相关的或有负债。

【例12-15】　注册会计师在审查M公司2010年度财务报表时，发现报表列示“长期股权投资”为3 000万元，“投资收益”为100万元。经进一步审查得知下列情况：该公司2010年1月5日按协议收购价2 800万元购买丙公司股票，占丙公司20%的股权，对丙公司有重大影响，并准备长期持有。此时丙公司的所有者权益金额为15 000万元。假设丙公司可辨认净资产的公允价值与所有者权益的账面价值一致。

（1）购入股票时，M公司的账务处理为：

借：长期股权投资——丙公司股票（成本）	30 000 000	
贷：银行存款		28 000 000
资本公积——股票溢价		2 000 000

（2）2010年末丙公司实现净利润600万元，宣告派发现金股利500万元时，M公司的账务处理为：

借：应收股利——丙公司	1 000 000	
贷：投资收益		1 000 000

要求：请代注册会计师指出上述账务处理存在的问题，并作出审计调整分录。

【解答】　根据《企业会计准则》，企业对被投资单位有重大影响的长期股权投资应采用权益法核算，M公司占丙公司20%的股权，对丙公司有重大影响，已具备这个条件。

(1) M 公司购入股票时初始投资成本低于投资时应享有被投资单位可辨认净资产公允价值份额的差额 200 万元应调整投资成本，并计入营业外收入。审计调整分录为：

借：资本公积——股票溢价　　2 000 000

　　贷：营业外收入　　2 000 000

(2) 在年末丙公司实现净利润、宣告派发现金股利时，M 公司应调整长期股权投资的账面价值。审计调整分录为：

借：长期股权投资——丙公司股票（损益调整）　　200 000

　　贷：投资收益　　200 000

因此，M 公司 2010 年财务报表中列示的“长期股权投资”应为 30 200 000 元，“投资收益”应为 1 200 000 元。

第六节　其他相关账户审计

对于筹资与投资循环审计，除以上介绍的财务报表项目审计外，还有投资收益审计、应收利息审计、应收股利审计、营业外收入审计、营业外支出审计、公允价值变动损益审计、所得税费用审计、无形资产审计、应付股利审计等。

一、投资收益审计

（一）投资收益的审计目标

(1) 确定利润表中记录的投资收益已发生，且与被审计单位有关；

(2) 确定所有应当记录的投资收益是否均已记录；

(3) 确定与投资收益有关的金额及其他数据是否已恰当记录；

(4) 确定投资收益是否已记录于恰当的账户；

(5) 确定投资收益是否已记录于正确的会计期间；

(6) 确定投资收益在财务报表中的列报是否恰当。

（二）投资收益的实质性测试程序

(1) 检查投资收益分类明细表。获取或编制投资收益分类明细表，复核加计是否正确，并与报表数、总账数和明细账合计数核对是否相符。

(2) 执行分析程序。与以前年度投资收益比较，结合投资本期的变动情况，分析本期投资收益是否存在异常现象。

(3) 检查投资收益是否完整及正确。与长期股权投资、交易性金融资产、可供出售金融资产、持有至到期投资等相关项目的审计结合，验证确定投资收益的记录是否正确，确定投资收益是否被记录于正确的会计期间。

(4) 确定投资收益在财务报表中是否恰当列报。

二、应收利息审计

(一) 应收利息的审计目标

(1) 确定资产负债表中记录的应收利息是否存在;

(2) 确定所有应当记录的应收利息是否均已记录;

(3) 确定记录的应收利息是否由被审计单位拥有或控制;

(4) 确定应收利息是否以恰当的金额包括在财务报表中,与之相关的计价调整是否已恰当记录;

(5) 确定应收利息在财务报表中的列报是否恰当。

(二) 应收利息的实质性测试程序

(1) 检查应收利息明细表。获取或编制应收利息分类明细表,复核加计是否正确,并与报表数、总账数和明细账合计数核对相符。

(2) 执行实质性分析程序。按照不同借款类别,将借款平均余额与平均利率的乘积,与账面利息收入相比较,确定两者差异额是否合理。

(3) 检查应收利息是否完整及正确。与交易性金融资产、可供出售金融资产、持有至到期投资等相关项目的审计相结合,验证确定应收利息的记录是否充分、正确,检查会计处理是否正确。

(4) 抽查重大项目。对于重大的应收利息项目,审阅相关文件,复核其计算的准确性,必要时可函证。

(5) 检查应收利息减少有无异常。

(6) 检查期后收款情况。对截至审计时已收回金额较大的利息进行常规检查,如核对收款凭证、银行对账单等。

(7) 检查长期挂账的应收利息。关注长期未收回及金额较大的应收利息,询问被审计单位管理层及相关职员,确定应收利息的可收回性。必要时可函证。

(8) 检查应收利息是否已在财务报表中恰当列报。

三、应收股利审计

(一) 应收股利的审计目标

(1) 确定资产负债表中记录的应收股利是否存在;

(2) 确定所有应当记录的应收股利是否均已记录;

(3) 确定记录的应收股利是否由被审计单位拥有或控制;

(4) 确定应收股利是否以恰当的金额包括在财务报表中,与之相关的计价调整是否已恰当记录;

(5) 确定应收股利在财务报表中的列报是否恰当。

(二) 应收股利的实质性测试程序

(1) 检查应收股利明细表。获取或编制应收股利明细表,复核加计是否正确,并与报表数、总账数和明细账合计数核对是否相符。

(2) 检查应收股利是否完整及正确。与长期股权投资、可供出售金融资产、交易性金融资产等相关项目的审计结合,验证确定应收股利的计算是否正确,检查会计处理是否正确。

（3）抽查重大项目。对于重大的应收股利项目，审阅相关文件，测试其计算的准确性，必要时可函证。

（4）检查应收股利减少有无异常。

（5）检查期后收款情况。对截至审计时已收回金额较大的股利进行常规检查，如核对收款凭证、银行对账单、股利分配方案等。

（6）检查长期挂账的应收股利。关注长期未收回及金额较大的应收股利，询问被审计单位管理人员及相关职员或查询被投资单位的情况，确定应收股利的可收回性。必要时可函证。

（7）检查应收股利是否在财务报表中恰当列报。

四、营业外收入审计

（一）营业外收入的审计目标

（1）确定利润表中记录的营业外收入是否已真实发生，且与被审计单位有关；

（2）确定所有应当记录的营业外收入是否均已记录；

（3）确定与营业外收入有关的金额及其他数据是否已恰当记录；

（4）确定营业外收入是否已记录于恰当的账户；

（5）确定营业外收入是否已记录于正确的会计期间；

（6）确定营业外收入在财务报表中的列报是否恰当。

（二）营业外收入的实质性测试程序

（1）检查营业外收入明细表。获取或编制营业外收入明细表，复核加计是否正确，并与报表数、总账数和明细账合计数核对是否相符。

（2）检查营业外收入的分类。检查营业外收入的核算内容是否符合企业会计准则的规定，是否划清营业外收入与其他收入的界限。

（3）抽查重大项目。抽查营业外收入中金额较大或性质特殊的项目，审查其内容的真实性和依据的充分性。

（4）检查营业外收入的核算内容。对营业外收入中各项目，如非流动资产处理利得、非货币性资产交换利得、盘盈利得、接受捐赠利得、政府补助等与相关账户记录核对相符，并追查至相关原始凭证。

（5）检查营业外收入在财务报表中的列报是否恰当。

五、营业外支出审计

（一）营业外支出的审计目标

（1）确定利润表中记录的营业外支出是否已真实发生，且与被审计单位有关；

（2）确定所有应当记录的营业外支出是否均已记录；

（3）确定与营业外支出有关的金额及其他数据是否已恰当记录；

（4）确定营业外支出是否已记录于恰当的账户；

（5）确定营业外支出是否已记录于正确的会计期间；

（6）确定营业外支出在财务报表中的列报是否恰当。

（二）营业外支出的实质性测试程序

（1）检查营业外支出明细表。获取或编制营业外支出明细表，复核加计是否正确，并与报表数、总账数和明细账合计数核对是否相符。

（2）检查营业外支出的分类。检查营业外支出内容是否符合会计准则的规定，是否划清营业外支出与其他费用的界限。

（3）检查营业外收入的核算内容。对营业外支出的各项目，如非流动资产处理损失、非货币性资产交换损失、盘亏与毁损的资产发生的净损失、捐赠支出、债务重组损失、税收滞纳金、罚金、罚款支出、各种赞助费等，与固定资产、无形资产等与相关账户记录核对相符，并追查至相关原始凭证。

（4）检查相关调整事项。检查是否存在非公益性捐赠支出、税收滞纳金、罚金、罚款支出、各种赞助费支出，必要时进行应纳税所得额调整。

（5）抽查异常交易。对非常损失应详细检查有关资料、实际损失和保险理赔情况及审批文件，检查有关会计处理是否正确。

（6）检查营业外支出在财务报表中的列报是否恰当。

六、公允价值变动损益审计

（一）公允价值变动损益的审计目标

（1）确定利润表中记录的公允价值变动损益是否已真实发生，且与被审计单位有关；

（2）确定所有应当记录的公允价值变动损益是否均已记录；

（3）确定与公允价值变动损益有关的金额及其他数据是否已恰当记录；

（4）确定公允价值变动损益是否已记录于恰当的账户；

（5）确定公允价值变动损益是否已记录于正确的会计期间；

（6）确定公允价值变动损益在财务报表中的列报是否恰当。

（二）公允价值变动损益的实质性测试程序

（1）检查公允价值变动损益明细表。获取或编制公允价值变动损益明细表，复核加计是否正确，并与报表数、总账数和明细账合计数核对是否相符。

（2）对相关交易实施细节测试。根据公允价值变动损益明细账，对交易性金融资产（负债）、衍生工具、套期保值业务和投资性房地产等各明细发生额逐项检查。①对交易性金融资产（负债），检查在资产负债表日是否将公允价值与其账面价值的差额记入本科目，处置时，是否将原已记入本科目的公允价值变动金额转入投资收益。②对衍生工具，检查在资产负债表日是否将公允价值与其账面价值的差额记入本科目，终止确认时的会计处理是否正确。③对套期保值业务，检查在资产负债表日可运用套期会计方法的现金流量套期和境外经营净投资套期产生的利得和损失，是否进行了正确的会计处理。④对投资性房地产，应结合对应科目，检查在资产负债表日其公允价值与账面价值的差额是否确认为公允价值变动损益；处置时原公允价值变动有无正确结转至其他业务成本。

（3）检查公允价值变动损益在财务报表中的列报是否恰当。

【例 12-16】 注册会计师在对 ABC 公司 2010 年度财务报表审计时注意到：2010 年 12 月 20 日，ABC 公司准备将一台五成新的设备出售。该设备原值为 400 万元，已提折旧 200 万元，未

计提减值准备;在转换为持有待售固定资产时,其公允价值减去处置费用的金额为350万元。ABC公司的账务处理是:

借:固定资产 1 500 000

贷:公允价值变动损益 1 500 000

要求:请代注册会计师指出上述账务处理存在的问题,并作出审计调整分录。

【解答】 按照《企业会计准则》的规定,企业对于转为持有待售的固定资产,应当调整其预计净残值,使预计净残值能够反映其公允价值减去处置费用后的金额,但不得超过符合持有待售条件时该项固定资产的原账面价值;原账面价值高于预计净残值的差额,应作为资产减值损失计入当期损益。持有待售的固定资产从划归为持有待售之日起停止计提折旧和减值准备。本例中,ABC公司对持有待售的固定资产调整净残值的会计处理不正确,公允价值减去处置费用后的金额350万元超过了原账面价值200万元,不得调整账面价值。审计调整分录如下:

借:公允价值变动损益 1 500 000

贷:固定资产 1 500 000

七、所得税费用审计

(一)所得税费用的审计目标

(1)确定利润表中记录的所得税费用是否已真实发生,且与被审计单位有关;

(2)确定所有应当记录的所得税费用是否均已记录;

(3)确定与所得税费用有关的金额及其他数据是否已恰当记录;

(4)确定所得税费用是否已记录于恰当的账户;

(5)确定所得税费用是否已记录于正确的会计期间;

(6)确定所得税费用在财务报表中的列报是否恰当。

(二)所得税费用的实质性测试程序

(1)检查相关项目明细表。获取或编制所得税费用明细表、递延所得税资产明细表、递延所得税负债明细表,与明细账、总账及报表核对是否相符。

(2)重新计算有关金额。核实当期的纳税调整事项,确定应纳税所得额,计算当期所得税费用。

(3)检查相关调整事项。根据期末资产及负债的账面价值与其计税基础之间的差异,以及未作为资产和负债确认的项目的账面价值与按照税法的规定确定的计税基础的差异,计算递延所得税资产、递延所得税负债期末应有余额,并根据递延所得税资产、递延所得税负债期初余额,倒轧出递延所得税,并检查会计处理是否正确。

(4)执行计价测试。将当期所得税费用与递延所得税之和与利润表上的“所得税费用”项目金额相核对。

(5)检查所得税费用、递延所得税资产、递延所得税负债是否恰当列报。

【例12-17】 M公司2010年利润表中,利润总额为1 000万元,该公司适用25%的所得税税率,递延所得税资产及递延所得税负债不存在期初余额,2010年纳税调整事项如下:

(1)违反环保法规定支付罚款200万元。

(2)年末对存货计提了100万元的存货跌价准备。

2010 年该公司计算应缴所得税为 325［即（1 000+200+100）×25%］万元，相关会计处理如下：

借：所得税费用　　3 250 000

　　贷：应交税费——应交所得税　　3 250 000

要求：请指出上述账务处理存在的问题，并作出审计调整分录。

【解答】 计提的存货跌价准备属于可抵扣暂时性差异，为了避免以后年度忘记转回暂时性差异，应将可抵扣暂时性差异对所得税的影响，按照企业会计准则的规定确认为递延所得税资产，通过"递延所得税资产"科目进行核算。

本例中，当期所得税费用为 300 万元，递延所得税资产为 25（即 100×25%）万元。

审计调整分录如下：

借：递延所得税资产　　250 000

　　贷：所得税费用　　250 000

八、无形资产审计

无形资产的实质性测试程序如下：

无形资产是指企业拥有或控制的没有实物形态的可辨认非货币性资产。包括专利权、非专利技术、商标权、著作权、特许权、土地使用权等。注册会计师应实施的实质性测试程序有：

（1）检查无形资产的明细表。获取或编制无形资产明细表，复核加计是否正确，并与报表数、总账数和明细账合计数核对是否相符。

（2）检查无形资产所有权和计价。获取有关协议和董事会纪要等文件、资料，检查无形资产的性质、构成内容、计价依据，其所有权是否归被审计单位所有；检查无形资产各项目的摊销政策是否符合有关规定，是否与上期一致，若改变摊销政策，检查其依据是否充分。

（3）检查无形资产的增加是否合规。对股东投入的无形资产，检查是否符合有关规定，并经过适当的批准程序，无形资产的价值是否分别与验资报告及资产评估结果确认书或合同协议等证明文件一致，会计处理是否正确；对自行取得或购入的无形资产，检查其原始凭证，确认计价是否正确，法律程序是否完备（如依法登记、注册及变更登记的批准文件和有效期），会计处理是否正确。

（4）检查相关会计处理。检查无形资产处置的会计处理是否正确，注意其出售、出租、对外捐赠以及无法为企业带来未来经济利益时，应予终止确认并转销等的相关处理是否正确。

（5）检查无形资产的摊销。使用寿命有限的无形资产，应在其预计的使用寿命内采用系统合理的方法对应摊销金额进行摊销。应摊销金额是指无形资产的成本扣除残值后的金额。已计提减值准备的无形资产，还应扣除已计提的无形资产减值准备累计金额。使用寿命有限的无形资产，其净残值一般应当视为零。应检查摊销额和摊销方法是否合理，会计处理是否正确。

（6）检查无形资产的计价。注意被审计单位是否根据可获得的相关信息判断，某项无形资产使用寿命为不可确定。并且对于使用寿命不可确定的无形资产，在持有期内不进行摊销，而是在每个会计期间进行减值测试，如发生减值需计提相应的减值准备，其相关的账务处理为：借记"资产减值损失"科目，贷记"无形资产减值准备"科目。

（7）检查无形资产减值准备的计提是否正确。当存在下列一项或若干项情况时，应当将该项无形资产的账面摊余价值全部转入当期损益：某项无形资产已被其他新技术所替代，并且该项无形资产已无使用价值和转让价值；某项无形资产已超过法律保护期限，并且已不能为企业带来经济利益；其他足以证明某项无形资产已经丧失了使用价值和转让价值的情形。当存在下列一项或若干项情况时，应当计提无形资产的减值准备：某项无形资产已被其他新技术所替代，但其仍然具有部分使用价值；某项无形资产的市场价值逐年下跌，在可预见的未来无回升的希望；某项无形资产已超过法律保护期限，但仍然具有部分使用价值；其他足以证明某项无形资产实质上已经发生了减值的情形。

(8) 检查无形资产的列报是否恰当。

九、应付股利的审计

应付股利的实质性测试程序如下：

(1) 检查应付股利明细表。获取或编制应付股利明细表，复核加计是否正确，并与报表数、总账数和明细账合计数核对是否相符。

(2) 检查应付股利的发放是否合规。审阅公司章程、股东大会和董事会会议纪要中有关股利分配的规定，了解股利分配标准和发放方式是否符合有关规定并经法定程序批准。

(3) 检查应付股利的计算是否正确。检查应付股利的发生额，是否根据董事会或股东大会决定的利润分配方案，从税后可供分配利润中计算确定，并复核应付股利计算和会计处理的正确性。

(4) 检查应付股利的变动。被审计单位董事会确定的上期利润分配预案，如股东大会决议作了修改，应按股东大会决定调整应付股利的期初数，检查有关会计处理是否正确。

(5) 检查股利支付的原始凭证的内容和金额是否正确。现金股利是否按公告规定的时间、金额予以发放结算；对无法结算及委托发放而长期未结的股利是否作出适当处理；股利宣布、结算、转账的会计处理是否正确、适当。

(6) 检查应付股利的列报是否恰当。

十、递延所得税资产审计

递延所得税资产的实质性测试程序通常包括：

(1) 检查递延所得税资产明细表。获取或编制递延所得税资产明细表，复核加计是否正确，并于报表数、总账数和明细账合计数核对是否相符。

(2) 检查被审计单位对递延所得税资产采用的会计政策是否恰当，前后期是否一致。

(3) 检查被审计单位用于确认递延所得税资产的税率是否正确。

(4) 检查相关的增减变动。检查递延所得税资产增减变动记录，以及可抵扣暂时性差异的形成原因，确定是否符合有关规定，计算是否正确，预计转销期是否适当，并特别关注以下事项：①对根据税法规定可用于以后年度税前利润弥补的亏损及税款抵减所形成的递延所得税资产，检查其计算及会计处理是否正确。②对非同一控制下企业合并中取得资产、负债的入账价值与其计税基础不同形成的可抵扣暂时性差异，检查其计算及会计处理是否正确。③检查被审计单位对子公司、联营企业及合营企业投资相关可抵扣暂时性差异，是否根据条件确认相应的递延所得税资产。

(5) 检查递延所得税资产的计价。检查被审计单位是否在资产负债表日对递延所得税资产的账面价值进行复核，如果预计未来期间很可能无法获得足够的应纳税所得额用以抵扣递延所得税资产，应当减记递延所得税资产的账面价值。

（6）检查递延所得税资产的调整。当适用税率发生变化时，检查被审计单位是否对递延所得税资产进行重新计量，对其影响的会计处理是否正确。

（7）确定递延所得税资产在财务报表中的列报是否恰当。

十一、递延所得税负债审计

递延所得税负债的实质性测试程序通常包括：

（1）检查递延所得税负债明细表。获取或编制递延所得税负债明细表，复核加计是否正确，并于报表数、总账数和明细账合计数核对是否相符。

（2）检查被审计单位对递延所得税负债采用的会计政策是否恰当，前后期是否一致。

（3）检查被审计单位用于确认递延所得税负债的税率是否正确。

（4）检查递延所得税负债的增加变动。检查递延所得税负债增减变动记录，以及可抵扣暂时性差异的形成原因，确定是否符合有关规定，计算是否正确，预计转销期是否适当，并特别关注以下事项：①对非同一控制下企业合并中取得资产、负债的入账价值与其计税基础不同形成的可抵扣暂时性差异，检查其计算及会计处理是否正确。②检查是否存在交易中产生的递延所得税负债不应予以确认，而被审计单位予以确认的情况。③检查是否存在被审计单位对子公司、联营企业及合营企业投资相关应纳税暂时性差异，根据条件不应确认相应的递延所得税负债，而被审计单位予以确认的情况。

（5）当适用税率发生变化时，检查被审计单位是否对延所得税负债进行重新计量，对其影响的会计处理是否正确。

（6）确定递延所得税负债在财务报表中的列报是否恰当。

本 章 小 结

筹资与投资循环审计的内容主要有筹资与投资循环的特点、内部控制和控制测试以及该循环的实质性测试程序。其中，该循环的特点主要包括涉及的主要凭证与会计记录和主要业务活动；该循环的内部控制和控制测试主要包括筹资与投资循环的内部控制、评估重大错报风险和控制测试；该循环的实质性测试程序主要包括负债的实质性测试程序、所有者权益和投资的实质性测试程序。本循环不同于前面三个循环最大之处就是涉及面较广，包括资产、负债和所有者权益等众多会计要素，较为复杂。

本章思考题

1. 筹资与投资交易中哪些职责应该分离？
2. 筹资与投资交易中可能发生的错报主要有哪些？

3. 筹资与投资循环中可能存在重大错报风险的情形有哪些?

4. 筹资与投资循环控制测试的内容有哪些?

5. 如何对所有者权益进行审计?

6. 负债的实质性测试程序包括哪些内容?

7. 金融资产中的交易性金融资产、可供出售的金融资产、持有到期投资、长期股权投资的实质性测试程序各包括哪些内容?

案例讨论题

百年业绩毁于一旦

[案情介绍] 2002年末,美国《时代》杂志以"吹哨者"为封面文章,评选出2002年度的三位风云人物,三位富有正义感,勇于揭开黑幕的女性。其中一位就是安然公司(Enron Corporation)发展部副总裁雪伦·沃特金斯女士。在现实世界中,注册会计师与上市公司是一荣俱荣,一损俱损的关系。安然大厦的坍塌,除了蒸发掉安然公司员工的血汗钱和众多无辜投资者的财富外,更使安达信会计师事务所身陷绝境。创立于1913年、总部设在芝加哥的安达信,是全球五大会计师事务所之一。它代理着2 300家上市公司的审计业务,占美国上市公司总数的17%,在全球84个国家设有390个分公司,拥有4 700名合伙人,2 000家合作伙伴,专业人员达8.5万人。2001年财政年度的收入为93.4亿美元。然而就是这样一家百年老店,却于2002年毁于安然公司的会计舞弊案。

安然公司是世界上最大的天然气和能源批发商,资产规模达498亿美元。2001年,安然公司由于会计舞弊案的曝光,股价一泻千里,最后不得不在2001年底向纽约破产法院申请破产保护。安然公司存在的主要问题:一是利用关联交易隐瞒巨额债务,二是利用金融创新和表外融资虚构利润。而安达信则是一直为安然公司提供审计服务的主要会计师事务所之一,却未能指出安然公司存在的诸多问题,最终导致了自身的毁灭。

[问题思考]

请你从融资与投资的角度分析安然公司破产及安达信审计失败的原因。

第十三章　货币资金审计

第一节　货币资金审计概述

货币资金包括库存现金、银行存款和其他货币资金。货币资金是企业资产中流动性最强的一种资产。任何企业进行生产经营活动都必须拥有一定数额的货币资金，尽管货币资金在企业资产总额中所占的比重不大，但它是企业生产经营活动的基本条件，在企业会计核算中占有重要的位置，也是审计的重要内容。

一、货币资金审计涉及的主要凭证和会计记录

货币资金涉及的凭证和会计记录主要有：

(1) 库存现金盘点表；

(2) 银行对账单；

(3) 银行存款余额调节表；

(4) 有关科目的记账凭证（如库存现金收付款凭证、银行存款收付款凭证）；

(5) 有关会计账簿（如库存现金日记账、银行存款日记账等）。

二、货币资金与业务循环的关系

货币资金与业务循环的关系如图 13-1 所示。

由图 13-1 可以看出，货币资金的业务活动与每个业务循环均有直接关系。

(1) 在销售与收款循环中，现销收入的取得及赊销货款的收回，会使货币资金增加。

(2) 在购货与付款循环中，预付货款、现购货物及支付前欠货款，会使货币资金减少。

(3) 在生产与存货循环中，支付工资、支付各种生产费用，会使货币资金减少。

(4) 在筹资与投资循环中，长短期借款的发生与归还，股票、债券的购买与出售，利息、股利的支付与收回等等均会造成货币资金的增减。

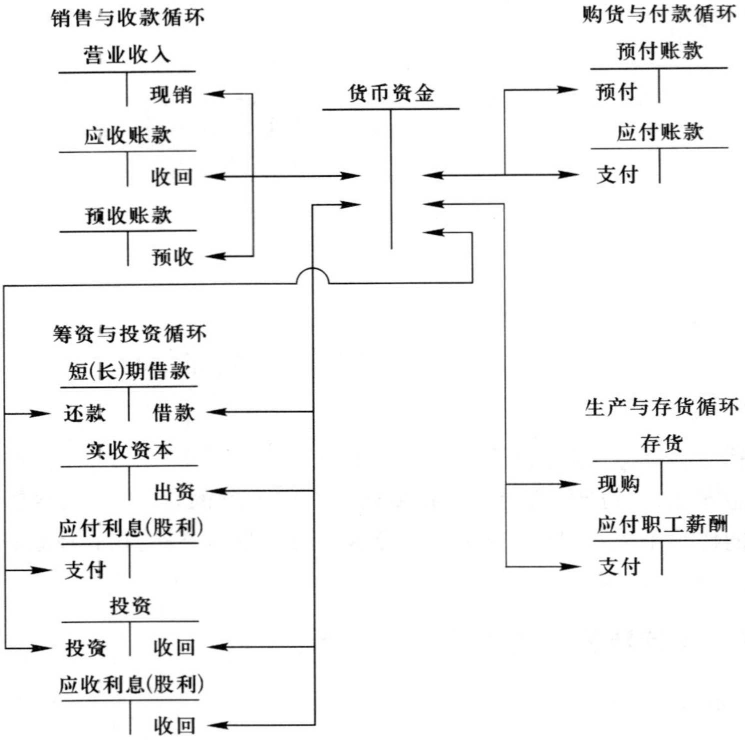

图 13-1 货币资金与业务循环的关系

第二节 货币资金的内部控制及其测试

一、货币资金的内部控制

由于货币资金是企业流动性最强的资产,企业必须加强对货币资金的管理,建立良好的货币资金内部控制制度,以确保全部应收进的货币资金均能收进,并及时正确地予以记录;全部货币资金的支出是按照经批准的用途进行使用的,并及时正确地予以记录;库存现金、银行存款余额正确,并得以恰当保管;正确预测企业正常经营所需的货币资金收支额,确保企业有充足又不过剩的货币资金余额。

一般而言,一个良好的货币资金内部控制应包括以下内容:

1. 职责分工

合理的职责分工制度包括:①库存现金的保管与记录分离;②银行对账单的核对与出纳员分离。任何单位不得由一个人办理货币资金业务的全过程。

2. 授权审批

被审计单位应当对货币资金业务建立严格的授权审批制度,明确审批人员对货币资金业务的授权范围。审批人应当根据货币资金授权批准制度的规定，在授权范围内进行审批，不得超越审批权限。经办人员应当在职责范围内，按照审批人的批准意见办理货币资金业务，未经授权的部门和人员一律不得办理。

3．凭证和记录

完善的凭证和记录主要包括：

（1）货币资金的收入和支出应有合理合法的凭据。

（2）货币资金的收入和支出应及时、准确入账。

（3）根据支票的编号顺序签发，空白支票应严格保管，作废支票应该加盖“作废”戳记。

4．定期盘点与核对

（1）定期盘点库存现金，并与库存现金日记账、总账核对，确保库存现金账面余额和实存数相符，不得以白条抵库和挪用现金。

（2）定期核对银行存款日记账和银行对账单，并编制银行存款余额调节表。

5．加强对货币资金收支业务的内部审计

为降低货币资金管理的风险，企业内部审计部门应加强对货币资金收支业务的审计。企业还应当不定期地组织检查小组，对货币资金的收支进行抽查。

二、货币资金的内部控制测试

（一）货币资金内部控制的了解

对货币资金内部控制的了解，通常是通过编制货币资金内部控制调查表（如表13-1）或流程图来进行的。注册会计师在编制调查表或流程图之前，应通过填表、询问、观察等调查手段，收集必要的资料。若年度审计工作底稿中已有以前年度的情况调查表或流程图，注册会计师可根据调查结果对其加以修正，以供本年度审计之用。注册会计师对货币资金内部控制了解的内容主要包括：

（1）款项的收支是否按规定的程序和权限办理；

（2）是否存在与本单位经营无关的款项收支情况；

（3）是否存在出租、出借银行账户的情况；

（4）出纳与会计的职责、岗位是否严格分离；

（5）库存现金是否妥善保管，是否定期进行盘点、核对，等等。

以货币资金内部控制调查表为例，如表13-1所示。

表13-1　货币资金内部控制调查表

被审计单位名称		编制人			日期		索引号	
调查项目		复核人			日期		页次	
调查内容		是	否	不适用	信赖与否		控制测试	
1．库存现金出纳员与相关总账记录是否分离 2．是否由出纳以外的人员编制银行存款余额调节表 3．货币资金收支是否有合法的凭证 4．全部收支是否及时入账								

续表

调查内容	是	否	不适用	信赖与否	控制测试
5. 支票的签发是否根据支票的编号顺序签发 6. 支出是否均有核准手续 7. 是否控制库存现金坐支，当日收入的库存现金是否及时送存银行 8. 是否做到库存现金日清日结，做到账实相符 9. 是否以白条抵充库存现金 10. 是否私设小金库 11. 出纳办理收付款后是否在收付款凭证上加盖“收讫”、“付讫”戳记 12. 出纳人员收取库存现金后是否开出收款收据 13. 有无库存现金收支业务的内部审计制度 14. 是否有支票申领、签发制度 15. 是否建立报销制度					
审计意见		复核意见			

（二）初步评估控制风险水平

注册会计师在了解和描述被审计单位货币资金内部控制后，应对货币资金的控制风险作出初步评估。在对控制风险作出初步评估的时候，注册会计师应当遵循稳健原则，宁可高估风险也不可低估风险。如果控制风险不可接受，注册会计师应当不实施控制测试，直接进行实质性测试程序。控制风险水平一般用高、中、低来表示。

（三）控制测试

货币资金的控制测试主要包括以下方面。

1. 观察货币资金的处理

注册会计师主要应观察以下内容：

（1）被审计单位的现金保管与总账的登记是否由不同的人员进行。

（2）是否存在未入账的现金。

2. 核对现金、银行存款日记账和总账

首先，注册会计师应抽取一定期间的库存现金、银行存款日记账，检查其有无计算错误，加总是否正确无误。如果检查中发现问题较多，说明被审计单位货币资金的会计记录不够可靠。其次，注册会计师应根据日记账提供的线索，核对总账中的库存现金、银行存款、应收账款、应付账款等有关账户的记录，看其是否相符。

3. 抽取部分收款凭证，检查相关的会计记录

（1）核对库存现金、银行存款日记账的收入入账日期是否一致；

（2）核对库存现金、银行存款日记账的收入金额是否正确；

（3）核对收入凭证与银行对账单的日期与金额是否相符；

(4) 核对收款凭证与应收账款明细账的有关记录是否相符;

(5) 核对实收金额与销售发票所列金额是否一致,等等。

4. 抽取部分付款凭证,检查相关的会计记录

(1) 检查付款的授权批准手续是否符合规定;

(2) 核对库存现金、银行存款日记账的付出金额是否正确;

(3) 核对付款凭证与银行对账单是否相符;

(4) 核对付款凭证与应付账款明细账的记录是否相符;

(5) 核对实付金额与购货发票所列金额是否一致,等等。

5. 抽取盘点表和银行存款余额调节表

抽取部分库存现金盘点表,检查被审计单位是否定期进行库存现金的盘点,并了解盘点结果的处理情况。

抽取一定期间的银行存款余额调节表,将其同银行对账单进行核对,查验其是否按月正确编制并复核银行存款余额调节表。

(四) 重新评估控制风险

注册会计师在完成了上述程序之后,在分析货币资金内部控制过程中存在的薄弱环节和缺点的基础上,对前述初步评估的货币资金的控制风险进行修正,据以确定在货币资金实质性测试中对哪些环节可以适当减少审计程序,节约审计时间,哪些环节应相应增加审计程序,提高审计质量,降低审计风险。

第三节 库存现金审计

库存现金包括人民币库存现金和外币库存现金。库存现金的流动性强,易发生弊端,应特别注意加强审计。

一、库存现金的审计目标

(1) 确定资产负债表货币资金项目中的库存现金在财务报表日是否存在,是否为被审计单位所有;

(2) 确定库存现金收支业务是否已记录完毕,有无遗漏;

(3) 确定库存现金的期末余额是否正确;

(4) 确定库存现金在财务报表上的披露是否恰当。

二、库存现金的审计范围

库存现金的审计范围包括:库存的人民币及外币、证实库存现金收支正确性的原始凭证、库存现金收付款记账凭证、库存现金日记账、库存现金总账、被审计单位某一时日的库存现金盘点记录。

三、库存现金错报风险分析

(一) 库存现金收入不入账,私设"小金库"

具体表现为:

(1) 截留各项营业收入。如截留销售产品收入中的库存现金部分;截留出售次品、过时不用的原材料、废旧物资的库存现金收入等。

(2) 私自或有意将投资、联营的所得转移、存放于外单位或境外。

(3) 隐匿回扣、佣金和好处费。

(4) 虚列支出,虚报冒领。

(二) 挪用库存现金,即"挪用公款"

具体表现为:

(1) 出纳人员打白条抵顶库存现金。

(2) 经单位领导批准用于个人生活或其他方面需要,从企业借出公款。挪用公款现象实质上是利用企业资产为个人服务,将给企业带来利息损失,甚至影响企业正常的业务经营活动。

(三) 贪污公款

具体表现为:

(1) 利用收入库存现金不开发票或收据的形式进行贪污;

(2) 以涂改、撕毁发票或收据的形式进行贪污;

(3) 用假发票或假收据进行贪污;

(4) 利用凭证副本重复报销或用白条虚报支出;

(5) 以开现金支票取款后不入账的形式进行贪污;

(6) 利用涂改或虚报工资表中的有关内容进行贪污;

(7) 私人购物品利用公款报销进行贪污;

(8) 在销售过程中以短斤少两、抬高价格等手段进行贪污。

贪污公款实质上是侵占企业财产,损害所有者、投资者的利益。对此注册会计师应重点关注。

(四) 库存现金支出不合理、不合法

具体表现为:

(1) 支付回扣或好处费后虚拟退货,开红字发票入账;

(2) 支付回扣或好处费后,将其直接列入费用;

(3) 用"小金库"库存现金支付回扣或好处费。

四、库存现金的实质性测试程序

1. 核对库存现金总账与日记账的余额是否相符

如不相符,应查明原因,要求被审计单位作出适当调整,并进行记录。

2. 监盘库存现金

监盘库存现金是证实资产负债表中所列库存现金是否存在的一项重要程序。监盘库存现金,通常包括对已收到但未存入银行的库存现金、零用金等的监盘。监盘库存现金的时间和人员

应视被审计单位的具体情况而定,时间最好安排在营业前或营业终止后进行,被审计单位出纳员和会计主管人员必须参加盘点,并由注册会计师监盘。库存现金的监盘应采取突击式监盘,即不事先通知会计部门和出纳员,防止出纳员在盘点前采取措施掩盖弊端,达不到监盘的目的。库存现金监盘的步骤和方法包括:

(1) 由出纳员将库存现金全部放入保险柜暂为封存,同时要求出纳员将全部凭证入账,结出当日库存现金日记账余额。

(2) 注册会计师应充分了解企业除封存在保险柜的库存现金外,是否还有库存现金存放在其他部门或其他人员手中。对于所有的库存现金,不论存放何处,应同时进行清点。

(3) 审阅库存现金日记账并同时与库存现金收付款凭证核对,一方面检查库存现金日记账的记录与凭证的内容和金额是否相符,有无涂改、伪造现象;另一方面了解凭证日期与库存现金日记账日期是否相符或接近。

(4) 出纳员在会计主管和注册会计师在场的情况下清点库存现金,会计主管人员和注册会计师在旁观察监督,同时由注册会计师编制"库存现金监盘表",分币种、面值列示盘点金额。出纳员、会计主管及注册会计师应在"库存现金监盘表"上共同签字,作为重要的审计工作底稿。"库存现金监盘表"如表 13-2 所示。

(5) 若有冲抵库存现金的借条、未提现支票、未做报销的原始凭证,需在"库存现金监盘表"中注明或做必要调整。

(6) 盘点金额与库存现金日记账余额进行核对,如有差异,应查明原因,作出记录并适当调整;若盘点时间是在资产负债表日后进行,应调整至资产负债表日。调整公式为:

资产负债表日库存现金实有金额 = 盘点日库存现金实有金额+资产负债表日后至盘点日库存现金支出数-资产负债表日后至盘点日库存现金收入数

表 13-2　库存现金监盘表

客户________		签名	日期	
项目 库存现金监盘	编制人:	________	________	索引号:________
会计期间________	复核人:	________	________	页　次:________

盘点日期:　　年　　月　　日

检查账目记录			现金盘点记录		
项目	币种	人民币	面额	数量	金额
一、盘点日现金账面余额	1		100		
加:未记账收款金额	2		50		
减:未记账付款金额	3		20		
盘点日账面应有余额	4 = 1+2-3		10		
二、盘点日库存实有金额	5		5		
三、盘点日账存与实存差异	6 = 4-5		1		
其中:白条抵库	7		0.5		
原因不明	8 = 6-7		0.1		

续表

检查账目记录			现金盘点记录		
项目	币种	人民币	面额	数量	金额
四、追溯调整				——	
加:报表日至盘点日现金付出数	9	----	存放地点:------------		
减:报表日至盘点日现金收入数	10	----	盘点日: 年 月 日		
报表日现金实有金额	11=5+9-10	----	盘点人:××		
报表日现金账面余额	12	----	出纳人员:××		
报表日账存与实存差额	13=12-11	----	会计主管:××		

情况说明及审计结论:

盘点人: 监盘人: 复核人:

3. 抽查大额库存现金收支业务

抽查大额库存现金收支的原始凭证内容是否完整,有无授权批准,并核对相关账户的进账情况,如有与被审计单位无关的收支业务,应查明原因;审阅库存现金日记账摘要栏,看其库存现金收付业务是否合法,有无超出规定的结算范围;审阅库存现金日记账金额栏,看其库存现金收付业务是否超过了制度规定的限额;审阅对应科目栏,检查各项库存现金收付业务的会计处理是否正确,如有错误,查明原因,并做相应的记录。

4. 审查库存现金收支的正确截止

注册会计师应审查资产负债表日前后一段时间内库存现金收支原始凭证,检查库存现金收支截止期的正确性,注意有无跨期收支事项,如有,应做适当调整。

5. 审查外币库存现金的折算是否正确

检查外币库存现金的收支,是否按规定的汇率折合为记账本位币金额;外币库存现金期末余额是否按期末市场汇率折合为记账本位币金额;外币折算差额是否已按规定进行会计处理。

6. 确定库存现金是否已在财务报表上恰当披露

根据会计制度的规定,库存现金应包含在资产负债表中的“货币资金”项目内,注册会计师应在实施上述审计程序后,确定“库存现金”账户的期末余额是否恰当,进而确定库存现金是否在资产负债表中恰当披露。

【例 13-1】 注册会计师李楠于 2011 年 3 月 15 日上午 8 时审查 A 公司的库存现金日记账和盘点库存现金,结果如下:

(1) 库存现金日记账余额为 2 921.60 元。

(2) 清点库存现金计 100 元票 8 张,50 元票 11 张,10 元票 14 张,5 元票 68 张,1 元票 68 张,5 角硬币 46 枚,1 角硬币 6 枚。

(3) 3 月 14 日已收入库存现金而尚未入账的收款凭证 1 张,计 100 元。

(4) 3 月 14 日已付出库存现金而尚未入账的付款凭证 3 张,计 640 元。

(5) 未经授权人签字的借条 1 张,计 400 元。

(6) 邮票 20 元,系财务部门购入做寄出邮件用,已计入管理费用。

该公司库存现金限额 1 600 元,审计工作底稿复核人王婧,复核日期为 2011 年 3 月 25 日。

要求:(1) 根据上述审查和清点结果,填制库存现金监盘表。

(2) 针对该公司库存现金业务中存在的问题,提出改进意见。

【解答】 库存现金监盘表及注册会计师针对该公司库存现金业务中存在的问题所提出的改进意见如表 13-3 所示。

表 13-3　库存现金监盘表

客户　A 公司	签名　日期	
项目　库存现金监盘	编制人:李楠　15/3	索引号:A1-1
会计期间______	复核人:王婧　25/3	页　次:12

盘点日期:2011 年 3 月 15 日

检查账目记录			现金盘点记录		
项目	币种	人民币	面额	数量	金额
一、盘点日现金账面余额	1	2 921.60	100	8	800.00
加:未记账收款金额	2	100.00	50	11	550.00
减:未记账付款金额	3	640.00	20		
盘点日账面应有余额	4=1+2-3	2 381.60	10	14	140.00
二、盘点日库存实有金额	5	1921.60	5	68	340.00
三、盘点日账存与实存差异	6=4-5	460.00	1	68	68.00
其中:白条抵库	7	400.00	0.5	46	23.00
原因不明	8=6-7	60.00	0.1	6	0.60
四、追溯调整			合计	—	1921.60
加:报表日至盘点日现金付出数	9	----	存放地点:------------		
减:报表日至盘点日现金收入数	10	----	盘点日:　年　月　日		
报表日现金实有金额	11=5+9-10	----	盘点人:××		
报表日现金账面余额	12	----	出纳人员:××		
报表日账存与实存差额	13=12-11	----	会计主管:××		

情况说明及审计结论:

①超过限额 781.60 元,应及时将超限额库存现金送存银行。

②短缺 60 元,应查明原因。

③3 月 14 日凭证未及时入账,应做到日清月结。

④不能以白条抵冲库存现金,应及时补办手续或尽快收回不符合规定的借出款项。

盘点人:吴捷　　监盘人:李楠　　复核:王婧

第四节 银行存款审计

一、银行存款的审计目标

(1) 确定资产负债表货币资金项目中的银行存款在财务报表日是否存在,是否为被审计单位所有;

(2) 确定银行存款收支业务是否已记录完毕,有无遗漏;

(3) 确定银行存款的期末余额是否正确;

(4) 确定银行存款在财务报表上的披露是否恰当。

二、银行存款错报风险分析

1. 存入的库存现金来源不合法

注册会计师应审查被审计单位的结算管理制度,审查有无应以银行存款转账结算的业务而以库存现金进行结算。如有,应根据库存现金收入凭证上反映的经济业务,结合库存现金收入金额的大小进行查证企业银行存款的合法性。如有疑问,应查询或调查付款单位的经济业务。

2. 银行存款入账不及时、不足额

注册会计师可将应收账款明细账户的记录与银行转来的凭证及其他会计凭证进行核对来发现问题和疑点,然后再追踪调查该项经济业务的来龙去脉,使问题得以查清。

3. 出租出借银行账户收取好处费

注册会计师可审阅“银行存款日记账”中的摘要及余额记录,分析有无收款不正常的业务内容或模糊不清的摘要记录,如有,应进行账证核对,了解付款单位与被审计单位是什么关系,有无可能发生业务往来,然后在调查付款单位的基础上,结合审查银行存款减少过程中的情况来查证问题。

4. 利用少存多记进行舞弊

财务人员将销售款贪污后,在账上仍作银行存款和营业收入同时增加的处理。注册会计师应将“银行存款日记账”与“银行对账单”进行核对来查证问题;也可以通过销售业务的记账凭证与原始凭证来发现问题的疑点,然后再追踪调查。

5. 从银行存款中提取库存现金的用途不合法、不合理

从银行存款中提取库存现金,必须说明合理的用途,银行才能给予办理提款手续。有些单位在没有正常理由的情况下,利用银行一时的监督不力,从银行存款中提取出库存现金,用于非法开支。如出借账号后提取库存现金,从中收取好处费。注册会计师应检查提取库存现金的有关会计资料中的摘要说明,看其有无正当的理由;提取库存现金后核对其是否计入库存现金账;然后再检查“库存现金日记账”和付款凭证上所反映的业务内容,以及通过“库存现金”科目的对方科目来分析该笔库存现金的去向是否明确,是否合法;必要时与收款单位取得联系,让其协助调查问题。

6. 银行存款支出后不记账以掩盖非法开支

注册会计师可对“银行存款日记账”与“银行对账单”进行逐笔核对来查明问题。

7. 开立“黑户”,截留存款

黑户是指企业除正常使用的银行存款账户之外,以某种名义在银行开立的账户,主要是用于收付非法款项或者作为企业的“小金库”。注册会计师应将企业的主营业务收入明细账与库存商品明细账核对,检查其是否有发出商品而货款长期未收,审查有无假退货。如发现疑点应与供货方联系,查证款项的去向。

三、银行存款的实质性测试

1. 检查银行存款余额明细表

核对银行存款总账与日记账的余额是否相符,如不相符,应查明原因,要求被审计单位作出适当调整,并进行记录。

2. 执行分析程序

注册会计师应比较银行存款余额的本期实际数与预算数以及与上年度账户的差异变动,对本期数字与上期实际数或本期预算的异常差异或显著波动必须进一步追查原因,确定审计重点。尤其应注意银行存款中定期存款所占的比例,以确定企业是否存在高息资金拆借,如存在高息资金拆借,应进一步分析拆出资金的安全性。

3. 取得或编制银行存款余额调节表

检查银行存款余额调节表(bank reconciliation)是证实银行存款是否存在的重要审计程序。银行存款余额调节表通常是按银行账户及货币种类分别编制的。银行存款余额调节表是由被审计单位提供还是由注册会计师亲自编制,取决于被审计单位内部控制的可信赖程度。如果企业的货币资金内部控制可以信赖,注册会计师可采取复核被审计单位提供的银行存款余额调节表;反之,则应采取自行独立编制银行存款余额调节表的方法。

(1) 自行独立编制银行存款余额调节表的步骤与要点:①要求会计人员将银行存款收付款凭证全部登记入账,并结出余额;向所有在审计年度内存过款的银行或非金融机构函证期末银行存款余额,索取银行对账单;②将银行对账单与银行存款日记账和总分类账上的余额加以核对;③调节未达账项并审阅企业编制的银行存款余额调节表,对于对账单与银行存款余额不一致的情况,不仅要调节未达账项,而且要注意,有无账务处理上的差错。即使在余额一致的情况下,也要注意有无一收一付金额相等而一方遗漏入账的情况。注册会计师应重点检查银行已收、企业未收和银行已付、企业未付的未达账项;④注册会计师在上述审计的基础上,编制银行存款余额调节表,证实银行存款与对账单(bank statement)是否一致。

(2) 复核企业提供的银行存款余额调节表的步骤与要点:①验算调节表的数字计算。对于金额大的未提现支票、可提现的未提现支票以及注册会计师认为重要的未提现支票,列示未提现支票清单,注明开票日期和收票人姓名或单位。②追查截止日银行对账单上的在途存款,并在银行存款余额调节表上注明存款日期。③审查截止日仍未提现的大额支票和其他已签发的一个月以上的未提现支票。④审查截止日银行已收而企业未收的款项性质及款项来源。⑤核对银行存款总账余额与银行对账单加总金额。

银行存款余额调节表如表 13-4 所示。

表 13-4 银行存款余额调节表

年 月 日

编制人: 日期: 索引号:
复核人: 日期: 页 次:
户 别: 币别: 单位:元

项 目	金 额	项 目	金 额
银行对账单余额		企业银行存款日记账余额	
加:企业已收、银行尚未入账金额 其中:1. 2. 减:企业已付、银行尚未入账金额 其中:1. 2. 调整后银行对账单余额		加:银行已收、企业尚未入账金额 其中:1. 2. 减:银行已付、企业尚未入账金额 其中:1. 2. 调整后企业银行存款日记账余额	

经办会计人员: (签字) 会计主管: (签字)

4. 函证银行存款余额

函证银行存款余额是证实资产负债表所列银行存款是否存在的一项重要审计程序。通过向往来银行函证,注册会计师可了解企业银行存款是否存在,同时也可发现企业未登记的银行借款。审计时,向被审计单位在审计年度内存过款的所有银行发函,其中包括企业在银行存款账户已结清的银行,因为存款账户虽已结清,但银行借款仍有可能存在。同样,虽然注册会计师已直接从某一银行取得了银行对账单和所有已支付支票,但仍有必要向这一银行函证。银行询证函的参考格式如表 13-5 所示。

表 13-5 银行询证函

编号:________

________(银行)

本公司聘请的××会计师事务所正在对本公司的财务报表进行审计,按照中国注册会计师审计准则的要求,应当询证本公司与贵行的存款、借款往来等事项。下列数据出自本公司账簿记录,如与贵行记录相符,请在本函下端"数据证明无误"处签章证明;如有不符,请在"数据不符"处列明不符金额。有关询证费用可直接从本公司××存款账户中收取。回函请直接寄至××会计师事务所。

回函地址:____________________

邮编:________ 电话:________ 传真:________ 联系人:________

截至________年__月__日止,本公司银行存款、借款账户余额等列示如下:

1. 银行存款

账户名称	银行账号	币种	利率	余额	起止日期	是否被质押、用于担保或存在其他使用限制	备注

除以上所述,本公司并无其他在贵行的存款。

注："起止日期"一栏仅适用于定期存款，如为活期或保证金存款，可只填写"活期"或"保证金"字样。

2. 银行借款

银行账号	币种	余额	借款日期	还款日期	利率	借款条件	抵(质)押品/担保人	备注

除以上所述，本公司并无其他在贵行的借款。

注：此项仅函证截至资产负债表日本公司尚未归还的借款。

3. 其他事项(为其他公司借款提供担保、尚未兑现的银行承兑汇票、已贴现尚未到期的商业汇票、存放在银行的有价证券等)

(公司盖章)

年 月 日

结论：

1. 数据证明无误。

(银行签章)

经办人： 年 月 日

2. 数据不符，请列明不符金额。

(银行签章)

经办人： 年 月 日

5. 抽查大额银行存款收支业务

通过审阅银行存款日记账摘要栏和金额栏，抽查大额银行存款收支的原始凭证内容是否完整，有无授权批准，并核对相关账户的进账情况，如有与被审计单位无关的收支业务，应查明原因并做相应的记录；有无一收一付、一收多付或多收一付，对于数额相等而且日期相差不远的收付事项，应进一步追查是否存在出借银行账户的情况；注意银行存款日记账所列示的开出库存现金支票的内容，是否符合库存现金结算范围，有无套取库存现金的情况；注意银行存款日记账的登记，其收付款凭证是否按顺序记账，有无故意调整而掩盖错弊的情况；抽查与银行存款有关的往来账户，查明有无利用往来账户搞非法活动和进行贪污的情况。

6. 审查银行存款收支的正确截止

企业资产负债表上银行存款余额应当包括当年最后一天收到的所有存放在银行的款项，而不应包括其后收到的款项。同样，企业年终前开出的支票，不得在年后入账。为了确保银行存款收付的正确截止，注册会计师应当在清点支票及支票存根时，确定被审计单位决算日签发的最后一张支票号码，并检查在此号码前的支票是否均已寄出并入账。

7. 审查外币银行存款的折算是否正确

对于有外币银行存款的被审计单位，注册会计师应检查被审计单位对外币银行存款的收支是否按规定的汇率折合为记账本位币金额；外币银行存款期末余额是否按期末市场汇率折合为记账本位币金额；外币折合差额是否按规定计入相关账户。

8. 检查银行存款是否在资产负债表上恰当披露

根据规定，企业的银行存款在资产负债表上“货币资金”项目下反映。所以，注册会计师应在实施上述审计程序后，确定银行存款账户的期末余额是否恰当，从而确定资产负债表上“货币资金”项目中的数字是否恰当披露。

【例13-2】 注册会计师对C公司2010年12月31日的银行存款进行审查。银行存款日记账余额为262 200元，银行对账单余额为146 250元，并发现以下情况：

（1）银行从C公司银行存款账户中扣除借款利息1 800元，公司未入账。

（2）银行12月29日收到A公司汇来的货款52 500元，公司未入账。

（3）C公司12月29日存入转账支票1张，金额为96 000元，12月30日存入转账支票一张，金额为7 500元，银行未入账。

（4）检查银行对账单时发现，12月21日和23日收入和付出支票各1张，金额均为100 000元，C公司银行存款日记账上均无此记录。C公司编制的银行存款余额调节表如表13-6所示。

要求：

（1）请指出C公司编制的银行存款余额调节表存在的问题。

（2）分析C公司银行存款业务中可能存在的问题，并提出进一步审查的线索。

表13-6　银行存款余额调节表

2010年12月31日　　单位：元

项　　目	金额	项　　目	金额
银行对账单余额	146 250	企业银行存款日记账余额	262 200
加：企业已收、银行尚未入账金额		加：银行已收、企业尚未入账金额	
其中：1.	96 000	其中：1.	1 800
2.	7 500	2.	
减：企业已付，银行尚未入账金额		减：银行已付、企业尚未入账金额	
其中：1.	38 250	其中：1.	52 500
2.		2.	
调整后银行对账单余额	211 500	调整后企业银行存款日记账余额	211 500

经办会计人员：李××　　会计主管：陈××

【解答】 （1）银行存款余额调节表的编制存在错误。其中银行12月29日收到A公司汇来的货款52 500元调节错误；银行扣除借款利息1 800元调节错误；12月21日和23日收入和付出支票各1张，金额均为100 000元，C公司银行存款日记账上均无此记录，企业未做调节；调节表中企业已付、银行尚未入账的38 250元不存在。

（2）可能存在的问题包括虚构未达账项、出借银行账号等问题。注册会计师应函证银行存款，以了解银行存款的真实性和完整性。

第五节　其他货币资金审计

一、其他货币资金的审计目标

(1) 确定资产负债表货币资金项目中的其他货币资金在财务报表日是否存在,是否为被审计单位所有;

(2) 确定其他货币资金业务是否已记录完毕,有无遗漏;

(3) 确定其他货币资金的期末余额是否正确;

(4) 确定其他货币资金在财务报表上的披露是否恰当。

二、其他货币资金错报风险分析

(一) 外埠存款错报风险分析

1. 非法开立外埠存款户

其具体存在形式有:

(1) 捏造申请书,骗取银行的信用,在异地开设采购账户,用于非法交易。

(2) 在异地会同异地单位开设存款户,将企业的存款汇往异地作为外埠存款。

2. 外埠存款支出不合理、不合法

其具体存在形式有:

(1) 使用外埠存款不是用于临时或零星采购。

(2) 将外埠存款用于联营投资,炒买炒卖股票、债券等交易活动。

(3) 采购人员挪用外埠存款。

(二) 银行汇票等存款错报风险分析

1. 银行汇票等使用不合理、不合法

其具体存在形式有:

(1) 超出银行汇票等的使用范围。

(2) 汇出银行汇票等,套取库存现金,用于非法活动。

(3) 贪污银行汇票等存款。

2. 收受无效的银行汇票等,给企业带来损失

其具体存在形式有:

(1) 收到非银行签发的银行票据或假冒的银行票据。

(2) 收到的银行汇票等的收款人并非本企业。

(3) 收到过期、作废或经涂改的银行汇票等。

3. 非法转让或贪污银行汇票

其具体存在形式有:财务部门收到银行汇票时,不及时存入银行,而是通过背书转让给其他单位从中获得非法收入。

三、其他货币资金的实质性测试

(1) 核对外埠存款、银行汇票存款、银行本票存款等各种明细账期末合计数与总账数是否相符；

(2) 函证外埠存款户、银行汇票存款户、银行本票存款户期末余额；

(3) 对于非记账本位币的其他货币资金，检查其折算汇率是否正确；

(4) 抽查一定样本量的原始凭证进行测试，检查其经济内容是否完整，有无适当的审批授权，并核对相关账户的进账情况；

(5) 抽取资产负债表日后的大额收支凭证进行截止测试，如有跨期收支事项，应作适当调整；

(6) 检查其他货币资金在财务报表中的披露是否恰当；

(7) 根据库存现金、银行存款、其他货币资金的审计情况，编制货币资金审定表。货币资金审定表如表13-7所示。

表13-7 货币资金审定表

被审计单位： 编制： 日期： 索引号：
截止日： 复核： 日期： 页次：

项目名称	期末未审数	审计调整		重分类调整		期末审定数	上期末审定数	索引号
		增加	减少	增加	减少			
库存现金								
银行存款								
其他货币资金								
合　计								
审计说明：					审计结论：(在下列选项上打“√”) 1. 可以确认。 2. 调整后可以确认。			

【例13-3】 2011年1月15日，注册会计师在审查L公司“其他货币资金——银行汇票存款”时发现，2010年9月10日签发的银行汇票50 000元，18#记账凭证，尚未办理结算手续。注册会计师根据银行汇票结算的时间要求，怀疑L公司有挪用公款或其他假账行为。于是调阅18#凭证，其会计分录为：

借:其他货币资金——银行汇票存款　　50 000

　贷:银行存款　　50 000

所附原始凭证为李某申请的汇票申请书。注册会计师询问李某该汇票不及时办理结算的原因,李某供认该汇票交业务员张某办理结算。

要求:分析公司存在哪些问题并提出相应的审计处理意见。

【解答】 注册会计师认为,发生这种情况有两种可能:一是背书转让了该银行汇票;二是该汇票作废了,尚未办理退款手续。注册会计师于是通过银行查询,发现该汇票款尚未划出。

由于L公司结算款项管理存在问题,导致逾期汇票不及时办理退款,占用公司资金。询问业务员张某时,张某交出了银行汇票结算联和解讫通知联。

审计调整分录如下:

借:银行存款　　50 000

　贷:其他货币资金——银行汇票存款　　50 000

本章小结

货币资金具有很强的流动性,属于高风险资产。货币资金又与企业生产经营活动的各个循环有着密切的关系,在企业生产经营中起着重要的作用,因此,货币资金审计是财务报表审计的重要内容之一。货币资金涉及的账户和凭证较多,其主要目标是确定货币资金的真实性。

货币资金的审计包括货币资金的控制风险评估和货币资金的实质性测试两部分。货币资金的控制风险评估分为四个步骤:了解和描述货币资金的内部控制;初步评估控制风险;控制测试;重新评估控制风险。货币资金的实质性测试是以控制风险评估为基础的,它包括库存现金、银行存款和其他货币资金的审计。

本章思考题

1. 库存现金截止测试的方法是什么?

2. 审查银行存款余额调节表能否直接验证期末存款余额的真实性?银行存款余额调节表的审查要点有哪些?

3. 函证银行存款可以同时达到哪些目的?为什么要函证被审计单位银行存款账户余额为零或已结清的开户银行?

案例讨论题

“空白转账”支票之谜

[案情介绍] 2010年5月8日，某事业单位会计张某的朋友李某在某商场购买商品一批，价款计260 000元，李某同商场约定，3日内汇回货款，并由李某拿一张空白转账支票作抵押。李某找到张某，表示要借一张空白转账支票用作倒卖商品的抵押，3日后即可返还。张某表示同意，回到单位后向出纳员丁某要了一张空白转账支票，声称购买钢材需用。张某将空白转账支票交给李某，李某在将支票交给商场时，商场提出，如果货款3日内不汇来，就用抵押的支票结算货款和运费，李某表示同意。李某将商品运到A市销售，因与买方发生纠纷，货款未能收回。2010年5月12日，商场用抵押的空白转账支票结算了李某所欠的货款和运费计264 000元。张某在得知此情况后，为掩盖事实真相，于2010年6月21日将该笔款项以汇给外地购买钢材的名义把账做平。

[问题思考]

1. 注册会计师应当采取何种审计方法取得审计证据?
2. 注册会计师针对该单位可能存在的问题，应提出建立健全哪些相应的内部控制制度。

第十四章　特殊项目审计

对于财务报表审计，除了前面讲述的具体的财务报表项目审计以外，还包括一些特殊项目的审计。比如，期初余额的审计、持续经营能力的审计、关联方及其交易的审计、期后事项的审计、会计估计的审计等。之所以称这类审计为特殊项目审计，是相对于单个财务报表项目审计而言的，它们有的涉及多个财务报表项目，有的更侧重于财务报表附注披露和审计意见。

对于这些特殊项目的审计，尽管也可以与具体财务报表项目一样，先由有关审计项目组成员分别执行，而后再加以综合，但由于这些项目通常具有内容特殊、性质敏感、金额较大、情况复杂等特点，对其中有些项目，我国财政部还制定了相应的企业会计准则，因此，在审计实务中往往是由专业理论知识比较扎实、执业经验比较丰富的注册会计师专门实施，并单独编制相应的审计工作底稿。

第一节　期初余额审计

一、期初余额审计目标

期初余额是指期初已存在的账户余额。期初余额以上期期末余额为基础，反映了以前期间的交易和事项以及上期采用的会计政策的结果。

对首次接受委托业务，注册会计师应当获取以下充分、适当的审计证据：

(1) 期初余额不存在对本期财务报表产生重大影响的错报；

(2) 上期期末余额已正确结转至本期，或在适当的情况下已作出重新表述；

(3) 被审计单位一贯运用恰当的会计政策，或对会计政策的变更作出正确的会计处理和恰当的列报。

二、期初余额的实质性测试程序

在确定有关期初余额的审计证据的充分性和适当性时，注册会计师应当考虑下列事项：

1. 被审计单位运用的会计政策

注册会计师应当考虑期初余额是否正确反映上期运用的恰当会计政策的结果，以及这些会计政策是否在本期财务报表中得到一贯运用。当会计政策发生变更时，注册会计师应当考虑这些变更是否恰当、会计处理是否正确、列报是否恰当。

2. 上期财务报表是否经过审计

如果上期财务报表已经过其他审计机构审计，注册会计师应当考虑通过查阅前任注册会计师的工作底稿获取有关期初余额的充分、适当的审计证据，并考虑前任注册会计师的独立性和专业胜任能力。

如果上期财务报表未经审计，注册会计师应当实施下列审计程序：

（1）对流动资产和流动负债，注册会计师通常可以通过本期实施的审计程序获取部分审计证据。对于存货，注册会计师还应当按照《中国注册会计师审计准则第 1311 号——存货监盘》有关的规定，实施追加的审计程序。

（2）对非流动资产和非流动负债，注册会计师通常检查形成期初余额的会计记录和其他信息。在某些情况下，注册会计师可向第三方函证期初余额，或实施追加的审计程序。

此外，在确定有关期初余额的审计证据的充分性和适当性时，注册会计师还需要考虑账户的性质和本期财务报表中的重大错报风险、期初余额对于本期财务报表的重要程度等因素。

三、审计结论和审计报告

（1）如果实施相关审计程序后无法获取有关期初余额的充分、适当的审计证据，注册会计师应当出具保留意见或无法表示意见的审计报告。

（2）如果期初余额存在对本期财务报表产生重大影响的错报，注册会计师应当告知管理层；如果上期财务报表由前任注册会计师审计，注册会计师还应当考虑提请管理层告知前任注册会计师。

（3）如果与期初余额相关的会计政策未能在本期得到一贯运用，并且会计政策的变更未能得到正确的会计处理和恰当的列报，注册会计师应当出具保留意见或否定意见的审计报告。

（4）如果前任注册会计师对上期财务报表出具了非标准审计报告，注册会计师应当考虑该审计报告对本期财务报表的影响，如果导致出具非标准审计报告的事项对本期财务报表仍然相关和重大，注册会计师应当对本期财务报表出具非标准审计报告。

第二节 期后事项审计

一、期后事项的种类

期后事项是指资产负债表日至审计报告日之间发生的事项以及审计报告日后发现的事实。其中，年度资产负债表日是指被审计年度的 12 月 31 日，审计报告日是指注册会计师完成审计工作的日期。期后事项很可能会改变注册会计师对被审计单位会计报表公允性的意见，所以注册会计师必须对期后事项予以充分关注。

期后事项包括资产负债表日后调整事项和资产负债表日后非调整事项。

（一）资产负债表日后调整事项

资产负债表日后调整事项是指对资产负债表日已经存在的情况提供了新的或进一步证据的事项。这类事项既为被审计单位管理层确定资产负债表日账户余额提供信息，也为注册会计师核实这些余额提供补充证据，如果这类期后事项余额重大，将会影响财务报表金额正确性，需要提请被审计单位管理层调整财务报表及与之相关的披露信息。企业发生的资产负债表日后调整事项，通常包括下列各项：

（1）资产负债表日后诉讼案件结案，法院判决证实了企业在资产负债表日已经存在现实义务，需要调整原先确认的与该诉讼案件相关的预计负债，或确认一项新负债。

例如，被审计单位由于某种原因在资产负债表日前被起诉，法院于资产负债表日后判决被审计单位应赔偿损失。因这一负债实际上在资产负债表日前就已存在，所以，如果赔偿数额比较大，注册会计师应考虑提请被审计单位调整或增加资产负债表有关负债项目的数额，并加以说明。

（2）资产负债表日后取得确凿证据，表明某项资产在资产负债表日发生了减值或者需要调整该项资产原先确认的减值金额。①被审计单位原先对某库存商品未计提存货跌价准备，在资产负债表日后不久的销售情况显示其可变现净值低于库存商品期末成本，表明库存商品在资产负债表日发生了减值，需要在被审计单位的财务报表中补记该项存货的跌价准备。②资产负债表日被审计单位认为可以收回的大额应收款项，因资产负债表日后债务人突然破产无法收回。在这种情况下，债务人财务状况显然早已恶化，所以，注册会计师应考虑提请被审计单位计提坏账准备或增加计提坏账准备，调整财务报表有关项目的金额。

（3）资产负债表日后进一步确定了资产负债表日前购入资产的成本或售出资产的收入。

例如，被审计单位在日前购入了一项固定资产，并投入使用。由于购入时尚未确定准确的购买价款，故先以估计的价格考虑其达到预定可使用状态前所发生的可归属于该项固定资产的运输费、装卸费、安装费和专业人员服务费等因素暂估入账，并按规定计提固定资产折旧。如果在资产负债表日后商定了购买价款，取得了采购发票，被审计单位就应该据此调整该固定资产原价。

（4）资产负债表日后发现了财务报表舞弊或差错。

例如，在资产负债表日以前，被审计单位根据合同规定所销售的商品已经发出，当时认为与该项商品所有权相关的风险和报酬已经转移，货款能够收回，按照收入确认原则确认了收入并结转了成本，但在资产负债表日后至审计报告日之间所取得的证据证明该批已确认的商品确实已经退回。如果金额较大，注册会计师应考虑提请被审计单位调整财务报表有关项目的金额。

（二）资产负债表日后非调整事项

资产负债表日后非调整事项是指资产负债表日后新发生的情况或事项。这类事项不影响财务报表金额，但可能影响财务报表的正确理解，为了保证会计报表使用者能够全面正确地理解报表信息，需要提请被审计单位管理层在财务报表附注中适当披露这类信息。被审计单位在资产负债表日后发生的，需要在财务报表中披露而非调整的事项通常包括下列各项：

（1）资产负债表日后发生重大诉讼、仲裁、承诺。

（2）资产负债表日后资产价格、税收政策、外汇汇率发生重大变化。

（3）资产负债表日后因自然灾害导致资产发生重大损失。

（4）资产负债表日后发行股票和债券以及其他巨额举债。

（5）资产负债表日后资本公积转增资本。

（6）资产负债表日后发生巨额亏损。

（7）资产负债表日后发生企业合并或处置子公司。

(8) 资产负债表日后企业利润分配方案中拟分配的以及经审议批准宣告发放的股利或利润。

二、期后事项的时段划分

根据期后事项的定义,期后事项可以划分为三个时段:第一时段是资产负债表日后至审计报告日;第二时段是审计报告日后至财务报表报出日;第三时段是财务报表报出日后。期后事项分段示意图如图14-1所示。

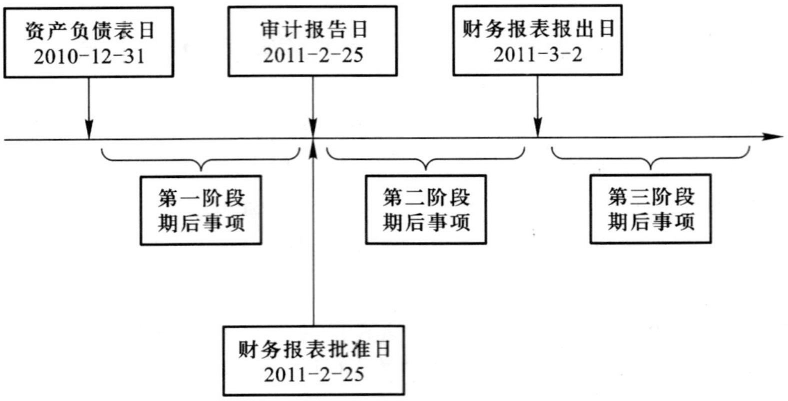

图14-1 期后事项分段示意图

图14-1中,资产负债表日是指财务报表涵盖的最近期间的截止日期;财务报表批准日是指被审计单位董事会或类似机构批准财务报表报出的日期;财务报表报出日是指被审计单位对外披露已审计财务报表的日期;财务报表可以是公开方式的,如上市公司公布财务报表;也可以是非公开方式的,如非上市公司将财务报表提供给使用者。按照《中国注册会计师审计准则第1501号——审计报告》的规定,审计报告的日期不应早于注册会计师获取充分、适当的审计证据(包括管理层认可对财务报表的责任且已批准财务报表的证据),并在此基础上对财务报表形成审计意见的日期。因此,在实务中审计报告日与财务报表批准日通常是相同的日期。

三、第一阶段期后事项审计

(一) 主动识别第一阶段期后事项,并实施审计

对于第一阶段期后事项,注册会计师负有主动识别的义务,应当设计专门的审计程序,在接近审计报告日时予以实施旨在识别这些期后事项,并根据其性质判断对财务报表的影响,进而确定是调整还是披露。这些程序包括以下内容。

(1) 复核被审计单位管理层建立的用于确保识别期后事项的程序。

(2) 查阅股东会、董事会及其专门委员会在资产负债表日后举行的会议纪要,并在不能获取会议纪要时询问会议讨论的事项。

(3) 查阅最近的中期财务报表。如认为必要和适当,还应当查阅预算、库存现金流量预测及其他相关管理报告。

（4）向被审计单位律师或法律顾问询问有关诉讼和索赔事项。

（5）向管理层询问是否发生可能影响财务报表的期后事项。

（6）查阅被审计单位与客户、供应商、监管部门等的往来信件。

（二）知悉第一阶段期后事项的处理

如果知悉对财务报表有重大影响的期后事项，注册会计师应当考虑这些事项在财务报表中是否得到恰当的会计处理并予以充分披露。

四、第二阶段期后事项审计

（一）被动识别第二阶段期后事项

在审计报告日后，注册会计师针对被审计单位的审计业务已经结束，因此，对第二阶段的期后事项，注册会计师没有责任针对财务报表实施审计程序或进行专门查询。但在这一阶段，被审计单位的财务报告并未报出，管理层有责任将发现的可能影响财务报表的事实告知注册会计师。此外，注册会计师还可能从媒体报道、举报信或者证券监管部门告知等途径获悉影响财务报表的期后事项。

（二）知悉第二阶段期后事项的处理

1. 管理层修改了财务报表时的处理

在审计报告日后至财务报表报出日前，如果知悉可能对财务报表产生重大影响的事实，注册会计师应当考虑是否需要修改财务报表。如果管理层修改了财务报表，注册会计师应当根据具体情况实施必要的审计程序，以验证管理层根据期后事项所作出的财务报表调整或披露是否符合企业会计准则和相关会计制度的规定。例如，被审计单位在财务报表报出日之前取得了法院关于诉讼赔偿案的最终判决，因此，管理层根据企业会计准则的相关规定，将应支付的该笔赔偿款反映于财务报表中。这种情况下，注册会计师就应当实施与预计负债相关的审计程序。

由于管理层修改了财务报表，注册会计师除了根据具体情况实施必要的审计程序外，针对修改后的财务报表应出具新的审计报告和索取新的管理层声明书。新的审计报告日期不应早于董事会或类似机构批准修改后的财务报表的日期。相应地，注册会计师应当将相关的审计程序延伸至新的审计报告日。

例如：注册会计师于2011年3月20日完成了对被审计单位的2010年度财务报表审计工作，被审计单位财务报表批准报出日为2011年3月20日。3月25日注册会计师得知3月22日被审计单位于2010年确认的一笔大额销售被退回，管理层已对财务报表做了修改，且管理层对修改后的财务报表重新批准报出日为3月30日，注册会计师于3月28日针对修改后的财务报表执行了审计程序，出具了新的审计报告，则新的审计报告的日期为3月30日。

2. 管理层不修改财务报表，并且审计报告尚未提交时的处理

如果注册会计师认为应当修改财务报表而管理层没有修改，并且审计报告尚未提交给被审计单位，注册会计师应当按照《中国注册会计师审计准则第1502号——非标准审计报告》的规定，出具保留意见或否定意见的审计报告。

3. 管理层不修改财务报表，并且审计报告已提交时的处理

如果注册会计师认为应当修改财务报表而管理层没有修改，并且审计报告已提交给被审计单位，注册会计师应当通知治理层不要将财务报表和审计报告向第三方报出。如果财务报表仍

被报出，注册会计师应当采取措施防止财务报表使用者信赖该审计报告，例如：针对上市公司，注册会计师可以利用证券传媒刊登必要的声明，防止使用者信赖审计报告。采取的措施取决于自身的权利和义务以及征询的法律意见。

五、第三阶段期后事项审计

（一）注册会计师对财务报表报出后发现的事实的考虑

在财务报表报出后，注册会计师没有义务针对财务报表作出查询。

在财务报表报出后，如果知悉在审计报告日已存在的、可能导致修改审计报告的事实，注册会计师应当考虑是否需要修改财务报表，并与管理层讨论，同时根据具体情况采取适当措施。

应当指出，需要注册会计师在知悉后采取行动的第三阶段期后事项是有严格限制的：

（1）这类期后事项应当是在审计报告日已经存在的事实。

（2）该事实如果被注册会计师在审计报告日前获知，可能影响审计报告。

只有同时满足以上两个条件，注册会计师才需要采取行动。

（二）知悉第三阶段期后事项的处理

1．管理层修改了财务报表时的处理

如果管理层修改了财务报表，注册会计师应当根据具体情况采取如下措施：

（1）实施必要的审计程序，如查阅法院判决文件、复核会计处理或披露事项，确定管理层对财务报表的修改是否恰当。

（2）复核管理层采取的措施能否确保所有收到原财务报表和审计报告的人士了解这一情况。

（3）针对修改后的财务报表出具新的审计报告。新的审计报告应当增加强调事项段，提请财务报表使用者注意财务报表附注中对修改原财务报表原因的详细说明，以及注册会计师出具的原审计报告。新的审计报告日期不应早于董事会或类似机构批准修改后的财务报表的日期。相应地，注册会计师应当将相关的审计程序延伸至新的审计报告日。

2．管理层未采取任何行动时的处理

如果管理层既没有采取必要措施确保所有收到原财务报表和审计报告的人士了解这一情况，又没有在注册会计师认为需要修改的情况下修改财务报表，注册会计师应当采取措施防止财务报表使用者信赖该审计报告，并将拟采取措施通知治理层。采取的措施取决于自身的权利和义务以及征询的法律意见。

3．临近公布下一期财务报表时的处理

如果临近公布下一期财务报表，且能够在下期财务报表中进行充分披露，注册会计师应当根据法律法规的规定确定是否仍有必要提请被审计单位修改财务报表，并出具新的审计报告。

例如，根据《公开发行证券的公司信息披露编报规则第 19 号——财务信息的更正及相关披露》的规定，上市公司已公开披露的定期报告存在差错，董事会决定更正的，应当以重大事项临时报告的方式及时披露更正后的公司财务信息；对以前年度已经公布的年度财务报告进行更正，需要聘请具有执业资格的会计师事务所对更正后的年度报告进行审计。

【例 14-1】 注册会计师 2010 年 12 月 20 日接受委托对甲公司 2010 年度的财务报表进行审计，2011 年 1 月 8 日进驻被审计单位，3 月 8 日完成审计工作，3 月 25 日提交审计报告。假设审计中发现下列情况：该公司2010年6月发生一赔偿诉讼案，索赔总额600万元，预计该事项导致经济利益流出企业的可能性为80%，甲公司在2010年度未确认预计负债，但已在2010年财务报表附注中进行披露。2011年2月23日判决甲公司须赔偿800万元。

要求：若不考虑重要性水平，针对上述情况，指出注册会计师应提出何种处理意见？若需提出调整建议，应列示审计调整分录（假定不考虑调整分录对税费、期末结转损益的影响）。

【解答】 根据“期后事项”准则，该事项属于期后事项的调整事项，该事项影响利润总额800万元，应建议公司调整。审计调整分录为：

借：营业外支出　　8 000 000

　贷：其他应付款　　8 000 000

第三节　或有事项审计

一、或有事项的概念与审计目标

或有事项是指过去的交易或事项形成的，其结果须由某些未来事项的发生或不发生时才能决定的不确定事项。常见的或有事项主要包括未决诉讼或仲裁、债务担保、产品质量保证（含产品安全保证）、承诺、亏损合同、重组义务、环境污染整治等。

或有事项的审计目标包括：

（1）确定或有事项是否存在和完整。

（2）确定或有事项确认和计量的合法性、合理性和正确性。

（3）确定或有事项披露的充分性、公允性及恰当性。

二、或有事项的实质性测试程序

注册会计师在审计或有事项时，尤其要关注财务报表反映的或有事项的完整性。或有事项的实质性测试程序通常包括以下几个方面：

（1）向被审计单位管理层询问其确定、评价与控制或有事项方面的有关方针政策和工作程序。

（2）向被审计单位管理层索取有关或有事项的全部文件和凭证、与银行之间的往来函件、债务说明书等资料，作出必要的审核和评价。

（3）向被审计单位的法律顾问和律师进行函证，以获取其对被审计单位资产负债表日业已存在的，以及资产负债日至复函日期间存在的或有事项的确认证据。

（4）向与被审计单位有业务往来的银行寄发包括要求银行提供被审计单位或有事项的询证函，了解商业票据贴现和贷款担保的情况。

（5）审阅截至审计工作完成日止的被审计单位历次董事会纪要和股东大会会议记录，确定是否存在未决诉讼或仲裁、未决索赔以及其他或有事项的记录。

（6）查询被审计单位对未来事项和协议的财务承诺，并向被审计单位管理层询问。

（7）向被审计单位管理层获取书面声明，保证其已按照企业会计准则的规定，对其全部或有事项做了恰当反映。

【例 14-2】 2010 年 12 月 31 日，法院尚未对 M 公司涉及的一起合同纠纷案作出判决。M 公司的律师认为如果败诉，M 公司需要向合同一方支付违约金 400 万元，基于合理的判断，M 公司胜诉的可能性为 40%，对此，M 公司没有确认预计负债。

要求：请问如果你是注册会计师，若不考虑重要性水平，针对上述情况，你应当提出怎样的审计处理意见？若需提出调整建议，应列示审计调整分录（假定不考虑调整分录对税费、期末结转损益的影响）。

【解答】 M 公司败诉的可能性有 60%，建议确认预计负债。审计调整分录如下：

借：营业外支出	4 000 000	
贷：预计负债		4 000 000

三、或有事项对审计报告的影响

对于截止到审计报告日被审计单位应披露而未披露或披露不当，或者确认与计量不正确、不合理的或有事项，注册会计师应当提请被审计单位以恰当形式予以披露或正确合理地进行确认和计量。

如被审计单位拒绝接受有关建议，注册会计师应当运用其专业判断确定其重要程度，并考虑是否在审计报告中反映和发表审计意见的类型。

第四节 持续经营审计

一、持续经营假设的概念

持续经营假设，是指被审计单位在编制财务报表时，假定其经营活动在可预见的将来会继续下去，不拟也不必终止经营或破产清算，可以在正常的经营过程中变现资产、清偿债务。可预见的将来通常是指资产负债表日后 12 个月，在计划和实施审计程序以及评价其结果时，注册会计师应当考虑管理层在编制财务报表时运用持续经营假设的适当性。

根据适用的会计准则和相关会计制度的规定评估被审计单位的持续经营能力是管理层的责任，注册会计师的责任是考虑管理层在编制财务报表时运用持续经营假设的适当性，并考虑是否存在需要在财务报表中披露的有关持续经营能力的重大不确定性。

二、持续经营风险的评估

被审计单位在财务、经营以及其他方面存在的某些事项或情况可能导致经营风险，这些事项或情况单独或连同其他事项或情况可能导致对持续经营假设产生重大疑虑。

（一）财务方面

被审计单位在财务方面存在的可能导致对持续经营假设产生重大疑虑的事项或情况主要

包括：

（1）债务违约，包括无法偿还到期债务、无法偿还即将到期且难以展期的借款以及存在大额的逾期未缴税金。被审计单位若存在上述违约情况，将可能引致债权人的债务清偿诉讼或国家税务机关的强制追缴措施。如果被审计单位仍无法偿还，有可能导致破产倒闭。

（2）无法继续履行重大借款合同中的有关条款。为了保证贷款的安全，银行往往在借款合同中订有诸如流动资金保持量、资本支出的限制等条款。一旦被审计单位无法履行这些条款，银行为保全其债权，就有可能要求被审计单位提前偿还借款，从而导致被审计单位的资金周转出现困难。

（3）累计经营性亏损数额巨大。经营性亏损可能是由于被审计单位经营管理不善引起的，也可能是行业整体不景气造成的。巨额亏损意味着被审计单位丧失盈利能力，并导致其持续经营能力存在着重大的不确定性。

（4）过度依赖短期借款筹资。在这种情况下，被审计单位长期面临巨大的短期偿债压力，如果无法及时偿还到期债务，将陷入财务困境。

（5）无法获得供应商的正常商业信用。被审计单位无法获得供应商正常商业信用，这意味着无法通过赊购取得生产经营所必需的原材料或其他物资，现金偿付压力巨大。一旦资金短缺，生产经营就有可能中断。

（6）难以获得开发必要新产品或进行必要投资所需资金。被审计单位无法获得必需的资金，则没有能力在盈利前景良好的项目上进行投资并获取未来收益。当现有产品失去市场竞争力时，将直接影响到被审计单位的盈利能力，从而对被审计单位的持续经营能力产生重大影响。

（7）资不抵债。资不抵债有可能使被审计单位在近期内无法清偿到期债务，从而引发债务危机。

（8）现金流量困难。如果被审计单位的营运资金以及经营活动产生的现金流量净额出现负数，表明被审计单位的现金流量可能不能有效维持正常的生产经营，从而影响被审计单位的盈利能力和偿债能力，降低其在市场竞争中的信用等级，最终可能因资金周转困难而导致破产。

（9）大股东长期占用巨额资金。上市公司因大股东占用巨额资金而无力实施能够为公司带来业绩增长的项目，从而使公司盈利能力下降甚至难以维持正常生产经营。

（10）重要子公司无法持续经营且未进行处理。重要子公司通常是母公司的主要业绩来源，对母公司具有重要影响和贡献。重要子公司无法持续经营，这不仅使母公司对其长期股权投资无法收回，而且可能导致母公司的持续经营能力存在重大不确定性。

（11）存在大量长期未作处理的不良资产。如果被审计单位存在大量长期未作处理的不良资产，表明被审计单位资产质量恶化，资产变现能力差，可用于偿债的资产变现净值大幅减少。

（12）存在因对外巨额担保等或有事项引发的或有负债。如果被审计单位存在巨额对外担保，意味着被审计单位可能面临重大的债务清偿连带责任或其他偿付责任。一旦这些或有负债转化为实际损失，可能导致被审计单位的持续经营能力存在重大的不确定性。

（二）经营方面

被审计单位在经营方面存在的可能导致对持续经营假设产生重大疑虑的事项或情况主要包括：

（1）关键管理人员离职且无人替代。通常，关键管理人员负责管理企业的日常经营活动，在被审计单位中起着重要作用。如果关键管理人员离职且无人替代，则会对被审计单位的经营活动产生重大不利影响，从而使持续经营能力存在重大的不确定性。

（2）主导产品不符合国家产业政策。主导产品不符合国家产业政策，意味着被审计单位将停产或转产。例如，某农药生产企业的主导产品为高毒农药，根据国家禁止、限制部分高毒农药品种生产和销售的产业政策，企业将面临被强制淘汰的政策风险，从而导致持续经营能力存在重大不确定性。

（3）失去主要市场、特许权或主要供应商。如果被审计单位失去主要市场、特许权或主要供应商，表明其在销售、经营和采购方面将面临极大困境，从而影响其持续经营能力。

（4）人力资源或重要原材料短缺。一些企业的生产经营高度依赖于科技研发人员、技术熟练工人、重要原材料等，比如软件开发公司从事软件设计的关键人员。如果企业缺乏这些对持续经营具有决定性影响的资源，将可能无法持续经营。

此外，越来越多的企业通过并购来达到快速扩张、提高利润的目的。如果管理层的经营管理方式与规模的快速扩张不相适应，或是对并购企业缺乏管理经验，未实施有效的监控，这很可能使公司整体管理陷入瘫痪，从而导致企业持续经营能力存在重大不确定性。

（三）其他方面

被审计单位在其他方面存在的可能导致对持续经营假设产生重大疑虑的事项或情况主要包括：

（1）严重违反有关法律法规或政策。被审计单位在生产经营过程中如果严重违反有关法律法规或政策，则有可能被有关部门撤销或责令关闭，或被处以较大数额的罚款，这将导致被审计单位无法持续经营或对其持续经营能力产生重大影响。

（2）异常原因导致停工、停产。有些企业由于其生产特性，在生产周期的一段时间内出现停工、停产是正常的。例如，北方某些乳制品加工企业因没有足够的鲜奶可供加工生产乳制品，于每年 10 月到次年 4 月停产。但如果企业因其生产条件达不到国家要求，细菌含量超出国家标准数倍，被有关部门责令停产整改，则属于异常原因导致停工、停产。因异常原因导致的停工、停产，可能将影响其持续经营。

（3）有关法律法规或政策的变化可能造成重大不利影响。例如，被审计单位的利润和现金流量主要来自于对境外子公司的投资分得的红利。如果子公司所在国家加强了外汇管制，被审计单位能否收到红利存在重大不确定性，可能将影响其持续经营。

（4）经营期限即将到期且无意继续经营。在被审计单位营业期限届满后，如果大股东不准备继续经营，被审计单位将被清算从而无法持续经营。

（5）投资者未履行协议、合同、章程规定的义务，并有可能造成重大不利影响。例如，因外方股东未能按章程规定的期限出资，工商行政管理部门拟撤销对该外商投资企业的批准证书，这将导致其无法持续经营。

（6）因自然灾害、战争等不可抗力因素遭受严重损失。不可抗力因素超出了企业可控制和预测的范围，例如战争、恐怖活动等，企业可能因此无法提供必要的产品和服务，从而导致无法持续经营。

此外，企业股东之间发生纠纷、股权转让频繁等情形，可能意味着企业的经营业绩达不到股东的预期，从而导致股东对企业失去信心。在此情况下，企业有可能被清算，持续经营能力存在重大不确定性。

三、针对可能导致对持续经营能力产生重大疑虑的事项或情况实施的进一步审计程序

当识别出持续经营假设可能导致对持续经营能力产生重大疑虑的事项或情况时，注册会计师应当实施下列进一步的审计程序：

（1）复核管理层依据持续经营能力评估结果提出的应对计划。

（2）实施相关审计程序，包括考虑管理层提出的应对计划和其他缓解措施的效果，获取充分、适当的审计证据，以确认是否存在与此类事项或情况相关的重大不确定性；判断管理层提出的应对计划是否可行，以及应对计划的结果是否能够改善持续经营能力。

注册会计师应当考虑实施的相关审计程序主要包括以下几方面：①与管理层分析和讨论库存现金流量预测、盈利预测以及其他相关预测。②与管理层分析和讨论最近的中期财务报表。③复核债券和借款协议条款并确定是否存在违约情况。④阅读股东会会议、董事会会议以及相关委员会会议有关财务困境的记录。⑤向被审计单位的律师询问是否存在针对被审计单位的诉讼或索赔，并向其询问管理层对诉讼或索赔结果及其财务影响的估计是否合理。⑥确认财务支持协议的存在性、合法性和可行性，并对提供财务支持的关联方或第三方的财务能力作出评价。⑦考虑被审计单位准备如何处理尚未履行的客户订单。⑧复核期后事项并考虑其是否可能改善或影响持续经营能力。

（3）获取管理层声明。注册会计师应当向管理层获取有关书面声明，询问管理层的应对计划，包括是否准备变卖资产、借款或债务重组、削减或延缓开支以及获得新的投资等。

四、审计结论与报告

注册会计师应当根据获取的审计证据，确定可能导致对被审计单位持续经营能力产生重大疑虑的事项或情况是否存在重大不确定性，并考虑对审计报告的影响。

（1）被审计单位在编制财务报表时运用持续经营假设是适当的。如果认为被审计单位在编制财务报表时运用持续经营假设是适当的，但可能存在导致对持续经营能力产生重大疑虑的事项或情况，被审计单位已在财务报表作出充分披露，注册会计师应当出具无保留意见的审计报告，并在审计意见段之后增加强调事项段，强调可能导致对持续经营能力产生重大疑虑的事项或情况存在重大不确定性的事实，并提醒财务报表使用者注意。例如：

> （五）强调事项
>
> 我们提醒财务报表使用者关注，如财务报表附注×所述，ABC 公司在 2010 年发生亏损×万元，在 2010 年 12 月 31 日，流动负债高于资产总额×万元。ABC 公司已在财务报表附注×充分披露了拟采取的改善措施，但其持续经营能力仍然存在重大不确定性，可能无法在正常的经营过程中变现资产、清偿债务。本段内容不影响已发表的审计意见。

（2）被审计单位在编制财务报表时运用持续经营假设是否适当无法判断。极端情况下，如果同时存在多项重大不确定性，注册会计师难以判断财务报表的编制基础是否符合持续经营假设，应将其视为对注册会计师的审计范围构成重大限制，在这种情况下，如果财务报表未能作出

充分披露，注册会计师应当出具无法表示意见的审计报告。例如：

> （三）导致无法表示意见的事项
>
> ABC公司已连续三个会计年度发生巨额亏损，主要财务指标显示其财务状况严重恶化，巨额逾期债务无法偿还，且存在巨额对外担保，截至审计报告日，ABC公司管理层在其书面评价中表示已开始采取包括债务重组、资产置换在内的多项措施；但由于该等措施正处于实施期，我们无法获取充分、适当的审计证据以确证其能否改善ABC公司的持续经营能力，因此，无法判断ABC公司继续按照持续经营假设编制2010年财务报表是否适当。
>
> （四）无法表示意见
>
> 由于“（三）导致无法表示意见的事项”段所述事项的重要性，我们无法获取充分、适当的审计证据以为发表审计意见提供基础，因此，我们不对ABC公司财务报表发表审计意见。

（3）如果财务报表未能作出充分披露，注册会计师应当出具保留意见或否定意见的审计报告。审计报告应当具体提及可能导致对持续经营能力产生重大疑虑的事项或情况存在重大不确定性的事实，并指明财务报表未对该事实作出披露。例如：

> （三）导致保留意见的事项
>
> ABC公司的借款合同已经到期，按照合同规定，应于2010年1月20日偿还借款×万元，截至审计报告日，ABC公司尚未偿还该笔借款，也未获得该笔借款的展期协议或取得新的借款。这一情况表明ABC公司的持续经营能力存在重大不确定性，可能无法在正常的经营活动过程中变现资产、清偿债务。ABC公司2010年度财务报表未充分披露上述情况。
>
> （四）保留意见
>
> 我们认为，除了“（三）导致保留的事项”段所述事项可能产生的影响外，ABC公司财务报表在所有重大方面按照企业会计准则的规定编制，公允反映了ABC公司2010年12月31日的财务状况以及2010年度的经营成果和现金流量。

（4）被审计单位将不能持续经营，但财务报表仍按照持续经营假设编制。如果被审计单位将不能持续经营，但财务报表仍然按持续经营假设编制，注册会计师应当出具否定意见的审计报告。例如：

> （三）导致否定意见的事项
>
> ABC公司已连续三个会计年度发生巨额亏损，主要财务指标显示其财务状况严重恶化，巨额逾期债务无法偿还，且存在巨额对外担保，截至审计报告日，无任何证据表明ABC公司采取的各项措施能够有效改善公司的财务和经营状况。根据我们的判断，ABC公司不具有持续经营能力。因此，ABC公司继续按照持续经营假设编制2010年度财务报表是不适当的。
>
> （四）否定意见
>
> 我们认为，由于受到前段所述事项的重大影响，ABC公司财务报表没有在所有重大方面按照企业会计准则的规定编制，未能公允反映ABC公司2010年12月31日的财务状况以及2010年度的经营成果和现金流量。

【例 14-3】 甲公司因主导产品不符合国家环保要求，政府部门于 2010 年 12 月要求公司在 2011 年 9 月 30 日前停止生产和销售该类产品。注册会计师 A 和 B 复核了管理层对持续经营能力作出的评估和拟采取的应对措施，认为在编制财务报表时运用持续经营假设是适当的，但可能导致对持续经营能力产生重大疑虑的事项或情况存在重大不确定性。甲公司已在财务报表附注中作出充分披露。

要求：(1) 假定甲公司只存在上述问题，请代注册会计师 A 和 B 确定应出具哪种类型的审计报告。

(2) 请代注册会计师 A 和 B 编制审计报告的审计意见段和强调事项段内容

【解答】 (1) 被审计单位在编制财务报表时运用持续经营假设是适当的，但可能导致对持续经营能力产生重大疑虑的事项或情况，被审计单位已在财务报表中作出充分披露，注册会计师应当出具无保留意见的审计报告，并在审计意见段之后增加强调事项段，强调可能导致对持续经营能力产生重大疑虑的事项或情况存在重大不确定性的事实，并提醒财务报表使用者注意。

(2) 审计报告的审计意见段和强调事项段内容。

审计意见段：

我们认为，ABC 公司财务报表在所有重大方面按照企业会计准则的规定编制，公允反映了 ABC 公司 2010 年 12 月 31 日的财务状况以及 2010 年度的经营成果和现金流量。

强调事项段：

我们提醒财务报表使用者关注，如财务报表附注×所述，因主导产品不符合国家环保要求，被政府部门责令于 2011 年 9 月 30 日前停止生产和销售该类产品，虽然公司已在财务报表附注×中充分披露了拟采取的改善措施，但其持续经营能力仍然存在重大不确定性，可能无法在正常的经营过程中变现资产、清偿债务。本段内容不影响已发表的审计意见。

第五节　关联方及关联方交易审计

《中国注册会计师审计准则第 1323 号——关联方》指出：被审计单位管理层有责任识别、披露关联方和关联方交易。注册会计师应当实施审计程序，就被审计单位管理层是否按照适用的会计准则和相关会计制度的规定识别、披露关联方和关联方交易，获取充分、适当的审计证据。注册会计师应当了解被审计单位及其环境，以足够识别可能导致与关联方和关联方交易有关的重大错报风险的交易和事项。

一、对关联方存在的审计

注册会计师应当复核由治理层和管理层提供的所有已知关联方名称的信息，并针对信息的完整性实施下列审计程序：

(1) 复核以前年度工作底稿，确认已识别的关联方名称。

(2) 复核被审计单位识别关联方的程序。

(3) 询问治理层和关键管理人员是否与其他单位存在隶属关系。

（4）复核投资者记录以确定主要投资者的名称，在适当情况下，从股权登记机构获取主要投资者的名单。

（5）查阅股东会和董事会的会议纪要，以及其他相关的法定记录。

（6）询问其他注册会计师或前任注册会计师所知悉的其他关联方。

（7）复核被审计单位向监管机构报送的所得税申报表和其他信息。

二、对已识别的关联方交易，注册会计师应当考虑实施的审计程序

（1）向关联方函证交易的条件和金额。

（2）检查关联方拥有的信息。

（3）向与交易相关的人员和机构（如银行、律师、担保人或代理商等）函证或与之讨论相关信息。

三、对关联方及其交易披露的审计

（1）审查企业是否在附注中披露与母公司和子公司有关的下列信息：①母公司和子公司的名称。母公司不是该企业最终控制方的，还应当披露最终控制方名称。母公司和最终控制方均不对外提供财务报表的，还应当披露母公司与其最相近的对外提供财务报表的母公司名称。②母公司和子公司的业务性质、注册地、注册资本（或实收资本、股本）及其变化。③母公司对该企业或者该企业对子公司的持股比例和表决权比例。

（2）审查企业与关联方发生关联方交易的，是否在附注中披露该关联方关系的性质、交易类型及交易要素。交易要素至少应当包括交易的金额；未结算项目的金额、条款和条件，以及有关提供或取得担保的信息；未结算应收项目的坏账准备金额；定价政策。

（3）关联方交易应当分别按关联方以及交易类型予以披露。类型相似的关联方交易，在不影响财务报表阅读者正确理解关联方交易对财务报表影响的情况下，可以合并披露。

（4）审查企业是否在提供确凿证据的情况下，才披露关联方交易是公平交易。

四、审计结论与报告

在编制审计报告时，应根据关联方交易的审计情况，分别处理。如果因审计范围受到限制，未能就对财务报表具有重大影响的关联方及其交易获取充分、适当的审计证据，注册会计师应当考虑发表保留意见或无法表示意见；如果对财务报表具有重大影响的关联方及其交易的披露不符合会计准则的要求，或被审计单位关联方交易的会计处理不符合适用的会计准则和相关会计制度的要求，注册会计师应根据其对财务报表的影响程度，发表保留意见或否定意见。

第六节 会计估计审计

一、会计估计的概念及风险分析

会计估计是指企业对其结果不确定的交易或事项以最近可利用的信息为基础所作的判断。

例如：对应收账款估计坏账准备；对存货估计跌价准备；对长期股权投资估计减值准备；对固定资产估计折旧年限或总工作量、净残值和减值准备；对在建工程估计减值准备；对无形资产估计受益期限和减值准备；在建造合同中确认收入及费用时采用完工百分比法估计完工程度；估计未决诉讼损失和产品质量保证准备金；资产负债表债务法下对递延所得税资产和递延所得税负债的估计等。

由于会计估计的主观性、复杂性和不确定性，管理层作出的会计估计发生重大错报的可能性较大，管理层为达到预期结果，可能会利用会计估计的上述特征，误用、滥用会计估计，或者不恰当地调整会计估计所依据的假设及改变原先作出的判断，从而增大财务报表出现重大错报的可能性。注册会计师应当按照《中国注册会计师审计准则第 1211 号——了解被审计单位及其环境并评估重大错报风险》和《中国注册会计师审计准则第 1141 号——财务报表审计中对舞弊的考虑》的有关规定，识别和评估与会计估计相关的舞弊行为导致的重大错报风险，并针对该风险设计和实施进一步审计程序。

二、针对会计估计的风险评估程序

（1）了解被审计单位适用的会计准则和相关会计制度中有关会计估计的要求。通过了解，可以帮助注册会计师确定适用的会计准则和相关会计制度中是否规定了需要作出会计估计的具体情况、有关会计估计的计量方法以及披露要求，还为注册会计师就被审计单位如何运用适用的会计准则和相关会计制度中有关会计估计的规定与管理层进行讨论提供了依据。

（2）了解管理层如何识别需要作出会计估计的交易、事项和情况。

（3）了解管理层作出会计估计的过程，包括作出会计估计依赖的假设、管理层是否及如何评价会计估计的不确定性造成的影响。如作出会计估计的人员的经验和能力；特殊会计估计所需的技术方法等。

（4）复核前期财务报表中作出的会计估计的结果，或对其进行重新估计，据此判断管理层本期估计过程的有效性。

三、针对会计估计的进一步审计程序

注册会计师应当采用下列一种或多种审计程序。

（一）按照下列步骤复核和测试管理层作出会计估计的过程

1. 评价会计估计依据的数据，考虑会计估计依据的假设

（1）评价会计估计依据的数据的准确性、完整性和相关性。数据的准确性是指作出会计估计依据的数据准确，如应收账款的账龄准确。数据的完整性是指会计估计的数据尽可能全面，如对应收账款的坏账准备进行估计时，应当包括所有应收账款，而不能仅对其中部分应收账款进行估计。数据的相关性是指会计估计依据的数据应与会计估计相关，如对应收账款的坏账准备采用账龄分析法进行估计时，应收账款的账龄及坏账准备的提取比例用于该项估计就是相关的。

（2）考虑从外部获取相关审计证据。例如，在审计存货跌价准备时，注册会计师除了获取被审计单位以往的销售水平，现有的订购单和营销趋势等资料外，还可从所处行业编制的销售预测和市场分析资料中获取审计证据。又如，在审计未决诉讼导致的预计负债时，注册会计师可以考虑与被审计单位的律师直接交换意见。

（3）评价被审计单位对数据的分析。例如，被审计单位是否对应收账款的账龄进行分析，是否根据消耗量的预测对存货供应天数进行推算。

（4）评价会计估计适用的主要假设是否有合理的依据。注册会计师对主观的、容易引起重大错报的或对情况变化敏感的假设应引起特别关注，如未来利率、汇率等指标的变化。例如，被审计单位按照10%的折现率计算某项资产的未来现金流量现值，资产负债表日后中央银行提高利率，导致市场利率上升为15%，该事项就明显影响了被审计单位作出会计估计时使用的10%折现率这一假设。

（5）考虑利用专家的工作。例如，探测某一矿藏的储存量，或者估算在建工程的完工程度。这些涉及特殊技术的复杂会计估计过程，注册会计师应当根据具体情况考虑是否利用专家的工作。

（6）复核会计估计公式的持续适当性。例如，采用直线法计算固定资产折旧；采用销售百分比法计算产品质量保证准备金。被审计单位通常应定期检查公式的适当性，如重新估计固定资产的剩余使用年限、调整计算产品质量保证金的比例等。

2. 测试会计估计的计算过程时考虑的因素

注册会计师应当依据评估的重大错报风险、管理层使用会计估计的程序和方法和会计估计在财务报表中的重要性因素，确定实施审计程序的性质、时间和范围。

3. 将以前期间作出的会计估计与其实际结果进行比较

在可能的情况下，注册会计师应当将被审计单位以前期间作出的会计估计与其实际结果进行比较，将比较结果以数量的形式表现出来，即量化两者的差异，以获取有关会计估计程序和方法总体可靠性的审计证据。

【例14-4】 被审计单位从2008年初开始生产并销售某类产品，该类产品质量保证期为3年。2008—2010年该产品的销售收入及实际发生的维修费用如表14-1所示。

表14-1 ××产品销售收入及实际发生的维修费用 单位：万元

	2008年	2009年	2010年
销售收入	1 000	1 500	1 200
当年发生的维修费	（2008）8	（2009）18	（2010）18
第二年发生的维修费	（2009）11	（2010）20	（2011）尚未发生
第三年发生的维修费	（2010）9	（2011）尚未发生	（2012）尚未发生

假设被审计单位在2008—2010年每年年末分别按当年销售收入的2%计提产品质量保证金20万元、30万元和24万元。

要求：在审计2010年度的财务报表时，注册会计师应当作何分析？

【解答】 注册会计师应当将2008年度1 000万元销售收入所对应的产品质量保证金20万元与这批产品2008—2010年三年内实际发生的28万元维修费进行比较。通过比较可以发现，该产品计提的质量保证金不能弥补其质量保证期内所发生的维修费用。进一步分析发现，2008—2010年的三年中，每年所销售的产品在当年度发生的维修费与销售收入的比例呈逐年上升趋势，且2009年销售的产品在当年以及2010年两年内发生的维修费用已超过为这批产品所计提的质量保证金。在这种情况下,注册会计师应当提请被审计单位提高对产品质量保证金的计提比例。

4. 考虑管理层对会计估计的批准程序

重要的会计估计通常需要取得管理层的复核和批准,这种复核和批准是否由适当层次的管理层执行,并在支持作出会计估计的书面文件中留下证据。

(二)运用独立估计,并与管理层作出的会计估计进行比较

独立估计是指独立于被审计单位之外的人士(包括注册会计师和专家等)对会计估计事项所作的估计。例如,根据对市场上与被审计单位的产品具有相似规格和品质的某一产品的现在及未来销售情况的了解,注册会计师可以对被审计单位就该产品计提的存货跌价准备作出估计,并与管理层作出的会计估计进行比较。

(三)复核能够证实会计估计合理性的期后事项

注册会计师在复核期后事项时,需要对两类不同的期后事项进行区分:

第一类期后事项是指能够为被审计单位资产负债表日会计估计合理性提供进一步证据的期后事项。如 2010 年 12 月 31 日,被审计单位应收某企业账款 100 万元,账龄在 2 年以上,被审计单位按照 10% 的比例提取坏账准备。次年 2 月 10 日,该企业因长期经营不善破产,被审计单位收回 20 万元。注册会计师在审计工作完成前获知此信息,该事项说明被审计单位对坏账准备的估计没有充分反映实际的损失风险,注册会计师应提请被审计单位调增资产负债表日的坏账准备 70 万元。又如,对资产负债表日存在的未决诉讼、未决索赔的估计金额,如果在审计工作完成前,相关事项已经作出判决或取得了新的证据,应重新考虑资产负债表日会计估计的合理性,必要时要求被审计单位予以调整。

第二类期后事项是指被审计单位资产负债表日至审计工作完成日前发生的不影响被审计单位资产负债表日会计估计的事项,如上例中的债务人并非因经营不善破产而是发生火灾被迫破产,尽管清算后被审计单位仍然收回债权 20 万元,但该事项不能证明被审计单位 2010 年 12 月 31 日对该应收账款坏账准备的会计估计不合理。

四、对会计估计差异的合理性进行评价

由于会计估计固有的不确定性,评价会计估计可能比其他领域的审计更为困难。如果评价结果存在差异,注册会计师应当区分不同情况确定是否需要调整该项差异:如果该项差异处于可接受范围内,则不需要进行调整;如果该项差异不可接受,则注册会计师应提请被审计单位管理层予以调整,如果管理层拒绝调整,注册会计师应当将该项差异视为一项错报,并连同所有其他错报一并考虑,以评价对财务报表的影响是否重大。

本 章 小 结

在财务报表审计中,除了前述各循环审计外,还有特殊项目需要审计。这些项目包括期初余额、关联方交易、期后事项、或有事项、持续经营、会计估计等。这些项目的审计工作通常在审计

外勤工作结束前进行,其审计结论有可能影响审计意见。

本章思考题

1. 注册会计师对被审计单位持续经营能力的思考如何影响其出具审计报告的类型?
2. 针对会计估计应执行哪些审计程序?
3. 什么是期初事项? 为什么对期初事项进行审计?
4. 什么是期后事项? 它有几种类型?
5. 简述或有负债审计的一般程序。

案例讨论题

兰石公司期初余额审计案例

[案情介绍] 诚达会计师事务所自2011年2月1日首次接受兰石股份有限公司董事会委托,对该公司进行年度会计报表审计。双方签订了审计业务约定书。并于2011年2月2日至3月6日,对该公司2010年度的会计报表进行审计。因为对兰石公司是首次接受委托,需要对期初余额进行确认。原承接年报审计的公信会计师事务所对该公司年报出具了保留意见的审计报告,经2010年股东大会讨论通过更换会计师事务所的决议,于是在2011年2月诚达会计师事务所接任兰石股份有限公司的年度会计报表审计。注册会计师首先对公信会计师事务所的独立性和专业胜任能力进行分析,未发现任何异常。同时,根据了解的上述信息,经兰石股份有限公司同意后,注册会计师与公信会计师事务所取得了联系,对方予以了充分合作,提供了涉及保留意见的相关资料。注册会计师根据审计工作底稿所反映的内容和被审计单位上年的会计资料,进行了核对和抽查。具体内容如下:

1. 对应收款项和应付款项进行核对

对应收款项和应付款项的年初数与2010年1月份的记录进行核对,应付款项未发现异常变化;对应收款项核对并结合对2010年的审计工作底稿进行衔接时发现:

(1) 应收账款中有320万元的三年以上的应收账款尚未收回,兰石公司仅按5%计提了16万元的坏账准备,根据该公司的坏账计提政策,注册会计师认为应按30%计提坏账准备。

(2) 2009年末其他应收款中应收集团母公司的3 450万元,未提坏账准备,从公信会计师事务所提供的审计工作底稿来看,去年该所负责审核的注册会计师对此就提出了调整意见,但被审计单位未接受调整意见。该公司解释的原因是该项其他应收款为年末向集团公司出售一项专利权形成的,该项专利权账面价值为2 430万元。对此项出售,兰石股份公司还确认了1 020万元的营业外收入并称款项将很快收回,对此项业务在上年的审计报告中已作说明,但核对兰石股份公司的会计资料后发现至今尚未收回,兰石集团公司财务状况也不是很理想。

(3) 2009年末应收票据(商业承兑汇票)已经逾期的金额为120万元,但未将其转入应收账款,也未计提坏账准备,2009年的审计工作底稿中也未对其进行调整。

对应收款项期初余额发现的上述问题注册会计师认为必须进行如下调整：

一是将应收票据转入应收账款。

审计调整分录为：

借：应收账款　　1 200 000

　　贷：应收票据　　1 200 000

二是应补提坏账准备。

累计应补提坏账准备 = 320×(30% −5%)+3 450×5% +120×5% = 258.5(万元)

审计调整分录为：借：资产减值损失　　2 585 000

　　　　　　　　　　贷：资产减值准备　　2 585 000

同时调整本年利润账户，因兰石股份公司为亏损企业，不涉及所得税、盈余公积和未分配利润的调整。审计调整分录为：

借：本年利润　　2 585 000

　　贷：资产减值损失　　2 585 000

注意对上述调整应调整2010年年初数，应以调整后的年初数为基础计算2010年的年末数和本年数。

2. 对存货进行审核，以确定其价值的公允性

期初存货是对报表有重要影响的项目，它既关系到本期期末余额确定的真实与否，也关系到当期主营业务成本的计算是否正确，进而影响到当期财务成果。对存货的审核既要确认其数量的真实性，也要确认发出存货的计价方法是否有变动。注册会计师将上年公信会计师事务所提供的存货审计工作底稿与年初数进行核对后，得知被审计单位发出存货的计价方法未改变，数量上经与本年1—2月份的数据核对也未发现异常。

3. 对长期股权投资进行审核

投资的期初余额影响到期末资产总额，对投资收益的确认也影响财务成果。从上年审计报告得知，兰石股份有限公司对上海SG公司的投资占SG公司总额的45%，自2008年投资起一直采用成本法核算，SG公司2008年、2009年共亏损12 000万元。对兰石股份公司的影响数为 −3 000万元；注册会计师认为应采用权益法核算，这部分亏损额应调整入账。审计调整分录为：

借：投资收益——股权投资损失　　30 000 000

　　贷：长期股权投资——损益调整　　30 000 000

同时：

借：本年利润　　30 000 000

　　贷：投资收益　　30 000 000

4. 对固定资产和在建工程进行核对

注册会计师将2009年的会计记录和审计工作底稿进行核对，对在建工程和固定资产的审计中发现，兰石股份有限公司在2009年11月12日有一机器设备价值200万元，安装完毕后投入使用，但在12月份未提折旧，在上年的折旧的计算表中没有该项固定资产折旧，在上年的审计底稿中也提到了此问题，但被审计单位未进行调整，直到2010年1月才开始计提折旧。因该固定资产每月应提的折旧额为12万元，已经达到了固定资产账户分配的重要性水平，注册会计师建议进行调整，调整分录为：

借:管理费用——折旧费 120 000

贷:累计折旧 120 000

同时:

借:本年利润 120 000

贷:管理费用——折旧费 120 000

在报表中要调整累计折旧额和固定资产净值,并调整未弥补亏损数额。

注册会计师除了审核上述项目外,还对资产负债表的其他项目也都进行了核对,没有发现其他异常事项。

假定对2009年报表已经审核完毕,对本期业务审核中未发现需要被审计单位调整的事项,但因期初余额的调整数额巨大,合计调整增加亏损3 270.5万元,并使2010年的累计亏损额增加,所有者权益出现负值,资产负债率超过100%,使其持续经营能力受到质疑,被审计单位拒绝调整,理由是上年已经审计的数额不能变动。注册会计师经与公司管理层沟通后,对方仍然拒绝调整,因为未调整数额巨大,它将直接影响2010年度的报表数,对此注册会计师出具了保留意见的审计报告。

[问题思考]

1. 针对本案,注册会计师在审计过程中,应如何获取有关期初余额的充分、适当的审计证据? 注册会计师的上述做法是否正确? 为什么?

2. 对期初余额的重要错报或漏报,注册会计师应做哪些处理?

3. 注册会计师在审计期初余额过程中有什么途径可以提高审计效率,取得更好的审计效果?

4. 注册会计师在审计期初余额过程中应注重审计什么内容?

5. 对审查出的内容无法解决时,注册会计师应如何处理?

第十五章　终结审计与审计报告

第一节　审计报告编制前的工作

注册会计师在实施了审计测试工作后，需要汇总审计测试结果，进行更具综合性的审计工作。如整理复核审计工作底稿；编制审计差异调整表和试算平衡表；获取管理层声明书和律师声明书；执行分析程序；撰写审计总结等。在此基础上，评价审计结果，在与客户沟通后，确定应出具审计报告的类型，进而编制并致送审计报告，终结审计工作。

一、整理复核审计工作底稿

审计意见是以审计工作底稿为基础的，而审计工作底稿又是以注册会计师在实施审计过程中，按规定程序，运用科学方法取得的实际证据为依托。为了使收集到的分散的、个别的审计证据形成具有充分证明力的证据体系，并在此基础上恰当地形成整体的审计意见，注册会计师必须对审计证据进行分类、整理和分析，使之条理化、系统化。根据审计项目的要求，全面复核审计工作底稿中所记录的审计事项及相应的审计证据。

对审计工作底稿的复核分为项目组内部复核和独立复核。详见第五章有关内容。

二、编制审计差异调整表

审计差异是指注册会计师在审计中发现的被审计单位的会计处理与适用的会计准则、会计制度不一致形成的差异。根据差异产生的原因，可把审计差异分为会计核算差异和重分类差异两种。

会计核算差异是指因企业对经济业务进行了不正确的会计核算而引起的差异。如将应予资本化的借款利息计入财务费用，不仅需要调整财务报表，还需要调整相关账户的记录。

重分类差异是企业未按适用的会计准则、会计制度规定编制财务报表而引起的差异。如期末“应付账款”明细账出现借方余额时，应将其明细账借方余额填列在资产方预付账款项目中，而不应按“应付账款”期末总账余额填列报表等。

无论是会计核算差异，还是重分类差异，在审计工作底稿中通常都以会计分录的形式予以汇总反映，即编制账项调整分录汇总表、重分类分录汇总表和未更正错报汇总表。

（1）账项调整分录汇总表。基本格式如表 15-1 所示。

（2）重分类分录汇总表。基本格式如表 15-2 所示。

（3）未更正错报汇总表。基本格式如表 15-3 所示。

表 15-1 审计差异调整表——账项调整分录汇总表 单位:万元

客　　户 佳邻公司	签名　　日期	
项　　目 账项调整分录汇总表	编制人:________ ________	索引号:________
会计期间 2010 年度	复核人:________ ________	页　次:________

序号	调整内容及项目	索引号	调整金额		影响利润(+或-)	影响资产负债表(+或-)
			借方	贷方		
1	资产减值损失		221.52		-221.52	
	应收账款			120		资产-120
	其他应收款			101.52		资产-101.52
2	营业外支出		250		-250	
	管理费用		45		-45	
	其他应收款		5			资产 5
	待处理财产损溢			300		资产-300
3	营业外支出		120		-120	
	其他应付款			120		负债 120
4	应交税费		159.13			负债-159.13
	所得税费用			159.13	159.13	
5	盈余公积		47.74			权益 -47.74
	利润分配			47.74		权益 47.74
合计			848.39	848.39	-477.39	

被审计单位代表:××× 项目负责人:××× 双方签字:××× ××× √:被审计单位接受调整建议	参加人员:××× 注册会计师:××× 签字日期:　年　月　日

表 15-2 审计差异调整表——重分类调整分录汇总表 单位:万元

客　　户 佳邻公司	签名　　日期	
项　　目 重分类调整分录汇总表	编制人:________ ________	索引号:________
会计期间 2010 年度	复核人:________ ________	页　次:________

序号	重分类内容及项目	索引号	调整金额		备注
			借方	贷方	
1	预付账款		1 500		
	应付账款			1 500	

续表

序号	重分类内容及项目	索引号	调整金额		备注
			借方	贷方	
2	应收账款		2 000		
	预收账款			2 000	
合计			3 500	3 500	

被审计单位代表:××× 项目负责人:××× 双方签字:××× ××× √:被审计单位接受调整建议	参加人员:××× 注册会计师:××× 签字日期: 年 月 日

表 15-3 审计差异调整表——未更正错报汇总表

单位:万元

客 户 佳邻公司	签名 日期	
项 目 未调整不符事项汇总表	编制人:________ ________	索引号:________
会计期间 2010 年度	复核人:________ ________	页 次:________

序号	未调整项目	索引号	未调整金额		备注
			借方	贷方	
1	资产减值损失		0.30		
	其他应收款			0.30	
2	持有至到期投资——应计利息		15		
	投资收益			15	
合计			15.30	15.30	

未予调整的影响	金 额	百 分 比
1. 净利润 15.225 2. 净资产 14.7 3. 总资产 14.7	15+0.3×(1-25%)=15.225	15.225÷2 564.63=0.5%

被审计单位代表:××× 项目负责人:××× 双方签字:××× ××× √:被审计单位接受调整建议	参加人员:××× ××× 注册会计师:××× ××× 签字日期: 年 月 日

对于审计中发现的核算差异,应运用重要性原则,从数量和性质两方面考虑:

第一,对于单笔核算差异超过所涉及财务报表项目层次重要性水平的,应视为建议调整的错报事项。

第二，对于单笔核算差异低于所涉及财务报表项目层次重要性水平，但性质重要的，比如涉及舞弊或违法行为的核算差异、影响收益趋势的核算差异、股本项目等不期望出现的核算差异，应视为建议调整的错报事项。

第三，对于单笔核算误差低于所涉及财务报表项目层次重要性水平，并且性质不重要的，一般应视为未调整的错报事项；但若干笔同类型未调整错报事项汇总数超过财务报表项目层次重要性水平时，应从中选取几笔转为建议调整的错报事项。

注册会计师确定了建议调整的错报事项和重分类差异后，应以书面方式及时征求被审计单位对需要调整财务报表事项的意见。若被审计单位予以采纳，应取得被审计单位同意调整的书面确认；若被审计单位不予采纳，应分析原因，并根据未更正错报的性质和重要程度，确定是否在审计报告中予以反映，以及如何反映。

三、编制试算平衡表

（一）试算平衡表

试算平衡表是指注册会计师在被审计单位提供的未审计财务报表的基础上，考虑调整分录、重分类分录等内容以确定已审数与报表披露数的表式。有关资产负债表和利润表的试算平衡表的参考格式如表 15-4 和表 15-5 所示。

（二）试算平衡表编制说明

（1）试算平衡表中的"审计前金额"栏，应根据被审计单位提供的未审计财务报表填列。

（2）有些财务报表项目会在调整分录中多次出现，可先通过"丁"字形账户汇总，再填入。

（3）在编制完成试算平衡表后，应注意核对项目之间的勾稽关系。如资产负债表试算平衡表左边的"审计前金额"、"审定金额"各栏合计数应分别等于其右边相应各栏合计数；资产负债表试算平衡表左边的"调整金额"栏中的借方合计数与贷方合计数之差应等于右边的"调整金额"栏中的贷方合计数与借方合计数之差；资产负债表试算平衡表左边的"重分类金额"栏的借方合计数与贷方合计数之差应等于右边的"重分类金额"栏中的贷方合计数与借方合计数之差，等等。

【例 15-1】 甲会计师事务所注册会计师 A 和 B 于 2011 年 3 月 25 日完成了对佳邻有限公司 2010 年度财务报表的审计工作。该公司未经审计的财务报表资料如表 15-6 和表 15-7 所示。经审计发现以下问题：

（1）该公司采用备抵法核算坏账，坏账准备按应收账款余额的 6% 计提，2010 年末未经审计的资产负债表反映的应收账款借方余额 21 000 万元，其他应收账款借方余额 1 692 万元，应付账款贷方余额 8 080 万元，预收账款的贷方余额 1 350 万元，有关明细组成如下：

应付账款——A	6 000 万元	预收账款——F	2 100 万元
应付账款——B	-1 500万元	预收账款——G	1 000万元
应付账款——C	2 080万元	预收账款——H	-2 000万元
应付账款——D	1 000万元	预收账款——I	190万元
应付账款——E	500万元	预收账款——J	60万元
合计	8 080万元	合计	1 350万元

表 15-4 资产负债表试算平衡表

单位：万元

客户 佳邻公司　　　　签名　　　　日期　　　　索引号：________

项目 资产负债表试算平衡表　　　　编制人：________ ________　　　　页 次：________

会计期间 2010 年度　　　　复核人：________ ________

项目	审计前金额借方	调整金额		审定金额借方	重分类调整		报表反映数借方	项目	审计前金额贷方	调整金额		审定金额贷方	重分类调整		报表反映数贷方
		借方	贷方		借方	贷方				借方	贷方		借方	贷方	
货币资金	8 600			8 600			8 600	短期借款	26 000			26 000			26 000
交易性金融资产								应付票据							
应收票据															
应收账款	19 740		120	19 620	2 000		21 620	应付账款	8 080			8 080		1 500	9 580
预付账款	1 030			1 030	1 500		2 530	预收账款	1 350			1 350		2 000	3 350
应收利息								应付职工薪酬	480			480			480
应收股利								应付股利	950			950			950
其他应收款	1 692	5	101.52	1 595.48			1 595.48	应交税费	1 400	159.13		1 240.87			1 240.87
存货	16 300			16 300			16 300	其他应付款	2 280		120	2 400			2 400
待处理流动资产损溢	300		300					长期借款	11 400			11 400			11 400
长期股权投资	2 180			2 180			2 180	应付债券							
持有至到期投资	500			500			500	长期应付款							
固定资产	34 460			34 460			34 460	股本	20 000			20 000			20 000
工程物资								资本公积	11 870			11 870			11 870
在建工程	11 500			11 500			11 500	盈余公积	5 400	47.74		5 352.26			5 352.26
无形资产								未分配利润	7 092	477.39	47.74	6 662.35			6 662.35
合计	96 302	5	521.52	95 785.48	3 500		99 285.48	合计	96 302	684.26	167.74	95 785.48		3 500	99 285.48

表 15-5 利润表试算平衡表

单位:万元

客 户 佳邻公司
项 目 利润表试算平衡表
会计期间 2010 年度

签名 日期
编制人:________ ________
复核人:________ ________

索引号:________
页 次:________

项 目	审计前金额	调整金额		审定金额
		借方	贷方	
一、营业收入	52 526			52 526
减:营业成本	39 461			39 461
营业税金及附加	773			773
营业费用	2 400			2 400
管理费用	4 305	45		4350
财务费用	1 532			1 532
资产减值损失		221.52		221.52
加:投资收益(损失以"—"号填列)	232			232
二、营业利润(亏损以"—"号填列)	4 287	266.52		4 020.48
加:营业外收入	183			183
减:营业外支出	48	370		418
三、利润总额	4 422	636.52		3 785.48
减:所得税费用	1 380		159.13	1 220.87
四、净利润	3 042	477.39		2 564.61
五、每股收益	(略)			
(一)基本每股收益	(略)			
(二)稀释每股收益	(略)			

(2) 2010 年 12 月 31 日,佳邻公司清查盘点库存原材料,发现短少 300 万元,做了借记"待处理财产损溢——待处理流动资产损溢"科目 300 万元,贷记"原材料"科目 300 万元的会计处理。经查清短缺原因并报经批准,其中属于非常损失部分 250 万元,属于一般经营损失的为 45 万元,属于管理员李××过失而应由其赔偿部分为 5 万元。佳邻公司于 2011 年 2 月的会计记录中对此做了相应会计处理,冲销了 2010 年资产负债表中"待处理流动资产损溢"项目金额 300 万元。

表 15-6　资产负债表

2010 年 12 月 31 日　　　　单位：万元

资产	行次	金额	负债及股东权益	行次	金额
流动资产：			流动负债：		
货币资金		8 600	短期借款		26 000
交易性金融资产			应付票据		
应收票据			应付账款		8 080
应收股利			预收账款		1 350
应收利息			应付职工薪酬		480
应收账款		19 740	应付股利		950
其他应收款		1 692	应交税费		1 400
预付账款		1 030	其他应付款		2 280
存货		16 300	流动负债合计		40 540
待处理流动资产损溢		300	非流动负债：		
流动资产合计		47 662	长期借款		11 400
非流动资产：			应付债券		
长期股权投资		2 180	长期应付款		
持有至到期投资		500	非流动负债合计		11 400
固定资产		34 460	负债合计		51 940
工程物资			股东权益：		
在建工程		11 500	股本		20 000
无形资产			资本公积		11 870
长期待摊费用			盈余公积		5 400
其他非流动资产			未分配利润		7 092
非流动资产合计		48 640	股东权益合计		44 362
资产合计		96 302	负债及股东权益合计		96 302

表 15-7　利　润　表

2010 年　　　　单位：万元

项　　目	行次	本年累计数
一、营业收入		52 526
减：营业成本		39 461
营业税金及附加		773

续表

项目	行次	本年累计数
营业费用		2 400
管理费用		4 305
财务费用		1 532
资产减值损失		
加:投资收益(损失以“—”号填列)		232
二、营业利润(亏损以“—”号填列)		4 287
加:营业外收入		183
减:营业外支出		48
三、利润总额		4 422
减:所得税费用		1 380
四、净利润		3 042
五、每股收益		(略)

(3) 佳邻公司2010年1月1日按面值购入3年期,年利率为3%、到期还本付息的国库券500万元,按规定对该笔投资业务做了相应的会计处理,但至2010年12月31日对该笔投资未计提投资收益。

(4) 佳邻公司为K公司向银行借款100万元提供担保。2010年10月,K公司因经营严重亏损进行破产清算,无力还款。银行向法院起诉,要求公司承担连带责任,支付借款本息120万元。2011年2月20日法院终审判决银行胜诉,由本公司支付本息120万元,并于2011年2月28日执行完毕。公司在2010年末对此未作处理。

要求:(1) 针对审计发现的上述4种情况,如果不考虑审计重要性水平,注册会计师A和B分别应提出何种审计处理建议?若需提出调整建议,请编制审计调整分录(包括重分类调整分录)。

假定编制审计调整分录时,不考虑流转税、费用以及损益结转,但应考虑对所得税和净利润的影响。

(2) 假定佳邻公司接受了注册会计师A和B提出的上述审计调整建议,请编制试算平衡表工作底稿。

【解答】 (1) 针对审计发现的上述4种情况,注册会计师A和B应建议佳邻公司做如下处理:

一是将应付账款中的借方余额部分通过财务报表重分类调整至预付账款项目,审计调整分录为:

借:预付账款——B公司　　15 000 000

　　贷:应付账款——B公司　　15 000 000

二是将预收账款中的借方余额部分通过财务报表重分类调整至应收账款项目,审计调整分录为:

借:应收账款——H公司　　20 000 000

贷：预收账款——H 公司　20 000 000

三是按期末应收款项余额的 6% 补提坏账准备 221.52[(21 000+1 692+2 000)×6% −1 260]万元，审计调整分录为：

借：资产减值损失　2 215 200

贷：应收账款　1 200 000

其他应收款　1 015 200

四是库存原材料短缺属于 2010 年度发生的事项，应建议佳邻公司区分不同的原因调整 2010 年度相应的财务报表项目，审计调整分录为：

借：营业外支出——非常损失　2 500 000

管理费用——物料消耗　450 000

其他应收款——李××　50 000

贷：待处理财产损溢——待处理流动资产损溢　3 000 000

五是对 5 万元其他应收款余额按照 6% 的比例计提坏账准备 0.3(5×6%)万元，做未调整不符事项处理：

借：资产减值损失　3 000

贷：其他应收款　3 000

六是按权责发生制补记 2010 年度的国库券投资收益 15(500 万元×3%)万元，做未调整不符事项处理：

借：持有至到期投资——应计利息　150 000

贷：投资收益　150 000

七是对资产负债表日已经存在的诉讼担保案件，已结案，需要确认负债，审计调整分录为：

借：营业外支出——赔款损失　1 200 000

贷：其他应付款——贷款银行　1 200 000

八是结合上述影响损益的审计调整分录，应调减企业所得税 159.13[(221.52+250+45+120)×25%]万元，审计调整分录为：

借：应交税费——应交所得税　1 591 300

贷：所得税费用　1 591 300

九是将上述损益类账户转入“本年利润”账户，审计调整分录为：

借：本年利润　4 773 900

所得税费用　1 591 300

贷：管理费用　450 000

营业外支出——赔款损失　3 700 000

资产减值损失　2 215 200

(2) 编制试算平衡表工作底稿如表 15-4 和表 15-5 所示。

四、获取管理层声明

(一) 管理层声明的性质和作用

管理层声明包括口头声明和书面表明，注册会计师认为口头声明对财务报表具有重要影响，应提请管理层以书面形式予以确认。注册会计师获取的管理层书面声明通常包括：

（1）管理层直接提供的声明书；

（2）注册会计师为正确理解管理层声明所提供的且经管理层确认的函；

（3）管理层的相关会计记录；

（4）管理层签署的财务报表副本。

这里主要介绍的是管理层直接提供的声明书。

被审计单位管理层声明书，是被审计单位管理层向注册会计师提供的与财务报表相关的陈述，是重要的审计证据。注册会计师在出具审计报告前，应向管理层索取声明书。

被审计单位管理层声明书为明确被审计单位管理层对财务报表的责任提供了依据，同时将管理人员对有关审计问题的回答以书面形式记录下来，当被审计单位与注册会计师发生意见分歧和法律诉讼时，可以作为书面证据，有利于保护注册会计师。但因为管理层声明书属于非独立来源的书面声明，因此不能将其视为非常可靠的证据。

被审计单位管理层声明书形式上出自被审计单位管理层，实际上是由注册会计师准备好内容，要求被审计单位用其公司信笺书写打印，并由公司层管理人员（一般是总经理和财务总监）签名后递交审计机构。如果被审计单位管理层拒绝就对财务报表具有重大影响的事项提供必要的书面声明，或拒绝就重要的口头声明予以书面确认，注册会计师应将其视为审计范围受到严重限制，并发表保留意见或无法表示意见的审计报告。注册会计师如果对影响财务报表的重大事项无法实施必要的审计程序，获取充分、适当的审计证据，即使取得管理层声明，仍视为审计范围受到严重限制，并发表保留意见或无法表示意见的审计报告。

（二）管理层声明书的格式

（1）标题：××公司管理层声明书。

（2）收件人：管理层声明书的收件人为接受委托的审计机构及签署审计报告的注册会计师。

（3）声明内容：根据注册会计师要求声明的内容，列出各项声明。

（4）签章：由被审计单位及其会计机构负责人签署，并加盖被审计单位公章。

（5）日期：被审计单位管理层声明书的日期应与审计报告的日期一致，以防日期不一致而可能发生的误解。但在特定情况下，被审计单位管理层可能会对某些交易或事项出具单独或者专项的声明书，在这种情况下，声明书的日期可以是注册会计师获取该声明书的日期。

（三）管理层声明书的内容

（1）已按会计准则和会计制度的要求编制财务报表，财务报表的真实性、合法性、完整性由管理层负责。

（2）财务会计资料已全部提供给注册会计师检查。

（3）股东大会及董事会（或其他高层领导会议）的会议记录已全部提供给注册会计师查阅。

（4）被审计期间的所有交易事项均已入账。

（5）关联方交易的有关资料已提交注册会计师检查。

（6）期后事项和或有事项均已向注册会计师提供，重大的期后事项已做调整或披露。

（7）对注册会计师在审计过程中提出的所有重大调整事项已作调整。

（8）无违法、违纪、舞弊现象。

（9）无蓄意歪曲或粉饰会计报表各项目的金额或分类的情况。

（10）无重大的不确定事项。

（11）其他需作声明的事项。

下面列示一种常见的管理层声明书的范例，供参考。

管理层声明书

××会计师事务所××、××注册会计师：

本公司已委托贵所对本公司20××年度的财务报表进行审计，并出具审计报告。为了表示对贵所审计工作的理解、支持和充分合作，兹就有关情况声明如下：

1. 本公司已按照《企业会计准则》和《企业会计制度》的要求编制20××年度财务报表，这些财务报表的编制基础与上年度保持一致，本公司管理层对报告的真实性、合法性和完整性承担责任。

2. 本公司业已提供所有的财务及会计记录，股东大会、董事会会议记录以及有关的资料。

3. 本公司业已提供全部关联方清单、关联方交易清单及有关资料，对重大关联交易事项均已做披露。

4. 本公司提供的财务报表没有重大错报和漏报，所有重大的经济业务与会计事项均已按规定入账。

5. 本公司所有财务承诺、或有事项、期后事项业已全部提供，并已在财务报表或其附注中调整或披露。

6. 本公司确信：

（1）没有任何重大未预计的负债。

（2）没有任何重大未预计或未披露的可能诉讼赔偿、背书、承兑、保证等或有负债。

（3）没有任何违反法律、法规或合同的规定而需要调整或披露的事项。

（4）没有发现管理人员或其他员工舞弊的事情。

（5）没有蓄意歪曲或粉饰财务报表各项金额或分类的事情。

7. 本公司各项资产完全属实，并按规定提取了必要的资产减值准备。

8. 本公司对拥有的全部资产享有充分的所有权，以资产提供担保的情况已全部披露。

9. 本公司严格遵守了合同规定的条款，不存在因未履行合同而对财务报表产生重大影响的事情。

10. 本公司编制财务报表所依据的持续经营假设是合理的，没有进行清算或大幅度缩减经营规模的计划或打算。

11. 就审计报告日至财务报表公布日之间影响财务报表或附注的期后事项，本公司承诺在财务报表公布日之前以文字形式及时告知。

××公司　　　　（盖章）
公司负责人　　（签章）
会计机构负责人（签章）
二〇××年×月×日

五、取得律师声明书

在对被审计单位期后事项和或有事项等进行审计时，注册会计师往往要向被审计单位的法律顾问和律师进行函证，以获取其对资产负债表日业已存在的，以及资产负债表日至他们复函日这一时期内存在的期后事项和或有事项等的确认证据。被审计单位律师对函证问题的答复和说明，就是律师声明书。律师声明书通常可提供有力的证据，帮助注册会计师解释并报告有关的期后事项和或有事项，从而减少注册会计师误解上述事项的可能性，但其本身不足以对注册会计师形成审计意见提供基本理由。

对律师的函证，通常通过被审计单位向其律师寄发询证函的方式来实施。律师的责任在于声明被审计单位对有关期后事项和或有事项等情况的说明作出评价。

一般说来，对律师的函证通常由注册会计师起草，由被审计单位寄发给曾为其进行法律咨询代理的所有律师和法律顾问，并要求其律师和法律顾问将回函直接寄给注册会计师。律师的责任在于声明被审计单位有关或有事项和期后事项的叙述是否完整，有无遗漏。

律师声明书的格式和措辞尚无固定模式，单位不同或情况不同，律师出具的声明书也各不相同，但是，律师声明书的内容可能会直接影响注册会计师发表审计意见的类型。下面列示一种常见的律师询证函及律师询证函复函的范例，供参考。

律师询证函

________律师事务所并________律师：

本公司已聘请××会计师事务所对本公司　　年　　月　　日（以下简称资产负债表日）的资产负债表以及截止于资产负债表日的该年度利润表、股东权益变动表和现金流量表进行审计。为配合该项审计，谨请贵律师基于受理本公司委托的工作（诸如常年法律顾问、专项咨询和诉讼代理等），提供下述资料，并函告××会计师事务所：

一、请说明存在于资产负债表日并且自该日起至本函回复日止本公司委托贵律师代理进行的任何未决诉讼。该说明中谨请包含以下内容：

1. 案件的简要事实经过与目前的发展进程；

2. 在可能范围内，贵律师对于本公司管理层就上述案件所持看法及处理计划（如庭外和解设想）的了解，及您对可能发生结果的意见；

3. 在可能范围内，您对发生的损失或收益的可能性及金额的估计。

二、请说明存在于资产负债表日并且自该日起至本函回复日止，本公司曾向贵律师咨询的其他诸如未决诉讼、追索债权、被追索债务以及政府有关部门对本公司进行的调查等可能涉及本公司法律责任的事件。

三、请说明截止于资产负债表日，本公司与贵律师事务所律师服务费的结算情况（如有可能，请依服务项目区分）。

四、若无上述一及二事项，为节省您宝贵的时间，烦请填写本函背面《律师询证函复函》并签章后，按以下地址，寄往××会计师事务所（地址：××市××路××号；邮编××××××）。

谢谢合作！

××公司　　　　（盖章）
公司负责人　　（签章）
二〇××年×月×日

律师询证函复函

××会计师事务所：

本律师于________期间，除向________公司提供一般性法律咨询服务，并未有接受委托，代理进行或咨询如律师询证函中一、二项所述之事宜。

另截至 年 月 日止，该公司

□未积欠本律师事务所任何律师服务费。

□尚有本律师事务所的律师服务费计人民币__________元，未予付清。

__________律师事务所

律师__________（签章）

二〇××年×月×日

律师声明书作为一项外部证据，虽然具备较强的证明力，但注册会计师应根据律师的职业条件和声誉来确定律师声明书的合理性。注册会计师对律师声明书应从整体上分析，以确定它对审计询证函的总体反映，确定它与注册会计师所知的情况是否矛盾。倘若律师声明书表明或暗示律师拒绝提供信息或是隐瞒信息，或是对被审计单位叙述的情况应予修正而不加修正，注册会计师就应认为审计范围受到限制，也就不能出具无保留意见的审计报告。

六、执行分析程序

分析程序被广泛运用于审计阶段的全过程，以帮助注册会计师评价审计过程中形成的审计结论的恰当性和财务报表整体反映的公允性。

在对财务报表进行总体复核时，注册会计师首先应当全面审阅财务报表及其附注，考虑针对实质性程序中发现的异常差异或未预期差异所获取的证据是否充分、适当，这些异常差异或未预期差异与审计计划阶段的预计之间的关系。然后再将分析程序运用于财务报表上，以确定是否还可能存在任何其他的异常或未预期的关系。如果这种异常或未预期的关系存在，则注册会计师必须在完成审计外勤工作时追加实施额外的审计程序。

七、与被审计单位管理层与治理层的沟通

与被审计单位管理层与治理层的沟通是审计工作中不可缺少的部分，注册会计师沟通的对象包括治理结构中的相关人员及管理层。其中，治理层是指对被审计单位战略方向以及管理层履行经营管理责任负有监督责任的人员或组织。治理层的责任包括对财务报告过程的监督。管理层是指对被审计单位经营活动的执行负有管理责任的人员或组织。管理层负责编制财务报表，并受到治理层的监督。

沟通不只限于完成审计工作的时候，在审计计划阶段，注册会计师应当就双方的责任和义务、计划审计范围和时间，注册会计师的独立性等问题与被审计单位管理层与治理层进行沟通，在审计实施阶段，注册会计师应当就审计工作中发现的问题与管理层直接沟通，注册会计师还应当就与财务报表审计相关，且根据职业判断认为与治理层责任相关的重大事项，以适当的方式及时与治理层沟通。

注册会计师应当利用在了解被审计单位及其环境时获取的有关治理层结构和治理过程的信息的基础上，确定与被审计单位治理结构中的哪些适当人员沟通。

在审计报告阶段，注册会计师应当就以下事项与管理层进行沟通。

(1) 有关财务报表的分歧。

(2) 重大审计调整事项。

(3) 会计信息披露中存在的可能导致修改审计报告的重大问题。

(4) 被审计单位所面临的可能危及其持续经营能力等的重大风险。

(5) 审计意见的类型及审计报告的措辞。

(6) 注册会计师拟提出的关于内部控制等方面的建议。

(7) 其他需要沟通的事项。

如果有不适合与管理层讨论的事项，包括管理层的胜任能力和诚信问题等，以及有必要与治理层沟通的事项，注册会计师应当按照《中国注册会计师审计准则第 1151 号——与治理层的沟通》的有关规定，与被审计单位治理层沟通。

八、撰写审计总结

在完成审计实质性程序之后，审计项目经理应当对审计工作底稿进行全面复核，并在此基础上撰写审计总结(audit summary)，概括地说明审计计划执行情况及审计目标是否实现。

通过撰写审计总结，审计项目经理可以及时发现审计过程中的疏漏，并采取补救措施，确保审计质量；可对已作出的专业判断进行一次全面的再鉴定，便于正确地表达审计意见；审计总结可以为上一级复核者在复核审计工作底稿时提供一份完整而全面的汇总资料，使三级复核得到切实的保证，同时也为审计工作底稿的二级、三级复核者对本项目的审计概况有一个总体了解；审计总结的撰拟过程，是经验与教训的总结过程，有利于提高撰写者及其他审计项目组成员的专业水准，积累实务经验；审计总结是出具管理建议书的基础，也为下一期间的审计作了必要的衔接与铺垫。

审计总结一般需包括如下内容：

(1) 公司简介，阐述被审计单位的背景信息及重大会计政策的变更情况等。

(2) 审计概况，说明在审计中所采用的审计方法、获取的审计证据、财务报表项目的余额或发生额、不符事项的调整或未调整的理由、关联交易、财务承诺、期后事项以及需要负责该项目的部门经理和主任会计师注意的其他重大事项等。

(3) 审计中发现的主要问题和建议的重要调整事项。

(4) 审计结论，说明拟出具的审计报告意见类型及对被审计单位内部控制的建议与评价。

九、评价审计结果

注册会计师评价审计结果，主要为了确定将要发表的审计意见的类型以及在整个审计工作中是否遵循了注册会计师审计准则。为此，注册会计师必须完成以下工作：

(一) 对重要性和审计风险进行最终的评价

对重要性和审计风险进行最终评价，是决定发表何种类型审计意见的必要过程。该过程可通过以下两个步骤来完成：

第一步,按财务报表项目确定可能的错报金额,包括已识别的具体错报和推断错报。

第二步,根据财务报表层次重要性水平,确定错报金额的汇总数对整个财务报表的影响程度。

如果注册会计师得出审计风险处在一个可接受的水平这样一个结论,则可以直接提出审计结果所支持的意见。如果注册会计师认为审计风险不能接受,则应追加实施额外的实质性程序或者说服被审计单位作必要调整,以便使重要错报的风险降低到一个可接受的水平。否则,注册会计师应慎重考虑该审计风险对审计报告的影响。

(二)对已审计财务报表进行技术性复核

对已审计财务报表进行技术性复核,可以通过填列和复核财务报表检查清单的方式来进行。

(三)对已审计财务报表形成审计意见并草拟审计报告

在每个领域或报表项目的测试都完成之后,审计项目经理应将所有成员的审计结果汇总。在完成审计工作阶段,为了对会计报告整体表示适当意见,必须将这些分散的审计结果加以汇总和评价。在对审计意见形成最后决定之前,会计师事务所通常要同被审计单位商讨有关事项。在会议上,注册会计师可口头报告这次审计所发现的问题,并说明建议被审计单位作必要调整或表外披露的理由,同时管理层也可以在会上申辩其立场。如果商讨达成了一致协议,注册会计师即可签发标准审计报告,否则,注册会计师则考虑出具其他类型的审计报告。

第二节 审计报告的作用和基本内容

一、审计报告的作用

审计报告(audit report)是审计工作的最终成果。就民间审计而言,审计报告是注册会计师根据注册会计师审计准则的要求,在执行审计工作的基础上对被审计单位财务报表发表审计意见的具有法定证明效力的书面文件。

注册会计师签发的审计报告,主要有以下三个方面的作用:

1. 鉴证作用

民间注册会计师是以超然独立的第三者身份,通过审计报告对被审计单位财务报表中所反映的财务状况、经营成果和现金流量情况的合法性和公允性发表自己的意见。由于注册会计师的超然独立的身份及其良好的职业道德得到了政府和社会各界的普遍认可。因而,由注册会计师签发的审计报告具有鉴证作用。

2. 保护作用

根据注册会计师所提供的,依据被审计单位财务报表的客观情况而出具不同类型审计意见的审计报告,各财务报表信息使用者可以提高或降低对财务报表的信赖程度,能够在一定程度上对被审计单位的财产、债权人和股东的权益及企业利害关系人的利益起到保护作用。

3. 证明作用

审计报告是注册会计师在审计任务完成后对其审计过程和结果所做的总结。它可以表明审计工作的质量和明确注册会计师的审计责任。通过审计报告,可以证明注册会计师在审计过程中是否实施了必要的审计程序,是否以审计工作底稿为依据客观地发表审计意见,发表的审计意见是否与被审计单位的实际情况相一致,审计工作的质量是否符合一定的要求。通过审计报告,可以证明注册会计师审计责任的履行情况。

二、审计报告的基本内容

审计报告采用统一的结构和形式,目的是便于阅读者正确理解。审计报告的基本结构分为两部分:正文和附件。其中正文部分应当包括以下基本内容:

1. 标题(title)

审计报告的标题应当统一规范为“审计报告”。

2. 收件人(addressee)

审计报告的收件人是指注册会计师按照业务约定书的要求致送审计报告的对象,一般是指审计业务的委托人。审计报告应当载明收件人的全称,如“××股份有限公司全体股东”、“××有限责任公司董事会”等。

3. 引言段(introductory paragraph)

审计报告的引言段应当包括以下内容:

(1) 指出被审计单位的名称;

(2) 说明财务报表已经过审计;

(3) 指出构成整套财务报表的每一张财务报表的名称;

(4) 提及财务报表附注(包括重要会计政策概要和其他解释性信息);

(5) 指明构成整套财务报表的每一财务报表的日期和涵盖的期间。

4. 管理层对财务报表的责任段

管理层对财务报表的责任段应当说明编制财务报表是管理层的责任,这种责任包括:

(1) 按照适用的财务报告编制基础编制财务报表,并使其实现公允反映。

(2) 设计、执行和维护与财务报表编制相关的内部控制,以使财务报表不存在由于舞弊或错误导致的重大错报。

5. 注册会计师的责任段

注册会计师的责任段应当说明以下内容:

(1) 注册会计师的责任是在执行审计工作的基础上对财务报表发表审计意见。

(2) 注册会计师按照中国注册会计师审计准则的规定执行了审计工作。中国注册会计师审计准则要求注册会计师遵守中国注册会计师职业道德守则,计划和实施审计工作以对财务报表是否不存在重大错报获取合理保证。

(3) 审计工作涉及实施审计程序,以获取有关财务报表金额和披露的审计证据。选择的审计程序取决于注册会计师的判断,包括对由于舞弊或错误导致的财务报表重大错报风险的评估。在进行风险评估时,注册会计师考虑与财务报表编制和公允列报相关的内部控制,以设计恰当的审计程序,但目的并非对内部控制的有效性发表意见。审计工作还包括评价管理层选用会计政策的恰当性和作出会计估计的合理性,以及评价财务报表的总体列报。

(4) 注册会计师相信获取的审计证据是充分、适当的,为其发表审计意见提供了基础。

如果结合财务报表审计对内部控制的有效性发表意见，注册会计师应当删除上述第(3)项中“但目的并非对内部控制的有效性发表意见”的措辞。

6. 审计意见段

审计意见段应当说明以下内容：①财务报表是否按照适用的会计准则和相关会计制度的规定编制；②财务报表是否在所有重大方面公允反映了被审计单位的财务状况、经营成果和现金流量。

如果在审计意见中提及的适用的财务报告编制基础不是企业会计准则，而是国际财务报告准则、国际公共部门会计准则或者其他国家或地区的财务报告准则，注册会计师应当在审计意见段中指明国际财务报告准则或国际公共部门会计准则，或者财务报告准则所属的国家或地区。

7. 注册会计师的签名和盖章

注册会计师在审计报告上签名并盖章，有利于明确法律责任。

审计报告应当由两名具备相关业务资格的注册会计师签名盖章并经会计师事务所盖章方为有效。

(1) 合伙会计师事务所出具的审计报告，应当由一名对审计项目负最终复核责任的合伙人和一名负责该项目的注册会计师签名盖章。

(2) 有限责任公司会计师事务所出具的审计报告，应当由会计师事务所主任会计师或其授权的副主任会计师和一名负责该项目的注册会计师签名盖章。

8. 会计师事务所的名称、地址及盖章

在实务中，会计师事务所的地址标明会计师事务所所在城市即可，因为审计报告通常载于会计师事务所统一印刷的、标有该所详细通讯地址的信笺上，因此，无需在审计报告中注明详细地址。

9. 报告日期(report data)

审计报告应当注明报告日期。审计报告的日期不应早于注册会计师获取充分、适当的审计证据(包括管理层认可对财务报表的责任且已批准财务报表的证据)，并在此基础上对被审计单位财务报表形成审计意见的日期。

注册会计师在界定审计报告日期时，应当确信已获取以下审计证据：

(1) 构成整套财务报表的所有报表(包括相关附注)已编制完成。

(2) 被审计单位的董事会、管理层或类似机构已经认可其对财务报表负责。

审计报告的日期非常重要。注册会计师对不同阶段的资产负债表日后事项有着不同的责任，而审计报告的日期是划分时段的关键时点。在实务中，注册会计师在正式签署审计报告前，通常把审计报告草稿和已审计财务报表草稿一同提交管理层，如果管理层批准并签署已审计的财务报表，注册会计师即可签署审计报告。注册会计师签署审计报告的日期通常与管理层签署已审计财务报表的日期为同一天，或晚于管理层签署已审计财务报表的日期。在审计报告的日期晚于管理层签署已审计财务报表的日期时，注册会计师应当获取自管理层声明书日到审计报告日之间的进一步审计证据，如补充的管理层声明书。

附件部分主要包括：已审计的财务报表；对会计事项和财务报表项目的调查说明；对报告内容所作的其他解释；委托人要求随附及注册会计师认为有必要附送的其他资料等。

第三节 审计报告的基本类型

审计报告分为标准审计报告和非标准审计报告。标准审计报告是注册会计师出具的无保留意见不附加说明段、强调事项段、其他事项段或任何修饰性用语的审计报告。非标准审计报告，是指标准审计报告以外的其他审计报告，包括带强调事项段、其他事项段的无保留意见的审计报告和非无保留意见的审计报告。非无保留意见的审计报告包括保留意见的审计报告、否定意见的审计报告和无法表示意见的审计报告。

一、标准审计报告

如果认为被审计单位财务报表同时符合下列条件，注册会计师应当发表无保留意见：

(1) 财务报表已经按照适用的会计准则和相关会计制度的规定编制，在所有重大方面公允反映了被审计单位的财务状况、经营成果和现金流量；

(2) 注册会计师已经按照中国注册会计师审计准则的规定计划和实施审计工作，在审计过程中未受到限制。

当出具无保留意见审计报告时，注册会计师应当以"我们认为"作为意见段的开头，并使用"在所有重大方面"、"公允反映"等术语。

当出具无保留意见的审计报告又不附加说明段、强调事项段、其他事项段或任何修饰性用语时，该审计报告称为标准审计报告，标准审计报告的参考格式如下：

审计报告

ABC股份有限公司全体股东：

我们审计了后附的ABC股份有限公司(以下简称ABC公司)财务报表，包括20××年12月31日的资产负债表，20××年度的利润表、股东权益变动表和现金流量表以及财务报表附注。

一、管理层对财务报表的责任

编制和公允列报财务报表是ABC公司管理层的责任，这种责任包括：(1)按照企业会计准则的规定编制财务报表，并使其实现公允反映；(2)设计、执行和维护必要的内部控制，以使财务报表不存在由于舞弊或错误而导致的重大错报。

二、注册会计师的责任

我们的责任是在实施审计工作的基础上对财务报表发表审计意见。我们按照中国注册会计师审计准则的规定执行了审计工作。中国注册会计师审计准则要求我们遵守职业道德守则，计划和实施审计工作以对财务报表是否不存在重大错报获取合理保证。

审计工作涉及实施审计程序，以获取有关财务报表金额和披露的审计证据。选择的审计程序取决于注册会计师的判断，包括对由于舞弊或错误导致的财务报表重大错报风险的评估。在进行风险评估时，我们考虑与财务报表编制相关的内部控制，以设计恰当的审计程序，但目的并非对内部控制的有效性发表意见。审计工作还包括评价管理层选用会计政策的恰当性和作出会计估计的合理性，以及评价财务报表的总体列报。

我们相信，我们获取的审计证据是充分、适当的，为发表审计意见提供了基础。

三、审计意见

我们认为，ABC公司财务报表在所有重大方面按照企业会计准则的规定编制，公允反映了ABC公司20××年12月31日的财务状况以及20××年度的经营成果和现金流量。

××会计师事务所　　中国注册会计师：×××
（盖章）　　（签名并盖章）
中国注册会计师：×××
（签名并盖章）
中国××市　　二〇××年×月×日

二、非标准审计报告

（一）非无保留意见的审计报告

非无保留意见的审计报告是指保留意见、否定意见或无法表示意见的审计报告。

1. 发表非无保留意见的情形

当存在下列情形之一时，注册会计师应发表非无保留意见：

（1）根据获取的审计证据，得出被审计单位财务报表整体存在重大错报的结论。

①管理层在会计政策选用方面的错报。例如，坏账采用了直接转销法核算，发出存货成本的计量采用了后进先出法；长期股权投资后续计量在成本法与权益法之间随意转换，以调节利润。

②管理层在会计估计方面的错报。例如，对可能发生的坏账损失金额的高估或低估；没有考虑固定资产在使用寿命内各期提供经济利益的方式不同或负荷程度不同，而采用使用年限法计提折旧。

③管理层在财务报表披露方面的错报。例如，没有披露重大已贴现商业承兑汇票形成的或有负债；没有充分、清晰地披露关联方及关联交易，从而使财务报表使用者不能了解相关交易对被审计单位财务状况、经营成果和现金流量的影响。

（2）无法获取充分、适当的审计证据，不能得出财务报表整体存在重大错报的结论（审计范围受到限制）。

①超出被审计单位控制的情形。例如，由于被审计单位存货的性质或位置特殊，导致注册会计师无法监盘存货；会计记录被破坏，会计记录被无限期地查封。

②与注册会计师工作的性质或时间安排相关的情形。例如，对于长期股权投资无法获取被投资企业的已审计财务报表；注册会计师接受委托的时间使注册会计师无法监盘存货。

③管理层造成的限制。例如，管理层不允许注册会计师观察存货盘点，或者不允许对某项应收账款实施函证等。

在管理层造成限制的情况下，注册会计师应当提请管理层放弃限制。

在某项审计程序无法实施的情况下，注册会计师应当考虑是否可能实施替代审计程序，以获取充分、适当的审计证据。如果亦不能实施替代审计程序，即最终无法获取充分、适当的审计证据，则属于审计范围受限。

根据上述情形造成影响的严重程度，注册会计师可考虑发表保留意见、否定意见或无法表示意见。

注册会计师在出具保留意见、否定意见和无法表示意见的审计报告时，应于“意见段”之前另设“说明段”，清楚地说明导致所发表意见或无法发表意见的所有原因，在可能情况下，指出其对财务报表的影响程度，并使用恰当的标题，如“导致保留意见的事项”、“导致否定意见的事项”或“导致无法表示意见的事项”。

2. 保留意见的审计报告

保留意见的审计报告是指注册会计师对被审计单位的财务报表的反映有保留而出具的有保留意见的审计报告。保留意见意味着注册会计师认为在财务报表中，由于某些事项的存在，使无保留意见的条件不完全具备，影响了被审计单位财务报表的表达，因而注册会计师对无保留意见加以修正，对影响事项提出保留意见，并表示对该意见负责。

经过审计后，认为被审计单位财务报表的反映就其整体而言是公允的，但还存在下述情况之一时，应出具保留意见的审计报告。

第一，在获取充分、适当的审计证据后，注册会计师认为错报单独或汇总起来对财务报表影响重大，且不具有广泛性。

第二，注册会计师无法获取充分、适当的审计证据以作为形成审计意见的基础，但认为未发现的错报（如存在）对财务报表可能产生的影响重大，且不具有广泛性。

当出具保留意见的审计报告时，注册会计师应当在审计意见段中使用“除……的（可能）影响外”等术语。

（1）因财务报表存在重大错报而出具保留意见的审计报告参考格式如下：

审 计 报 告

ABC 股份有限公司全体股东：

我们审计了后附的 ABC 股份有限公司（以下简称 ABC 公司）财务报表，包括 20××年 12 月 31 日的资产负债表，20××年度的利润表、股东权益变动表和现金流量表以及财务报表附注。

一、管理层对财务报表的责任

编制和公允列报财务报表是 ABC 公司管理层的责任，这种责任包括：（1）按照企业会计准则的规定编制财务报表，并使其实现公允反映；（2）设计、执行和维护必要的内部控制，以使财务报表不存在由于舞弊或错误而导致的重大错报。

二、注册会计师的责任

我们的责任是在执行审计工作的基础上对财务报表发表审计意见。我们按照中国注册会计师审计准则的规定执行了审计工作。中国注册会计师审计准则要求我们遵守职业道德守则，计划和实施审计工作以对财务报表是否不存在重大错报获取合理保证。

审计工作涉及实施审计程序，以获取有关财务报表金额和披露的审计证据。选择的审计程序取决于注册会计师的判断，包括对由于舞弊或错误导致的财务报表重大错报风险的评估。在进行风险评估时，我们考虑与财务报表编制相关的内部控制，以设计恰当的审计程序，但目的并非对内部控制的有效性发表意见。审计工作还包括评价管理层选用会计政策的恰当性和作出会计估计的合理性，以及评价财务报表的总体列报。

我们相信，我们获取的审计证据是充分、适当的，为发表保留意见提供了基础。

三、导致保留意见的事项

ABC公司20××年12月31日资产负债表中存货的列示金额为××元，管理层根据成本对存货进行计量，而没有根据成本与可变现净值孰低的原则进行计量，这不符合企业会计准则的规定。公司的会计记录显示，如果管理层以成本与可变现净值孰低来计量存货，存货列示金额将减少××元。相应地，资产减值损失将增加××元，所得税、净利润和股东权益将分别减少××元、××元和××元。

四、保留意见

我们认为，除了“三、导致保留意见的事项”段所述事项产生的影响外，ABC公司财务报表在所有重大方面按照企业会计准则的规定编制，公允反映了ABC公司20××年12月31日的财务状况以及20××年度的经营成果和现金流量。

××会计师事务所　　　　　　　　　　中国注册会计师：×××
（盖章）　　　　　　　　　　　　　　（签名并盖章）
　　　　　　　　　　　　　　　　　　中国注册会计师：×××
　　　　　　　　　　　　　　　　　　（签名并盖章）
中国××市　　　　　　　　　　　　　二〇××年×月×日

（2）因注册会计师无法获取充分、适当的审计证据而出具保留意见的审计报告参考格式如下：

审 计 报 告

ABC股份有限公司全体股东：

我们审计了后附的ABC股份有限公司（以下简称ABC公司）财务报表，包括20××年12月31日的资产负债表，20××年度的利润表、股东权益变动表和现金流量表以及财务报表附注。

一、管理层对财务报表的责任

编制和公允列报财务报表是ABC公司管理层的责任，这种责任包括：(1)按照企业会计准则的规定编制财务报表，并使其实现公允反映；(2)设计、执行和维护必要的内部控制，以使财务报表不存在由于舞弊或错误而导致的重大错报。

二、注册会计师的责任

我们的责任是在执行审计工作的基础上对财务报表发表审计意见。我们按照中国注册会计师审计准则的规定执行了审计工作。中国注册会计师审计准则要求我们遵守职业道德守则，计划和实施审计工作以对财务报表是否不存在重大错报获取合理保证。

审计工作涉及实施审计程序，以获取有关财务报表金额和披露的审计证据。选择的审计程序取决于注册会计师的判断，包括对由于舞弊或错误导致的财务报表重大错报风险的评估。在进行风险评估时，我们考虑与财务报表编制相关的内部控制，以设计恰当的审计程序，但目的并非对内部控制的有效性发表意见。审计工作还包括评价管理层选用会计政策的恰当性和作出会计估计的合理性，以及评价财务报表的总体列报。

我们相信，我们获取的审计证据是充分、适当的，为发表保留意见提供了基础。

三、导致保留意见的事项

ABC 公司 20××年 12 月 31 日的应收账款××万元，占资产总额的×%。由于 ABC 公司未能提供债务人地址，我们无法实施函证以及其他审计程序，以获取充分、适当的审计证据。

四、保留意见

我们认为，除了“三、导致保留意见的事项”段所述事项可能产生的影响外，ABC 公司财务报表在所有重大方面按照企业会计准则的规定编制，公允反映了 ABC 公司 20××年 12 月 31 日的财务状况以及 20××年度的经营成果和现金流量。

××会计师事务所　　　　中国注册会计师：×××
（盖章）　　　　（签名并盖章）
　　　　中国注册会计师：×××
　　　　（签名并盖章）
中国××市　　　　二〇××年×月×日

3．否定意见的审计报告

否定意见的审计报告与无保留意见的审计报告相反。注册会计师提出否定财务报表公允地反映被审计单位的财务状况、经营成果和现金流量情况的审计意见。

注册会计师经过审计后，在获取充分、适当的审计证据后，如果认为错报单独或累计起来对财务报表的影响重大且具有广泛性，注册会计师应当发表否定意见。

注册会计师在出具否定意见的审计报告时，应在“审计意见段”中使用“由于导致否定意见的事项段所述事项的重要性”等专业术语。

否定意见审计报告在审计报告中不常见，只有当注册会计师认为错报对财务报表的影响程度超出一定范围，以致财务报表整体无法被接受，失去其价值时才出具否定意见的审计报告。

否定意见的审计报告的参考格式如下：

审计报告

ABC 股份有限公司全体股东：

我们审计了后附的 ABC 股份有限公司（以下简称 ABC 公司）财务报表，包括 20××年 12 月 31 日的资产负债表，20××年度的利润表、股东权益变动表和现金流量表以及财务报表附注。

一、管理层对财务报表的责任

编制和公允列报财务报表是 ABC 公司管理层的责任，这种责任包括：(1) 按照企业会计准则的规定编制财务报表，并使其实现公允反映；(2) 设计、执行和维护必要的内部控制，以使财务报表不存在由于舞弊或错误而导致的重大错报。

二、注册会计师的责任

我们的责任是在实施审计工作的基础上对财务报表发表审计意见。我们按照中国注册会计师审计准则的规定执行了审计工作。中国注册会计师审计准则要求我们遵守职业道德守则，计划和实施审计工作以对财务报表是否不存在重大错报获取合理保证。

审计工作涉及实施审计程序，以获取有关财务报表金额和披露的审计证据。选择的审计程序取决于注册会计师的判断,包括对由于舞弊或错误导致的财务报表重大错报风险的评估。在进行风险评估时,我们考虑与财务报表编制相关的内部控制,以设计恰当的审计程序,但目的并非对内部控制的有效性发表意见。审计工作还包括评价管理层选用会计政策的恰当性和作出会计估计的合理性,以及评价财务报表的总体列报。

我们相信,我们获取的审计证据是充分、适当的,为发表否定意见提供了基础。

三、导致否定意见的事项

如财务报表附注×所述,ABC公司20××年持有甲有限公司股份28%,但采用成本法核算。如果按权益法核算,ABC公司20××年12月31日的长期投资账面价值将减少××万元,净利润减少××万元,从而导致ABC公司由盈利××万元变为亏损××万元。

四、否定意见

我们认为,由于“三、导致否定意见的事项”段所述事项的重要性,ABC公司财务报表没有在所有重大方面按照企业会计准则的规定编制,未能公允反映ABC公司20××年12月31日的财务状况以及20××年度的经营成果和现金流量。

××会计师事务所　　　　　　　　　　中国注册会计师:×××
(盖章)　　　　　　　　　　　　　　(签名并盖章)
　　　　　　　　　　　　　　　　　中国注册会计师:×××
　　　　　　　　　　　　　　　　　(签名并盖章)
中国××市　　　　　　　　　　　　　二〇××年×月×日

4. 无法表示意见的审计报告

无法表示意见是指注册会计师说明其对被审计单位的财务报表不能发表意见。

注册会计师出具无法表示意见的审计报告,不同于拒绝接受委托,也不是不愿发表意见,它是注册会计师实施了一定的审计程序后发表审计意见的一种方式。如果注册会计师已经确定应当出具保留意见或否定意见的审计报告,不得以无法表示意见的审计报告来代替。保留意见或否定意见是注册会计师在取得充分、适当的审计证据后形成的,由于被审计单位财务报表存在错报,按其影响的严重程度而表示保留或否定的意见,并不是无法判断使用的措辞或问题的归属。无法表示意见是由于某些限制而未对某些重要事项取得证据,没有完成取证工作,使得注册会计师无法判断问题的归属。

注册会计师如果无法获取充分、适当的审计证据以作为形成审计意见的基础,但作为未发现的错报(如存在)对财务报表可能产生的影响非常重大且具在广泛性,注册会计师应当出具无法表示意见的审计报告。

当出具无法表示意见的审计报告时,注册会计师应当在审计意见段中使用“由于‘导致无法表示意见的事项’段所述事项的重要性”、“我们无法获取充分、适当的审计证据以为发表审计意见提供基础”、“我们不对财务报表发表审计意见”等专业术语。

无法表示意见审计报告的参考格式如下:

审计报告

ABC股份有限公司全体股东：

我们接受委托，审计后附的ABC股份有限公司（以下简称ABC公司）财务报表，包括20××年12月31日的资产负债表，20××年度的利润表、股东权益变动表和现金流量表以及财务报表附注。

一、管理层对财务报表的责任

编制和公允列报财务报表是ABC公司管理层的责任，这种责任包括：(1) 按照企业会计准则的规定编制财务报表，并使其实现公允反映；(2) 设计、执行和维护必要的内部控制，以使财务报表不存在由于舞弊或错误而导致的重大错报；

二、注册会计师的责任

我们的责任是在按照中国注册会计师审计准则的规定执行审计工作的基础上对财务报表发表审计意见。但由于"三、导致无法表示意见的事项"段中所述的事项，我们无法获取充分、适当的审计证据以为发表审计意见提供基础。

三、导致无法表示意见的事项

ABC公司未对20××年12月31日的存货进行盘点，金额为××万元，占期末资产总额的40%。我们无法实施存货监盘，也无法实施替代审计程序，以对期末存货的数量和状况获取充分、适当的审计证据。

四、无法表示意见

由于"三、导致无法表示意见的事项"段所述事项的重要性，我们无法获取充分、适当的审计证据以为发表审计意见提供基础，因此，我们不对ABC公司财务报表发表审计意见。

××会计师事务所 中国注册会计师：×××
（盖章） （签名并盖章）
中国注册会计师：×××
（签名并盖章）
中国××市 二〇××年×月×日

5. 非无保留意见的决策

错报和审计范围受到限制与非无保留意见类型之间的关系如表15-8所示。

表15-8 非无保留意见的决策表

事项或情形	对财务报表产生或可能产生的影响	
	重要但不广泛	重要且广泛
错报（金额或性质）	保留意见	否定意见
审计范围受到限制	保留意见	无法表示意见

（二）审计报告的强调事项段

1. 强调事项段的含义

审计报告的强调事项段（explanatory paragraph），是指审计报告中含有的一个段落，该段落提及已在财务报表中恰当列报或披露的事项，根据注册会计师的职业判断，该事项对财务报表使用者理解财务报表至关重要。

2. 增加强调事项段的情形

如果认为有必要提醒财务报表使用者关注已在财务报表中恰当列报或披露，且根据职业判断认为对财务报表使用者理解财务报表至关重要的事项，注册会计师在已获取充分、适当的审计证据证明该事项在财务报表中不存在重大错报的条件下，应当在审计报告中增加强调事项段。举例如下：

（1）异常诉讼或监管行动的未来结果存在不确定性。

（2）提前应用（在允许的情况下）对财务报表有广泛影响的新会计准则。

（3）存在已经或持续对被审计单位财务状况产生重大影响的特大灾难。

3. 在审计报告中增加强调事项段时注册会计师采取的措施

（1）强调事项段紧接在审计意见段之后。

（2）使用“强调事项”或其他适当标题。

（3）明确提及被强调事项以及相关披露的位置，以便能够在财务报表中找到对该事项的详细描述。

（4）指出审计意见没有因该强调事项而改变。

由于增加强调事项段是为了提醒财务报表使用者关注某些事项，并不影响注册会计师的审计意见，为了使财务报表使用者明确这一点，注册会计师应当在强调事项段中指明，该段内容仅用于提醒财务报表使用者关注，并不影响已发表的审计意见。

4. 参考格式与内容

下面以带强调事项段的无保留意见的审计报告为例，说明其格式与内容：

审 计 报 告

ABC 股份有限公司全体股东：

我们审计了后附的 ABC 股份有限公司（以下简称 ABC 公司）财务报表，包括 20××年 12 月 31 日的资产负债表，20××年度的利润表、股东权益变动表和现金流量表以及财务报表附注。

一、管理层对财务报表的责任

编制和公允列报财务报表是 ABC 公司管理层的责任，这种责任包括：(1) 按照企业会计准则的规定编制财务报表，并使其实现公允反映；(2) 设计、执行和维护必要的内部控制，以使财务报表不存在由于舞弊或错误而导致的重大错报。

二、注册会计师的责任

我们的责任是在执行审计工作的基础上对财务报表发表审计意见。我们按照中国注册会计师审计准则的规定执行了审计工作。中国注册会计师审计准则要求我们遵守职业道德守则，计划和实施审计工作以对财务报表是否不存在重大错报获取合理保证。

审计工作涉及实施审计程序，以获取有关财务报表金额和披露的审计证据。选择的审计程序取决于注册会计师的判断，包括对由于舞弊或错误导致的财务报表重大错报风险的评估。在进行风险评估时，我们考虑与财务报表编制相关的内部控制，以设计恰当的审计程序，但目的并非对内部控制的有效性发表意见。审计工作还包括评价管理层选用会计政策的恰当性和作出会计估计的合理性，以及评价财务报表的总体列报。

我们相信,我们获取的审计证据是充分、适当的,为发表审计意见提供了基础。

三、审计意见

我们认为,ABC公司财务报表在所有重大方面按照企业会计准则的规定编制,公允反映了ABC公司20××年12月31日的财务状况以及20××年度的经营成果和现金流量。

四、强调事项

我们提醒财务报表使用者关注,如财务报表附注×所述,截至财务报表批准日,XYZ公司对ABC公司提出的诉讼尚在审理中,其结果具有不确定性。本段内容并不影响已发表的审计意见。

××会计师事务所　　　　　　　　　　中国注册会计师:×××
（盖章）　　　　　　　　　　　　　　（签名并盖章）
　　　　　　　　　　　　　　　　　　中国注册会计师:×××
　　　　　　　　　　　　　　　　　　（签名并盖章）
中国××市　　　　　　　　　　　　　二〇××年×月×日

三、审计报告的其他事项段

1. 其他事项段的含义

其他事项段,是指审计报告中含有的一个段落,该段落提及未在财务报表中列报或披露的事项,根据注册会计师的职业判断,该事项与财务报表使用者理解审计工作、注册会计师的责任或审计报告相关。

2. 增加其他事项段的情形

对于未在财务报表中列报或披露,但根据职业判断认为与财务报表使用者理解审计工作、注册会计师的责任或审计报告相关且未被法律法规禁止的事项,如果认为有必要沟通,注册会计师应当在审计报告中增加其他事项段。例如,在极其特殊的情况下,即使由于管理层对审计范围施加的限制导致无法获取充分、适当的审计证据可能产生的影响具有广泛性,注册会计师也不能解除业务约定。在这种情况下,注册会计师可能认为有必要在审计报告中增加其他事项段,解释为何不能解除业务约定。

3. 在审计报告中增加其他事项段时注册会计师采取的措施

(1) 其他事项段紧接在审计意见段和强调事项段(如有)之后。如果其他事项段的内容与其他报告责任部分相关,这一段落也可以置于审计报告的其他位置。

(2) 使用“其他事项”或其他适当标题。

(3) 指出审计意见没有因该其他事项而改变。

4. 参考格式与内容

下面以带其他事项段的无保留意见的审计报告为例,说明其格式与内容:

审计报告

ABC股份有限公司全体股东:

我们审计了后附的ABC股份有限公司(以下简称ABC公司)财务报表,包括20××年12月31

日的资产负债表，20××年度的利润表、股东权益变动表和现金流量表以及财务报表附注。

一、管理层对财务报表的责任

编制和公允列报财务报表是ABC公司管理层的责任，这种责任包括：(1)按照企业会计准则的规定编制财务报表，并使其实现公允反映；(2)设计、执行和维护必要的内部控制，以使财务报表不存在由于舞弊或错误而导致的重大错报。

二、注册会计师的责任

我们的责任是在执行审计工作的基础上对财务报表发表审计意见。我们按照中国注册会计师审计准则的规定执行了审计工作。中国注册会计师审计准则要求我们遵守职业道德守则，计划和实施审计工作以对财务报表是否不存在重大错报获取合理保证。

审计工作涉及实施审计程序，以获取有关财务报表金额和披露的审计证据。选择的审计程序取决于注册会计师的判断，包括对由于舞弊或错误导致的财务报表重大错报风险的评估。在进行风险评估时，我们考虑与财务报表编制相关的内部控制，以设计恰当的审计程序，但目的并非对内部控制的有效性发表意见。审计工作还包括评价管理层选用会计政策的恰当性和作出会计估计的合理性，以及评价财务报表的总体列报。

我们相信，我们获取的审计证据是充分、适当的，为发表审计意见提供了基础。

三、审计意见

我们认为，ABC公司财务报表在所有重大方面按照企业会计准则的规定编制，公允反映了ABC公司20××年12月31日的财务状况以及20××年度的经营成果和现金流量。

四、其他事项

在审计过程中，我们发现ABC公司于20××年12月通过了在20×1实施大幅度降低产品售价扩大市场占有率的经营策略，这预计将导致ABC公司在20×1年出现利润减少××万元，提醒财务报表使用者关注。本段内容并不影响已发表的审计意见。

××会计师事务所　　　　　　　　中国注册会计师：×××
（盖章）　　　　　　　　　　　（签名并盖章）
　　　　　　　　　　　　　　　中国注册会计师：×××
　　　　　　　　　　　　　　　（签名并盖章）
中国××市　　　　　　　　　　　二〇××年×月×日

四、其他报告责任段

除审计准则规定的注册会计师对财务报表出具审计报告的责任外，相关法律法规可能对注册会计师设定了其他报告责任。如果注册会计师在对财务报表出具的审计报告中解决其他报告责任，应当在审计报告中将其单独作为一部分，并以“按照相关法律法规的要求报告的事项”为标题。此时，审计报告应当区分为“对财务报表出具的审计报告”和“按照相关法律法规的要求报告的事项”两部分。其参考格式如下：

审计报告

ABC股份有限公司全体股东：

一、对财务报表出具的审计报告

我们审计了后附的ABC股份有限公司（以下简称ABC公司）财务报表，包括20××年12月31日的资产负债表，20××年度的利润表、股东权益变动表和现金流量表以及财务报表附注。

（一）管理层对财务报表的责任

编制和公允列报财务报表是ABC公司管理层的责任，这种责任包括：(1)按照企业会计准则的规定编制财务报表，并使其实现公允反映；(2)设计、执行和维护必要的内部控制，以使财务报表不存在由于舞弊或错误而导致的重大错报。

（二）注册会计师的责任

我们的责任是在实施审计工作的基础上对财务报表发表审计意见。我们按照中国注册会计师审计准则的规定执行了审计工作。中国注册会计师审计准则要求我们遵守职业道德守则，计划和实施审计工作以对财务报表是否不存在重大错报获取合理保证。

审计工作涉及实施审计程序，以获取有关财务报表金额和披露的审计证据。选择的审计程序取决于注册会计师的判断，包括对由于舞弊或错误导致的财务报表重大错报风险的评估。在进行风险评估时，我们考虑与财务报表编制相关的内部控制，以设计恰当的审计程序，但目的并非对内部控制的有效性发表意见。审计工作还包括评价管理层选用会计政策的恰当性和作出会计估计的合理性，以及评价财务报表的总体列报。

我们相信，我们获取的审计证据是充分、适当的，为发表审计意见提供了基础。

（三）审计意见

我们认为，ABC公司财务报表在所有重大方面按照《企业会计准则》的规定编制，公允反映了ABC公司20××年12月31日的财务状况以及20××年度的经营成果和现金流量。

二、按照相关法律法规的要求报告的事项

（本部分报告的格式和内容取决于相关法律法规对其他报告责任的规定。）

××会计师事务所　　　　　　　　　　中国注册会计师：×××
（盖章）　　　　　　　　　　　　　　（签名并盖章）
　　　　　　　　　　　　　　　　　　中国注册会计师：×××
　　　　　　　　　　　　　　　　　　（签名并盖章）
中国××市　　　　　　　　　　　　　二〇××年×月×日

包含其他报告责任段，但不含有强调事项段或其他事项段的无保留意见的审计报告也被视为标准审计报告。

五、编制和使用审计报告的要求

为便于各财务报表的使用者根据审计意见来了解和判断被审计单位的财务状况、经营成果和现金流量，发挥审计报告的作用，编制及使用审计报告时，应符合下列基本要求：

（一）内容要全面完整

审计报告是会计师事务所提供给各财务报表使用者的“产品”，各财务报表使用者要根据审计意见，对被审计单位的财务状况、经营成果和现金流量作出正确判断。所以，注册会计师在编制审计报告时，内容一定要全面完整。审计报告的书写格式，应当明确表明收件人、签发人、签发单位等有关内容。审计报告应当按照《中国注册会计师审计准则第1501号——对财务报表形成审计意见和出具审计报告》等准则的要求编制，确保对审计对象、理由和结论等的明确表述。签署审计报告的日期应为注册会计师完成审计工作的日期，而不是被审计单位资产负债表日。

（二）责任界限要分明

注册会计师应当按照审计准则的要求，通过实施适当的审计程序和审计方法，收集必要的审计证据，从而判断被审计单位财务报表的编制是否符合适用的会计准则的要求，是否公允地反映了被审计单位的财务状况、经营成果以及现金流量，并把自己判断的结论即审计意见在审计报告中恰当地表达出来。

（三）审计证据要充分、适当

审计报告是向使用者传递信息，提供其决策的依据。因此，审计报告所列的事实必须证据充分、适当，这也是发挥审计报告作用的关键所在。为此，审计报告一定要从实际出发，凭事实说话，不可虚构证据，提供伪证。一方面，审计报告所列事实必须可靠，引用资料必须经过复核；另一方面，审计报告所列事实必须具有充分性，应足以支持审计意见的形成，绝不能凭主观愿望对被审计单位的财务状况、经营成果和现金流量提出审计意见。“事实胜于雄辩”，只有证据充分、适当，才能使审计报告令人信服，达到客观、公正的要求。

（四）审计报告的使用要恰当

审计报告是注册会计师对被审计单位特定时期内与财务报表反映有关的所有重大方面发表审计意见，并不是对被审计单位的全部经营管理活动发表审计意见。因此，在相关审计业务约定书中就必须明确这一点。注册会计师应当要求委托人按照审计业务约定书的要求使用审计报告。委托人或其他第三者因使用审计报告不当所造成的后果，与注册会计师及其所在的会计师事务所无关。

本章小结

审计报告是注册会计师根据审计准则的规定，在执行审计工作的基础上，对被审计单位财务报表发表审计意见的正式书面文件。审计报告是审计工作的最终成果。审计报告编制前的工作主要包括整理复核审计工作底稿、编制审计差异调查表、编制试算平衡表、获取管理层声明书、获取律师声明书、执行分析程序、与管理层与治理层沟通、撰写审计总结、评价审计结果。

审计报告一般包括标题，收件人，引言段，管理层对财务报表的责任段、注册会计师的责任段，审计意见段，注册会计师的签名和盖章，会计师事务所的名称、地址及盖章，报告日期。

审计报告的类型包括标准审计报告、带强调事项段或其他事项段的无保留意见审计报告、保留意见审计报告、否定意见审计报告和无法表示意见审计报告。审计报告的类型及适用范围是本章学习的重点。

本章思考题

1. 简述审计报告的含义与作用。

2. 什么是审计差异、核算差异和重分类差异?

3. 注册会计师可出具哪几种类型的审计报告?

4. 简述发表无保留意见的条件。

5. 举例说明审计范围受到限制的情形。

6. 在哪些情况下,注册会计师可以在意见段后增加强调事项段?

7. 在什么情况下审计报告应增加说明段,说明段的位置如何?

8. 说明无保留意见审计报告与非无保留意见审计报告之间的区别。

9. 怎样运用专业判断确定应对被审计单位出具否定意见、保留意见或无法表示意见的审计报告? 重要性在其中发挥了什么作用?

10. 对于审计报告的报告日期有何要求?

案例讨论题

红天公司审计案例

[案例介绍] 某会计师事务所注册会计师对红天股份有限公司2010年度财务报表进行了审计,于2011年2月28日完成了审计工作,获取了充分、适当的审计证据。2011年3月5日审计报告完稿。A为项目经理,B为负责该项目的合伙人。注册会计师确定的财务报表层次重要性水平为10万元。复核底稿时发现:

1. 该公司对年度应调整的应收账款500万元作了调整,但对注册会计师提出调整建议的其他应收款2万元未予调整。

2. 该公司对机器设备计提折旧以前一直采用平均年限法,由于行业技术进步较快,自2010年1月1日起改为加速折旧法,此项变更已在财务报表附注中作了说明。

[问题思考]

1. 上述事项是否会对审计意见类型产生影响,请简要说明理由。

2. 如果注册会计师出具了如下审计报告,请逐项指出审计报告在内容和措词上存在的问题,并提出相应的改正意见。

审 计 报 告

红天股份有限公司董事会:

一、对财务报表出具的审计报告

我们审计了后附的红天股份有限公司(以下简称红天公司)财务报表,包括2010年12月31日的资产负债表,2010年度的利润表、股东权益变动表和现金流量表以及财务报表附注。

（一）管理层对财务报表的责任

编制和公允列报财务报表是红天公司管理层的责任，这种责任包括：

（1）按照企业会计准则的规定编制财务报表，并使其实现公允反映；（2）设计、执行和维护必要的内部控制，以使财务报表不存在由于舞弊或错误而导致的重大错报；

（二）注册会计师的责任

我们的责任是在执行审计工作的基础上对财务报表发表审计意见。我们按照中国注册会计师审计准则的规定执行了审计工作。中国注册会计师审计准则要求我们遵守职业道德规范，计划和实施审计工作以对财务报表是否不存在重大错报获取合理保证。

审计工作涉及实施审计程序，以获取有关财务报表金额和披露的审计证据。选择的审计程序取决于注册会计师的判断，包括对由于舞弊或错误导致的财务报表重大错报风险的评估。在进行风险评估时，我们考虑与财务报表编制相关的内部控制，以设计恰当的审计程序，但目的并非对内部控制的有效性发表意见。审计工作还包括评价管理层选用会计政策的恰当性和作出会计估计的合理性，以及评价财务报表的总体列报。

我们相信，我们获取的审计证据是充分、适当的，为发表审计意见提供了基础。

（三）审计意见

我们认为，红天公司财务报表在所有重大方面按照企业会计准则的规定编制，公允反映了红天公司 2010 年 12 月 31 日的财务状况以及 2010 年度的经营成果和现金流量。

（四）强调事项

我们提醒财务报表使用者关注，红天公司对本年度应调整的应收账款 500 万元作了调整，但对我们提出的应予调整的其他应收款 2 万元未予调整。本段内容不影响已发表的审计意见。

××会计师事务所　　中国注册会计师：×××（签名并盖章）

（盖章）　　二〇一一年三月五日

第十六章　财务报表审计以外的鉴证业务

第一节　验　　资

一、验资概述

验资是指注册会计师依法接受委托，按照《中国注册会计师审计准则第 1602 号——验资》要求，对被审验单位注册资本的实收情况或注册资本及实收资本的变更情况进行审验，并出具验资报告。被审验单位是指在我国境内拟设立或已设立的，依法应当接受验资的有限责任公司和股份有限公司。

验资分为设立验资和变更验资。设立验资是指注册会计师对被审验单位申请设立登记时的注册资本实收情况进行审验。变更验资是指注册会计师对被审验单位申请变更登记时的注册资本及实收资本的变更情况进行审验。

设立验资的审验范围一般限于与被审验单位注册资本实收情况有关的事项，包括出资者、出资币种、出资金额、出资时间、出资方式和出资比例等。变更验资的审验范围一般限于与被审验单位注册资本及实收资本增减变动情况有关的事项。

验资是我国民间审计的一个重要领域。目前，世界上一些经济比较发达和注册会计师事业发展较快的国家和地区，如美国、英国、澳大利亚、加拿大和中国香港地区等注册会计师都没有验资这项法定业务。我国台湾地区虽然有验资业务，但不同于我们所说的验资，而只是按照台湾地区的有关规定，对投资者以货币出资的比例进行鉴定。因此，可以说验资是中国注册会计师有别于世界上大多数国家注册会计师的一项比较特殊的法定业务。

二、验资的取证

（一）设立验资业务的取证

1. 一般取证

（1）被审验单位的设立登记申请书及批准文件（需要批准）。

（2）被审验单位出资者签署的与出资有关的协议和公司章程。

（3）出资者的主体资格证明或者自然人身份证明。

（4）载明公司董事、监事、经理的姓名、住所以及有关委派、选举或者聘用的证明。

（5）被审验单位法定代表人的任职文件和身份证明。

（6）全体出资者（或董事会）指定代表或共同委托代理人的证明和委托文件、代表或代理人的身份证明。

(7) 经公司登记机关核准的《企业名称预先核准通知书》。

(8) 被审验单位住所和经营场所使用证明。

(9) 银行开户文件、收款凭证、对账单及银行询证函回函。

(10) 非货币财产出资的财产移交与验收证明,实物存放地点证明。

(11) 与非货币财产出资有关的批准文件。

(12) 实物资产、无形资产等的评估报告等作价依据及出资各方对资产价值的确认文件。

(13) 非货币财产出资的已办理财产转移手续的证明文件,包括房地产证、车辆行驶证、专利证书、土地使用证等。

(14) 出资者对其出资责任、提供资料的真实、完整及出资财产设定担保等重大事项的书面证明。

(15) 被审验单位确认的货币出资清单、实物出资清单、无形资产出资清单、与净资产折合实收资本相关的资产和负债清单、注册资本实收情况明细表。

(16) 其他资料。

2. 设立验资的特殊取证

(1) 执行募集方式设立股份有限公司的设立验资,还需获取下列资料:①创立大会的会议记录,证券公司承销协议,银行代收股款协议。②公开发行股票的有关国务院管理机构的核准文件。③以国有资产出资的,政府有关部门对被审验单位股权设置方案的批复。

(2) 执行新设合并企业验资,还需获取下列资料:①合并各方股东会或股东大会关于新设合并的协议。②合并各方签订的合并协议。③政府有关部门批准企业合并的文件。④有关企业合并的报纸公告。⑤合并各方的债务清偿报告或债务担保证明。⑥合并各方的原企业法人营业执照复印件。⑦合并各方的资产评估报告及合并各方对合并资产评估价值的确认文件。⑧合并前各方和合并后被审验单位的资产负债表及财产清单。⑨相关会计处理资料。

(3) 执行外商投资企业验资,还需获取下列资料:①审批机关核准的批准证书。②企业法人营业执照。③外汇管理部门的外汇登记证、资本金账户开户证明、外资出资情况询证函回函。④外商用其从中国境内举办的其他外资企业获得的人民币利润出资的,该外资企业已审财务报表和审计报告、董事会有关利润分配的决议、利润获取地外汇管理部门的批准文件、国家外汇管理局资本项目外汇业务核准件以及主管税务机关出具的完税证明。⑤以进口实物出资的,进口货物报关单。⑥各地出入境检验检疫局或经国家质量监督检验检疫总局和财政部授予资格的其他价值鉴定机构出具的外商投资财产价值鉴定证书。⑦相关会计处理资料。

(二) 变更验资的取证

1. 一般取证

(1) 被审验单位法定代表人签署的变更登记表申请书。

(2) 被审验单位董事会、股东会、股东大会作出的变更注册资本、实收资本的决议。

(3) 政府有关部门对被审验单位注册资本、实收资本变更等事宜的批准文件(如果需要)。

(4) 经批准的注册资本及实收资本增加或减少前后的协议、章程。

(5) 注册资本、实收资本变更前的营业执照。

(6) 外商投资企业注册资本实收资本变更后的批准证书。

(7) 以往的验资报告及相关资料。

(8) 注册资本、实收资本增加或减少前最近一期的财务报表。

(9) 被审验单位提供的有关以前各期出资已到位、出资者未抽逃或未抽回出资的书面声明。

(10) 以货币、实物、知识产权、土地使用权等出资增加注册资本的相关资料(同设立验资)。

(11) 与合并、分立有关的协议、批准文件方案、资产负债表、财产清单。

(12) 与减资有关的报纸公告、债务清偿报告或债务担保证明。

(13) 与合并、分立有关的通知、报纸公告、债务清偿报告或债务担保证明。

(14) 有关股权转让的协议、决议、批准文件、证明股权转让的法律意见书或公证书等法定文件及办理股款交割的凭证。

(15) 相关会计处理资料。

(16) 被审验单位签署的注册资本、资本变更情况明细表。

(17) 其他资料。

2. 特殊取证

(1) 股份有限公司以公开发行新股(含配股)方式或者上市公司以非公开发行新股方式增加注册资本的,还应取得国务院证券管理机构的核准文件。

(2) 股份有限公司发行新股(含配股)的还应取得股款划转凭据、股票发行费用清单。如果委托证券承销机构办理,还应取得委托承销协议、承销报告、募股清单、证券登记机构出具的有关证明。

(3) 股份有限公司分配股票股利、以资本公积、盈余公积、未分配利润转增注册资本、实收资本的,注册会计师还需取得证券登记机构出具的有关证明。

三、验资业务的审验程序

(一) 了解被审验单位基本情况与初步评估验资风险

注册会计师应当了解被审验单位基本情况,考虑自身独立性和专业胜任能力,初步评估验资风险,以确定是否接受委托。

了解被审验单位基本情况,主要是指在接受委托前,注册会计师应当与委托人、被审验单位管理层沟通,实地察看被审验单位的住所和主要经营场所,了解被审验单位基本情况,填写被审验单位基本情况表(参见表 16-1、表 16-2、表 16-3)。

表 16-1

适用于内资有限责任公司、股份有限公司设立验资

被审验单位基本情况表

索引号: 页次:

编制人员: 日期:

复核人员: 日期:

被审验单位名称					
住所					
联系电话		传真		邮政编码	

续表

电子信箱						
公司类型						
法定代表人			经营期限			
经营范围						
审批机关及文号						
董事长			总经理		委托代理人	
开户银行及账号						
出资者名称	认缴(认购)的注册资本			实收资本		
	出资方式	出资金额	出资比例	出资方式	出资金额	出资比例
合 计						
备 注						

表 16-2

适用于内资有限责任公司、股份有限公司变更验资

被审验单位基本情况表

索引号： 页次：
编制人员： 日期：
复核人员： 日期：

被审验单位名称					
住所					
联系电话		传真		邮政编码	
电子信箱					
公司类型					
法定代表人		经营期限			
经营范围					
审批机关及文号					

续表

营业执照号码				注册日期	
董事长		总经理		财务负责人	
开户银行及账号					

出资者名称	变更前注册资本/实收资本		变更后注册资本/实收资本	
	出资金额	出资比例	出资金额	出资比例
合　计				
备　注				

表 16-3

适用于外商投资企业设立验资

被审验单位基本情况表

索引号：　　页次：

编制人员：　　日期：

复核人员：　　日期：

被审验单位名称	（中文）				
	（英文）				
注册地址					
联系电话		传真		邮政编码	
电子信箱					
公司类型					
法定代表人		经营期限			
经营范围					
审批机关及文号					
批准证书号码					
营业执照号码				注册日期	
董事长		总经理		财务负责人	
开户银行及账号					

续表

出资者名称	认缴的注册资本					实收资本				
	币种	出资方式	金额	出资比例	认缴时间	币种	出资方式	金额	出资比例	实缴时间
合　计										
备　注										

被审验单位的基本情况主要包括：被审验单位的设立审批、变更审批，名称预先核准，经营范围，公司类型，组织机构和人员，申请设立或变更登记的注册资本、实收资本，出资者、出资方式、出资时间，全体出资者指定代表或委托代理人等基本情况。

对于变更验资，注册会计师应当查阅被审验单位的前期验资报告、近期财务报表、审计报告和其他与本次验资有关的资料，以了解被审验单位以前注册资本的实收情况。

验资风险主要源自两个方面：一是被审验单位管理层的诚信程度、所提供验资资料的真实性和完整性；二是注册会计师的专业胜任能力和职业道德水平。下列事项通常导致注册资本实收情况或注册资本及实收资本变更情况发生重大错报风险，需要注册会计师高度关注：

（1）验资业务委托渠道复杂或不正常。

（2）验资资料存在涂改、伪造痕迹或验资资料相互矛盾。

（3）被审验单位随意更换或不及时提供验资资料，或只提供复印件不提供原件。

（4）自然人出资、家庭成员共同出资或关联方共同出资。

（5）出资人之间存在意见分歧。

（6）被审验单位拒绝或阻挠注册会计师实施重要审验程序，如被审验单位拒绝或阻挠注册会计师实施银行存款函证、实物资产监盘等程序，或不执行法律规定的程序，如非货币财产应当评估而未评估等。

（7）被审验单位处在高风险行业。

（8）非货币财产计价的主观程度高或其计价需要大量的主观判断。

（9）验资付费远远超出规定标准或明显不合理。

（二）与委托人的沟通

注册会计师应当就委托目的、出资者和被审验单位的责任以及注册会计师的责任、审验范围、时间要求、验资收费、报告分发和使用的限制等主要事项与委托人沟通，并达成一致意见。

沟通的目的在于避免双方对验资业务的理解产生分歧。如果委托人不是被审验单位，在签订业务约定书前，注册会计师应当与委托人、被审验单位就验资业务约定书相关条款进行充分沟通，并达成一致意见。

（三）签订业务约定书

如果接受委托，注册会计师应当与委托人就双方达成一致的事项签订业务约定书。

验资业务约定书的具体内容可能因被审验单位的不同、验资类型的不同而存在差异，但至少应当包括：业务范围与委托目的、双方的责任与义务、验资收费、验资报告的用途及使用责任、业务约定书的有效期间、约定事项的变更及违约责任等条款。业务约定书应当由会计师事务所与委托人签订。

适用于拟设立公司设立验资业务约定书参考格式如下：

验资业务约定书

甲方：××公司（筹）

乙方：××会计师事务所

兹由甲方委托乙方对甲方截至20××年×月×日止注册资本的实收情况进行审验。经双方协商，达成以下约定：

一、业务范围与委托目的

1. 乙方接受甲方委托，对甲方截至20××年×月×日止的出资者、出资币种、出资金额、出资时间、出资方式和出资比例等进行审验，并出具验资报告。

2. 甲方委托乙方验资的目的是为申请设立登记及向出资者签发出资证明。

二、甲方的责任与义务

（一）甲方的责任

1. 确保出资者按照法律法规以及协议、章程的要求出资。

2. 提供真实、合法、完整的验资资料。

3. 保护资产的安全完整。

（二）甲方的义务

1. 及时为乙方的验资工作提供其所要求的全部资料和其他有关资料（在20××年×月×日之前提供验资所需的全部资料），并保证所提供资料的真实性、合法性和完整性，并将所有对审验结论产生影响的事项如实告知乙方。

2. 确保乙方不受限制地接触任何与验资有关的记录、文件和所需的其他信息。

3. 甲方对其作出的与验资有关的声明予以书面确认。

4. 为乙方派出的有关工作人员提供必要的工作条件和协助，主要事项将由乙方于验资工作开始前提供清单。

5. 按本约定书的约定及时足额支付验资费用以及乙方人员在验资期间的交通、食宿和其他相关费用。

三、乙方的责任和义务

（一）乙方的责任

1. 乙方的责任是在实施验资工作的基础上出具验资报告。乙方按照《中国注册会计师审计准则第1602号——验资》（以下简称验资准则）的规定进行验资。验资准则要求注册会计师遵守职业道德规范，计划和实施验资工作，以对甲方注册资本的实收情况进行审验，并出具验资报告。

2. 乙方的验资不能减轻甲方的责任。

（二）乙方的义务

1. 按照约定时间完成验资工作，出具验资报告。乙方应于20××年×月×日前出具验资报告。

2. 除下列情况外，乙方应当对执行业务过程中知悉的甲方信息予以保密：

(1) 取得甲方的授权；

(2) 根据法律法规的规定，为法律诉讼准备文件或提供证据，以及向监管机构报告发现的违反法规行为；

(3) 接受行业协会和监管机构依法进行的质量检查；

(4) 监管机构对乙方进行行政处罚(包括监管机构处罚前的调查、听证)以及乙方对此提起行政复议。

四、验资收费

1. 本次验资服务的收费是以乙方各级别工作人员在本次工作中所耗费的时间为基础计算的。乙方预计本次验资服务的费用总额为人民币××万元。

2. 甲方应于本约定书签署之日起×日内支付×%的验资费用，剩余款项于验资报告草稿完成日结清。

3. 如果由于无法预见的原因，致使乙方从事本约定书所涉及的验资服务实际时间较本约定书签订时预计的时间有明显的增加或减少时，甲乙双方应通过协商，相应调整本约定书第四条第1项下所述的验资费用。

4. 如果由于无法预见的原因，致使乙方人员抵达甲方的工作现场后，本约定书所涉及的验资服务不再进行，甲方不得要求退还预付的验资费用；如上述情况发生于乙方人员完成现场验资工作，并离开甲方的工作现场之后，甲方应另行向乙方支付人民币××元的补偿费，该补偿费应于甲方收到乙方的收款通知之日起×日内支付。

5. 与本次验资有关的其他费用(包括交通费、食宿费等)由甲方承担。

五、验资报告和验资报告的使用

1. 乙方按照《〈中国注册会计师审计准则第1602号——验资〉指南》规定的格式和类型出具验资报告。

2. 乙方向甲方致送验资报告一式×份，供甲方向公司登记机关申请设立登记及向出资者签发出资证明时使用。

3. 甲方在提交或对外公布验资报告时，不得修改乙方出具的验资报告正文及附件。

4. 验资报告不应被视为对甲方验资报告日后资本保全、偿债能力和持续经营能力等的保证。甲方及其他第三方因使用验资报告不当造成的后果，乙方不承担任何责任。

六、本约定书的有效期间

本约定书自签署之日起生效，并在双方履行完毕本约定书约定的所有义务后终止。但其中第三(二)2、四、五、八、九、十项并不因本约定书终止而失效。

七、约定事项的变更

如果出现不可预见的情况，影响验资工作如期完成，或需要提前出具验资报告时，甲乙双方均可要求变更约定事项，但应及时通知对方，并由双方协商解决。

八、终止条款

1. 如果根据乙方的职业道德及其他有关专业职责、适用的法律、法规或其他任何法定的要求，乙方认为已不适宜继续为甲方提供本约定书约定的验资服务时，乙方可以采取向甲方提出合理通知的方式终止履行本约定书。

2. 在终止业务约定的情况下，乙方有权就其于本约定书终止之日前对约定的验资服务项目所做的工作收取合理的验资费用。

九、违约责任

甲乙双方按照《中华人民共和国合同法》的规定承担违约责任。

十、适用法律和争议解决

本约定书的所有方面均应适用中华人民共和国法律进行解释并受其约束。本约定书履行地为乙方出具验资报告所在地，因本约定书所引起的或与本约定书有关的任何纠纷或争议（包括关于本约定书条款的存在、效力或终止，或无效之后果），双方选择第 _ 种解决方式：

（1）向有管辖权的人民法院提起诉讼；

（2）提交××仲裁委员会仲裁。

十一、双方对其他有关事项的约定

本约定书一式两份，甲乙双方各执一份，具有同等法律效力。

甲方：××公司（筹） 乙方：××会计师事务所（盖章）

授权代表：（签章） 授权代表：（签章）

二〇××年×月×日 二〇××年×月×日

（四）制定验资计划

1. 验资计划的种类

验资计划包括总体验资计划和具体验资计划。总体验资计划是注册会计师对验资业务作出的总体安排；具体验资计划是注册会计师对拟实施审验程序的具体安排。

计划验资工作并非验资业务的一个孤立阶段，而是一个持续的、不断修正的过程，贯穿于整个验资业务的始终。由于未预期事项、条件的变化或在实施审验程序过程中获取的审验证据的变化等原因，注册会计师可以在验资过程中对总体验资计划和具体验资计划作出必要的更新和修改。

2. 验资计划的内容

（1）总体验资计划的内容。总体验资计划（见表 16-4）通常包括下列主要内容：①验资类型、委托目的和审验范围。②以往的验资和审计情况。③重点审验领域。④验资风险评估。⑤对专家工作的利用。⑥验资工作进度及时间、收费预算。⑦验资小组组成及人员分工。⑧质量控制安排。

表 16-4 总体验资计划

索引号： 页次：
编制人员： 日期：
复核人员： 日期：

被审验单位名称							
以往的验资或审计情况				评估情况			
事务所名称	审计年度或验资时间	报告文号	审验金额	事务所名称	评估时间	年度	报告文号

续表

验资类型		委托目的		
审验范围		审验重点		
验资风险评估		收费预算		
签字注册会计师		助理人员		
对专家工作的利用				
工作项目	时间预算	执行人员	执行日期	底稿索引
了解被审验单位基本情况				
签订验资业务委托书				
货币出资审验				
实物出资审验				
……				
复核				
撰写验资报告				
重要事项说明				

（2）具体验资计划的内容。具体验资计划通常包括与各审验项目有关的下列主要内容：①审验目标。②审验程序。③执行人及完成工作日期。具体验资计划一般通过编制各审验项目的审验程序表（见表16-5）体现。

表16-5　××审验程序表

索 引 号：　　页次：

被审验单位名称：　　编制人员：　　日期：

审验项目：　　复核人员：　　日期：

一、审验目标		
二、审验程序	适用否	索引号
三、审验结论		
四、复核意见		

（五）获取注册资本实收情况明细表或注册资本、实收资本变更情况明细表

注册会计师应当向被审验单位获取注册资本实收情况明细表或注册资本、实收资本变更情况明细表。此表经被审验单位签署确认后，代表了被审验单位对其出资者出资情况的认定，也是被审验单位的一种书面声明，是注册会计师应当获取的重要证据之一。获取这一证据有助于分清被审验单位和注册会计师各自的责任。

（六）设立验资的具体审验方法

1. 以货币出资

（1）检查货币出资清单填列的出资者、出资币种、出资金额、出资时间、出资方式和出资比例等内容是否符合协议、章程的规定。

（2）检查入资账户是否为被审验单位在银行开立的账户。

（3）检查收款凭证的金额、币种、日期等内容是否与货币出资清单一致。

（4）检查收款凭证是否加盖银行收讫章或转讫章。

（5）检查收款凭证的收款人是否为被审验单位，付款人是否为出资者。

（6）检查收款凭证中是否注明该款项为投资款。

（7）检查截至验资报告日的银行对账单的收款金额、币种、日期等是否与收款凭证一致，并关注其中资金往来有无明显异常情况。

（8）向银行函证，检查出资者是否缴存货币资金，金额是否与收款凭证一致。

（9）核对货币资金出资清单与注册资本实收情况明细表是否一致。

（10）检查全体股东或者发起人的货币出资是否不低于注册资本的30%（如分次出资，则在末次验资时予以关注）。

2. 以实物出资

（1）检查实物出资清单填列的实物品名、数量、作价、出资日期等内容是否符合协议、章程的规定。

（2）检查实物是否按照国家有关规定进行资产评估，查阅评估报告，了解评估目的、评估范围与对象、评估基准日、评估假设等有关限制条件是否满足评估要求。作价是否存在明显低估或高估。投入的资产价值是否经各出资方认可。

（3）观察、检查实物资产数量并关注其状况，验证其是否与实物出资清单一致。

（4）检查房屋、建筑物的平面图、位置图，验证其名称、坐落地点、建筑结构、竣工时间、已使用年限及作价依据等是否符合协议。

（5）检查机器设备、运输设备、材料等实物的购货发票、货物运输单、保险单等单证，验证其权属及作价依据。

（6）检查实物是否办理交接手续，交接清单是否得到出资者及被审验单位的确认，实物的交付方式、交付时间、交付地点是否符合协议、章程的规定。

（7）检查须办理财产转移手续的房屋、车辆等出资财产是否已办理财产转移手续，验证出资前是否归属出资者，出资后是否归属被审验单位。

（8）检查相关文件确认出资的实物是否设定担保。

（9）核对实物出资清单与注册资本实收情况明细表是否相符。

3. 以知识产权、土地使用权等无形资产出资

(1) 检查知识产权、土地使用权等无形资产出资清单填列的资产名称、有效状况、作价依据等内容是否符合协议、章程的规定。

(2) 检查知识产权、土地使用权等无形资产出资是否按国家规定进行资产评估按照国家有关规定在资产评估的基础上审验其价值。

(3) 以专利权出资的,如专利权人为全民所有制单位,检查专利权转让是否经过上级主管部门批准,以商标权出资须经商标主管部门审批的,检查是否经其审查同意。

(4) 检查土地使用权和平面位置图,并现场查看,以审验土地使用权证载明的有关内容是否真实,土地使用权的作价依据是否合理。

(5) 检查知识产权、土地使用权等无形资产是否办理交接手续,交接清单是否得到出资者及被审验单位的确认。

(6) 检查出资的知识产权、土地使用权等无形资产是否设定担保。

(7) 核对无形资产出资清单与注册资本实收情况明细表是否相符。

4. 以净资产折合实收资本的,或以资本公积、盈余公积、未分配利润转增注册资本及实收资本

(1) 检查以净资产折合实收资本是否符合国家有关规定。

(2) 检查以净资产折合实收资本是否符合协议、章程规定。

(3) 对以净资产折合实收资本相关的资产、负债进行验资,以验证金额是否正确。

(4) 检查与以净资产折合实收资本相关的资产、负债是否按规定进行资产评估,查阅评估报告,了解评估目的、评估范围与对象、评估基准日、评估假设等限制性条件是否符合验资要求。

(5) 检查以净资产折合实收资本相关的资产、负债交接清单。

(6) 检查以净资产折合实收资本相关的资产、负债的转移方式、期限是否符合协议、章程的规定。

(7) 检查新设合并的合并各方是否按照国家有关规定及时通知债权人,发布公告,进行债务清偿或提供债务担保。

(8) 检查国有企业以净资产折股金额是否与政府有关部门的批准文件规定一致,未折股部分的处理是否符合国家有关规定。

(9) 检查评估基准日至以净资产折合实收资本日期间的净资产变动情况,并检查是否对其进行了适当的会计处理。

(10) 检查以净资产折合实收资本的金额是否与注册资本实收情况明细表一致。

5. 外商投资企业设立验资的特殊审验程序

(1) 以货币出资的,除货币出资的审验程序外,还应实施下列审验程序:①检查外方出资者是否以从境外汇入的外币出资;检查外商投资企业的外汇登记证,以确定外币是否汇入经外汇管理部门核准的资本金账户,并向该账户银行进行函证。②外方出资者用从中国境内举办的其他外商投资企业获得的人民币利润和因清算、股权转让、先行收回投资、减资等所得的货币资金在境内再投资的,检查该外商投资企业的已审计财务报表和审计报告、董事会有关利润分配的决议、利润再投资的货币资金获取地外汇管理部门的批准文件和“国家外汇管理局资本项目外汇业务核准件”原件以及税务机关出具的完税证明,以确定其再投资行为和金额是否与外汇管理部门核准的相一致。③当出资的币种与注册资本的币种、记账本位币不一致的,检查折算汇率是

否正确。④出资者将出资款直接汇入被审验单位在境外开立的银行账户的，检查被审验单位注册地外汇管理部门的批准文件。

（2）以进口实物出资的，除实施实物出资的审验程序外，还应实施下列审验程序：①按照规定需办理价值鉴定手续的，查阅各地出入境检验检疫局或经国家质量监督检验检疫总局或财政部授予资格的其他价值鉴定机构出具的外商投资财产价值鉴定证书。②检查价值鉴定证书所列的实物是否与购货发票、货物运输清单、货物提单、进口货物报关单、海关检验放行清单、保险单据、实物出资清单及验收清单等一致，检查实物是否源于境外。③观察、检查实物、验证其品名、规格、数量、价值等是否与财产价值鉴定证书的有关内容一致。④当实物出资的币种与注册资本的币种、记账本位币不一致的，检查折算汇率是否正确。

（3）外方以货币、实物出资的，应当按照国家有关规定向企业注册地外汇管理部门发出外方出资情况询证函，并根据外方出资者的出资方式附送银行询证函回函，国家外汇管理局资本项目外汇业务核准件及进口货物报关单等文件的复印件，以询证上述文件内容的真实性和合规性。

上述出资中涉及外方出资者以外币出资但在境内原币划转的，检查原币划转是否经外汇管理部门核准。

四、验资工作底稿

（一）综合类验资工作底稿的基本内容

（1）被审验单位基本情况表。

（2）验资业务约定书。

（3）总体验资计划。

（4）验资报告。

（5）其他综合类验资工作底稿。

（二）业务类工作底稿的基本内容

1. 设立验资业务类工作底稿的基本内容

（1）货币出资审验程序表。

（2）货币出资清单。

（3）银行开户文件、收款凭证、对账单及银行询证函回函。

（4）实物出资审验程序表。

（5）实物出资清单。

（6）实物资产评估报告及对评估报告确认的有关资料。

（7）知识产权、土地使用权等无形资产出资审验程序表。

（8）知识产权、土地使用权等无形资产出资清单。

（9）知识产权、土地使用权等无形资产的评估报告及对评估报告确认的有关资料。

（10）以净资产折合实收资本的审验程序表。

（11）以净资产折合实收资本相关的资产、负债清单。

（12）出资者及被审验单位签署的实物、知识产权、土地使用权出资及与以净资产折合实收资本相关的资产、负债交接清单。

（13）非货币资产已办理财产权转移手续的证明文件及注册会计师的审验记录。

（14）与验资业务有关的重大事项声明书。

（15）被审验单位对与出资相关的会计处理资料及注册会计师的审验记录。

（16）对被审验单位对与关联方往来款项进行审验的工作底稿。

2．变更验资业务类工作底稿的基本内容

（1）以货币、实物、知识产权、土地使用权等出资增加注册资本及实收资本的，注册会计师应当按照设立验资业务类工作底稿的要求进行。

（2）以资本公积、盈余公积、未分配利润转增注册资本及实收资本的，或因合并、分立、注销股份等减少注册资本的，可选用财务报表审计工作底稿和设立验资业务类工作底稿，同时，还应当编制变更验资审验程序表。

（3）前期的验资报告。

（4）前期的非货币出资已办理财产权转移手续的有关资料。

（三）备查类验资工作底稿的基本内容

1．设立验资备查类工作底稿的基本内容

（1）被审验单位的设立申请书及审批机构的批准文件。

（2）被审验单位出资者签署的与出资有关的协议和公司章程。

（3）出资者的主体资格证明或者自然人身份证明。

（4）载明公司董事、监事、经理的姓名、住所以及有关委派、选举或者聘用的证明。

（5）被审验单位法定代表人的任职文件和身份证明。

（6）全体出资者（或董事会）指定代表或共同委托代理人的证明和委托文件、代表或代理人的身份证明。

（7）经公司登记机关核准的《企业名称预先核准通知书》。

（8）被审验单位住所和经营场所使用证明。

（9）公司登记机关颁发的准予开业的营业执照。

（10）董事会、股东会、股东大会的决议和会议纪要。

（11）新设合并的公告及债务清偿报告或债务担保证明。

（12）被审验单位签署的注册资本实收情况明细表。

（13）其他备查资料。

2．变更验资备查类工作底稿的基本内容

（1）被审验单位法定代表人签署的变更登记申请书。

（2）合并或分立有关的报纸公告、债务清偿报告或债务担保证明。

（3）与减资有关的报纸公告、债务清偿报告或债务担保证明。

（4）注册资本或实收资本增加或减少前最近一期的财务报表。

（5）董事会、股东会、股东大会增加或减少注册资本或实收资本的决议。

（6）外商投资企业注册资本变更后的批准证书。

（7）注册资本或实收资本变更前的营业执照。

（8）经批准的注册资本或实收资本增加或减少前后的协议、章程。

（9）政府有关部门对被审验单位注册资本及实收资本变更等事宜的批准文件。

（10）委托承销协议、承销报告、募股清单、证券登记机构出具的有关证明。

（11）招股说明书、配股说明书。

（12）被审验单位签署的注册资本实收情况明细表或注册资本、实收资本变更情况明细表。

（13）其他备查资料。

五、验资报告

注册会计师应当按照独立验资准则的规定，在实施必要的验资程序的基础上，取得充分、适当的验资证据，分析评估验资结论，出具验资报告。验资报告只能合理地保证已验证的被审验单位注册资本的实收或变更情况符合国家相关法规的规定和协议、合同、章程的要求而不能绝对地保证，也不应被视为是对被审验单位验资报告日后资本保全、偿债能力和持续经营能力等的保证。

（一）验资报告的基本内容

验资报告应当包括以下基本内容：

1. 标题

验资报告的标题应当统一规范为“验资报告”。

2. 收件人

验资报告的收件人是指注册会计师按照业务约定书的要求致送验资报告的对象，一般是指验资业务的委托人。验资报告应当载明收件人的全称。

3. 范围段

验资报告的范围段应当说明审验范围、出资者和被审验单位的责任、注册会计师的责任、审验依据和已实施的主要审验程序等。

4. 意见段

验资报告的意见段应当说明已审验的被审验单位注册资本的实收情况或注册资本及实收资本的变更情况。

5. 说明段

验资报告的说明段应当说明验资报告的用途、使用责任及注册会计师认为应当说明的其他重要事项。

6. 附件

验资报告的附件应当包括已审验的注册资本实收情况明细表或注册资本、实收资本变更情况明细表和验资事项说明等。

7. 注册会计师的签名和盖章

验资报告应当由注册会计师签名并盖章。

8. 会计师事务所的名称、地址及盖章

验资报告应当载明会计师事务所的名称和地址，并加盖会计师事务所公章。

9. 报告日期

验资报告日期是指注册会计师完成审验工作的日期。

（二）验资报告范例

适用于拟设立有限责任公司股东一次全部出资的验资报告参考格式如下：

验资报告

××有限责任公司(筹):

我们接受委托,审验了贵公司(筹)截至××年×月×日止申请设立登记的注册资本实收情况。按照法律法规以及协议、章程的要求出资,提供真实、合法、完整的验资资料,保护资产的安全、完整是全体股东及贵公司(筹)的责任。我们的责任是对贵公司(筹)注册资本的实收情况发表审验意见。我们的审验是依据《中国注册会计师审计准则第1602号——验资》进行的。在审验过程中,我们结合贵公司(筹)的实际情况,实施了检查等必要的审验程序。

根据协议、章程的规定,贵公司(筹)申请登记的注册资本为人民币××元,由全体股东于××年×月×日之前一次缴足。经我们审验,截至××年×月×日止,贵公司(筹)已收到全体股东缴纳的注册资本(实收资本),合计人民币××元(大写)。各股东以货币出资××元,实物出资××元。

[如果存在需要说明的重大事项增加说明段]

……

本验资报告供贵公司(筹)申请办理设立登记及据以向全体股东签发出资证明时使用,不应被视为是对贵公司(筹)验资报告日后资本保全、偿债能力和持续经营能力等的保证。因使用不当造成的后果,与执行本验资业务的注册会计师及本会计师事务所无关。

附件:1. 注册资本实收情况明细表

2. 验资事项说明

××会计师事务所 中国注册会计师:×××
(盖章) (主任会计师/副主任会计师)
(签名并盖章)
中国注册会计师:×××
(签名并盖章)

中国××市 二○××年×月×日

附件1

注册资本实收情况明细表(略)

附件2

验资事项说明

一、基本情况

××公司(筹)(以下简称贵公司)系由××(以下简称甲方)和××(以下简称乙方)共同出资组建的有限责任公司,于××年×月×日取得××[公司登记机关]核发的××号《企业名称预先核准通知书》,正在申请办理设立登记。(如果该公司在设立登记前须经审批,还需说明审批情况。)

二、申请的注册资本及出资规定

根据协议、章程的规定,贵公司申请登记的注册资本为人民币××元,由全体股东于××年×月×日之前一次缴足。其中:甲方认缴人民币××元,占注册资本的×%,出资方式为货币××元,实物(机器设备)××元;乙方认缴人民币××元,占注册资本的×%,出资方式为货币。

三、审验结果

截至××年×月×日止,贵公司已收到甲方、乙方缴纳的注册资本(实收资本)合计人民币××

元,实收资本占注册资本的100%。

(一) 甲方实际缴纳出资额人民币××元。其中:货币出资××元,于××年×月×日缴存××公司(筹)在××银行开立的人民币临时存款账户××账号内;于××年×月×日投入机器设备××[名称、数量等],评估价值为××元,全体股东确认的价值为××元。

××资产评估有限公司已对甲方出资的机器设备进行了评估,并出具了[文号]资产评估报告。

甲方已与贵公司于××年×月×日就出资的机器设备办理了财产交接手续。

(二) 乙方实际缴纳出资额人民币××元。其中:货币出资××元,于××年×月×日缴存××公司(筹)在××银行开立的人民币临时存款账户××账号。

(如果股东的实际出资额超过其认缴的注册资本金额,应当说明超过部分的处理情况)

(三) 全体股东的货币出资额合计××元,占注册资本总额的×%。

四、其他事项

【例16-1】 ABC会计师事务所接受委托对长春中天股份有限公司新增注册资本进行验资。注册会计师A和B于2011年7月8日完成了对新增注册资本的审验外勤工作。注册会计师A和B在审验中发现,长春中天股份有限公司原章程规定注册资本为人民币2 000万元,由全体股东以人民币现金出资。其中:甲方应出资人民币1 500万元,乙方应出资人民币500万元。注册资本已由双方如期缴入公司,并与2010年3月8日经长春恒星会计师事务所审验,出具了(验字666)验资报告。根据股东大会修改公司章程决议,现有丙公司拟对长春中天股份有限公司参股,使公司注册资本增至4 000万元,投资溢价1.2∶1,即丙公司投入2 400万元,占长春中天股份有限公司增资后注册资本的50%,丙公司增资截止日为2011年6月30日。

要求:

(1) 根据上述资料,填写新增注册资本实收情况明细表和注册资本变更前后对照表。

(2) 请代注册会计师写出验资报告。

新增注册资本实收情况明细表

截至　　年　月　日止

被审验单位名称:　　　　　　　　　　　　　　　　货币单位:

<table>
<tr><td rowspan="4">股东名称</td><td rowspan="4">认缴新增注册资本</td><td colspan="10">新增注册资本的实际出资情况</td></tr>
<tr><td rowspan="3">货币</td><td rowspan="3">实物</td><td rowspan="3">知识产权</td><td rowspan="3">土地使用权</td><td rowspan="3">其他</td><td rowspan="3">合计</td><td colspan="4">其中:实缴新增注册资本</td></tr>
<tr><td rowspan="2">金额</td><td rowspan="2">占新增</td><td colspan="2">其中:货币出资</td></tr>
<tr><td>金额</td><td>占注册资本总额比例</td></tr>
<tr><td>丙公司</td><td></td><td></td><td></td><td></td><td></td><td></td><td></td><td></td><td></td><td></td><td></td></tr>
<tr><td>合计</td><td></td><td></td><td></td><td></td><td></td><td></td><td></td><td></td><td></td><td></td><td></td></tr>
</table>

注册资本实收情况明细表

截至　　年　月　日止

被审验单位名称：　　　　货币单位：

股东名称	认缴新增注册资本				实收资本						
	变更前		变更后		变更前		本次增加额	变更后			
										其中:货币出资	
	金额	出资比例	金额	出资比例	金额	占注册资本总额比例		金额	占注册资本总额	金额	占注册资本总额比例
甲公司											
乙公司											
丙公司											
合计											

【解答】

(1) 填表

新增注册资本实收情况明细表

截至2011年6月30日止

被审验单位名称:长春中天股份有限公司　　货币单位:人民币万元

股东名称	认缴新增注册资本	新增注册资本的实际出资情况									
		货币	实物	知识产权	土地使用权	其他	合计	其中:实缴新增注册资本			
								金额	占新增	其中:货币出资	
										金额	占注册资本总额比例
丙公司	2 000	2 000						2 000	100%	2 000	100%
合计	2 000	2 000						2 000	100%	2 000	100%

注册资本实收情况明细表

截至2011年6月30日止

被审验单位名称:长春中天股份有限公司　　货币单位:人民币万元

股东名称	认缴新增注册资本				实收资本						
	变更前		变更后		变更前		本次增加额	变更后			
										其中:货币出资	
	金额	出资比例	金额	出资比例	金额	占注册资本总额比例		金额	占注册资本总额	金额	占注册资本总额比例
甲公司	1 500	75%	1 500	37.5%	1 500	75%		1 500	37.5%	1 500	37.5%
乙公司	500	25%	500	12.5%	500	25%		500	12.5%	500	12.5%
丙公司			2 000	50%			2 000	2 000	50%	2 000	50%
合计	2 000		4 000	100%	2 000	100%	2 000	4 000	100%	4 000	100%

（2）代写验资报告如下：

验资报告

长春中天股份有限公司：

我们接受委托，审验了贵公司截至2011年6月30日止新增注册资本实收情况。按照国家相关法律、法规的规定和协议、章程的要求出资，提供真实、合法、完整的验资资料，保护资产的安全、完整是全体股东及贵公司的责任。我们的责任是对贵公司新增注册资本的实收情况发表审验意见。我们的审验是依据《中国注册会计师审计准则第1602号——验资》进行的。在审验过程中，我们结合贵公司的实际情况，实施了检查等必要的审验程序。

贵公司原注册资本为人民币2 000万元。根据贵公司股东大会决议和修改后章程的规定，丙公司申请增加注册资本人民币2 000万元，于2011年6月30日之前缴足，变更后的注册资本为人民币4 000万元。经我们审验，截至2011年6月30日止，贵公司已收到丙公司新增注册资本人民币2 000万元。

同时我们注意到，贵公司本次增资前的注册资本为人民币2 000万元，已经长春恒星会计师事务所审验并于2010年3月8日出具（恒验字666）验资报告。截至2011年6月30日止，变更后的累计注册资本实收金额为人民币4 000万元。

本验资报告供贵公司申请变更登记及据以向股东签发出资证明时使用，不应将其视为是对贵公司验资报告日后资本保全、偿债能力和持续经营能力等的保证。因使用不当造成的后果，与执行本验资业务的注册会计师及其会计师事务所无关。

附件：1. 验资事项说明（略）

2. 注册资本变更前后明细表

（1）新增注册资本实收情况明细表

（2）注册资本及实收资本变更前后对照表

ABC会计师事务所　　　　中国注册会计师：A（签名并盖章）

（盖章）

中国注册会计师：B（签名并盖章）

中国长春市　　　　二〇一一年七月八日

第二节 企业内部控制审计

一、企业内部控制审计的含义和范围

企业内部控制审计是指会计师事务所接受委托，对特定基准日期内部控制设计与运行的有效性进行审计。有以下三点需要说明：

1. 企业内部控制审计针对特定基准日

注册会计师基于基准日（如年末12月31日）内部控制的有效性发表意见，而不是对财务报表涵盖的整个期间（如1年）的内部控制的有效性发表意见。但这并不意味着注册师只关注企业基准日当天的内部控制。对有些内部控制，注册会计师需要考察足够长的运行时间，才能得出是否有效的结论。

2. 企业内部控制审计的范围

内部控制的目标涉及合理保证财务报告及相关信息的可靠性，保护资产的安全完整，遵守法律法规，提高经营的效率效果，促进实现企业的发展战略等诸多方面。目前，实行内部控制审计的国家均将审计范围限定在财务报告内部控制。我国《企业内部控制审计指引》规定，注册会计师应当对财务报告内部控制的有效性发表审计意见，并对内部控制审计过程中注意到的非财务报告内部控制的重大缺陷，在内部控制审计报告中增加“非财务报告内部控制重大缺陷描述段”予以披露。

财务报告内部控制，是指企业为了合理保证财务报告及相关信息真实完整而设计和运行的内部控制，以及用于保护资产安全的内部控制中与财务报告可靠性目标相关的控制。主要包括下列政策和程序：

（1）保存充分、适当的记录，准确、公允地反映企业的交易和事项；

（2）合理保证按照企业会计准则的规定编制财务报表；

（3）合理保证收入和支出的发生以及资产的取得、使用或处置经过适当授权；

（4）合理保证及时防止或发现并纠正未经授权的、对财务报表有重大影响的交易和事项。

非财务报告内部控制，是指除财务报告内部控制之外的其他控制，通常是指为了合理保证除财务报告及相关信息、资产安全外的其他控制目标的实现而设计和运行的内部控制。

3. 财务报告内部控制审计与财务报表审计的关系

财务报告内部控制审计与财务报表审计是既有联系，又有区别的两项审计业务。如表16-6所示。

表16-6 财务报告内部控制审计与财务报表审计比较

比较项目	内部控制审计	财务报表审计
审计目的	对内部控制的有效性发表审计意见，并对注意到的非财务报告内部控制的重大缺陷进行披露	对财务报表是否符合企业会计准则，是否公允反映被审计单位的财务状况和经营成果发表意见
了解和测试内部控制的目的	对内部控制设计和运行的有效性发表意见	了解内部控制是为了评估重大错报风险，测试内部控制是为了进一步证明了解内部控制时得出的初步结论，了解和测试内部控制的最终目的是为了对财务报表发表审计意见
测试范围	所有重要账户、各类交易和列报的相关认定	以下两种情况下需要进行控制测试：一是拟信赖控制运行的有效性；二是仅实施实质性程序并不能够提供认定层次充分、适当的审计证据
测试时间	不需要测试整个会计期间，但需要测试足够长的期间	整个拟信赖的期间
测试样本量	对结论可靠性的要求高，测试的样本量大	样本量相对较小
结果报告	以正面、积极的方式对内部控制的有效性发表审计意见并对外公开披露	以管理建议书的方式向管理层或治理层报告，通常不对外公开披露

由表16-6可见，在内部控制审计中，要求注册会计师对内部控制设计和运行的有效性进行测试；在财务报表审计中，也要求注册会计师了解内部控制，并在必要时测试内部控制；两者获取的审计证据应当相互印证，相互利用。

二、企业内部控制审计的程序

（一）企业内部控制审计计划

在制定企业内部控制审计计划前，注册会计师应当向被审计单位获取有关内部控制有效性的书面认定，以及内部控制手册、流程图和调查问卷等，并利用其他相关人员的工作，从而确定重要性水平（应当使用与财务报表审计相同的重要性水平），评估审计风险。

在制定企业内部控制审计计划时，注册会计师应当考虑以下主要因素：被审计单位所在行业情况；被审计单位内部情况，包括企业的组织结构、经营特征、资本构成、生产和业务流程、员工素质等；被审计单位近期在经营和内部控制方面的变化；管理层的诚信、能力及发生舞弊的可能性；管理层评价内部控制有效性的方法和证据；对重要性水平、固有风险及其他与确定内部控制重大缺陷有关因素的初步诊断等。

（二）实施内部控制审计

（1）识别企业层面控制。

（2）识别重要账户、列报及其相关认定。

（3）了解错报的可能来源。

（4）选择拟测试的控制。

（5）评价内部控制设计的合理性。注册会计师应当在了解内部控制各要素的基础上，根据内部控制能否防止和发现会计报表有关认定的重大错报，评价内部控制设计的合理性。在评价内部控制设计的合理性时，注册会计师应当关注内部控制整体能否实现控制目标，而不应孤立地关注特定内部控制。

在确定评价特定内部控制设计合理性的程序时，注册会计师应当考虑以下因素：①特定内部控制的性质。②特定内部控制的描述方式。③经营活动及其管理系统的复杂性。

（6）测试和评价内部控制执行的有效性。注册会计师应当对相关内部控制进行测试，获取充分、适当的证据，以评价内部控制执行的有效性。在测试内部控制执行的有效性时，注册会计师应当关注该项内部控制是否得到执行，如何执行，由谁执行以及是否得到一贯执行。

在测试内部控制执行的有效性时，注册会计师通常实施以下程序：①询问被审核单位的有关人员。②检查内部控制生成的文件和记录。③观察被审核单位的经营管理活动。④重新执行有关内部控制。

（三）评价控制缺陷

在评价内部控制执行的有效性时，注册会计师可以考虑利用管理层对内部控制执行有效性的测试结果，但应获取充分、适当的证据进行印证。控制缺陷包括：

1. 设计缺陷和运行缺陷

设计缺陷是指缺少为实现控制目标所必需的控制，或者现有控制设计不适当，及时正常运行也难以实现控制目标。

运行缺陷是指设计适当的控制没有按设计意图运行，或者执行人员缺乏必要授权或专业胜任能力，无法有效实施控制。

2. 重大缺陷、重要缺陷和一般缺陷

重大缺陷是指一个或多个控制缺陷的组合，可能导致企业严重偏离控制目标，具体到财务报告内部控制上，就是内部控制中存在的、可能导致不能及时防止或发现并纠正财务报表重大错报的一个或多个控制缺陷的组合。

重要缺陷是指一个或多个控制缺陷的组合，其严重程度和经济后果低于重大缺陷，但仍有可能导致企业偏离控制目标。具体就是内部控制中存在的、其严重程度不如重大缺陷、但足以引起企业财务报告监督人员关注的一个或多个控制缺陷的组合。

一般缺陷是指除重大缺陷、重要缺陷之外的其他缺陷。

（四）完成审计工作

（1）形成审计意见。

（2）获取管理层书面声明。

（3）与董事会和经理层沟通相关事项。

（五）出具审计报告

注册会计师在完成内部控制审计工作后，应当出具内部控制审计报告。

三、企业内部控制审计报告

（一）企业内部控制审计报告的基本内容

企业内部控制审计报告采用统一的结构和形式，目的是便于阅读者正确理解。内部控制审计报告应当包括以下基本内容：

（1）标题。企业内部控制审计报告的标题应当统一规范为“内部控制审计报告”。

（2）收件人。企业内部控制审计报告的收件人一般指审计业务的委托人（需要载明收件人的全称）。

（3）引言段。企业内部控制审计报告的引言段说明企业的名称和内部控制已经过审计。

（4）企业对内部控制的责任段。企业对内部控制的责任段说明，按照《企业内部控制基本规范》、《企业内部控制应用指引》、《企业内部控制评价指引》的规定，建立健全和有效实施内部控制，并评价其有效性是企业董事会的责任。

（5）注册会计师的责任段。注册会计师的责任段说明，在实施审计工作的基础上，对财务报告内部控制的有效性发表审计意见，并对注意到的非财务报告内部控制的重大缺陷进行披露是注册会计师的责任。

（6）内部控制固有局限性的说明段。内部控制只能为企业实现控制目标提供合理保证。内部控制实现目标的可能性受其固有限制的影响。因此，注册会计师需要在内部控制固有局限性的说明段说明，内部控制具有固有局限性，存在不能防止和发现错报的可能性。此外，由于情况的变化可能导致内部控制变得不恰当，或对控制政策和程序遵循的程度降低，根据内部控制审计结果推测未来内部控制的有效性具有一定风险。

（7）财务报告内部控制审计意见段。此部分应当说明：××公司是否按照《企业内部控制基本规范》和相关规定在所有重大方面保持了有效的财务报告内部控制。

（8）非财务报告内部控制的重大缺陷段。对于审计过程中注意到的非财务报告内部控制的重大缺陷,如果发现某项或某些控制对企业发展战略、法规遵循、经营的效率效果等控制目标的实现有重大不利影响,确定该项非财务报告内部控制为重大缺陷的,应当以书面形式与企业董事会和经理层沟通,提醒企业加以改进;同时在内部控制审计报告中增加非财务报告内部控制重大缺陷描述段,对重大缺陷的性质及其对实现相关控制目标的影响程度进行披露,提示内部控制审计报告使用者注意相关风险,但无需对其发表审计意见。

(9) 注册会计师的签名和盖章。

(10) 会计师事务所的名称、地址及盖章。

(11) 报告日期。

(二) 企业内部控制审计报告的意见类型

企业内部控制审计报告的意见类型分为标准和非标准意见内部控制审计报告,非标准意见内部控制审计报告包括带强调事项段的无保留意见、否定意见和无法表示意见内部控制审计报告。

1. 标准内部控制审计报告

如果符合下列所有条件的,注册会计师应当发表无保留意见的标准内部控制审计报告。

(1) 公司按照《企业内部控制基本规范》、《企业内部控制应用指引》、《企业内部控制评价指引》以及企业自身内部控制制度的要求,保持了有效的内部控制。

(2) 注册会计师已经按照《企业内部控制审计指引》的要求计划和实施审计工作,在审计过程中未受到限制。

标准内部控制审计报告参考格式如下:

内部控制审计报告

ABC 股份有限公司全体股东:

按照《企业内部控制审计指引》及中国注册会计师执业准则的相关要求,我们审计了 ABC 股份有限公司(以下简称 ABC 公司)××年×月×日财务报告内部控制的有效性。

一、企业对内部控制的责任

按照《企业内部控制基本规范》、《企业内部控制应用指引》、《企业内部控制评价指引》的规定,建立健全和有效实施内部控制,并评价其有效性是企业董事会的责任。

二、注册会计师的责任

我们的责任段是在实施审计工作的基础上,对财务报告内部控制的有效性发表审计意见,并对注意到的非财务报告内部控制的重大缺陷进行披露。

三、内部控制的固有局限性

内部控制具有固有局限性,存在不能防止和发现错报的可能性。此外,由于情况的变化可能导致内部控制变得不恰当,或对控制政策和程序遵循的程度降低,根据内部控制审计结果推测未来内部控制的有效性具有一定风险。

四、财务报告内部控制审计意见。

我们认为,ABC 公司按照《企业内部控制基本规范》和相关规定在所有重大方面保持了有效的财务报告内部控制。

五、非财务报告内部控制的重大缺陷

在内部控制审计过程中, 我们注意到 ABC 公司的非财务报告内部控制存在重大缺陷 [描述该缺陷的性质及其对实现相关控制目标的影响程度]。由于存在上述重大缺陷，我们提醒本报告使用者注意相关风险。需指出的是，我们并不对 ABC 公司的非财务报告内部控制发表审计意见或提供保证。本段内容不影响对财务报告内部控制的有效性发表的审计意见。

××会计师事务所　　　　　　　　中国注册会计师：×××
（盖章）　　　　　　　　　　　（签名并盖章）
　　　　　　　　　　　　　　　中国注册会计师：×××
　　　　　　　　　　　　　　　（签名并盖章）
中国××市　　　　　　　　　　　二〇××年×月×日

2. 带强调事项段的无保留意见内部控制审计报告

如果注册会计师认为财务报告内部控制虽不存在重大缺陷，但仍有一项或多项重大事项需要提请内部控制审计报告使用人注意的，需要在内部控制审计报告中增加强调事项段予以说明。注册会计师需要在强调事项段中指明，该段内容仅用于提醒内部控制报告使用者关注，并不影响对财务报告内部控制发表的审计意见。

带强调事项段的无保留意见内部控制审计报告参考格式如下：

内部控制审计报告

ABC 股份有限公司全体股东：

按照《企业内部控制审计指引》及中国注册会计师执业准则的相关要求，我们审计了 ABC 股份有限公司（以下简称 ABC 公司）××年×月×日财务报告内部控制的有效性。

[“一、企业对内部控制的责任”至“五、非财务报告内部控制的重大缺陷”参见标准内部控制审计报告相关段落表述。]

六、强调事项

我们提醒内部控制审计报告使用者关注，（描述强调事项的性质及其对内部控制的重大影响）。本段内容不影响已对财务报告内部控制发表的审计意见。

××会计师事务所　　　　　　　　中国注册会计师：×××
（盖章）　　　　　　　　　　　（签名并盖章）
　　　　　　　　　　　　　　　中国注册会计师：×××
　　　　　　　　　　　　　　　（签名并盖章）
中国××市　　　　　　　　　　　二〇××年×月×日

3. 否定意见的内部控制审计报告

如果注册会计师认为财务报告内部控制存在一项或多项重大缺陷，除非审计范围受到限制，注册会计师应该对财务报告内部控制发表否定意见。

否定意见内部控制审计报告参考格式如下：

内部控制审计报告

ABC股份有限公司全体股东：

按照《企业内部控制审计指引》及中国注册会计师执业准则的相关要求，我们审计了ABC股份有限公司（以下简称ABC公司）××年×月×日财务报告内部控制的有效性。

[“一、企业对内部控制的责任”至“三、内部控制的固有局限性”参见标准内部控制审计报告相关段落表述。]

四、导致否定意见的事项

重大缺陷，是指一个或多个控制缺陷的组合，可能导致企业严重偏离控制目标。

[指出注册会计师已识别出的重大缺陷，并说明重大缺陷的性质及其对财务报告内部控制的影响程度。]

有效的内部控制能够为财务报告及相关信息的真实完整提供合理保证，而上述重大缺陷使ABC公司内部控制失去这一功能。

五、财务报告内部控制审计意见

我们认为，由于存在上述重大缺陷及其对实现控制目标的影响，ABC公司未能按照《企业内部控制基本规范》和相关规定在所有重大方面保持有效的财务报告内部控制。

六、非财务报告内部控制的重大缺陷

[参见标准内部控制审计报告相关段落表述。]

××会计师事务所　　　　　　　　　　中国注册会计师：×××
（盖章）　　　　　　　　　　　　　　（签名并盖章）
　　　　　　　　　　　　　　　　　　中国注册会计师：×××
　　　　　　　　　　　　　　　　　　（签名并盖章）
中国××市　　　　　　　　　　　　　二〇××年×月×日

4. 无法表示意见的内部控制审计报告

注册会计师只有实施了必要的审计程序，才能对内部控制的有效性发表审计意见。在审计过程中，如果注册会计师审计范围受到限制，需要解除业务约定或出具无法表示意见的内部控制审计报告，并就审计范围受到限制的情况，以书面形式与董事会进行沟通。

注册会计师在出具无法表示意见的内部控制审计报告时，需要在内部控制审计报告中指明审计范围受到限制，无法对内部控制的有效性发表意见，单设段落说明无法表示意见的实质性理由，并删除注册会计师的责任段。

无法表示意见的内部控制审计报告参考格式如下：

内部控制审计报告

ABC股份有限公司全体股东：

我们接受委托，对ABC股份有限公司（以下简称ABC公司）××年×月×日财务报告内部控制进行审计。

[删除注册会计师的责任段，“一、企业对内部控制的责任”和“二、内部控制的固有局限性”参见标准内部控制审计报告相关段落表述。]

三、导致无法表示意见的事项

[描述审计范围受到限制的具体情况。]

四、财务报告内部控制审计意见

由于审计范围受到上述限制,我们未能实施必要的审计程序以获取发表审计意见所需的充分、适当证据,因此,我们无法对ABC公司财务报告内部控制的有效性发表意见。

五、识别的财务报告内部控制重大缺陷(如在审计范围受到限制前,执行有限程序未能识别出重大缺陷,则应删除本段)

重大缺陷,是指一个或多个控制缺陷的组合,可能导致企业严重偏离控制目标。

尽管我们无法对ABC公司财务报告内部控制的有效性发表意见,但在我们实施的有限程序的过程中,发现了以下重大缺陷:

[指出注册会计师已识别出的重大缺陷,并说明重大缺陷的性质及其对财务报告内部控制的影响程度。]

有效的内部控制能够为财务报告及相关信息的真实完整提供合理保证,而上述重大缺陷使ABC公司内部控制失去这一功能。

六、非财务报告内部控制的重大缺陷

[参见标准内部控制审计报告相关段落表述。]

××会计师事务所　　　　中国注册会计师:×××
（盖章）　　　　（签名并盖章）
　　　　中国注册会计师:×××
　　　　（签名并盖章）

中国××市　　　　二〇××年×月×日

第三节　财务报表的审阅

一、财务报表审阅概述

财务报表审阅的目标,是注册会计师在实施审阅程序的基础上,说明是否注意到某些事项,使其相信财务报表没有按照适用的会计准则和相关会计制度的规定编制,未能在所有重大方面公允反映被审阅单位的财务状况、经营成果和现金流量。

在财务报表审阅业务中,要求注册会计师将审阅风险降至该业务环境下可接受的水平(高于财务报表审计中可接受的低水平),由于实施审阅程序不能提供在财务报表审计中要求的所有证据,审阅业务对所审阅的财务报表不存在重大错报提供有限保证,注册会计师应当以消极方式提出结论。

审阅范围是指为实现财务报表审阅目标,注册会计师根据《中国注册会计师审阅准则第

2101 号——财务报表审阅》的要求和职业判断实施的恰当的审阅程序的总和。必要时，还应当考虑业务约定条款的要求。

注册会计师应当计划审阅工作，以有效执行审阅业务。在计划审阅工作时，注册会计师应当了解被审阅单位及其环境，或更新以前了解的内容，包括考虑被审阅单位的组织结构、会计信息系统、经营管理情况以及资产、负债、收入和费用的性质等。

二、财务报表审阅程序

注册会计师对财务报表审阅以询问和分析程序为主。注册会计师通常无须执行在审计业务中执行的某些程序，例如对内部控制进行测试，对存货进行监盘，对应收款项实施函证等。财务报表审阅程序通常包括以下内容：

（1）了解被审阅单位及其环境。

（2）询问被审阅单位采用的会计准则和相关会计制度、行业惯例。

（3）询问被审阅单位对交易和事项的确认、计量、记录和报告的程序。

（4）询问财务报表中所有重要的认定。

（5）实施分析程序，以识别异常关系和异常项目。

（6）询问股东会、董事会以及其他类似机构决定采取的可能对财务报表产生影响的措施。

（7）阅读财务报表，以考虑是否遵循指明的编制基础。

（8）获取其他注册会计师对被审阅单位组成部分财务报表出具的审计报告或审阅报告。必要时，注册会计师应当获取管理层书面声明。

如果有理由相信所审阅的财务报表可能存在重大错报，注册会计师应当实施追加的或更为广泛的程序，以便能够以消极方式提出结论或确定是否出具非无保留结论的报告。

三、财务报表审阅报告

根据已实施的工作，注册会计师应当评估在审阅过程中获知的信息是否表明财务报表没有按照适用的会计准则和相关会计制度的规定编制，未能在所有重大方面公允反映被审阅单位的财务状况、经营成果和现金流量，并据此出具审阅报告。审阅报告包括无保留结论的审阅报告、保留结论的审阅报告、否定结论的审阅报告、无法提供任何保证的审阅报告。

（一）审阅报告的基本内容

审阅报告应当包括以下基本内容：

（1）标题。审阅报告的标题应当统一规范为“审阅报告”。

（2）收件人。审阅报告的收件人应当为审阅业务的委托人。审阅报告应当载明收件人的全称。

（3）引言段。审阅报告的引言段应当说明下列内容：①所审阅财务报表的名称。②管理层的责任和注册会计师的责任。

（4）范围段。审阅报告的范围段应当说明审阅的性质，包括下列内容：①审阅业务所依据的准则。②审阅主要限于询问和实施分析程序，提供的保证程度低于审计。③没有实施审计，因而不发表审计意见。

（5）结论段。注册会计师应当根据实施审阅程序的情况，在审阅报告的结论段中提出下列之一的结论：①根据注册会计师的审阅，如果没有注意到任何事项使其相信财务报表没有按照适用的会计准则和相关会计制度的规定编制，未能在所有重大方面公允反映被审阅单位的财务状况、经营成果和现金流量，注册会计师应当提出无保留结论；②如果注意到某些事项使其相信财务报表没有按照适用的会计准则和相关会计制度的规定编制，未能在所有重大方面公允反映被审阅单位的财务状况、经营成果和现金流量，注册会计师应当在审阅报告的结论段前增设说明段，说明这些事项对财务报表的影响，并提出保留结论。如果这些事项对财务报表的影响非常重大和广泛，以至于认为仅提出保留结论不足以揭示财务报表的误导性或不完整性，注册会计师应当对财务报表提出否定结论，即财务报表没有按照适用的会计准则和相关会计制度的规定编制，未能在所有重大方面公允反映被审阅单位的财务状况、经营成果和现金流量。③如果存在重大的范围限制，注册会计师应当在审阅报告中说明，假定范围不受限制，注册会计师可能发现需要调整财务报表的事项，因而提出保留结论。如果范围限制的影响非常重大和广泛，以至于注册会计师认为不能提供任何程度的保证时，不应提供任何保证。

（6）注册会计师的签名和盖章。审阅报告应当由注册会计师签名并盖章。

（7）会计师事务所的名称、地址及盖章。审阅报告应当载明会计师事务所的名称和地址，并加盖会计师事务所公章。

（8）报告日期。审阅报告的日期是指注册会计师完成审阅工作的日期，不应早于管理层批准财务报表的日期。

（二）财务报表审阅报告范例

1．无保留结论的审阅报告参考格式如下：

审 阅 报 告

ABC 股份有限公司全体股东：

我们审阅了后附的 ABC 股份有限公司（以下简称 ABC 公司）财务报表，包括 2010 年 12 月 31 日的资产负债表，2010 年度的利润表、股东权益变动表和现金流量表以及财务报表附注。这些财务报表编制是 ABC 公司管理层的责任，我们的责任是在实施审阅工作的基础上对财务报表出具审阅报告。

我们按照《中国注册会计师审阅准则第 2101 号——财务报表审阅》的规定执行了审阅业务。该准则要求我们计划和实施审阅工作，以对财务报表是否不存在重大错报获取有限保证。审阅主要限于询问公司有关人员和对财务数据实施分析程序，提供的保证程度低于审计。我们没有实施审计，因而不发表审计意见。

根据我们的审阅，我们没有注意到任何事项使我们相信财务报表没有按照企业会计准则和相关会计制度的规定编制，未能在所有重大方面公允反映被审阅单位的财务状况、经营成果和现金流量。

××会计师事务所　　　　　　　　中国注册会计师：×××
（盖章）　　　　　　　　　　　　（签名并盖章）
　　　　　　　　　　　　　　　　中国注册会计师：×××
　　　　　　　　　　　　　　　　（签名并盖章）
中国××市　　　　　　　　　　　二〇××年×月×日

2. 保留结论的审阅报告参考格式如下:

审 阅 报 告

ABC 股份有限公司全体股东:

我们审阅了后附的 ABC 股份有限公司(以下简称 ABC 公司)财务报表,包括 2010 年 12 月 31 日的资产负债表,2010 年度的利润表、股东权益变动表和现金流量表以及财务报表附注。这些财务报表编制是 ABC 公司管理层的责任,我们的责任是在实施审阅工作的基础上对财务报表出具审阅报告。

我们按照《中国注册会计师审阅准则第 2101 号——财务报表审阅》的规定执行了审阅业务。该准则要求我们计划和实施审阅工作,以对财务报表是否不存在重大错报获取有限保证。审阅主要限于询问公司有关人员和对财务数据实施分析程序,提供的保证程度低于审计。我们没有实施审计,因而不发表审计意见。

ABC 公司管理层告诉我们,存货以高于可变现价值的成本计价。由 ABC 公司管理层编制并经过我们审阅的计算表显示,如果根据企业会计准则规定的成本与可变现净值孰低法计价,存货的账面价值将减少××元,净利润和股东权益将减少××元。

根据我们的审阅,除了上述存货高估所造成的影响外,我们没有注意到任何事项使我们相信财务报表没有按照企业会计准则和相关会计制度的规定编制,未能在所有重大方面公允反映被审阅单位的财务状况、经营成果和现金流量。

××会计师事务所　　　　　　　　　　中国注册会计师:×××
(盖章)　　　　　　　　　　　　　　(签名并盖章)
　　　　　　　　　　　　　　　　　　中国注册会计师:×××
　　　　　　　　　　　　　　　　　　(签名并盖章)
中国××市　　　　　　　　　　　　　二○××年×月×日

3. 否定结论的审阅报告参考格式如下:

审 阅 报 告

ABC 股份有限公司全体股东:

我们审阅了后附的 ABC 股份有限公司(以下简称 ABC 公司)财务报表,包括 2010 年 12 月 31 日的资产负债表,2010 年年度的利润表、股东权益变动表和现金流量表以及财务报表附注。这些财务报表编制是 ABC 公司管理层的责任,我们的责任是在实施审阅工作的基础上对财务报表出具审阅报告。

我们按照《中国注册会计师审阅准则第 2101 号——财务报表审阅》的规定执行了审阅业务。该准则要求我们计划和实施审阅工作,以对财务报表是否不存在重大错报获取有限保证。审阅主要限于询问公司有关人员和对财务数据实施分析程序,提供的保证程度低于审计。我们没有实施审计,因而不发表审计意见。

如财务报表附注×所述,ABC 公司在编制财务报表时未将各子公司纳入合并范围。根据企业会计准则的规定,ABC 公司在应当将各子公司纳入合并范围。

根据我们的审阅,由于受到前段所述事项的重大影响,财务报表未能按照企业会计准则相关会计制度的规定编制。

××会计师事务所　　　　　　　　　　　　中国注册会计师：×××
（盖章）　　　　　　　　　　　　　　　　（签名并盖章）
　　　　　　　　　　　　　　　　　　　　中国注册会计师：×××
　　　　　　　　　　　　　　　　　　　　（签名并盖章）
中国××市　　　　　　　　　　　　　　　二○××年×月×日

4. 无法提供任何保证的审阅报告参考格式如下：

审阅报告

ABC股份有限公司全体股东：

我们审阅了后附的ABC股份有限公司（以下简称ABC公司）财务报表，包括2010年12月31日的资产负债表，2010年度的利润表、股东权益变动表和现金流量表以及财务报表附注。这些财务报表编制是ABC公司管理层的责任。

为了审阅的需要，我们向ABC公司管理层及有关人员就若干重大事项进行了询问，但ABC公司管理层及有关人员拒绝对我们的询问作出回答。我们的审阅范围受到了严重限制，我们无法确定该事项对ABC公司财务报表整体合法性的影响程度。

由于受到前段所述事项的重大影响，我们无法对财务报表提供任何保证。

××会计师事务所　　　　　　　　　　　　中国注册会计师：×××
（盖章）　　　　　　　　　　　　　　　　（签名并盖章）
　　　　　　　　　　　　　　　　　　　　中国注册会计师：×××
　　　　　　　　　　　　　　　　　　　　（签名并盖章）
中国××市　　　　　　　　　　　　　　　二○××年×月×日

【例16-2】 注册会计师C负责对常年验资客户丙公司1—6月份的财务报表进行审阅。在实施了必要的审阅程序之后，注册会计师C草拟了以下审阅报告。

审阅报告

丙公司全体股东：

我们审阅了后附的丙公司财务报表，包括2010年6月30日的资产负债表，2010年1月—6月份的利润表、所有者权益变动表和现金流量表以及财务报表附注。这些财务报表编制是丙公司管理层的责任，我们的责任是在实施审阅工作的基础上对这些财务报表出具审阅报告。

我们按照中国注册会计师审阅准则的规定执行了审阅业务。该准则要求我们计划和实施审阅工作，以对财务报表是否不存在重大错报获取有限保证。审阅主要限于询问丙公司有关人员和对财务数据实施分析程序，提供的保证程度低于审计。

根据我们的审阅，我们认为丙公司财务报表已经按照企业会计准则的规定编制，在所有重大方面公允反映了丙公司的财务状况、经营成果和现金流量。

××会计师事务所 （盖章）	中国注册会计师：C （签名并盖章） 中国注册会计师：××× （签名并盖章）
中国××市	二〇××年×月×日

要求：指出上述审阅报告中存在的不当之处，并提出修改建议。

【解答】 上述审阅报告中存在的不当之处及相应的修改建议如下：

（1）在引言段中，对财务报表的界定和描述不恰当，应提及财务报表附注，即应改为“2010年6月30日的资产负债表，2010年1月—6月份的利润表、所有者权益变动表和现金流量表以及财务报表附注”。

（2）在范围段中，对审阅依据的表述不恰当，应该为“我们按照《中国注册会计师审阅准则第2101号——财务报表审阅》的规定执行了审阅业务”。

（3）在范围段中，对审阅范围的描述不完整，未着重说明“我们没有实施审计，因而不发表审计意见”。

（4）在结论段中，表述审阅结论的方式不恰当，应当以消极保证的方式提出结论，应改为：“根据我们的审阅，我们没有注意到任何事项使我们相信财务报表没有按照企业会计准则和相关会计制度的规定编制，未能在所有重大方面公允反映被审阅单位的财务状况、经营成果和现金流量”。

第四节 预测性财务信息的审核

一、预测性财务信息审核概述

（一）预测性财务信息审核的含义

预测性财务信息是指被审核单位依据对未来可能发生的事项或采取的行动的假设而编制的财务信息。预测性财务信息可以表现为预测、规划或两者的结合，可能包括财务报表整体或财务报表的一项或多项要素。

预测是指管理层在最佳估计假设的基础上编制的预测性财务信息。最佳估计假设是指截至编制预测性财务信息日，管理层对预期未来发生的事项和采取的行动作出的假设。

规划是指管理层基于推测性假设，或同时基于推测性假设和最佳估计假设编制的预测性财务信息。推测性假设是指管理层对未来事项和采取的行动作出的假设，该事项或行动预期在未来未必发生。

预测性财务信息审核，是指注册会计师接受委托，按照《中国注册会计师其他鉴证业务准则第3111号——预测性财务信息的审核》的要求对被审核单位预测性财务信息进行检查与复核，并发表审核意见。

由于预测性财务信息所涉及的是截至目前尚未发生的事项，因此不可避免地带有高度的主观性，并且在编制过程中需要作出大量的估计和判断，这是预测性财务信息的一个重要特征。

（二）预测性财务信息审核的目的与范围

预测性财务信息审核的目的是对被审核单位预测性财务信息所依据的最佳估计假设是否合理、推测性假设与信息的编制目的是否相适应、预测性财务信息是否在假设的基础上恰当地编制、预测性财务信息已恰当列报，预测性财务信息的编制基础与历史财务报表是否一致、是否选用了恰当的会计政策，并发表审核意见。

预测性财务信息审核的范围是根据有关法规的规定以及业务约定书的要求来确定的。审核的范围除了包括预测性财务信息所依据的最佳估计假设、推测假设、选用的会计政策及其编制基础外，还应包括影响注册会计师审核程序的方法、时间和范围的因素。

影响注册会计师审核程序的方法、时间和范围的因素主要包括：被审核单位重大错报的可能性；以前期间执行业务所了解的情况；被审核单位管理层编制预测性财务信息的经验与能力；预测性财务信息受管理层主观判断影响的程度；基础数据的恰当性和可靠性等。

二、预测性财务信息审核程序

（一）接受委托并签订业务约定书

注册会计师在接受委托前，应当与委托人商谈预测性财务信息审核的目的与范围，双方的责任与义务，并考虑自身的能力和能否保持独立性，以确定是否接受委托。

注册会计师如果认为预测性财务信息所依据的基本假设明显不切实际，或所作预测将偏离原定的使用目的，应当明确告知被审核单位予以纠正。被审核单位坚持不改的，注册会计师应当拒绝接受委托或解除业务约定。

（二）了解被审核单位的有关情况

注册会计师要充分了解被审核单位的有关情况，为对预测财务信息进行研究和评价打下基础。注册会计师需了解的被审核单位的有关情况主要包括：

（1）了解管理层是否识别出编制预测性财务信息所要求的全部重要假设。

（2）了解预测性财务信息的编制过程。

（3）了解编制预测性财务信息时对历史财务信息的依赖程度等。

（三）制定审核计划

对审核工作编制计划，包括审核的程序和方法、应当收集的资料、审核过程中应当注意的事项和需要考虑的因素等，并在执行审核业务过程中根据实际情况及其变化，进行必要的修改和补充。

（四）获取有关资料

注册会计师应当获取被审核单位编制预测财务信息所依据的假设性的书面文件及其他相关资料和有关预测财务信息声明书。预测财务信息声明书是由被审核单位管理层作出的，关于预测财务信息的预定用途、管理层作出的重大假设的完整性以及管理层认可对预测性财务信息的责任等方面的声明。注册会计师应当就下列事项向管理层获取书面声明：

（1）预测性财务信息的预定用途。

（2）管理层作出的重大假设的完整性。

（3）管理层认可对预测性财务信息的责任。

（五）进行审核和评价

1. 对最佳估计假设和推测性假设的审核

注册会计师对最佳估计假设和推测性假设的审核，应重点审核以下内容：

（1）检查编制预测性财务信息所依据的假设是否与有关书面文件所列明的相一致。

（2）检查假设是否有合理的支持证据。

（3）检查各项假设是否确实以有关资料为依据；检查建立假设所依据的资料是否存在不合理因素；检查建立假设的过程是否合理。

注册会计师在评价编制预测性财务信息所依据的假设时，应当重点关注具有以下特征的假设：

（1）对预测性财务信息具有重大影响的假设。

（2）对内外部因素的变化特别敏感的假设。

（3）与历史模式或趋势不相符的假设。

（4）存在重大不确定性的假设。

注册会计师没有责任专门就预测财务信息的假设发表审核意见，也不宜评价超越其专长范围的假设。

2. 评价预测性财务信息是否依据管理层确定的假设恰当编制

注册会计师应当通过检查数据计算准确性和内在一致性等，确定预测性财务信息是否依据管理层确定的假设恰当编制。

3. 关注敏感领域对预测性财务信息的影响

注册会计师应当关注对变化特别敏感的领域，并考虑领域影响预测性财务信息的程度。

4. 审核预测性财务信息的考虑

（1）当接受委托审核预测性财务信息的一项或多项要素时，注册会计师应当考虑该要素与财务信息其他要素之间的关联关系。

（2）当预测性财务信息包括本期部分历史信息时，注册会计师应当考虑对历史信息需要实施的程序和范围。

（六）出具预测性财务信息审核报告

注册会计师应当在实施必要的审核程序后，以经过核实的证据为依据，形成审核意见，出具审核报告。

三、预测性财务信息审核报告

如果认为预测性财务信息的列报不恰当，注册会计师应当对预测性财务信息出具保留或否定意见的审核报告，或解除业务约定。

如果认为一项或者多项重大假设不能为依据最佳估计假设编制的预测性财务信息提供合理基础，或在给定的推测性假设下，一项或者多项重大假设不能为依据推测性假设编制的预测性财务信息提供合理基础，注册会计师应当对预测性财务信息出具否定意见的审核报告，或解除业务约定。

如果审核范围受到限制，导致无法实施必要的审核程序，注册会计师应当解除业务约定，或出具无法表示意见的审核报告，并在报告中说明审核范围受到限制的情况。

（一）预测性财务信息审核报告的基本内容

注册会计师对预测性财务信息出具的审核报告应当包括下列内容：

（1）标题。

（2）收件人。

（3）指出所审核的预测性财务信息。

（4）提及审核预测性财务信息时依据的准则。

（5）说明管理层对预测性财务信息（包括编制该信息所依据的假设）负责。

（6）适当时，提及预测性财务信息的使用目的和分发限制。

（7）以消极方式说明假设是否为预测性财务信息提供合理基础。

（8）对预测性财务信息是否依据假设恰当编制，并按照适用的会计准则和相关会计制度的规定进行列报发表意见。

（9）对预测性财务信息的可实现程度作出适当警示。

（10）注册会计师的签名及盖章。

（11）会计师事务所的名称、地址及盖章。

（12）报告日期。报告日期应为完成审核工作的日期。

（二）预测性财务信息审核报告范例

（1）无保留意见审核报告（以预测为基础）参考格式如下：

审核报告

ABC股份有限公司：

我们审核了后附的ABC股份有限公司（以下简称ABC公司）编制的预测（列明预测涵盖的期间和预测的名称）。我们的审核依据是《中国注册会计师其他鉴证业务准则第3111号——预测性财务信息的审核》。ABC公司管理层对该预测及其所依据的各项假设负责。这些假设已在附注×中披露。

根据我们对支持这些假设的证据的审核，我们没有注意到任何事项使我们认为这些假设没有为预测提供合理基础。而且，我们认为，该预测是在这些假设的基础上恰当编制的，并按照××编制基础的规定进行了列报。

由于预期事项通常并非如预期那样发生，并且变动可能重大，实际结果可能与预测性财务信息存在差异。

××会计师事务所　　　　　　　　中国注册会计师：×××
（盖章）　　　　　　　　　　　　（签名并盖章）
　　　　　　　　　　　　　　　　中国注册会计师：×××
　　　　　　　　　　　　　　　　（签名并盖章）
中国××市　　　　　　　　　　　　二○××年×月×日

（2）无保留意见审核报告（以规划为基础）参考格式如下：

审核报告

ABC 股份有限公司：

我们审核了后附的 ABC 股份有限公司（以下简称 ABC 公司）编制的规划（列明规划涵盖的期间和规划的名称）。我们的审核依据是《中国注册会计师其他鉴证业务准则第 3111 号——预测性财务信息的审核》。ABC 公司管理层对该规划及其所依据的各项假设负责。这些假设已在附注×中披露。

ABC 公司编制规划是为了××目的。由于 ABC 公司尚处于营业初期，在编制规划时运用了一整套假设，包括有关未来事项和管理层行动的推测性假设，而这些事项和行动预期在未来未必发生。因此，我们提醒信息使用者注意，该规划不得用于××目的以外的其他目的。

根据我们对支持这些假设的证据的审核，在推测性假设（列明推测性假设）成立的前提下，我们没有注意到任何事项使我们认为这些假设没有为规划提供合理基础。我们认为，该规划是在这些假设的基础上恰当编制的，并按照××编制基础的规定进行了列报。

即使在推测性假设中所涉及的事项发生，但由于预期事项通常并非如预期那样发生，并且变动可能重大，因此实际结果仍然可能与预测性财务信息存在差异。

××会计师事务所　　　　中国注册会计师：×××
（盖章）　　　　（签名并盖章）
　　　　中国注册会计师：×××
　　　　（签名并盖章）
中国××市　　　　二〇××年×月×日

（3）保留意见审核报告（以预测为基础）参考格式如下：

审核报告

ABC 股份有限公司：

我们审核了后附的 ABC 股份有限公司（以下简称 ABC 公司）编制的预测（列明预测涵盖的期间和预测的名称）。我们的审核依据是《中国注册会计师其他鉴证业务准则第 3111 号——预测性财务信息的审核》。ABC 公司管理层对该预测及其所依据的各项假设负责。这些假设已在附注×中披露。

根据《企业会计准则第 18 号——所得税》的有关规定，ABC 公司应当披露所得税费用（收益）与会计利润关系的说明。但 ABC 公司在该预测中对此未予披露。

根据我们对支持这些假设的证据的审核，我们没有注意到任何事项使我们认为这些假设没有为预测提供合理基础。另外，除了前段所述事项外，我们认为，该预测是在这些假设的基础上恰当编制的，并按照××编制基础的规定进行了列报。

由于预期事项通常并非如预期那样发生，并且变动可能重大，实际结果可能与预测性财务信息存在差异。

××会计师事务所　　　　中国注册会计师：×××
（盖章）　　　　（签名并盖章）

中国注册会计师：×××
（签名并盖章）
中国××市　　二○××年×月×日

（4）否定意见审核报告（以预测为基础）参考格式如下：

审核报告

ABC股份有限公司：

我们审核了后附的ABC股份有限公司（以下简称ABC公司）编制的预测（列明预测涵盖的期间和预测的名称）。我们的审核依据是《中国注册会计师其他鉴证业务准则第3111号——预测性财务信息的审核》。ABC公司管理层对该预测及其所依据的各项假设负责。这些假设已在附注×中披露。

如该预测的附注“本预测所依据的重要假设的说明”所示，ABC公司对该预测期间内的销售收入额的预测所依据的重要假设之一是在该预测期间内，相关政府部门向ABC公司的订货量能够维持目前的水平。但是，ABC公司目前与相关政府部门之间的供货合同将在20××年5月份期满，截至目前尚未签订新的供货合同，也并未就签订新的购货合同进行接洽。并且，相关政府部门已就采购目前由ABC公司供应的货物的相关事宜，与另一家公司签订了合同。

由于前段所述事项的重大影响，我们认为这些假设没有为预测提供合理基础。并且，该预测的列报不符合××编制基础的规定。

××会计师事务所　　中国注册会计师：×××
（盖章）　　（签名并盖章）
中国注册会计师：×××
（签名并盖章）
中国××市　　二○××年×月×日

（5）无法表示意见审核报告（以预测为基础）参考格式如下：

审核报告

ABC股份有限公司：

我们审核了后附的ABC股份有限公司（以下简称ABC公司）编制的预测（列明预测涵盖的期间和预测的名称）。我们的审核依据是《中国注册会计师其他鉴证业务准则第3111号——预测性财务信息的审核》。ABC公司管理层对该预测及其所依据的各项假设负责。这些假设已在附注×中披露。

如该预测的附注“本预测所依据的重要假设的说明”所示，该预测所示的预测期内预计净利润中包含来自按照权益法核算的被投资单位XYZ公司中所持有的股权比例计算的在XYZ公司预测期内的净利润中所享有的份额，该项来自XYZ公司的投资收益占该预测所示的预测期内ABC公司净利润的比例为60%。由于XYZ公司并未编制和提供该期间内的盈利预测，因此，我们无法获取该项假设的充分、适当的支持性证据。

由于我们未能对前段所述的假设以及与之相关的其他假设实施审核程序，我们无法对这些假设是否为预测提供合理基础，以及该预测的编制和列报是否符合××编制基础的规定发表意见。

××会计师事务所 （盖章）	中国注册会计师：××× （签名并盖章） 中国注册会计师：××× （签名并盖章）
中国××市	二〇××年×月×日

本章小结

注册会计师除了提供财务报表审计服务外还提供其他鉴证业务，比如验资、内部控制审计、财务报表的审阅和预测性财务信息审核等。

验资是对企业注册资本的实收情况或变更情况的验证，分为设立验资和变更验资。验资的内容因投资方式的不同而不同，一般包括：货币资金的验证、实物资产的验证、无形资产的验证和其他出资形式的验证。验证的最终结果是出具验资报告。

内部控制审计是就被审计单位管理层对特定日期与财务报表相关的内部控制有效性的认定进行审计。内容涉及两个方面：一是评价内部控制设计的合理性；二是测试和评价内部控制执行的有效性。内部控制审计的最终成果是内部控制审计报告。

与财务报表审计相比，财务报表审阅在证据收集程序的性质、时间、范围等方面是有意识加以限制的，通常以实施询问和分析等程序为主，只有在有理由相信财务报表可能存在重大错报的情况下，才会实施追加的或更为广泛的程序。此外，在财务报表审阅中，注册会计师提供的保证水平低于在财务报表审计业务中提供的保证水平。

预测性财务信息审核是对被审核公司所作的盈利预测进行的审核。审核的内容包括盈利预测所依据的基本假设、选用的会计政策及其编制基础等。预测性财务信息审核的最终成果是预测性财务信息审核报告。

本章思考题

1. 指出验资报告和内部控制审计报告的区别？
2. 如何进行货币资金的验证？
3. 如何进行实物投资的验证？
4. 财务报表审阅和财务报表审计有何区别？
5. 什么是预测性财务信息审核？预测性财务信息审核的目的是什么？
6. 预测性财务信息审核报告与审计报告有什么区别？
7. 简述内部控制审计与财务报表审计过程中内部控制测试的区别。

8. 内部控制审计报告包括哪些要素？有哪些类型？

案例讨论题

伪造营业执照，诱使注册会计师出具不实验资报告

[案情介绍] 2010年9月，明华工程公司为申请施工企业三级资质，拟将注册资本变更为600万元。在提交给会计师事务所验资资料时隐瞒了其注册资本只有100万元的情况，并以营业执照正副本执照丢失为由提供了加盖明华公司公章的营业执照复印件，以及明华公司主管部门水利局出具的证明。由于验资的注册会计师与明华公司经理相识，遂以营业执照复印件和会计报表载明的注册资本500万元为基础，在对明华公司主管部门水利局投入的100万元货币出资审验后，出具了“新增注册资本100万元，变更后注册资本为人民币600万元”的验资报告。明华公司利用该验资报告骗取了注册资本为600万元的企业法人营业执照，并利用该验资报告和变更后的营业执照骗取了施工企业三级资质。

[问题思考]

1. 本案中注册会计师的行为违反了哪些规定？是一种什么行为？
2. 如果你是本案中负责审验的注册会计师，针对上述情况，你应该执行怎样的程序？

参 考 文 献

[1] 中国注册会计师协会. 2011 年度注册会计师全国统一考试辅导教材——审计. 北京:经济科学出版社,2011.

[2] 李三喜. 内部审计规范精要与案例分析. 北京:中国市场出版社,2006.

[3] 马春静,高峻莲,林丽. 新编审计原理与实务. 大连:大连理工大学出版社,2008.

[4] 陈汉文. 审计. 厦门:厦门大学出版社,2007.

[5] 秦荣生,卢春泉. 审计学. 北京:中国人民大学出版社,2008.

[6] 刘静,舒利庆. 审计学. 长春:东北师范大学出版社,2006.

[7] 刘明辉. 审计. 大连:东北财经大学出版社,2011.

反盗版举报电话：(010) 58581897　58582371　58581879

反盗版举报传真：(010) 82086060

反盗版举报邮箱：dd@hep.com.cn

通信地址：北京市西城区德外大街4号　高等教育出版社法务部

邮　　编：100120